놀라운 사람들과의 만남

이 책이 출판될 수 있도록 기금을 모아주신
'빛고을 진리를 찾는 사람들 Seekers of Truth'
여러분께 감사드립니다.

고옥윤(릴라), 권민희(네티), 김명희(사마디), 김미숙(다시), 김복진(샥티), 김정아(사라스와티), 김해경(사마사티), 김현미(디야나), 김현정(아일린), 박주현(사비타), 성원정(니르바노), 윤순덕(쿠마리), 이수미(프라나), 이원홍(칼라), 최명숙(요요마), 풀라, 달마

놀라운 사람들과의 만남 Meetings with Remarkable Men

2012년 1월 27일 초판 1쇄 발행. 2023년 5월 8일 초판 3쇄 발행. 게오르게 이바노비치 구르지예프George Ivanovitch Gurdjieff가 썼고, 풀라가 옮겼으며, 박정은이 펴냅니다. 이홍용이 편집을 하고, 이근호가 디자인을 하였으며, 이강혜가 마케팅을 합니다. 제작 진행은 굿에그커뮤니케이션에서 맡아 하였습니다. 출판사 등록일 및 등록번호는 2003. 2. 11. 제2017-000092호이고, 주소는 03421 서울시 은평구 은평로3길 34-2, 전화는 (02) 3143-6360, 팩스는 (02) 6455-6367, 이메일은 shantibooks@naver.com입니다. 이 책의 ISBN은 978-89-91075-74-0 03800이고, 정가는 25,000원입니다.

이 도서의 국립중앙도서관 출판시도서목록(CIP)은 e-CIP홈페이지(http://www.nl.go.kr/ecip)와 국가자료공동목록시스템(http://www.nl.go.kr/kolisnet)에서 이용하실 수 있습니다.(CIP제어번호: CIP2012000191)

놀라운 사람들과의 만남

게오르게 이바노비치 구르지예프 지음
풀라 옮긴

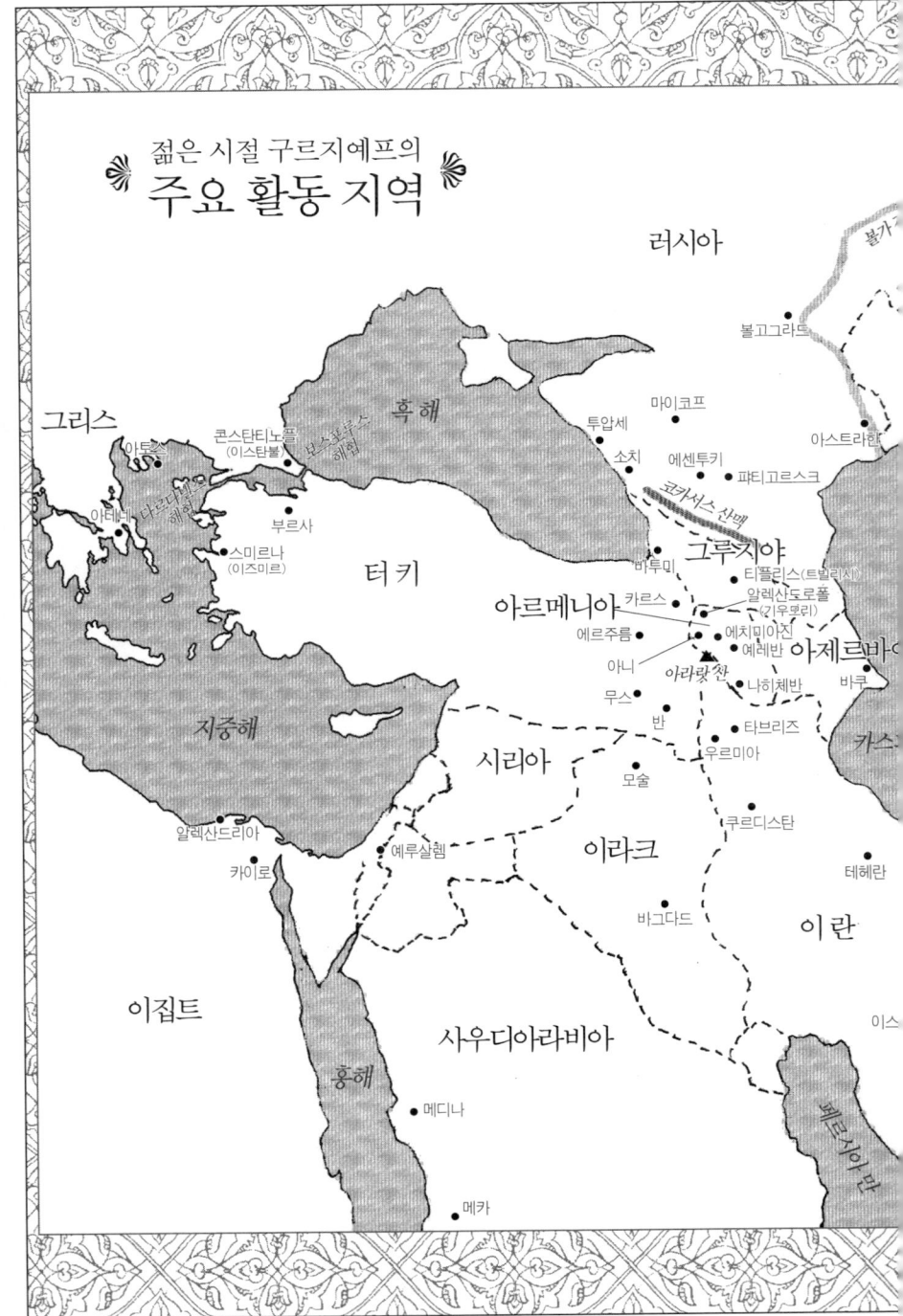

| 차례 |

서문 ······················· 8
옮긴이의 말 ················· 11

1. 드입 ···················· 25
2. 나의 아버지 ··············· 65
3. 나의 첫 번째 스승 ··········· 88
4. 브가체프스키 ·············· 99
5. 디스터 X 혹은 포고시안 선장 ··· 127
6. 아브람 옐로프 ············· 168
7. 유리 루보비츠키 왕자 ········ 191
8. 에킴 베이 ················ 269
9. 피오트르 카르펜코 ·········· 298
10. 스크리들로프 교수 ········· 331

물질적인 질문 ··············· 360

서문

구르지예프는 거의 전 생애를 제자들에게 지식의 체계를 가르치는 데 바쳤다. 그러다 죽음을 맞기 얼마 전, 그는 세 권의 시리즈 중에서 자신의 사상을 다룬 첫 번째 책 《전체와 모든 것, 혹은 베엘제부브가 손자에게 들려주는 이야기*All and Everything, or Beelzebub's Tales to His Grandson*》를 출판하기로 결심했다. 구르지예프에 따르면, 이 책의 목적은 독자들의 마음속에 익숙지 않은 생각의 흐름을 불러일으킴으로써 인간의 마음과 느낌 속에 수세기 동안 깊게 뿌리 내려온 믿음의 체계와 관점을 무자비하게 파괴하는 데 있었다.

그가 죽은 지 10년 뒤, 제자들은 그때까지만 해도 자신들만 접근할 수 있었던 구르지예프의 사상 전체를 세상에 알리자는 결정을 내렸다.

구르지예프가 자신의 두 번째 시리즈라고 불렀던 제2권은 제일 먼저 프랑스에서 1960년에 출판되었다.(이 책의 초고는 1927년 구르지예프의 구술을 받아 러시아 어로 씌어졌으며, 수 년 뒤 구르지예프 자신의 수정을 거쳐 완성되었다—옮긴이) 이것을 나중에 영어로 재출판한 것이 바로 지금 당신이 손에 들고 있는 책, 《놀라운 사람들과의 만남》이다.

구르지예프에 따르면 세 권의 시리즈 중 이 두 번째 책에서 그는

"20년 동안의 탐구 여행중 만난 놀라운 사람들의 실례를 통하여 독자들이 진짜 세계, 새로운 세계를 창조하는 데 필요한 느낌을 구축할 수 있는 재료를 제공"하고자 했다. 이 느낌이란 무엇인가? 바로 한 인간의 삶에 다른 류의 빛을 비춰줄 수 있는 본질적 요소 중의 하나를 말한다.

이 책은 자서전의 형태로 씌었다. 그리고 주로 인생의 초반기와 구르지예프가 오랜 탐구 여정 끝에 도달한 지식의 원천에 관한 정보만을 담고 있다.

구르지예프는 어린 시절 자신을 둘러싼 주변 환경을 묘사하면서 책을 시작한다. 특히 구송전승口誦傳承된 고대 문화를 이어받은 마지막 계승자 중 한 사람이었던 아버지로부터 받은 영향을 맨 먼저 이야기한다. 그 다음 장은 어린 시절 카르스 성당의 사제 밑에서 교육을 받았던 경험이 기술되어 있다. 사제는 직접 소년 구르지예프에게 종교적 훈련을 시키는 한편, 본질적인 가치들을 그의 내면에서 어떻게 계발시킬지 아는 교사들을 찾아내 소년 구르지예프에게 현대 과학을 가르치도록 했다.

나이가 들어감에 따라 인간의 삶에 대한 진정한 이해를 얻고자 하는 그의 열망도 함께 성장해 갔다. 그러한 열망은 나중에 '놀라운 사람들'과의 모임을 이끌어내는 원동력이 되었다. 모임 안에는 기술자, 의사, 고고학자 등 다양한 전문가들이 있었다. 과거에 존재했으나 지금은 그 흔적을 거의 찾아볼 수 없게 된 고대의 지혜에 대해 확신을 가지고 탐구하는 과정에서 그는 원정대를 결성하게 되었고, 중동의 여러 나라는 물론 중앙아시아의 수많은 나라들을 탐험했다.

동료들과 함께 온갖 난관을 거친 끝에 그는 다침내 고대의 지혜를 고스란히 보존하고 있는 소수의 사람들과 고립된 공동체를 찾아냈다. 그리고 매번 그들을 통해서 혹은 공동체 내에서 그 잃어버린 지식의 조각들을 습득할 수 있었다. 그러던 어느 날 비전적秘傳的 가르침을 보존해 오고 있는 한 신비 학교와 만나게 되었고, 그곳에서 그는 비전적 가르침의 모든 원리를 한데 모으는 방법을 깨우치게 되었다. 하지만 그는 이 학교를 단지 우주 형제회Universal Brotherhood라고만 불렀을 뿐 더 이상 구체적인 언급은 하지 않았다.

그때부터 그는 생이 마감되는 순간까지 지극히 엄격한 내적 수련을 통해 이 모든 원리들을 삶이라는 무대 위에서 실험해 가며 '직접적으로 살아내기' 시작했다.

구르지예프는 또한《내가 나로서 존재할 때에만, 삶은 실재한다*Life is Real Only Then, When 'I am'*》라는 제목을 붙인 세 번째 책에 대해서도 언급하고 있다. 이 책을 통해 그는 "인간이 현재 인식하고 있는 허상적 세계 대신 그의 생각과 느낌 안에서 실재하는 세계의 진정한 모습을 떠올릴 수 있도록 돕고자" 했다.

지금 출판을 준비하고 있는 세 번째 책은 구르지예프가 제자들에게 했던 이야기와 강론을 주로 담고 있다. 여기서 그는 자기 자신의 성장을 위하여 실재 세계에서 기인한 시각과 그것의 직접적 적용을 위한 방법을 알려준다. 그뿐 아니라 자기 탐구 과정에서 만나는 함정은 어떤 것들이 있으며 인간의 자기 계발을 위해 필수불가결한 내적 조건에 대해서 좀 더 쉽게 이해할 수 있는 방법을 가르쳐준다.

옮긴이의 말

구르지예프는 누구인가?

　1995년 12월 12일. 나는 주소만 겨우 적힌 종이쪽지 하나 달랑 들고 무작정 상경을 감행하는 촌사람처럼 오쇼 명상 공동체가 있는 푸나로 가기 위해서 인도행 비행기에 올랐다. 내 몸피만한 배낭은 무거웠고, 바닥을 딛고 올라가는 하늘 여행은 버거웠다.
　난 아무래도 내가 살고 있는 곳에서는 더 이상 길을 찾을 수 없다고 여겼던 것 같다. 마주 한 번씩 대형 서점의 철학과 종교 신간 서적들을 뒤지고, 뇌에 과부화가 걸릴 만큼 많은 명상 책들을 읽고 또 읽었지만, 어깨는 갈수록 무거워졌고 눈앞에는 언제나 뿌연 막연함만이 안개처럼 서려 있었다.
　생전 처음 타보는 비행기. 일곱 시간 동안 논스톱으로 인도의 뭄바이를 향해 날아가는 동안, 나는 여러 차례 창문 밖의 비행기 날개를 쳐다보곤 했다. 아마도 그 당시 인도행 비행기를 타야 했던 젊은 이들의 로망과도 같았던 류시화 씨의 영향 때문이었으리라. 그는 미국행 비행기 안에서 바깥 날개 위에 올라타 있는 길잡이 늑대를 만났다고 적었다. 수천 피트 상공에서 주먹으로도 깨뜨리지 못할 유리창을 사이에 두고 이루어졌을 그와 길잡이 늑대의 운명적인 만남. 익숙한 땅에서처럼 나는 이 무한대의 창공에서도 나를 이끌어줄 누군가를 찾고 있었지만, 그날 역시 기대했던 길잡이 늑대와의 만남은 이루어지지 않았다.

가난과 먼지의 땅, 인도. 그날 내가 처음 만난 인도는 향냄새와 거지들로 가득했다. 공항 출입구 옆에 즐비한 신문지는 고단한 몸을 누일 누군가의 안식처였다. 그곳에는 신문지 위에서 밤과 아침의 경계를 긋고 사는 사람들의 숫자가 공항 이용객들보다 훨씬 더 많았다. 짐을 들고 나오는 외국인 여행객을 향해 마치 맡긴 돈 받으러 왔다는 듯 오른손을 내미는 그들의 입술은 오로지 한 가지 낱말만 분주하게 쏟아내고 있었다. "박시시, 박시시, 박시시!"

박시시! 나는 당신에게 자비를 베풀 수 있는 기회를 주고자 한다, 그러니 이 기회를 놓치지 말라! 어쩌면 당신이 이번 생 내내 저질렀던 모든 악행이 내게 던지는 한 푼의 동전으로 소멸될 수도 있을지니. 오, 그대 젊은 여행자여! 나의 내민 손을 뿌리치지 말지어다. 여기, 이 가난과 먼지의 땅에서 동전 한 푼으로 당신의 더렵혀진 영혼을 말갛게 씻어내도록 하라.

푸나까지 가는 길을 쭉 곧게 펼쳐놓으면 세 시간으로 족할 거라고 했다. 공항을 벗어나고부터 도로는 거의 비포장이었고, 시내를 겨우 벗어난 뒤부터는 갓 삶은 국수말이처럼 구불구불한 산길이 이어졌다. 밤을 이용해 물건을 나르는 트럭들은 시속 40킬로미터를 넘지 못했고, 겁에 질린 여행자를 태운 택시는 달리는 시간보다 멈춰서 기회를 엿보는 때가 더 많았다. 공항을 떠난 지 다섯 시간이 넘어섰지만 딱정벌레 모양의 택시는 아직도 산 중턱을 넘지 못하고 있었다. 이교도의 둥근 모자를 정수리에 올려 쓴 택시 운전사는 "모든 것은 알라가 알아서 할 일!"이라며 고갯짓을 했다. 그러다 갈수록 얼굴이 험상궂게 굳어가는 뒷좌석 승객에게 "어쨌거나 삼사라, 윤회의 바퀴는 굴러가고 있으니 뭐가 문제냐?"며 배낭 가득 죽음에 대한 공포만 챙겨온 동양의 여행자를 비웃었다.

그리고 마침내 푸나. 그 아침, 아슈람의 정문 안쪽에서 귀에 익숙지 않은 음악 소리가 들려왔다. 아직은 외부인에 불과했던 나는 공기의 층을 나누며 또리가 풀려나가듯 무소부재의 공간 속으로 밀려들어가는 인도 악기의 소리에 잠깐 동안 넋을 잃고 말았다. 뒤이어 들려오는 목소리. 감정의 불필요한 옷들을 전혀 걸치지 않은 오쇼의 목소리는 과녁을 향해서 흔들림 없이 날아가는 화살처럼 내 가슴 한복판을 향해 쏟아져 들어왔다.

"그러므로 깨어 있어야 한다. 언덕 위의 파수꾼처럼 모든 것을 있는 그대로 지켜보아야 한다. 그대는 육체도 아니요 감정도 아니며 사념도 아니다. 단지 순수한 관조, 그 자체일 뿐이다."

그 순간 그의 목소리를 듣고 있던 것은 내 두 귀가 아니었다. 내 온 존재였다. 머리가 이해할 수 있는 의미 구조를 갖춘 낱말이나 문장이 들리는 게 아니라 낱말과 낱말 사이의 침묵이 날카로운 화살이 되어 내게 박혔다. 머리부터 발끝까지, 안과 밖 전체가 따끔따끔 저리고 아팠다. 나는 그저 망연자실, 계속되는 침묵의 공격을 받고 있었다. 내가 몇 겹씩 껴입고 있던 의심과 불안감, 두려움과 고통, 분노와 슬픔의 두툼한 껍질들이 불꽃을 입고 날아드는 화살 앞에서 쩍쩍 소리를 내며 갈라지기 시작했다.

1996년 1월의 어느 날 붓다홀에서 진행된 구르지예프 무브먼트Gurdjieff Movement, 즉 신성무Sacred Dance 공연을 지켜보는 동안, 나는 다시 한 번 거대한 불꽃 화살의 공격 앞에 무방비 상태로 내던져지고 말았다. 알 수 없는 것들이 깨져나가는 소리가 몸 안팎에서 터져 나왔다. 마음은 소란을 멈추었고 감정은 부정적인 겉옷을 벗어던진 채

본래의 색깔을 드러냈다. 근육 하나하나 세포 하나하나가 통제의 빗장을 벗어던진 채 제각각 그러나 한 호흡으로 맥박 치기 시작했다.

2천여 명을 수용할 수 있는 붓다홀은 이미 무브먼트 시연회를 보러 온 사람들로 가득 차 있었다. 타원형의 명상홀 한쪽에 마련된 무대의 양쪽에는 두 개의 횃불이 밝혀져 있었고, 무대와 관객석은 반원형으로 뿌려진 꽃으로 구분되어 있었다. 대리석 바닥에는 거대한 에니어그램 상징이 그려져 있었으며 사방은 고요했다.

무대와 객석이 높낮이에서부터 차이가 나는 일반적인 예술 공연과 달리 무브먼트 시연회는 기껏해야 몸으로 춤을 추는 사람들과 움직임 없이 지켜보는 사람들 정도의 구분, 혹은 반원형의 꽃 안쪽에서 움직이는 사람들과 그 바깥에서 지켜보는 사람들이 존재하는 정도가 다였다. 궁극적으로는 붉은 무대 의상을 입은 그들이나 자주색 로브를 걸쳐 입은 우리가 다를 게 없었다. 그들은 행위 속에서 행위라는 대상을 지켜보고 있고, 우리는 행위 속의 그들을 지켜보고 있는 '나'를 지켜보고 있었다. 행위의 대상이 움직이든 멈춰 있든 '그저 지켜본다'는 절대 명제는 똑같았다.

위대한 수피 신비가인 루미는 말했다. "춤을 추는 자가 사라지고 나면 춤만 남는다. 춤조차 사라지고 나면 남는 것은 오직 침묵뿐." 나는 그날 밤 춤추는 자가 사라지고 춤만 남아 있는 세계를 보았다. 그리고 춤조차 사라지고 오직 침묵만이 존재하는 순간순간들을 만났다.

한 시간여 동안 진행된 시연회 도중 누구도 박수를 치지 않았고 아무도 자리를 떠나지 않았다. 무대 위에 선 그들의 얼굴은 선과 명암이 사라지고 형태만 남아 있는 마스크처럼 보였다. 서른 명 남짓 되는 그들의 얼굴을 시종일관 뚫어져라 쳐다보고 있었지만, 그 누구에게서도 감정의 상승과 하강 혹은 사념의 들고 나감을 볼 수 없었다. 과장된 감정의 파도를 올라타는 사람도 없고, 왜곡된 사념의 소란으로 흔들리는 사람도 없었다. 말 그대로 춤추는 자가 사라지고 춤만 남아 있었다! 그리고 단지 지켜봄만이 있었다. 여럿이 춤을 추고 있었지만 한 사람이, 아니 하나의 깨어 있는 의식만이 존재하고 있었다. 춤조차 사라진 그 자리에는 오직 침묵만이 난무했다.

변형의 춤, 구르지예프 무브먼트. 나는 마침내 오쇼의 붓다필드 Buddhafield 안에서 길잡이 늑대를 만나고 말았다! 이후 구르지예프와 무브먼트에 관한 나의 관심, 아니 열정은 기름을 뒤집어쓴 들불처럼 내 안에 거대한 불꽃을 일으키며 빠른 속도로 번져나갔다.

오쇼는 강론중에 구르지예프에 관한 언급을 무수하게 많이 했다. 사실 구르지예프가 누구인가를 기술하는 건 그다지 쉬운 일이 아니다. 오쇼는 그를 '영적 세계의 개척자'라고 불렀다. 이유인즉 그가 내적 탐구를 통한 궁극적 이해와 비전적秘傳的 가르침을 처음 서양 사회에 소개함으로써 '제4의 길'을 위한 기틀을 마련했기 때문이었다.

구르지예프의 생애는 크게 어린 시절과 탐구 여정의 시기(1866~1911), 동유럽에서 가르침을 펴던 시기(1912~1922), 그리고 서유럽에서 가르침을 펴던 시기(1922~1949)로 나누어서 볼 수 있다

어린 시절과 탐구 여정의 시기(1866~1911)

구르지여프는 터키 국경 지대와 가까운 러시아 남쪽 지방에서 성장했다. 그곳은 다양한 고대 문화와 여러 인종들 그리고 수많은 언어와 종교가 만나는 교차로였다. 이곳에서 그는 인간 삶의 다양한 측면들을 경험하게 되었고, 답을 찾을 수 없는 의문들을 만나게 되었다. 어린 시절 그의 뇌를 갉아먹던 의문들은 결국 청년 구르지예

프로 하여금 근 15년 동안 이집트를 거쳐 아프리카와 아시아에 이르는 방대한 탐구 여정을 시작하도록 만들었고, 이 시기에 그가 만났던 놀라운 사건들과 사람들에 관한 이야기가 이 책에 잘 기술되어 있다. 그 중에서도 가장 중요한 사건은 무브먼트와의 만남이었다.

무브먼트는 고대의 가르침을 보존해 오고 있던 모든 비전적 학교들의 작업에서 가장 중요한 부분을 차지했다. 무브먼트는 보편적인 인간에게 감춰진, 알려져 있지 않은 영역을 표현한다. 이 알려지지 않은 영역이란 바로 의식의 더 높은 단계, 인간 존재의 본질에 관한 리얼리티를 말한다. 무브먼트는 보편적인 단계에서 좀 더 높은 단계로의 의식적 전환을 가능하게 해준다. 즉 무브먼트를 하는 동안 우리의 내적 상태에 변화가 일어나게 되는데, 이러한 변화란 우주적 법칙에 의한 지배를 받게 된다. 법칙이라고 표현하긴 했지만 그것은 마음의 산물인 언어로 전달될 수 있는 성질의 것이 아니다. 앞서 말한 것처럼 보편적인 의식 상태에서 상위의 상태(깨어 있는 의식 상태)로의 전환이라는 직접적인 경험을 통해서만 인식되고 발견될 수 있다.

중동과 극동 지방 그리고 중앙아시아의 여러 신전과 사원에서 행해진 다양한 춤과 의식 행위에 참여하게 되면서 구르지예프는 이 춤들이 상위의 질서(우주적 지식)를 표현해 줄 수 있는 언어로 사용될 수 있음을 알게 되었고, 마침내 오랜 여행을 마치고 유럽에 정착을 한 뒤부터 신성무를 매개체로 한 가르침을 펴기 시작했다.

동유럽에서 가르침을 펴던 시기(1912~1922)

구르지예프는 동양의 지혜를 서양 사회에 최초로 소개한 사람이다. 서양 사회는 종교의 참된 의미와 변형(명상과 깨어 있는 의식의 깊은 의미)

에 대해 알지 못했다. 또한 의식의 궁극적인 개화 가능성을 보여주는 살아있는 증거를 본 적도 없었다. 구르지예프는 잃어버린 고대의 지혜를 전해주는 지식의 전달자였을 뿐만 아니라 변형의 가능성을 보여주는 영적 스승이기도 했다. 즉 그는 살아있는 스승의 존재를 통해서, 스승의 가르침을 통해서, 그리고 의식을 깨워줄 수 있는 여러 명상법을 통해서 내적 변형이 가능함을 보여주었다.

1912년부터 구르지예프는 모스크바와 상트페테르부르크에서 형성된 모임을 중심으로 가르침을 펴기 시작했다. 그러다 전쟁의 혼란과 혁명의 거센 파도가 밀려올 즈음 모스크바를 떠나 러시아 남부에서 작업을 계속해 나아갔다. 이러한 그의 활동은 나중에 콘스탄티노플로 이어졌다. 이 시기는 그의 학생들이 적어둔 회고록 형식의 기록 안에 잘 정리되어 있다. 이 시기의 행적을 듣은 기록으로는 다음과 같은 책들이 있다.

《진짜 세계로부터의 관점: 구르지예프의 초기 강론 Views from the Real World: Early Talks of G.I. Gurdjieff》— 모스크바, 에센투키, 티플리스, 베를린, 런던, 파리, 뉴욕과 시카고 등을 배경으로 함. 제자들에 의해서 재수집됨.

《기적을 찾아서: 알려지지 않은 가르침의 단편들 In Search of the Miraculous: Fragments of an Unknown Teaching》— 우스펜스키 저술.

《구르지예프와 함께했던 날들 Our Life with Mr. Gurdjieff》— 토마스 하트만과 올가 하트만 저술.

서유럽에서 가르침을 펴던 시기(1922~1949)

구르지예프의 계획은 '인간의 조화로운 계발'을 위한 작업을 하기에 합당할 뿐만 아니라 사람들과의 지속적인 작업이 가능한 곳을 찾아서 학교를 여는 것이었다. 이 학교는 이미 그와 오랜 세월 동안 작업을 함께 해온 사람들, 그리고 그의 메시지를 이해할 만큼의 지성과 감성을 지닌 사람들을 만날 수 있는 장소로 쓰일 예정이었다. 그리고 마침내 파리 외곽에 위치한 퐁텐블로에서 '인간의 조화로운 계발을 위한 학교'가 문을 열게 되었다.

자신의 메시지를 흡수할 만한 사람들을 찾고자 하는 그의 노력은 신성무의 무대 공연을 매개체로 구체화되었다. 최초의 신성무 공연은 1919년 티플리스에 있는 오페라하우스에서 무대화되었다. 그리고 1923년 12월 13일부터 25일 사이에는 파리의 샹젤리제 극장에서 일련의 무브먼트 공연이 진행되기도 했다. 토마스 하트만이 이끄는 오케스트라와 함께 무대화된 동양의 음악과 신성무 공연은 파리의 지식인들에게 신선한 충격을 안겨주었다.

1924년 구르지예프는 학생들과 함께 미국으로 건너가서 뉴욕과 보스톤 그리고 시카고 등지에서 일련의 신성무 공연을 선보였다. 특히 카네기홀에서의 공연은 놀라움과 충격적인 경험이라는 세간의 반응과 함께 미국 지식인 사회에서 중요성을 인정받던 수많은 지식인들이 구르지예프 모임에 참여하는 계기가 되었다.

신성무는 객관적인 예술의 표현 형태를 띠고 있다. 작가 자신의 주관적인 감정을 표현한 보편적인 예술과 달리 객관적 예술은 그것을 표현하는 사람의 내적인 상태(깨어 있음의 정도)를 반영한다. 이는 곧 상위층의 의식을 전달하기 위한 것으로 수용하는 사람이 충분히 깨어 있다면 그 메시지가 그에 부합하는 센터로 흡수된다.

목숨의 위협을 느낄 정도의 자동차 사고를 겪은 후, 구르지예프는 에너지의 대부분을 저술과 작곡 쪽에 쏟아 부었다. '전부와 모든 것'

안에는 세 편의 시리즈 중 두 권에 해당되는 《베엘제부브가 손자에게 들려주는 이야기》와 《놀라운 사람들과의 만남》이 들어 있다.

또한 이 시기에 구르지예프는 토마스 하트단의 도움으로 자신의 방대한 기억 창고 안에 저장되어 있던 멜로디들을 170여 편의 피아노곡으로 완성해 냈다. 이 곡들 중의 일부는 신성무를 위한 춤곡으로 태어나게 되었다.

이후 구르지예프의 저작물은 그의 가르침을 얻고자 하는 사람들의 모임에서 학습의 자료로 읽혀지곤 했다. 여기서 구르지예프는 자신이 쓴 글이 독자들에게 어떤 영향을 끼치는지 주의 깊게 관찰한 뒤 그에 따라서 필요하다고 여겨지는 부분에 수정을 가했다.

죽기 전에 구르지예프는 자신의 작업이 계속될 수 있도록 신성무를 가르치고 자신의 저작물을 출판하는 일을 마담 짤즈만에게 맡겼다. 이 책들은 그가 죽고 난 뒤인 1949년에 출판되었다.

여기에서 구르지예프 작업의 핵심이라고 할 수 있는 '제4의 길'에 대해서 언급해 보자- 제4의 길을 이해하기 위해서는 먼저 세 가지 인간 유형과 그에 따른 세 가지 길에 대해서 알아둘 필요가 있다.

모든 인간은 의식의 계발을 통해 내면의 성장을 이룰 수 있는 권리와 잠재력을 가지고 태어난다. 하지만 이러한 영적 잠재력을 구체화시키지 못한 채 삶의 대부분을 의식적 수면 상태에서 보내고 있다. 구르지예프는 인간의 의식 상태를 '수면 상태 — 보통의 깨어 있는 상태 — 자기 의식 상태 — 객관적인 의식 상태'로 나누었다.

대부분의 사람들은 수면과 보통의 깨어 있는 상태에서 살다가 생을 마감한다. 이 보통의 깨어 있는 상태에서 살아가고 있는 인간은 크게 세 가지 유형으로 나누어진다.

인간 유형 1번은 인간 존재를 이루고 있는 세 가지 센터 중 동작 센터로 표현되는 육체의 억압과 통제를 통해서 자기 의지를 강화시키고자 한다. 흔히 인간 유형 1번이 들어선 길을 '파키르fakir(고행자)의 길'이라고 하는데, 그들은 고통스러운 요가 동작과 같은 자세를 반복적으로 수련함으로써 육체적 욕망을 통제할 수 있는 절대 의지에 도달하려고 한다.

인간 유형 2번은 감정 센터의 억압을 통해 신에게 도달하고자 한다. 헌신과 종교적 희생을 중시하며 '승려의 길'이라 불린다. 이 길은 신의 사랑에 도달하기 위해서 모든 사소한 욕망을 정복하고 감정을 초월하는 것을 수련의 가장 중요한 목적으로 삼는다.

인간 유형 3번은 생각하는 인간으로 논리적인 사고와 정확한 해설을 중요시한다. 흔히 '요가 수행자의 길'이라고 불리는데 지식의 길이자 앎의 길로, 행위의 중요성을 부정하고 문제가 무엇인지 알아내는 것으로 명료함에 도달할 수 있다고 믿는다.

파키르의 길, 승려의 길 그리고 요가 수행자의 길의 공통점은 세상을 포기하고 가족에게서 등을 돌린 채 오로지 개인적 계발에 모든 에너지를 쏟아야 한다고 가르친다는 데 있다. 반면 제4의 길은 '여전히 세상 속에 살고 있되 세상이 그 안에 살게 되지 않기'를 원하는 사람들의 길이다. 제4의 길은 초월의 길로, 의식이 물질을 변화시키지도 않고 물질이 의식을 변화시키지도 않는다. 아무것도 다른 것을 바꾸지 않는다. 모든 것이 그대로 존재할 뿐이며 우리는 단지 모든 것을 있는 그대로 수용할 뿐이다. 초월은 배척이나 포기를 통해서 얻어지는 게 아니라 전적인 수용을 통해서만 도달할 수 있다. 그러므로 그저 '지켜보는 자', 그러니까 '관조자'로 남아 있으면 된다는 것이 제4의 길의 핵심 가르침이다. 제4의 길에 대한 독자들의 이해를 돕기 위해서 모하멧의 시 한 편을 옮겨 적어보고자 한다.

> 이 세상에 머물되 이방인으로서 혹은 지나가는 행인으로 존재하라.
> 영원한 삶이 앞에 있는 것처럼 이 순간을 살되
> 다음 순간이 존재하지 않을지도 모른다는 사실에 깨어 있어야 한다.
> 그러므로 전체적인 삶을 살되 여전히 관조자로 남아 있어야 한다.
> 전체적으로 몰입하되 언덕 위의 야경꾼으로 남아 있어야 한다.

푸나에 머무르는 동안 모든 것을 저버림으로써, 적대와 외면 속에서 독립성과 자유를 성취할 수 있다고 믿었던 나의 저항은, 차츰 직접적 경험을 통한 내적 이해와 통찰로 변해갔다. 세상을 향해 쓴웃음을 지어주고자 안간힘 쓰던 내 입술은 침묵의 향기에 빠져들었고, 분노로 이글거리던 두 눈은 외줄 위의 어름사니처럼 과거도 미래도 아닌 현재만을 바라보기 시작했다. 한 순간, 지나간 시간에 대한 원망에 사로잡히게 되면 중심을 잃고 심하게 흔들리다 추락하곤 했다. 한 순간, 다가오지 않은 시간에 대한 두려움에 사로잡히게 되면 중도에서 벗어나 극단으로 치닫고 말았다. 지금 이 순간, 현재에 머무르는 순간이 쌓일수록 깨어 있는 삶, 즉 객관적 의식 상태에 조금씩 더 다가가는 것을 느낄 수 있었다.

나는 구르지예프의 다음과 같은 말을 늘 가슴에 두고 다녔다. "인간은 기계이다. 그가 하는 모든 행위, 활동, 그가 하는 말, 사고, 느낌, 확신과 습관은 모두 외부적인 영향에 의한 결과물일 따름이다. 인간 혼자서는 단 하나의 생각이나 행위도 스스로 생산해 낼 수 없다. 인간이 말하는 모든 것, 그가 하는 모든 행위와 그가 생각하고 느끼는 모든 것은 단지 주변 상황에 의해서 일어나는 우발적인 사건들일 뿐이다. 인간은 태어나서 살다가 죽는다. 집을 짓고, 책을 쓰지만, 그 행위 역시 그가 원해서 하는 것이 아니라 단지 우발적으로 일어나는 해프닝에 불과하다. 인간은 사랑하지도 않고, 미워하거나 욕망하지도 않는다. 모든 것은 단지 주변 상황에 의해서 일어날 따름이다. 행위 속에서 행위를 하고 있는 그, 자기 자신을 기억 self-remembering하지 않는 한 인간은 기계와 다를 바가 없다."

구르지예프 무브먼트와의 만남은 나를 배낭을 짊어지고 전 세계를 떠도는 여행자로 만들었다. 인도 푸나에서 시작된 여정은 스위스를 거쳐 불가리아로, 프랑스로, 러시아로, 우크라이나와 인도의 다람살라, 대만으로 끝없이 이어졌다.

나는 아직도 구르지예프 무브먼트라는 길잡이 늑대의 안내를 받으며 길 위에 서 있다. 한국에서 보낸 지난 6년 반 동안, 나의 반려자인 달마와 나는 금요일마다 길 위로 나섰고, 주말마다 새로운 곳에서 만난 새로운 사람들에게 자기 탐구의 여행을 안내하고 있다. 그중에서도 4년 넘게 광주에서 '진리를 찾는 사람들'과 함께 해오고 있는 구르지예프 무브먼트 작업은, 우리 두 사람은 물론 '나는 누구인가?'라는 절대 명제를 화두삼아 그 답을 찾기 위해 노력하는 많은 탐구자들에게 길잡이 노릇을 해주고 있다.

이제 샨티출판사를 통해서 구르지예프가 살아생전 구술을 통해 '전체와 모든 것 All and Everything'이라는 제목으로 쓴 세 권의 시리즈 중 두 번째 책인 《놀라운 사람들과의 만남》이 우리의 언어로 출판될 수 있게 되어 기쁘기 한량없다. 사실상 에니어그램을 통해 '구르지예프'라는 이름이 한국 땅에 소개된 지는 제법 오래되었지만, 그의 가르침은 물론 가르침의 토대가 되었던 그의 삶에 대한 정보는 거의 없는 상태이다.

이 책의 첫 장을 펼쳐든 독자들은 어쩌면 그르지예프의 글을 읽기가 만만치 않다고 느낄지도 모르겠다. 하지만 그 자신도 밝히고 있듯이 이는 구르지예프의 의도된 글쓰기의 결과이다. 그의 표현처럼 이는 이른바 '문경인들'의 '언어 매춘 행위' 스스로도 자기가 무슨 말을 하고 있는지 모르면서 온갖 아는 체로 지식―그것도 인위적이고 왜곡된 문법 체계를 앞세워―을 뽐내는 현대 작가들의 글쓰기 풍토에 대한 비판과 야유라고 볼 수 있다. 그러나 그 자신에게 놀라운 영감을 준 사람들의 이야기가 본격으로 시작되는 그 다음 장부터는 마치 여행기를 읽듯 쉽고 재미있게 읽을 수 있을 뿐 아니라, 그의 흥미진진한 이야기 속에서, 젊은 구르지예프를 따라 이집트를 거쳐 에센투키와 콘스탄티노플, 중앙아시아 곳곳의 저잣거리들을 걷고 있는 당신 자신을 발견하게 될 것이다.

참고로, 1960년 프랑스 어로 이 책이 출간될 때 원래 원고에는 없던 '물질적인 질문'이라는 제목의 장이 추가되었는데, 이 책에도 이를 번역해 넣었음을 밝혀둔다. 이 장은 구르지예프가 만든 '인간의 조화로운 계발을 위한 학교'의 뉴욕 지부가 발족한 날 저녁식사 자리에서 어떤 사람이 학교의 재정적 기반에 대해 물은 것에 구르지예프가 답변한 내용을 정리한 것이다. 이 이야기를 통해 독자들은 구르지예프라는 위대한 영적 스승이 돈이라는 물질의 문제에 어떻게 대처하고, 그것을 통해 어떻게 자기 삶의 사명을 완수해 갔는지 훨씬 생생하게 이해할 수 있을 것이다.

구르지예프의 표현처럼 이 책을 읽기로 작정한 당신은 '대담한 독자'이다. 쇠붙이가 순금으로 변형을 이루듯, 한 위대한 영혼이 형성되는 과정을 보는 동안 당신 안에서도 무지와 의문의 껍질이 깨져나가고 '자기 기억'의 씨앗이 발아하는 경험을 할지도 모르니 말이다.

황량한 들판에 나무 한 그루를 심는 것은 아름다운 일이다. 하지만 동일시와 수면 상태에 빠져 있는 인간 의식에 '깨어남'의 가능성이라는 씨앗을 뿌리는 일은 지극히 위대한 일이다. 이제 지면을 통해서나마 이 책의 출판에 앞장서 주신 샨티출판사 식구들께 가슴 밑바닥에서부터 샘솟아 나오는 감사함을 전하고 싶다. 눈에 보이는 것이 전부라고 믿고 있는 현대인들의 삶 속에 우리가 아직 가본 적 없는 더 넓은 세상이 우리 안에 존재한다는 기쁜 소식을 전달해 준 우체부의 역할을 자청해 주셨으니 그저 감사할 따름이다. 이제 당신의 내면이라는 텃밭에 씨앗은 뿌려졌다. 하나의 씨앗이 썩어 그냥 사라지고 말지 아니면 거대한 한 그루의 나무로 성장할 것인지 선택은 당신에게 달려 있다.

아울러 지난 4년 동안 함께 구르지예프 무브먼트를 해오면서 이 책이 나올 수 있도록 힘을 실어주고 기금까지 모아준 '진리를 찾는 사람들'에게, 그리고 내면 탐구의 길 위에서 한 땀 한 땀 의식의 영역을 넓혀가는 모든 여행자들에게 고개 숙여 감사함을 전한다.

이 책을 통해서 "삶이 곧 명상이고 명상이 곧 삶"이라는 진리가 한 걸음 더 우리 곁으로 다가올 거라는 생각을 하니 글을 마치는 이 순간에도 옮긴이의 글 첫머리에 한 낱말 한 낱말을 넣을 때처럼 강한 전율이 온몸을 감싸오는 듯하다.

그저 감사하고 기쁜 마음으로……

2012년 1월, 공주에서
폴라

도입

　시리즈의 첫 번째 책을 탈고한 뒤 정확하게 한 달의 시간이 흘렀다. 시대의 흐름 속에서 이 시기를 나는 순수 이성에 종속된 내 일상적 존재의 여러 부분들을 쉬게 하는 데 온전히 바치겠다고 결심했었다. 시리즈의 첫 번째 책《전체와 모든 것, 혹은 베엘제부브가 손자에게 들려주는 이야기》마지막 장에 적은 것처럼 글이든 뭐든 끼적이는 일은 더 이상 하지 않고 7-장 대접받을 자격이 있는 이 종속된 부분들의 평안을 위해 전념하겠다고 말이다. 운명의 장난으로 인해 프리외르Prieuré의 와인 저장고에서 내 처분을 기다리고 있는 오래된 칼바도스(프랑스 북부 칼바도스 지방에서 생산되는 사과주―옮긴이)나 천천히 그리고 부드럽게 한 병 한

병 들이키면서 지낼 거라고 공언한 바 있었다. 특히 내 수중에 있는 칼바도스는 지난 세기에 만들어진 술로, 삶의 진정한 의미를 터득한 사람들의 손으로 빚어진 것들이다.

그리고 오늘 나는 결심했다. 이제 다시 글쓰기를 재개할 수 있기를 희망—나 자신을 몰아붙이는 대신 더할 나위 없는 기쁨에 차서—한다고. 물론 이 작업에 상응하는 모든 우주적 힘의 도움을 얻어서, 특히 이번에는 우주적 법칙에 따른 결과물로서 세상에 모습을 드러낸 첫 번째 책을 읽은 독자들의 바람과 함께 말이다.

이제 나는 시리즈의 두 번째 책에서 이야기할 모든 것을 모든 사람이 이해할 수 있는 형식으로 제공하고자 한다. 책에 쓴 내용이 나와 닮은꼴인 피조물들의 의식 속에서 '새로운 세상'을 세우는 데 건설적인 재료 역할을 해주기를 희망하면서 말이다. 나는 이 새로운 세계만이 실재한다고 여긴다. 아니, 단 한 치의 의심도 없이 이 세계만이 유일한 세계라고 믿는다. 현대인들이 믿고 있는 허상의 세계가 아니라, 한 인간의 사고 능력이 어느 단계에 걸쳐 있든 무관하게, 인간 사고의 전 단계에서 실재한다고 인식될 수 있는 유일한 세계는 바로 이 새로운 세계뿐이다.

사실 현대인의 마음은 온갖 종류의 기상천외한 충동을 일으키는 이른바 데이터라는 것을 통해 세상을 인지할 수 있을 뿐이다. 지식적으로 그가 어느 단계에 도달해 있든 아무런 상관이 없다. 이 데이터라는 것은 뜻하지 않게 작동하기도 하고 의도적으로 활성화되기도 한다. 데이터로 인해 활성화된 온갖 충동은 이제 갖가지 생각의 조합으로 홍수를 겪고 있는 인간의 내면에서 그 결합 속도가 더욱 가속된다. 그리하여 점진적으로 그의 사고 기능 전체를 부조화 상태로 이끌어가고 만다. 이제 이 지극히 비애스러운 결과물로 인해서 우리의 목숨은 10년에 한 번씩 그 길이가 단축되고 있다. 만일 인간이 자기 자신을 조금이라도 보편적인 삶이라고 하는 비정상적인 조건들, 즉 이미 굳건히 자리를 잡은 일상적인 영향으로부터 조금이라도 분리시켜 놓을 수 있다면, 그는 거기에 압도당하는 게 아니라 거리를 두고 눈앞에 놓인 문제나 상황을 진지하게 생각해 볼 수 있을 것이다.

가장 먼저 '생각의 회전'을 위하여, 다시 말해서 나의 사고와 당신의 사고에 부합하는 리듬을 구축하기 위해서 나는 위대한 베엘제부브Beelzebub(이스라엘 인더 가나안 지방의 풍요신인 바알을 경멸해서 부르는 이름. 바알 제불 Baal-Zebul이라고도 하며, 성서에서는 악마의 호칭의 하나로 되어 있다—옮긴이)의 실례를 따르고자 한다. 그리고 그와 내가 지극히 존경하는 한 인물의 사고 형태를 모방하고자 한다. 내 글을 읽을 만큼 용감한 독자인 당신도 존경하고 있을 법한 그의 전형을 따르려는 것이다. 그러니까 당신이 내 첫 번째 책을 끝까지 읽을 만큼 대담한 사람이었을 경우에 말이다. 다시 말해 나는 이 책의 첫머리에서 우리가 사랑하는 물라 나스루딘Mullah Nassr Eddin(이슬람 문화권의 여러 나라에서 대중적인 지혜의 체현자로 알려져 있는 전설적인 인물)이 '미묘한 철학적 문제'라고 부를 만한 것을 먼저 소개하고자 한다.

책의 서두에 이런 이야기를 하는 까닭은 내가 도입부와 뒤의 설명 부분에서 이 성자의 지혜를 자유롭게 활용할 생각이기 때문이다. 이 성자는 현저 전 세계적으로 알려져 있을 뿐만 아니라 소문에 따르면 조만간 자격을 갖춘 사람이 그에게 공식적으로 '유일한 한 사람'이라는 칭호를 수여할 거라고 한다.

아마도 독자들은 이 장의 첫 단락을 읽을 때부터 이미 의식 안에 일종의 당혹감과 함께 이 미묘한 철학적 문제를 감지했으리라. 다시 말해서 당신이 의학적 자료에 근거한 확고한 신념을 가진 사람이라면, 내가 이 시기를 터무니없는 양의 알코올과 함께 지극히 만족스러운 휴식기로 보내려 했다는 부분을 읽은 뒤 당연히 당혹스러움을 느꼈을 것이다. 앞서 언급한 오래된 칼바도스는 다양한 정력 강화제와 사촌 관계에 놓여 있다.《전체와 모든 것, 혹은 베엘제부브가 손자에게 들려주는 이야기》의 저자인 나는 거의 목숨을 잃을 뻔한 사고를 겪은 후 몸이 온전히 회복되지 않은 상태에 있었다. 그럴 수밖에 없는 것이 나의 사상을 다른 사람들에게 최대한 정확하게 전달하기 위해 쉬지 않고 글을 쓰는 등 과도한 노력을 쏟아왔기 때문이다.

사실 이 미묘한 철학적 문제에 대한 솔직하고 완전한 답을 제시하기 위해서, 먼저 내가 스스로 부과한 의무를 완벽하게 이행하지 못했다는 점을 밝혀야겠다. 왜냐하면 저 오래된 칼바도스의 남은 병들을 모두 다 마셔버리지 못했기 때문이다. 그러니 당신들은 먼저 내 개인적인 죄책감에 대해서 올바른 판결부터 내려야 한다.

요점은 이렇다. 나의 휴식기로 주어진 이 기간 동안 무의식적인 욕망에도 불구하고 나는 첫 번째 책의 마지막 장에서 언급했던 오래된 칼바도스의 남은 열다섯 병에 나 자신을 묶어놓을 수가 없었다. 오히려 병 속에 들어 있는 숭고한 내용물을 그에 못지않게 숭고한 액체가 담긴 브랜디 아르마냑(꼬냑과 함께 유명한 포도 브랜디로, 꼬냑이 부드러운 맛인 데 반해 아르마냑은 강렬한 맛으로 유명하다 — 옮긴이) 200병 — 올려다보기만 해도 황홀한 — 과 결합시켜야만 했다. 그리하여 최근 몇 년 사이에 나의 필연적인 보조자, 특히 나의 이 '성스러운 의식'의 보조자가 된 전체 종족은 물론이고 나 개인적으로도 이 정도의 우주적 물질이면 충분히 만족할 수 있도록 말이다.

내 사적인 죄책감에 대한 판결문을 낭독하기 전에, 당신들은 먼저 내가 첫날부터 아르마냑을 과일주용 유리잔으로 마시던 습관을 바꾸어 바닥이 납작한 큰 잔으로 마시기 시작했다는 사실도 참작해야만 한다. 그리고 나는 순전히 본능적으로 그렇게 하기 시작했다. 나는 현재의 경우도 그렇거니와 승리는 언제나 정의의 편일 거라 믿어 의심치 않는다.

나는 당신, 대담한 독자인 당신에 대해서 알지 못한다. 그러나 지금 내 생각의 리듬이 차차로 구축되고 있으니, 나 자신을 쥐어짜지 않고도 다시 온갖 아는 체를 시작할 수 있을 것이다.

이 두 번째 책에서 나는 다른 무엇보다도 일곱 가지 격언에 대해 소개하고 설명하고자 한다. 이 격언들은 고대로부터 내려온 유산으로 다양한 기념물에 새겨져서 전해져 왔다. 나는 여러 원정 여행 도중에 이 기념물들을 발견하고 판독했다. 이 격언들은 아주 오래 전에 존재했던 조상들이 '객관적 진리'의 특정한 측면을 언어로 형상화해 놓은 것이다. 현대인의 이성적 사고로도 그 내용을 명확히 이해하는 데 어려움이 없을 거라고 본다. 그러므로 나는 앞으로 전개될 이야기의 출발점이자 첫 번째 책의 마지막 장과 연결고리가 될 격언 하나를 먼저 설명하겠다.

내가 두 번째 책의 서두로 삼기 위해서 고른 고대의 격언은 다음과 같다.

> 오직 그러한 사람만이 인간이라는 이름을 얻을 자격이 있도다. 그리고 오직 그러한 사람만이 저 위Above에서 그를 위해 준비한 것을 확신할 수 있다. 그는 누구인가? 그는 두 팔 안에 늑대와 양을 품되 그 둘이 서로를 해치는 일이 없도록 지켜줄 수 있는 방법을 이미 터득한 사람이다.

우리 조상들의 이 격언을 오늘날 이른바 배웠다는 사람들의 '심리 철학적 분석법'을 가지고 따져보면, '늑대'라는 낱말은 인간 유기체의 기본적이고 반사적인 기능 전체를 상징하고, '양'이라는 낱말은 인간의 느낌이라는 기능 전체를 상징한다. 격언에서 '사람'으로 표현된 것은 인간의 생각하는 기능을 말한다. 사람, 책임 있는 삶을 살아가는 과정 속에 있는 사람은, 그의 의식적인 노력과 자발적인 고통 덕분에, 이 두 이질적인 체류자들의 공생 조건을 만들어내기 위해 필요한 정보를 어렵지 않게 습득해 왔다. 오직 그러한 사람만이 격언에서 분명히 말한 것처럼 위에서 준비한 것 또는 신이 그를 위해서 미리 정해둔 것을 지닐 자격이 있다.

한 가지 흥미로운 점은, 아시아의 여러 종족들 사이에서 미묘한 문제를 풀 때면 으레 적용하는 수많은 속담과 기발한 해결책에도 방금 인용한 고대의 속담과 아주 비슷한 이야기—여기에도 늑대가 나오고, 양은 염소로 바뀌어서 나온다—가 존재한다는 사실이다.

이 미묘한 문제에서 제기되는 질문은 늑대와 염소 그리고 양배추를 가지고 있는 사람이 이 셋과 함께 어떻게 이쪽 강둑에서 반대쪽 강둑으로 강을 건너갈 수 있느냐 하는 것이다. 여기에서 염두에 두어야 할 것은 그가 가진 보트로는 한 번 건널 때마다 늑대와 염소, 양배추 중 하나밖에는 실어 나를 수 없다는 점이다. 또한 그가 감시하지 않으면 늑대가 언제든 염소를 해치울 수 있고 염소도 양배추를 먹어치울 수 있다.

이 잘 알려진 수수께끼의 정답은 이야기 속의 사람이 보편적인 사람들이 할 법한 발상으로는 목적을 이룰 수 없음을 보여준다. 그 사람은 게을러서도 안 되고 힘을 아껴서도 안 된다. 또 목적을 이루기 위해서는 몇 번이고 강을 건널 수 있어야 한다.

이 수수께끼의 정답이 담고 있는 요점을 마음에 잘 새기면서 앞서 언급한 고대 격언의 의미를 살펴보자. 아무런 선입견 없이 이 문제를 생각해 본다면, 자기 자신을 인간이라고 부르는 사람이라면 누구나 스스로 정한 목적―이 이야기에서 보면 본질적으로는 서로 상극인, 두 마리의 독립적인 동물이 그의 이성적 사고의 보호 하에서 다치지 않고 보존되도록 한다는 목적―을 이루기 위해서 게으르면 안 된다는 사실을 마음으로 인정하고 감정적으로도 동의할 수밖에 없으리라. 스스로도 인정한 자신의 나약함과 어떤 식으로도 타협하지 않고 끊임없이 자기와의 싸움을 벌여야만 한다는 사실을 인정할 수밖에 없을 것이다.

어제 내가 '생각의 회전에 대한 아는 체'라고 불렀던 부분을 끝내고 난 뒤, 오늘 아침 작가로서 활동을 시작한 첫 두 해 동안 적어둔 개요―나는 이 원고를 두 번째 책의 서두를 위한 자료로 쓸 계획이었다―를 가지고 공원으로 갔다. 역사적으로 중요한 어느 거리의 나무 그늘 아래 자리를 잡고 앉은 뒤 일을 시작했다. 처음 두세 장을 읽고 난 뒤 주변에 대해서는 까맣게 잊어버린 채 앞으로 어떤 식으로 전개해 나아갈 것인지 깊은 생각에 잠겼다. 결국 늦은 저녁까지 단 한 줄도 쓰지 못한 채 그렇게 그곳에 앉아 있었다.

얼마나 깊게 생각에 잠겨 있었는지 나는 막내 조카딸이 아라비안 커피를 무려 스물세 번이나 바꿔놓은 것도 알지 못했다. 육체적으로나 정신적으로 집중력을 요하는 작업을 할 때 나는 이 커피를 즐겨 마신다. 조카딸이 하는 일은 이 커피가 너무 차갑게 식지 않도록 살피고 교체하는 것이었는데, 나중에야 그 애가 커피를 스물세 번이나 바꿔놓았다는 사실을 알았다.

나를 이 정도로 심각하게 몰두하게 만들었던 것이 무엇인지 대략이나마 당신이 이해할 수 있게 하려면 우선 내가 놓여 있는 난감한 상황에 대해서 말해야만 할 것 같다. 개요를 읽고 나서 내가 이것으로 도입부를 시작할까 생각했던 원고의 전체 맥락을 되씹어보았다. 그러자 불면의 밤을 무수히 보내면서 '헉헉'대며 해온 이 모든 작업이, 첫 번째 책의 최종 편집 과정에서 내용을 바꾸고 추가하는 작업을 끝마치고 난 다음엔 더 이상 아무짝에도 쓸모가 없게 되어버렸다는 걸 알았다.

이 상황을 깨닫고 난 뒤 나는 30분 정도, 물라 나스루딘이 표현한 것처럼, "장화 속에 처박혀서 눈썹만 겨우 내민 상태"가 되고 말았다. 처음에는 일에서 손을 뗄까 생각도 했으나 결국 이 장章 전체를 처음부터 끝까지 다시 쓰기로 결심했다. 하지만 원고에 쓴 문장들을 떠올리다가 내가 왜 현대 문학을 향해 신랄한 비판자가 되었는지 설명하기 위해 어느 지성적인 페르시아 노인이 한 말을 소개했던 부분이 떠올랐다. 어렸을 때 이 늙은 페르시아 인에 대해서 들은 적이 있는데, 나는 현대 문명의 특징을 이 사람이 한 말보다 더 잘 기술한 것은 없다는 생각을 했었다.

일단 독자들이 이 주제와 관련해 내가 쓴 내용을 읽었다면 이들 문장 속에 교묘하게 심어둔 사상을 그들의 머릿속에서 빼내기는 불가능해진다. 즉 독자가 그 사상의 의미를 판독해 낸다면, 그것이 곧 내가 시리즈의 마지막 두 권에서 설명하고자 하는 내용을 정확하게 이해할 수 있도록 돕는, 지극히 귀중한 자료가 될 것이다. 나는 이 두 책에서 진리를 추구하는 사람이면 누구라도 접근할 수 있는 형식으로 글을 쓰고자 했다.

이러한 측면들을 감안할 때, 나는 독자들이 이 모든 사상의 의미를 놓치지 않도록 하면서 내가 원래 해오던 설명 방식을 과연 엄청난 수정이 가해진 첫 책 이후로 지금껏 요구받은 설명 방식에 맞출 수 있을지 곰곰이 생각하지 않을 수 없었다.

사실 내가 이 새로운 직종―어쩔 수 없이 받아들인 직업이나 마찬가지인―에 종사하기 시작한 후로 처음 두 해 동안 쓴 글은 현재 요구되는 것과 전혀 맞지 않는다. 모든 것을 나 자신만이 이해할 수 있는 개요의 형태로 적었기 때문이다. 본래는 이 개요를 서른여섯 권의 책으로 발전시켜 나아갈 계획이었다. 그리고 각 권에서는 오직 하나의 특별한 문제만을 다룰 생각이었다.

세 번째 해부터 나는 다른 사람들도 이해할 수 있는 형태의 개요를 쓰기 시작했다. 최소한 추상적 사고 훈련을 받은 사람만이라도 이해할 수 있게 말이다. 하지만 차츰 뭔가 유혹적이면서도 이해하기 쉬운 형태 안에 심각한 사상을 숨기는 방법을 쓸 만큼 노련해지면서 나는 오랫동안 고수해 온 원칙을 바꾸게 되었다. 다시 말해서 내가 "오직 시간이 지남에 따라서만 이해할 수 있다"고 개념화한 사상을 요즘 사람들 대부분이 책을 읽는 동안 생각을 하도록 만드는 쪽으로 방향을 바꾼 것이다. 양적으로 많은 책을 내는 것이 아니라 오직 질적인 면만을 추구하는 쪽으로 원칙에 변화가 왔다는 말이다. 그래서 나는 처음에 썼던 개요 전체를 재검토하기 시작했다. 그리고 이제 그 모든 것을 세 권의 시리즈로 나누었고, 각 권이 곧 최종판이 되는 형식을 취하게 되었다.

오늘 내가 그처럼 깊은 생각에 빠졌던 이유는 아마도 고대의 현자가 말한 "늑대를 배부르게 해서 양을 해치지 못하도록 늘 신경 써라"라고 한 격언의 의미가 어제 내 기억 속에서 새롭게 다가왔기 때문이리라.

저녁이 밤을 불러내면서 아래쪽에서부터 저 유명한 퐁텐블로(당시 구르지예프가 제자들과 함께 머물던 저택 프리외르 인근의 성 이름. 프랑스 파리 남동쪽에 있으며, 숲이 유명하다 — 옮긴이)의 눅눅함이 내 몸을 관통하기 시작하더니 내 생각에까지 영향을 끼치기 시작했다. 머리 위에서는 새라고 불리는, 신이 사랑하는 어린 피조물들이 분주하게 움직이면서 보드랍기 짝이 없는 내 두개골에 찬바람을 일으켰다. 그때 내 일상적인 존재 안에서 누구도 염려할 필요 없이 그리고 아무것도 염두에 두지 말고 단지 두 번째 책의 첫 번째 장에 이 원고의 내용 중 광을 잔뜩 낸 단편들 — 전문 작가들은 이것을 본론을 벗어난 전개라고 부를 게다 — 을 집어넣으라는 대담한 결정이 내려졌다. 그런 다음 이 책을 쓰면서 내가 엄격하게 준수했던 원칙에 따라 내용을 전개해 가는 거다.

이 해결책은 나뿐만 아니라 독자에게도 더 나은 방법이다. 왜냐하면 나는 이미 지칠 대로 지친 내 두뇌를 또다시 혹사시키지 않아도 되니 좋고, 내가 전에 쓴 내용을 모두 읽은 독자는 이 본론을 벗어난 전개 덕분에 새로운 정보를 얻을 수 있으니 좋지 않은가 말이다. 즉 독자들은 제대로 교육을 받았다는 사람들, 현대 문명 속에서 살고 있는 사람들, 밖으로 드러난 결과에 지나치게 신경 쓰는 사람들의 머릿속에 과연 어떤 부류의 생각이 객관적으로 공정한 의견이라는 미명 하에 형성되고 있는지 알게 될 것이다.

원래 이 서문은 서른 번째 책에서 쓸 계획이었다. 그리고 거기에 "왜 나는 작가가 되었는가"라는 제목을 붙일 생각이었다. 그 속에는 평생에 걸쳐 나의 내면에 축적된 다양한 삶의 인상들이 묘사되어 있다. 현재 내 모습의 기반이 되기도 한 다양한 인상들은 현대 문학을 대표하는 사람들의 비위를 거스르는 내용 일색이다. 내가 이미 말한 것처럼 이러한 연관선상에서 어린 시절 내가 처음으로 페르시아에

갔다가 들은 토론의 내용에 관해서 적어보려고 한다. 그곳에서 나는 우연히 페르시아 지식인들이 한데 모여 현대 문학에 대해 토론하는 모습을 보았다.

그날 토론을 주도한 사람은 내가 앞에서도 언급한 지성적인 페르시아 인 노인이었다. 그의 지성은 유럽적인 의미에서가 아니라 아시아적인 의미의 지성을 말한다. 유럽에서는 지식을 쌓으면 지성인이 되지만, 동양에서는 지식의 축적뿐만 아니라 존재의 내적인 상태까지 포함하여 지성인이라는 표현을 쓴다. 그는 고등 교육을 받은 사람으로 특히 유럽의 문명에 정통했다.

그가 말한 여러 가지 내용 중에서 기억에 남는 부분을 적어본다.

"오늘날의 우리는 물론 뒤이어올 세대가 '유럽 문명'이라고 부르게 될 문명의 현재 모습을 보면 '인간 완성의 전 과정' 안에서 지극히 공허하고 미성숙한 상태에 있음을 알 수 있소이다. 이유인즉 '자기 완성'의 주된 회전축 역할을 하는 마음의 계발이라는 측면에서 볼 때 우리 시대의 문명인들이 선조에게서 물려받은 값진 유산을 후손에게 전달해 줄 수 있는 능력이 없기 때문이에요.

예컨대 인간의 마음을 계발하는 주된 수단 중의 하나가 바로 문학입니다. 하지만 현대 문명에서 나온 문학이 인류에게 줄 수 있는 게 뭐가 있습니까? 아무것도 없소이다. 이른바 '언어 매춘 행위'의 계발 외에는 아무것도 없단 말입니다.

내 개인적인 생각으로는 오늘날의 문학이 이처럼 변질된 근본 원인은 글쓰기에 임하는 작가들의 전반적인 태도에 있다고 봅니다. 사고의 질이나 전달되어야 할 내용의 정밀성에 초점을 맞추기보다 겉모습을 치장하는 데 급급하고 있는 그들의 태도가 원인이라는 말이외다. 내가 언어 매춘 행위라 표현한 글쓰기 태도로 그들이 얻어낸 소득은 바로 맵시 있는 스타일 만들기라는 것이오.

그러다 보니 당신이 하루 종일 장편의 책을 읽더라도 작가가 무슨 말을 하고 싶어 하는지 알 도리가 없소이다. 책이 거의 끝나갈 무렵에, 그러니까 굉장히 많은 시간―삶의 불가피한 사명을 충족하기에도 이미 부족한데 말이오―을 낭비하고 난 뒤에야 이 음악 전체가 손톱만한 크기의 발상 위에 세워진 보잘것없는 쓰레기였다는 사실을 발견하게 되는 게지요.

현대 문학은 그 내용에 따라 세 가지로 분류될 수 있으니, 첫째는 이른바 과학의 영역에 속하는 것, 둘째는 이야기narrative로 된 것, 셋째는 기술description에 해당하는 것이오.

과학 책은 대개 이미 모든 사람이 알고 있는, 온갖 종류의 해묵은 가설假說을 모아놓은 것에 지나지 않습니다. 그걸 가지고 방식을 조금 바꿔서 조합한 뒤 다양한 주제 위에 새롭게 적용한 것처럼 광을 낸 것에 불과하다는 말입니다.

이야기 혹은 소설―여러 권으로 이어지는 덩치 큰 것을 포함해서―이라 불리는 것은 대부분 아무런 세부 정보 없이 존과 존스 그리고 메리 스미스가 어떻게 해서 자기 식의 '사랑'을 만족스럽게 이루었는가 따위를 묘사하고 있을 뿐이오. 사랑, 그 성스러운 느낌은 나약함과 의지박약함으로 인해 사람들 속에서 차츰 퇴화하고 있는 중이라오. 사랑은 원래 우리 영혼의 구원을 위해 또 서로 도우면서 다 함께 행복한 삶을 살아가도록 하기 위해 창조주가 우리에게 준 선물이지만, 이제 그 본모습은 온데간데없이 현대인들로 인해 악덕으로 변질되고 말았소이다.

세 번째 범주에 드는 것은 여행기나 모험담, 여러 나라의 식물지와 동물지 같은 것들입니다. 이런 종류의 기행 서적은 대개 어디에도 가본 적이 없는 사람들이 씁니다. 즉 자기 집 문턱을 한 번도 넘어본 적 없는 사람, 실물을 본 적 없는 사람이 이런 책을 쓰는 작가가 된다는 말이오. 몇 가지 예외가 있기도 한데, 그런 사람들은 자신의 상상력에 고삐를 채우거나 자기와 같은 전직 망상가들이 쓴 책 여기저기서 내용을 떼어내 저 이름자를 붙인 책에다 조각 붙이기를 한 것에 지나지 않습니다.

문학 작품이 지니는 책임감과 중요성에 대해 말장난 수준의 이해 밖에 하지 못하는 오늘날의 작가들은 갈수록 맵시 있는 스타일 만들기에만 온 힘을 다 쏟고 있는 상황이라오. 그들은, 자기들 생각에, 조화의 미학이라고 여겨지는 걸 얻고자 재로 놀라운 잡동사니를 새로운 형식의 운문이라고 만들어내기도 하지요. 결국 그렇게 해서 자신들이 적은 시구 안에 존재하던 미약한 감각마저 파괴해 버리고 마는 겁니다.

이상하게 들릴지 모르나, 동시대 문학에 자행된 대부분의 해악은 문법에 의해서 행해졌다고 봅니다. 모든 사람이 가담해서 성형해 놓은 인위적인 문법 체계를 나는 '불협화음으로 이루어진 연주회'라고 부른다오.

각 언어의 문법이란 대부분 인위적으로 만들어진 것이오. 그것은 이른바 문법학자라 불리는 지독한 '문갱자들'에 의해서 만들어지고 수정되고 있소이다. 진정한 삶에 대한 이해 그리고 사람 사이의 관계를 위해 진화된 것이 언어라고 볼 때, 그들보다 더한 문맹자는 없을 것이오.

반면에 과거의 모든 민족과 고대의 역사가 아주 극명하게 보여주듯이, 문법은 언제나 삶 자체의 힘에 의해서 점진적으로 형태를 갖추어왔다오. 즉 각자의 발전 단계에 따라서, 주 거주지의 기후 조건에 따라서, 그리고 식량 확보의 주된 수단에 따라서 자연스럽게 언어의 문법적 변화가 일어났다는 말이지요.

오늘날 문명 사회에서 사용되는 몇몇 언어들의 문법은 말의 의미를 너무나 왜곡시킨 나머지 작가가 전달하고자 하는 내용이 무엇인지 이해하기가 불가능할 지경이라오. 특히 독자가 그 언어권의 사람이 아닐 경우에는 몇 분쯤 사색에 잠길 수 있는 마지막 가능성조차 빼앗기고 말았다오. 이 문법이라는 게 없이 좀 다르게 표현되었더라면 그나마 이해할 수 있었을지도 모르는데 말이오.

방금 전에 한 말을 좀 더 명확하게 하기 위해서, 당신들에게 내가 겪었던 에피소드 하나를 들려주리다."

이 지성적인 페르시아 노인이 계속해서 말을 이어갔다.

"당신들도 알다시피 내 곁에 있는 사람 중에 유일한 피붙이라곤 부계 쪽의 조카 녀석 하나밖에 없소이다. 몇 년 전 조카아이는 바쿠(오늘날 아제르바이잔의 수도로, 카스피 해 서해안에 위치한 도시―옮긴이) 지역의 한 유정油井을 상속받아 그곳으로 떠나게 되었습지요. 그래서 나도 가끔씩 그 마을을 찾아가곤 하는데, 이유인즉 조카아이가 수도 없이 많은 상거래 때문에 하나뿐인 삼촌이요 여기 고향 땅에 살고 있는 나를 만나러 올 처지가 못 되기 때문이지요.

오늘날 유정이 있는 구역과 바쿠 시내는 러시아에 속해 있는데, 대국 러시아는 문학 작품을 풍부하게 생산해 내고 있는 거대 문명 국가 중의 하나입니다. 바쿠에 살고 있는 주민과 그 주변에 살고 있는 여러 민족은 러시아 인들과 공통된 게 하나도 없다오. 하지만 집에서는 자기네 말을 쓰더라도 바깥에서 사람들과 대화할 때는 러시아 어 사용을 강요당하고 있습지요.

나는 평생 수많은 나라의 언어를 익혀온 까닭에 러시아 어를 배우는 건 크게 어려운 일이 아니었다오. 나는 러시아 어 공부를 시작한 지 얼마 되지도 않아 상당히 잘 구사할 수 있게 되었소. 하지만 그 지방에 살고 있던 사람들의 억양까지 익히는 덴 시간이 꽤 걸릴 수밖에 없었소이다.

그런데 거의 '언어학자' 수준에 오른 사람으로서 한 가지 짚고 넘어가고 싶은 것은, 아무리 외국어를 완벽하게 간다 해도 자신의 모국어로 말하고 생각하는 데 익숙한 사람이 외국어로 생각하기란 불가능한 일입니다. 그러니 내가 여전히 페르시아 어로 생각하면서 러시아 어로 말을 할 때는 사실상 페르시아 어 사고에 부합하는 낱말을 러시아 어에서 찾아야만 하는 거지요.

그러는 와중에 나는 여러 가지 불일치 — 처음에는 나도 잘 이해하지 못했는데 — 에 대해 인식하게 되었다오. 우리 생각 속에 있는 지극히 간단하고 흔한 표현을 오늘날의 이 문명화된 언어로 정확히 전달할 수 없는 때가 종종 있더라는 겁니다. 이 부분에 대한 흥미도 동하고 온갖 삶의 의무로부터 자유로워지기도 해서 나는 러시아 어 문법을 본격으로 공부하기 시작했다오. 그러면서 차츰 이러한 불일치가 그들이 인위적으로 만들어낸 문법 때문에 생겼음을 알게 되었고, 방금 전 내가 당신들에게 말한 확신이 내 안에서 구체화되기 시작한 거라오. 즉 진정한 지식의 관점에서 볼 때, 현대 문학에서 쓰이는 언어의 문법이 일반적이고 평범한 사람들보다 낮은 수준의 사람들에 의해서 만들어졌다는 것 말입니다.

방금 전에 언급한 내용을 좀 더 확실히 설명해 보이기 위해서, 내가 맨 처음 알게 된 러시아 어 내의 여러 불일치 중에서도 어떤 것이 나로 하여금 이 문제에 대해서 더욱 꼼꼼히 연구해 보도록 이끌었는지 알려주리다.

어느 날 나는 러시아 어로 대화하고 있었소. 늘 그렇듯 페르시아 어 형식으로 된 내 생각을 러시아 어로 번역하고 있었다오. 그러다 우리 페르시아 인이 대화 도중에 자주 쓰는 표현인 'myandiaram'이라는 문구를 쓸 일이 생긴 거요. 이 말은 프랑스 어에서는 'je dis'라고 쓰고, 영어에서는 '그러니까 내 말은 I say'이라는 의미로 쓰고 있지요. 하지만 그에 걸맞은 러시아 어 표현을 찾아보려고 기억 속을 아무리 뒤져봐도 단 한 마디도 찾아낼 수가 없었답니다. 그때쯤 나는 러시아 어에 거의 통달한 상태로 문학 서적도 막힘없이 읽었고, 어느 계층의 지식인을 만나더라도 러시아 어로 대화하는 데 아무런 어려움이 없었지요.

우리 페르시아 인들이 아주 자주 쓰는 이 단순한 표현에 부합하는 낱말을 찾아내지 못하자, 당연히 처음에는 내가 아직 이 낱말에 해당하는 러시아 어 단어를 익히지 못했다고 생각했지요. 그래서 사전을 종류대로 꺼내놓고 낱말을 찾아보기 시작했다오. 그뿐이 아니에요. 러시아 어에 정통하다고 생각되는 지식인들에게 내 머릿속의 페르시아 어에 부합하는 러시아 어 낱말이 있는지 물어보았다오. 하지만 현대 러시아 어에는 그런 낱말이 없고, 그 대신 'yah gohvahriou'라는 표현을 쓸 수 있다는 걸 알게 되었지요. 페르시아 어로 옮긴다면 'myan-soil-yaram'이 될 테고, 프랑스 어로는 'je parle', 영어로는 '소리 내 말하다 I speak'가 될 겁니다.

낱말을 통해 전달된 의미를 소화하는 데 있어서 여기에 모인 여러분도 나처럼 똑같은 사고 작용 체계를 갖추고 있을 테니 한번 물어봅시다. 나나 다른 계르시아 인들이 현대 러시아 문학 작품 안에서 'soil-yaram'의 의미에 부합하는 낱말을 읽을 때, 'diaram'이라는 낱말 대신에 쓰인 이 표현에 대해서 본능적으로 뭔가 이상하다는 느낌 없이 그냥 받아들일까요? 물론 아니지요. 왜냐하면 '소리 내 말하다 speak'와 '어떤 내용을 말하다 say'는 전혀 다른 '경험적 행위'이기 때문이에요.

이 사소한 예는 자기네 언어를 이른바 현대 문명의 꽃이라고 말하는 민족들에게서 발견할 수 있는 수천 가지 불일치를 특징적으로 보여준다오. 그리고 바로 이 불일치 때문에 오늘날의 문학은 정신의 계발이라는 기본적인 역할을 다하지 못하고 있습니다. 즉 이 불일치로 말미암아 문학이 이른바 문명의 대변자들로 간주되는 사람들의 마음 계발을 위한 수단도 되지 못하고, 또 오늘날 문명화될 기회를 얻지 못해, 역사적인 자료가 증거하듯, 흔히들 미개하다고 불리는 사람들의 마음도 계발하지 못해요.

현대 문학에 존재하는 이러한 언어의 불일치 때문에 누구나 잘못 사용된 낱말에 따라 문장에 담긴 사상을 인식할 수밖에 없다오. ─ 특히 그가 현대 문명의 대변자 격인 문화권에 속한 민족이 아닐 경우는 더더욱 그렇습니다. ─ 물론 그가 정상적인 사고 기능을 가진 보통 사람이고, 잘못된 의미로 사용된 낱말을 듣거나 읽을 때 낱말의 진짜 의미를 제시할 수 있는 사람일 때 말이오. 결과적으로 그는 문장이 의도하는 것과 상당히 다르게 그 의미를 파악하게 될 겁니다.

비록 낱말 속에 담긴 의미를 파악하는 능력은 민족마다 다를지라도, 반복적으로 경험된 행위─사람들이 살아가는 과정 속에서 이미 잘 확립된─에 관한 자료는 모두 일상의 삶 속에서 형성되었기 때문에 다 비슷비슷합니다.

오늘날 러시아 어에서 엿보이는 표현의 부재, 내가 예로 삼은 페르시아 어 'diaram'의 의미를 정확히 표현하는 낱말이 없다는 것은 얼핏 보기에 사실무근해 보이는 나의 진술, 그러니까 스스로도 문법학자로 자처하거니와 주변 사람들도 그렇게 믿는—이것이 더 고약한 것인데—무식한 어정뱅이들이 삶의 토양 위에서 다듬어진 언어를 왜곡시켜 왔다는 나의 진술이 옳다는 걸 확증해 줄 수 있을 거외다.

이런 수많은 불일치의 원인을 알아내기 위해 러시아 어를 비롯해 몇몇 현대 언어의 문법을 공부하기로 하면서 나는 러시아 어의 기원과 발달 과정에 대해서도 철저하게 공부하기로 결심했소이다. 사실 나는 이전부터 언어학 전반에 상당히 관심이 있었다오.

러시아 어 역사를 공부하면서 과거에는 사람들이 살아가면서 경험하는 모든 것을 정확하게 표현할 수 있는 단어들이 있었다는 사실을 알게 되었소이다. 그러다 몇 세기 사이에 문명이 상대적으로 크게 발전하면서 이 언어는 이른바 '까마귀의 부리를 날카롭게 다듬기' 위한 대상물로 돌변해 버린 거지요. 제 이름 석자의 뜻도 잘 모르는 시건방진 지식인들에 의해서 수많은 낱말이 왜곡되고, 심지어 아예 사용 자체가 근절된 낱말도 많답니다. 이유인즉 자운字韻이 현대화된 문법의 요구에 부합되지 않기 때문인 게지요. 하지만 나는 사어死語가 된 단어 중에서 페르시아 어 'diaram'에 정확히 부합하는 단어를 찾아냈습니다. 그리고 그 낱말은 'skazivaiou'라고 발음합니다.

흥미로운 것은 이 낱말이 지금까지도 보존되고 있다는 사실이외다. 문화의 중심지에서 아주 멀리 떨어진 변방 주민들만이 그 낱말을 원래의 뜻 그대로 쓰고 있었어요. 그들은 러시아 민족에 속해 있기는 하지만 멀리 떨어져 있는 탓에 현대 문명의 영향을 별로 받지 않은 사람들이라오.

오늘날 젊은 세대는 이 인위적으로 만들어진 문법을 억지로 배워야만 합니다. 나는 이 인위적인 문법 체계야말로 현대 유럽인들이 인간으로서 온전한 정신을 갖추고 사는 데 필요한 세 가지 자료 중 오직 한 가지만 발달시키게 만든 근본 원인이 되었다고 보고 있소. 느낌과 본능은 배제하고 오직 생각이라는 요소만이 그들의 개체성을 지배하는 독재자로 군림하는 거지요. 정상적인 이성을 갖춘 인간이라면 누구나 느낌과 본능이 배제된 상태에서 오직 생각만으로 진정한 이해에 접근한다는 것이 불가능하다는 사실을 알고 있는데도 말입니다.

우리 시대의 문학에 관해 논의된 모든 내용을 한 마디로 요약하자면, '그 안에 영혼이 없다'고 말할 수 있을 게요. 나는 이 한 마디보다 요즘 세태를 더 잘 표현할 수 있는 말은 없다고 봅니다. 현대 문명은 문학의 영혼을 파괴해 버렸소. 그리고 이제 문학의 파괴에 이어 그 자애로운 관심을 다른 모든 분야에 쏟고 있는 중이지요.

현대 문명이 만들어낸 이러한 결과에 대해서 신랄하게 비판할 수 있는 근거는 단지 이뿐이 아니외다. 아주 먼 고대로부터 현재의 우리에게 전해진, 믿을 만한 역사적 자료에 따르면, 과거 문명의 문학은 인간의 마음을 계발하는 데 있어 뛰어난 보조자 역할을 해왔음을 알 수 있소이다. 그리고 한 세대에서 다음 세대로 전해진 이러한 계발의 결과는 몇 세기가 지난 후에도 여전히 느낄 수 있습니다.

내 생각에 사상의 정수는 삶 속에서 형상화된 특정한 우화나 속담을 수단으로 했을 때 다른 사람들에게 훨씬 더 잘 전달된다고 여겨집니다. 과거 문명의 문학과 현대 문학 사이의 차이점을 보여주기 위해 페르시아인들 사이에서 아주 잘 알려진 우화를 하나 소개하고자 하오. 제목은 '참새 두 마리의 대화'라오.

옛날 어느 높은 집 지붕 위에 늙은 참새 한 마리와 젊은 참새 한 마리가 앉아 있었다고 합니다. 둘은 참새들 사이에서 '오늘의 뜨거운 화젯거리'를 놓고 토론하고 있었소. 어느 이슬람 율법학자네 집에서 일하는 가정부가 창문 밖으로 뭔가를 내던졌는데, 마침 그 물건이 참새들이 모여서 놀고 있는 곳에 떨어졌다오. 생긴 걸 보아하니 먹다 남은 죽처럼 보였는데 나중에 알고 봤더니 잘게 다진 코르크였더랍니다. 젊은 참새들 몇 마리와 아직 세상 물정에 어두운 참새들이 멋모르고 먹었다가 거의 속이 뒤집어질 뻔했다지요.

이 이야기를 하던 중 늙은 참새가 갑자기 깃털을 곤두세우더니 고통으로 일그러진 표정으로, 그를 괴롭히는 벼룩을 찾기 위해 날개 속을 뒤지기 시작했다오. 보통 벼룩은 배를 곯고 있는 참새의 깃털에 새끼를 낳는다오. 벼룩을 찾아낸 늙은 참새가 길게 한숨을 쉬면서 말했답니다.

'시절이 정말이지 많이도 변했구나. 이제는 우리에게 형제애를 베푸는 것이라곤 없으니 말이다. 옛날에는 지금처럼 지붕 위에 앉아서 조용히 낮잠을 자고 있으면 갑자기 저 아래 길가에서 덜컹덜컹 달그락달그락 소란스러운 소리가 들리면서 순식간에 악취가 넓게 퍼지기 시작했단다. 그 순간 우리 뱃속에서는 기쁨이 차오르기 시작했지. 왜냐하면 소란스러운 소리가 들리는 아래쪽으로 날아가 주변을 뒤져보면 우리의 본질적인 욕구를 만족시켜 주는 것이 거기에 있을 거라고 확신할 수 있었거든.

하지만 요즘은 세상이 너무나 많이 변했어. 옛날에 비해 소음도 훨씬 심하고, 덜컹덜컹 달그락달그락거리는 소리도 귀가 찢어질 만큼 크게 들리는데다 악취도 더 심해졌는데, 어쩐 일인지 이 악취를 견딜 수가 없구나. 가끔씩 오래된 습관 때문에 뭔가 요깃거리가 될 만한 게 있나 싶어 소슽이 멎은 틈을 타 아래쪽으로 내려가 주변을 살펴보는데 말이다, 눈에 쌍심지를 켜고 둘러봐도 쓸 만한 건 아무것도 없고 다 탄 기름방울의 메스꺼운 냄새만 진동하더구나.'

여러분도 모두 아시겠지만 이 우화는 말이 끌던 구식 마차와 오늘날의 교통 수단인 자동차를 빗대어 말하고 있다오. 늙은 참새가 표현한 것처럼 자동차가 훨씬 더 시끄럽고 요란스러울 뿐 아니라 냄새도 더 고약하지만, 참새의 먹을거리로는 아무런 소용도 없다오. 먹을 게 없으면 참새도 건강한 새끼를 낳기 어렵다는 건 여러분도 이해할 겁니다.

이 우화는 현대 문명과 과거 문명 사이의 차이점을 아주 잘 보여 주고 있소이다. 이전의 문명에서도 그랬듯이 오늘날의 문명에서도 문학은 인간의 완성을 목적으로 존재하고 있습니다. 하지만 현대 문명의 다른 모든 영역에서와 마찬가지로 오늘날 문학에서도 본질적인 목적을 위한 '요깃거리'가 될 만한 건 아무것도 없소이다. 그저 겉만 요란할 뿐이지요. 늙은 참새가 말한 것처럼 시끄럽고 덜컹거리고 메스꺼운 냄새만 진동할 뿐입니다.

생각이 한쪽으로 기울어진 사람이 아니라면 누구라도, 다음과 같은 단순한 비교만 해봐도 내 관점을 확실히 인정할 수 있을 게요. 즉 아시아 대륙에서 태어나 그곳에서 평생을 살아온 사람과 유럽 대륙에서 태어나 현대 문명이 만들어놓은 조건 속에서 교육을 받아온 사람을 예로 들어봅시다. 이 두 사람 중 과연 어떤 사람이 더 느낌이 풍부하게 발달했을 거라고 생각합니까?

위대한 사람들이 언급한 한 가지 사실이 있소. 오늘날 아시아 대륙에 살고 있는 모든 거주자 중에서 지형적 조건이나 그 외 다른 조건으로 인해서 현대 문명의 영향을 받지 않은 사람들의 경우, 느낌의 계발 정도가 유럽에 거주하고 있는 사람들보다 훨씬 높은 단계에 도달해 있다는 사실이오. 느낌은 상황 분별을 위한 근본적인 감각을 말합니다. 그런 까닭에 일반적인 지식이 부족함에도 아시아 사람들은 서구의 현대 문명에 속해 있는 사람들보다 자신이 관찰한 대상에 대해 더 정확하게 인지할 수 있다는 겁니다. 유럽인들에게 있어서 자신이 관찰한 대상에 대한 이해란 이른바 '수학적 정보'라는 만능의 수단 하나만 가지고서 대상을 이해하는 것뿐이오. 그에 반해 아시아 사람들은 때로 느낌만으로, 심지어는 본능만으로 대상을 관찰하고도 그것의 본질을 파악하기도 합니다."

이 지성적인 페르시아 노인은 현대 문학에 대해 이쯤 이야기하고 나서, 오늘날의 유럽인들이 상당히 흥미로워하는 주제, 곧 '문화의 전파자들propagators of culture'이라는 문제를 다루기 시작했다.

"아시아 사람들은 한때 유럽 문학에 지대한 관심을 가졌지만, 내용은 없는 껍데기뿐임을 알게 되면서 차츰 흥미를 잃더니 지금은 거의 쳐다보지도 않게 되었소. 나는 유럽 문학에 대한 관심이 떨어진 주된 이유가 소설이라고 알려진 현대화된 글쓰기 때문이라고 보오. 앞서 말한 것처럼, 유럽의 유명 소설들이란 주로 이 시대 사람들 사이에서 발생한 병폐 과정을 여러 가지 형태로 길게 묘사해 놓은 것에 불과하다오. 이 병폐는 유럽인들의 나약함과 의지 상실에서 기인하는 것들로 상당히 오랜 기간 계속되고 있지요.

어머니 대자연으로부터 그다지 멀리 떨어져 살지 않는 아시아 사람들은 소설 속 남녀의 이러한 정신 상태가 인간 존재의 측면에서 볼 때 무가치하다는 것을 직관적으로 알고 있습니다. 특히 이러한 정신 상태가 인간 존재에 대한 비하라는 것도 말이외다. 그리고 본능적으로 그들은 그러한 사람들에 대해서 경멸하는 태도를 취하게 되는 거지요.

유럽 문학의 또 다른 갈래를 이루는 과학적인 것, 기술(記述)적인 것, 그리고 여타 교훈적인 것 등을 봅시다. 느낄 수 있는 능력을 잃지 않은 사람들, 그러니까 자연에 더 가깝게 서 있는 아시아 사람들은 이런 책을 읽으면서 작가가 실제 세계에 관해 아무것도 알지 못할 뿐 아니라 자신이 쓰고 있는 주제에 대해서도 진정으로 이해하지 못하고 있다는 사실을 반무의식적으로 그리고 본능적으로 감지합니다. 아시아 사람들은 처음에는 유럽 문학에 큰 관심을 보였지만 이런 이유로 점차 관심을 쏟지 않게 된 것이외다. 그리고 오늘날은 아예 거들떠보지도 않게 되었다오. 그럼에도 유럽의 공공 도서관, 개인 서재 그리고 서점의 책꽂이는 날마다 쏟아져 나오는 신간 도서들로 비명을 지르고 있는 실정이라오.

지금 여러분의 마음에는 한 가지 의문이 들 게요. 방금 전 내가 한 말과 아시아 인의 절대 다수가 문맹이라는 모순을 어떻게 받아들여야 하느냐 하는 의문 말이오.

여기서 나는 현대 문학에 대한 관심이 떨어진 원인이 바로 현대 문학 자체에 있다는 것부터 말하고 싶소. 나는 글을 읽을 줄 아는 한 사람 주위에 수백 명의 문맹자가 모여서 그가 읽어주는 성스러운 기록이나 '천일야화'로 알려진 이야기를 듣고 있는 모습을 본 적이 있소이다. 물론 여러분은 '천일야화'에 나오는 이야기가 그 사람들의 생활에서 따온 것이기 때문에 청중의 흥미를 끄는 건 당연하다고 말할 것이오. 하지만 그게 요점이 아니라오. 이러한 텍스트—지금 내가 이야기하는 '천일야화' 같은 텍스트—야말로 진정한 의미의 문학 작품이라 불릴 만하다는 겁니다. 이 책을 읽거나 들어본 사람은 누구나 그 안에 담긴 내용이 모두 상상의 산물임을 알 수 있소이다. 보통 사람들의 삶에서 보면 비현실적인 에피소드이지만, 그것이 곧 진실에 부합되는 환상이라는 사실을 기억해야 합니다.

이야기를 듣는 독자나 청중의 관심이 깨어나고 더 커지는 것은 작가가 주변에 있는 모든 사람의 정서를 세세히 이해하고 있을 때 가능합니다. 그럴 때 청중은 호기심을 가지고 따라가다가 어떻게 실제 삶의 소소한 사건들이 한 편의 이야기로 형태를 갖추어가는지 조금씩 알게 되는 거지요.

현대 문명은 저널리즘이라 불리는 또 다른 문학 장르를 생산해 냈는데, 이것은 아주 특이한 형태를 띠고 있습니다. 이 새로운 형태의 문학에 대해 모른 척 입을 다물고 지나칠 수가 없구려. 이유인즉 이것이 인간의 마음 계발을 위해 아무 기여도 하지 않았다는 점은 차치하더라도, 사람들 사이의 관계를 황폐화하는 근본적인 패악이 되고 있기 때문이오.

이런 형태의 문학이 최근 들어 아주 넓게 파급되고 있는데, 나는 저널리즘이 다른 어떤 장르보다도 인간의 나약함과 욕망을 부추기면서 인간의 의지박약함을 더욱 심화시키고 있다는 확신을 가지고 있소. 이제 자신의 개체성 인식을 위해 제공된 자료를 습득할 수 있는 마지막 가능성까지 사람들의 내면에서 위축된 상태지요. 이 인식법은 '자기 기억remembering oneself'이라고 불릴 수 있는 것으로, 이것이 자기 완성을 위해 절대적으로 필요한 것인데 말이요. 게다가 이 무분별한 일일―日 문학 때문에 사람들의 사고 기능은 자신들의 개체성으로부터 한참이나 떨어져 나오고 말았답니다. 과거에는 가끔씩이나마 사람들 내면에서 깨어나곤 했던 양심이 이제는 그들의 생각

속에서조차 떠오르지 않게 되었어요. 사람들 사이의 상호 관계라는 측면에서도 저널리즘의 폐악을 극명하게 볼 수 있지요. 저널리즘은 과거에 사람들의 삶을 그럭저럭 견딜 만하게 해주던 요소들조차 송두리째 빼앗아버리고 말았습니다.

불행하게도 해가 갈수록 이 저널리즘 문학이 사람들의 삶 속으로 더 넓게 퍼져나가면서 이미 나약해질 대로 나약해진 인간의 마음을 온갖 종류의 기만과 강상 앞에 무방비 상태로 노출시키고 있소이다. 그리하여 사람들의 내면에 올바른 판단 대신 불신과 분개, 두려움, 위장된 수치심, 위선적 태도, 자만심 등과 같은 무가치한 감정을 불러일으키고 있습니다.

이 새로운 문학 형태가 사람들에게 끼치는 해악을 좀 더 구체적으로 알아보기 위해서, 신문에 실린 몇 가지 사건을 말해볼까 하오. 내가 우연한 계기로 그 사건들에 연관되었기 때문에 이것이 실화임은 의심의 여지가 없소이다.

나에게는 테헤란에 살고 있는 친구가 한 명 있었소이다. 아르메니아 사람인 그 친구는 죽기 전에 나를 유언 집행자로 지명했답니다. 이 친구에게는 나이가 제법 된 아들이 하나 있었는데, 사업 관계로 유럽의 어느 대도시에서 가족과 살고 있었다오. 어느 날 저녁, 슬픈 사건이 발생하고 말았으니, 친구의 아들과 식구들이 저녁 식사를 하고 나서는 모두 병에 걸려 다음날 아침이 밝기 전에 죽고 만 겁니다. 그의 가족 유언 집행자였던 나는 이 비극적 사건이 발생한 곳을 찾아가야만 했습니다.

그곳에서 나는 이 불행한 가족의 아버지가 사건이 일어나기 전 며칠 동안 구독하던 신문에서 장문의 기사를 매일 읽었다는 사실을 알게 되었답니다. 이 기사는 한 정육점에 관한 것인데, 그곳에서는 아주 특수한 방식으로 진짜 소시지를 만든다는 내용이 적혀 있었소. 마찬가지로 그는 다른 신문에서도 이 새로운 정육점에 관한 기사를 계속해서 접하게 되었답니다. 마침내 그는 소시지에 대한 유혹을 참을 수 없는 지경이 되었지요. 소시지를 먹지 않는 아르메니아에서 자란 그와 식구들은 소시지를 그다지 좋아하지 않았지만, 유혹에 못 이겨 신문에 난 정육점을 찾아가게 된 거지요. 그리고 그날 저녁 소시지로 저녁 식사를 한 식구들 전체가 치명적인 식중독에 걸려 결국 사망하게 된 겁니다.

이 기가 막힌 상황에 의심이 든 나는 '사설 비밀 경찰'의 도움으로 이 사건의 전말을 파헤치게 되었다오. 그 내용은 이랬습니다. 선박의 지연으로 출하를 거부당한 수출용 소시지를 한 회사가 아주 싼 값에 대량 구입하게 되었고, 이 회사는 물건을 하루 빨리 처분하기 위해서 기자들에게 돈을 뿌려가며 온갖 신문에 대대적으로 광고를 실었던 거지요.

또 다른 사건에 대해서 알려드리리다. 내가 바쿠에 머무르고 있을 때의 일이오. 나는 조카가 사들고 온 지방 신문에서 며칠 동안 계속 어느 유명한 여배우에 관한 기사를 보게 되었는데, 신문의 거의 반 페이지가 여배우의 놀라운 공연에 관한 환상적인 기사로 도배되어 있더군요. 온갖 미사여구를 동원하여 작성된 기사 덕분에 늙은 나조차 호기심이 발동하여, 어느 날 저녁 모든 일을 팽개쳐놓고 이 놀라운 공연을 보기 위해서 극장으로 향하게 되었다오. 여러분은 내가 거기서 뭘 봤을 거라고 생각하시오? 신문의 반 페이지를 넘게 메웠던 여배우 관련 내용 중 손톱만큼이라도 사실과 부합하는 게 있는 줄 아십니까? 아니, 전혀 없었소이다.

나는 젊었을 적에 이런 예술 공연을 무수히 많이 보았소이다. 홀륭한 공연도 보았고, 형편없는 공연도 보았지요. 실제로 나는 그 당시에 이 분야에서 탁월한 권위자로 인정을 받기도 했소이다. 하지만 예술 일반에 관한 내 개인적인 견해는 차치하고 보통 사람의 눈으로 봐도 나는 평생 단 한 번도 그처럼 '재능 없는 뛰어난 예능인'을 본 적이 없소이다. 그녀는 연기의 알파벳도 모르는 초보 중의 초보였어요. 무대 위에서 보여준 연기 속에서 그 여배우는 전혀 보이지 않았습니다. 일말의 현존감도 감지할 수 없었다는 말이외다. 아무리 이타심을 발휘한다 하더라도 나는 그녀에게 내 집 부엌의 하녀 역할조차도 맡기고 싶지 않습디다.

나중에 알게 된 사실이지만, 석유로 졸지에 벼락부자가 된 바쿠의 한 사업가가 지방 신문 기자들에게 상당한 액수의 뇌물을 써서 자기 애인인 이 여배우를 유명하게 만들어주면 두 배의 사례금을 주겠다고 약속을 했다더군요. 그 전까지만 해도 이 여배우는 석유 사업가가 거래하던 러시아 기술자의 집안 가정부였는데 이 벼락부자가 사업적 관계를 이용해 그녀를 자기 애인으로 만들어버린 거지요.

한 가지 예를 더 들어보겠소. 구독자가 많은 한 독일 신문에 가끔씩 어느 화가에 관한 고상한 칭찬 기사가 실리곤 했소. 나는 기사를 접하고 나서 이 예술가가 현대 미술계의 총아라는 생각을 굳히게 되었지요.

그 무렵 바쿠 시에 새로 집을 지은 내 조카가 결혼을 앞두고 실내를 아주 호화롭게 꾸밀 계획을 하고 있었다오. 그 애는 그해에 두 번이나 기대치 않은 유맥油脈을 발견해 상당한 수입을 올리게 되었답니다. 나는 조카에게 돈을 아끼지 말고 이 유명한 화가를 초대해서 실내 장식을 맡기고 벽에도 프레스코화를 그려달라고 부탁해 보라고 권유했소. 그렇게 하면 이미 건축 비용으로 상당한 지출을 하긴 했지만 최소한 이 집을 상속받을 후손에게는 그만큼의 이익으로 돌아갈 수 있을 테니까요. 왜냐하면 이 더없이 탁월한 화가의 프레스코화 같은 것으로 장식을 하면 이 집의 가치가 훨씬 높아지리라 생각했기 때문이었지요.

조카는 내 조언에 따라 이 위대한 유럽 화가를 초대하려고 직접 찾아갔습니다. 얼마 뒤 화가가 도착했는데, 기차 객실 하나를 통째로 세를 낼 만큼 많은 조수와 화공, 심지어 자신의 하렘harem(아내, 첩, 여종 등을 일컫는 이슬람 용어 — 옮긴이)을 데리고 왔더군요. 어쨌거나 화가는 전혀 서두르는 기색 없이 일을 시작했습니다.

이 유명 인사가 이루어낸 일의 결과가 어땠냐고요? 우선 내 조카는 결혼식 날짜를 연기해야만 했고, 그 다음으로 모든 것을 원상복구하는 데 엄청난 비용을 써야만 했습니다. 한마디로 말해서 소박한 페르시아 화공이 훨씬 더 예술성 있는 그림을 그릴 수 있다는 게 판명된 셈이었지요. 기자들은 아무런 이해 관계가 없으면서도 보통 수준밖에 안 되는 화가의 명성을 높이는 데 일조한 셈이었죠. 주류에 섞이지 못한 별 볼일 없는 화가에 대해서 일종의 동지애를 느끼고 그렇게 쓴 거지요.

마지막 예는 오해로 빚어진 슬픈 이야기인데, 현대 문학계의 한 '거물'의 악의에 찬 거짓말로 인한 폐해를 들려줄까 합니다.

호라산(이란 동북부를 중심으로 아프가니스탄, 투르크메니스탄에 걸쳐 있는 지방 — 옮긴이)에 살던 당시, 나는 친구네 집에서 한 젊은 유럽인 부부를 만나게 되었고 곧 친숙한 사이가 되었다오. 이 부부는 여러 차례 호라산을 방문했지만 매번 잠깐씩 머무르다 갈 뿐이었소. 새로 사귄 이 유럽인 친구는 젊은 아내와 함께 담배에 함유된 니코틴이 사람의 신체와 정신에 끼치는 영향을 분석하기 위해서 여러 나라를 여행하며 다양한 정보를 수집하고 있었소이다.

　젊은 친구는 아시아의 여러 나라를 돌면서 이 주제와 관련된 충분한 자료를 수집한 뒤, 아내와 함께 유럽으로 돌아가 연구 결과를 책으로 정리하는 작업을 시작하려고 했었소. 하지만 아직 어리고 세상 경험이 부족한 그의 젊은 아내가 궁할 때를 대비해 돈을 모아놓을 생각을 하지 못하고 여행하는 동안 가진 돈을 다 써버리고 말았답니다. 결국 젊은 아내는 남편이 책을 끝낼 수 있도록 직접 돈을 벌어 뒷바라지를 해야 하는 상황에 놓이게 된 거지요. 하여 제법 규모가 큰 출판사에 타이피스트로 취직했습니다.

　그러던 중 이 출판사를 출입하던 한 문학 평론가가 그녀를 보고, 세상 사람들이 흔히 쓰는 표현으로 사랑에 빠지게 되었답니다. 이 평론가는 단순히 육체적 욕망을 채울 셈으로 그녀에게 접근했지만, 그녀는 아내로서의 역할을 중히 여기는 정숙한 기혼녀였기 때문에 평론가의 고임에 넘어가지 않았습니다.

　하지만 이 '유럽인 남편의 정숙한 아내'가 정절을 지키는 동안, 이 혐오스러운 현대인은 제 탐욕이 충족되지 않은 데 화가 나서, 그런 부류의 인간들이 흔히 그렇듯, 앙갚음을 해줄 작정을 하게 되었다오. 그 평론가는 온갖 음모를 꾸며대 그녀를 아무런 이유도 없이 직장에서 쫓겨나게 만들어버렸지요. 게다가 내 젊은 친구인 그녀의 남편이 책을 출판하자, 이 현대 문명의 궤양 같은 존재는 자신이 관여하던 신문과 그 외 신문들 그리고 수많은 정기 간행물에 이 책을 헐뜯는 장문의 거짓 기사를 연재했답니다.

　결국 내 친구의 책은 시작부터 완벽한 실패작이 되고 말았지요. 아무도 그 책에 흥미를 보이지 않으면서 그 책은 활자의 잉크가 마르기도 전에 누구도 읽지 않는 책이 되어버린 겁니다. 이 방종한 문학의 비양심적인 대리자 덕분에 정직한 연구가와 그의 사랑하는 아내는 빵 한 덩어리 살 돈 없는 처지가 되었고, 결국 둘이 함께 목을 매고 말았소이다.

내가 보기에 순진해서 잘 속는 대중에게 강한 영향력을 끼치는 이들 평론가들이야말로 코흘리개 어린애 같은 풋내기 기자들보다 몇천 배 더 유해한 인간들이라오.

나는 평생 악기라곤 손도 대본 적 없는 음악 평론가를 한 사람 알고 있소이다. 당연히 그는 음악에 대한 실질적인 이해가 없는 사람이었소. 소리가 무엇인지도 모르고, '도'와 '레' 사이의 차이점도 구분하지 못할 정도였다오. 하지만 현대 문명의 기형성 덕분에 그는 음악 평론가라는 책임 있는 자리를 꿰찰 수 있었고, 구독층이 넓은 한 신문의 독자들에게는 이 방면의 권위자로 알려지게 되었답니다. 당연히 그의 무지몽매한 논평으로 인해서 독자들은 음악에 대한 잘못된 고정 관념을 갖게 되었지요. 음악이란 진리의 일면을 제대로 이해하기 위한 신호등과 같은 것인데 말입니다.

사실상 대중은 글을 쓴 사람이 누구인지 알지 못합니다. 단지 수완 좋은 사업가 무리가 발행하는 신문을 알 뿐이지요. 이런 신문에 글을 쓰는 사람이 정말로 뭘 알고 쓰는지, 신문사 사무실 뒤에서 어떤 풍경이 연출되고 있는지 독자들은 알 길이 없소이다. 그러니 신문에 적힌 내용이 무엇이든 액면 그대로 믿을 수밖에요.

나는 마침내 바윗돌만큼이나 확고한 신념에 도달하게—그리고 어느 한쪽으로 치우치지 않고 공평하게 생각할 수 있는 사람이라면 곧 나와 똑같은 결론에 도달하게 될 겁니다—되었는데, 현대 문명 안에서나 쓸 만한 수단을 이용해 자기 계발을 꾀하는 사람들이 기껏해야 '에디슨의 첫 번째 발명품' 정도밖에 안 되는 사고력을 갖춘다거나, 감정적인 측면에서도 물라 나수르딘이 말하는 '소의 감수성' 정도밖에 계발하지 못하는 것은 주로 이러한 저널리즘 문학 때문이라는 것이외다.

현대 문명의 지도자들이란 도덕적·정신적 발전 정도가 지극히 낮은 단계에 머물러 있는 사람들이라오. 불장난을 하는 어린아이들과 크게 다를 바 없지요. 그들은 이러한 문학이 일반 대중에게 끼치는 영향력과 중요성을 전혀 알지 못합니다.

나는 고대 역사를 공부하면서 과거 문명을 이끈 지도자들이라면 결코 이처럼 기형적인 현상이 계속되도록 내버려두지 않았을 거라는 결론을 얻게 되었다오. 나의 이러한 견해는 그리 멀지 않은 과거에 우리 나라의 통치자들이 일일日 문학에 대해 보인 진지한 태도를 적어놓은, 믿을 만한 정보를 통해서 확인될 수 있을 거외다. 그때는 페르시아가 가장 위대한 국가 중 하나로 간주되던 때로 바빌로니아 왕국이 문화의 단일한 중심지로 여겨지던 시대였소이다.

이 정보에 따르면, 그 당시에도 매일 발행되는 신문이 있었는데 파피루스에 그 내용을 인쇄했다고 합니다. 물론 오늘날에 비하면 지극히 적은 부수였겠지요. 하지만 당시 그러한 문학 기관에는 커다란 업적이나 존경받을 만한 생활로 주위의 인정을 받는 연장자만이 참여할 수 있었다오. 심지어 그런 사람들을 그 자리에 임명하기 위한 법령이 따로 있었다고 하니 그 일을 얼마나 중요시했는지 상상할 만하지요. 오늘날의 선서 배심원들, 선서 감정인들처럼 그들은 선서 협력자라고 불렸습니다. 하지만 오늘날은 문장을 매끈하게 구사할 줄 알고 이른바 문학적 표현이라는 걸 잘 쓰면 건방진 애송이라도 저널리스트 대접을 받을 수 있소이다.

온갖 아는 체를 다하는 기사로 신문과 여타 간행물을 가득 채워놓는 사람들의 정신 구조에 대해서 익히 알게 되고 그들의 상태를 가늠해 볼 수 있게 된 것은 바쿠에서 있었던 경험 때문이오. 그곳에서 3~4개월 머무르는 동안 나는 매일 그들의 모임에 참여하게 되었지요.

그들 모임에 참여하게 된 것은 다음과 같은 상황 때문이었다오. 언젠가 나는 조카와 함께 겨울 한 철을 지낼 생각으로 바쿠를 찾아가게 되었소. 어느 날 젊은 사람 몇 명이 조카를 찾아와서는 그 애가 음식점을 차리려 했던 건물의 1층 방을 자신들의 '신문학 저널리스트 협회'에서 모임 장소로 쓸 수 있게 해달라고 부탁했소. 조카는 즉시 그 청을 들어주었고, 다음날부터 이 젊은 사람들이 주로 저녁에 그곳에 모여 자기네들이 말하는 정기 회의도 열고 학술 토론도 벌이곤 했다오.

이 모임에는 외부인도 참여할 수 있었어요. 저녁에 따로 할 일이 없는데다 내 거처가 그 사람들이 모이는 곳에서 가까웠기 때문에 나 역시 그들이 어떻게 어떤 내용으로 토론을 진행하는지 들어볼 생각으로 그곳을 자주 찾아가게 되었다오. 몇 사람이 나와 말을 나누게 되면서부터 그들과 나 사이에 차츰 친밀감이 형성되어 갔답니다. 그들 대부분은 아직 어린 청년들로 나약하고 여성적인 가냘픔이 엿보이는 사람도 제법 있었다오. 그 중에는 부모가 술주정뱅이거나 의지 박약자여서 고통을 당했음직한 모습이 얼굴에 역력한 사람도 꽤 있었는데, 그런 얼굴을 한 젊은이들은 남들에게는 밝히기 곤란한 나쁜 습관을 가지고 있었지요.

오늘날의 대도시에 비한다면 바쿠는 작은 도시입니다. 그곳에 모여든 사람들은 '저공 비행하는 새의 무리'에 불과한데 나는 세상 어디를 가더라도 이 같은 부류가 판을 치고 있으리라고 말하는 데 전혀 주저함이 없소이다. 나는 내가 이런 표현을 쓸 자격이 있다고 여깁니다. 이유인즉 유럽을 여행하던 중 우연히 이 현대 문학을 대표한다는 사람들과 접촉을 하게 되었는데, 그들도 하나같이 바쿠의 무리와 똑같은 인상을 내게 주었소이다. 마치 냄비에 들어 있는 완두콩들이 서로 어슷비슷한 것처럼, 바쿠의 무리나 그들이나 다를 바가 전혀 없었다는 말이오.

그들 사이의 유일한 차이점이란 각자의 중요도뿐인데, 그것은 어떤 문학 매체에 기고를 하고 있느냐에 따라서 구분될 뿐이라오. 다시 말해서 자신들의 알량한 지식을 자랑하는 신문이나 잡지의 사회적 평판과 발행 부수에 따라서 그들의 중요도가 결정되었던 거지요. 그러니까 그들을 고용하고 있는 회사가 얼마나 잘 나가느냐에 따라 그들의 중요도가 좌우되었던 거외다.

그들 가운데 많은 사람들이 무슨 이유에서인지 시인이라 불리고 있었소. 허긴 오늘날 유럽에서는 어디를 가든,

'초록색 장미
보라빛 미모사 꽃
숭고하여라, 그녀의 모습
공중에 걸려 있는 추억과 같구나'

처럼 짧게 끼적인 난센스로도 주변에서 시인 소리를 듣고, 심지어 제 명함에 '시인'을 직함처럼 새겨서 다니기도 하니 놀랄 일도 아니지만 말이오. 이 현대의 저널리스트들과 작가들은 단결심이 제법 강해서 무슨 일만 있으면 저희들끼리 치켜세워 주고 칭찬을 아끼지 않는 모습을 보인다오.

내가 보기에 그들이 이런 모습을 보이는 주된 이유는 대중을 상대로 영향력이 큰데다 그들의 허위에 찬 권위가 대중의 인정을 받고

있기 때문인 것 같소이다. 대중이 이처럼 형편없는 사람들 앞에서 굽실거리고 고개를 조아리는 것도 같은 맥락에서 이해할 수 있지요. 바른 양심을 가진 사람들이라면 스스로를 '형편없는 작자들'이라고 부를 수밖에 없을 텐데 말입니다.

방금 전에 언급한 바쿠의 모임에서는, 한 사람이 단상으로 올라가서 내가 지금 막 예로 든 것과 같은 운문을 낭독하거나 어느 나라의 수상이 연회석상에서 이러저러한 문제에 관해 이런저런 식으로 대답을 했는데 왜 그랬는지를 따져보는 것이 모임의 주된 목적이었소. 그런 다음 대개의 경우 강연자가 다음과 같은 말로 모임을 마무리 짓지요.

'이제 저는 이 자리를 우리 시대의 빛나는 명사이신 아무개 선생님께 양보해 드리고자 합니다. 선생님께서는 아주 중요한 용무가 있어서 이 지역에 오셨다가 함께할 영광을 얻고자 하는 저희의 간청을 뿌리치지 못해 이 자리에 참석하시게 되었습니다. 이제 우리는 선생님의 놀라운 연설을 우리의 두 귀로 직접 들을 수 있는 영광을 얻게 되었습니다.'

수순에 따라서 이번에는 이 빛나는 명사가 무대 위로 올라서서는 이런 식의 연설을 시작하게 된다오.

'친애하는 신사 숙녀 여러분, 저와 같은 동료 문학인께서 저 같은 사람을 명사라고 부르는 건 그의 지나치게 겸손한 태도 때문이라 여겨집니다.'(사실 이 사람은 앞의 강연자가 뭐라고 했는지 들을 수가 없었소이다. 그는 닫힌 문의 반대편 방에 있다가 제 손으로 문을 열고 들어왔기 때문이지요. 나는 그 집에서 소리가 얼마나 멀리 들리는지 문들이 얼마나 튼튼한지 잘 알고 있었는데, 이 방에서 한 말을 반대쪽 방에서 알아듣는 건 불가능했다오.)

이제 이 명사는 다음과 같이 말을 이어가게 됩니다.

'솔직히 말씀드리자면, 저 같은 사람은 앞서 강연하신 분과 비교할 때 이 자리에 참석하는 것조차 송구스러워해야 할 만큼 보잘것없는 위인에 불과합니다. 명사는 제가 아니라 바로 저 분, 대 러시아뿐만 아니라 전 세계의 모든 문명국에 이름을 떨치고 있는 저 분에게 붙여야 할 칭호입니다. 그의 이름은 후세에 길이 보존될 것이며 그가 학문과 미래 인류의 복지를 위해 남긴 공적은 영원히 잊히지 않을 겁니다. 이 진리의 신이 오늘 이 보잘것없는 도시에 존재한다는 것은 결코 우연이 아니며, 오직 그 자신만이 알고 있는 아주 중요한 이유가 있기 때문임은 의심의 여지가 없습니다. 실제로 그가 있어야 할 곳은 우리들 사이가 아니라 고대 올림푸스의 신들이 머물던 바로 그곳일 겁니다.'

이런 식으로 서두를 떼놓게 되는 거지요. 이저 서두를 떼고 난 이 '새롭게 탄생한 명사'는 몇 가지 터무니없는 주제를 꺼내놓게 됩니다. 예를 들자면 왜 시리키치Sirikitsi 족이 파르나칼피Parnakalpi 족을 상대로 전쟁을 일으켰는가와 같은 것 말입니다.

이런 류의 학술 도임이 끝나고 나면, 언제나 싸구려 포도주 두 병을 갖춘 만찬이 이어지게 됩니다. 그 자리에 참석한 사람들은 빵이나 소시지 조각 또는 빵에 끼운 청어 구이를 주머니에 숨기곤 하지요. 그러다 우연히 들키기라도 하면, '집에 있는 개에게 주려고 말이야. 그 녀석에게 습관이 하나 생겼는데. 내가 늦게 귀가하는 날은 꼭 선물을 가져다줄 거라 믿고 있단 말이지' 하는 식의 어설픈 변명을 늘어놓게 되지요.

이런 만찬이 열린 다음 날은 반드시 모든 지방 신문에 당치도 않은 과장된 기사가 실립니다. 강연 내용은 비교적 정확하게 인용되지만, 빈약했던 만찬에 대한 언급이나 개를 위해서 소시지를 몰래 숨긴 일 따위는 언급되지 않아요.

이런 사람들이 신문에 온갖 종류의 '진실'과 과학적 발견물을 쏟아내는 부류들입니다. 그들을 본 적이 없고 그들의 생활이 어떤지 알지 못하는 순진한 독자들은 인간의 삶이라는 견지에서 볼 때 지극히 병적이고 미숙하며 '문맹'일 뿐인 작가들의 무의미한 낱말을 통해 그날의 행사와 내용이 어떠했을 거라는 결론에 도달하게 되는 거라오.

아주 드물게 예외가 있기도 하지만, 유럽에서 책을 낸 작가들이나 신문의 기사를 쓴 사람들을 보면 지극히 미숙하고 산만하기 짝이 없는 사람들이올시다. 오늘날 그들이 얻어낸 명성은 순전히 유전적 특징과 그들만이 가진 나약함에 근거를 두고 있소.

내 생각에 현대 문명의 여러 가지 비정상적인 현상을 유발한 가장 분명한 원인은 저널리즘 문학이 사람들의 정신 세계에 끼치는 부도덕하고 해로운 영향 때문이라고 여겨집니다. 놀라운 것은 오늘날 문명화된 어떤 정부도 이 점을 알아차리지 못하고 있다는 사실이외다. 즉 이들 정부는 세금의 절반 이상을 경찰과 교도소의 유지, 재판 기구의 설립, 교회나 병원 등의 설립 그리고 목사와 의사, 비밀 첩보원, 검사, 공공 선전원의 양성 등 시민의 안정과 복리를 유지하기 위해서 필사적으로 노력하고 있지만, 정작 수많은 범죄와 오해의 원인에 해당하는 저널리즘 문학의 뿌리를 제거하는 데는 단 한 푼도 쓰고 있지 않는 실정이외다."

이렇게 하여 늙은 페르시아 지성인의 연설이 끝났다.

자, 그러니 용감한 독자여! 어쩌면 여기까지 책을 읽고 난 당신은

이미 한 발을 장화 속에 담근 채 서 있을지도 모르겠다. 이제 이 강연
—이 강연을 삽입한 이유는 여기서 표현된 사상이 지극히 교훈적이
고 쓸모가 있다고 여겨졌기 때문이다. 특히 인간 이성의 완성이라는
측면에서 현대 문명을 이전의 문명보다도 훨씬 더 훌륭하다고 추앙
하는 순진한 숭배자들에게 유용하다고 여겨졌기 때문이다—내용을
끝마치면서 나는 이쯤에서 서문을 끝내고 내가 이 책에서 전달하고
자 하는 이야기를 다시 시작하고자 한다.

  이 책을 누구나 이해할 수 있고 접근할 수 있도록 형태를 잡아가
자는 생각으로 고쳐 쓰기 시작할 무렵 한 가지 생각이 떠올랐다. 이
작업을 우리의 위대한 물라 나스루딘의 지극히 현명한 조언에 따라
전개해 가면 어떨까 하는 생각이었다. 그는 이런 표현을 사용하곤
했다. "언제나 그리고 무엇을 하든 동시에 두 가지를 얻을 수 있도록
노력하라. 그 두 가지란 곧 다른 사람들에게도 유익하고 그대 자신
도 즐길 수 있는 것이다."

  지혜로운 선생의 이 지극히 현명한 조언에 다라 첫 번째 목적을
성취하는 데는 아무런 문제가 없으리라 생각된다. 왜냐하면 내가 이
책에서 소개하고자 하는 사상은 그 자체로 이미 책의 목적을 충분히
만족시켜 줄 수 있기 때문이다. 하지만 나 자신이 즐길 만한 것이어
야 한다는 조건에 대해서는 앞으로 이 원고를 손질해 가면서 충족시
킬 수 있기를 바라고 있다. 이 수정 작업을 통해서 작가로 활동하기
전에 만났던 사람들보다 현재 만나는 사람들 속에서 내 존재가 여러
측면에서 그런 대로 봐줄 만한 것이 되기를 기다한다.

  내가 지금 쓴 '그런 대로 봐줄 만한 존재 tolerable existence'라는 표현
의 의미가 무엇인지 당신이 이해할 수 있도록 하자면 이 이야기를
해야 한다. 이런저런 이유로 나는 지난 50년 동안 아시아 대륙과 아

프리카의 여러 나라를 여행했고, 이는 많은 사람들의 흥미를 불러일으켰다. 다시 말해서 나는 오랫동안 마법사로 또 '초월적 문제'의 전문가로 이름을 얻어왔다. 그러다 보니 나를 만나는 사람들은 누구나 초월적인 문제와 관련된 호기심 때문에 나를 귀찮게 하기도 하고, 내 개인적인 일들이나 여행에서 마주친 우연한 사건들에 나를 억지로 연관시키기도 했다. 아무리 피곤하더라도 나에게는 사람들의 물음에 대답을 해줘야 할 의무가 있었다. 그렇지 않으면 사람들은 불쾌해하면서 나에 대해 악의를 품었고, 내 이름이 거론될 때마다 내 활동에 해가 되는 말을 내뱉거나 나를 하찮은 사람으로 깎아내리려 들었다.

그런 까닭에 나는 이 책에 쓸 예정이던 자료를 수정하면서 그것들을 여러 개의 독립적인 이야기로 나누어서 보여주기로, 그리고 각 이야기 속에 사람들이 나에게 자주 던지는 질문에 답이 될 만한 여러 가지 사상을 집어넣기로 결정한 것이다.

그래서 혹시라도 이 뻔뻔한 게으름뱅이들을 상대해야 할 경우, 간단히 어느 장을 펼쳐보라고 말해주는 것으로 그들의 기계적인 호기심을 충족시켜 줄 수 있을 것이다. 또 이렇게 하면 그들 중에서 몇 사람과는 연상聯想의 흐름만으로도 대화가 가능해질 수 있을 것이다. 연상의 흐름에 따른 사고는 이미 오래 전부터 사람들에게 습관화된 사고 방법이다. 그뿐 아니라 이렇게 하면 때로 내 생의 의무를 의식적으로 이행하는 데 필요한 능동적 사색을 위해 잠시나마 짬을 낼 수 있을 것이다.

나에 대해서 '잘 알고 있다'고 믿는 여러 계층의 사람들이 나에게 자주 던지는 질문이 있는데, 생각나는 대로 적어보면 다음과 같다.

어떤 놀라운 사람들을 만났는가?

동양에서 어떤 믿기 어려운 사건들을 목격했는가?

인간은 영혼을 가지고 있는가? 영혼은 불멸하는가?

인간의 자유 의지는 말 그대로 자유로운가?

삶이란 무엇인가? 그리고 왜 고통이 존재하는가?

신비학the occult과 영적 과학을 믿는가?

최면술과 정신 유도법magnetism 그리고 텔레파시는 무엇인가?

어떻게 해서 이런 문제에 흥미를 갖게 되었는가?

무슨 계기로 내 이름으로 된 학교를 세울 생각을 하게 되었는가?

  나는 이 책을 여러 개의 장으로 나누어 각각의 장에 위에 열거한 질문 중 첫 번째 질문인 "어떤 놀라운 사람들을 만났는가?"에 대답을 할 생각이다. 이 만남들은 논리적 순서에 따라서 각 장마다 나누어 기술될 것이다. 각각의 이야기 속에 내가 이 책에서 전달하고자 하는 사상과 생각을 써 넣을 것이며, 사람들이 나에게 물은 다른 질문들에도 대답할 생각이다. 나아가 이 책이 내 자서전으로서 그 윤곽을 뚜렷하게 드러낼 수 있도록 이야기들을 배열하려고 한다.

  본론으로 들어가기 전에 '놀라운 사람remarkable men'이라는 표현이 정확하게 무슨 뜻인지 밝힐 필요가 있을 것 같다. 이미 의미가 확고하게 정립된 개념어들조차 현대인의 머릿속에서는 상대적으로 이해되는데다 지극히 주관적인 의미로 받아들여지기 때문이다. 예컨대 마술을 부리는 사람은 그것을 처음 보는 많은 사람들에게 놀라운 사람으로 여겨지지만, 그 비밀이 밝혀지고 나면 더 이상 놀라운 사람으로 여겨지지 않는다.

  그렇다면 과연 어떤 사람이 놀라운 사람이고 또 그렇게 불릴 만한 사람인가? 일단 긴 이야기는 접어두고, 간단하게 어떤 사람이 그런 사람인지 설명하자면 이렇다. 나의 견해로는 사고의 다양성이라는 풍부한 원천으로 인해 주변 사람들 속에서도 두드러지는 사람이 놀라운 사람이고, 본성의 발로를 자제할 줄 아는 사람, 동시에 다른 사람들의 나약함을 공정하고 관대하게 대할 줄 아는 사람이 놀라운 사람이다.

그런 사람 중 내가 알고 있는 첫 번째 사람이 바로 나의 아버지— 내 생애 전체에 깊은 영향을 끼친 분—이므로, 나는 먼저 아버지에 대한 이야기부터 시작하고자 한다.

나의 아버지

한 시대가 끝나고 새로운 시대가 시작되던 20세기 초, 나의 아버지는 아쇽ashok, 즉 시인이자 이야기꾼으로 제법 널리 알려져 있었다. 사람들은 아버지를 '아다쉬Adash'라고 불렀다. 아버지는 전문적인 아쇽이 아니라 아마추어이긴 했지만, 그의 명성은 트랜스코카서스(북으로는 러시아, 서로는 흑해, 동으로는 카스피 해, 서남쪽으로는 터키, 남으로는 이란과 경계를 이루는 코카서스 산맥과 주변의 저지대 — 옮긴이) 전역을 넘어 소아시아 지역에까지 알려져 있었다. 아쇽은 소아시아와 발칸 반도 지역의 음유 시인들에게 붙여진 이름으로, 대개 노래를 직접 작곡하여 부르기도 하고 전래되어 오는 시와 노래, 전설, 민간 설화 등을 노래로 부르기도 했다.

아버지처럼 평생 동안 신을 노래해 온 음유 시인들은 기초적인 학교 교육조차 받지 못한 문맹이 대부분이었다. 놀라운 것은 그런 그들이 믿기지 않을 정도로 탁월한 기억력과 명료함을 소유하고 있다는 사실이었다. 그 능력은 가히 경이로운 경지라고 할 만했다. 그들은 셀 수 없이 많은, 장문의 이야기와 시를 가슴으로 알고 있었고, 순전히 기억에 의존하여 다양한 멜로디를 자유자재로 노래할 수 있었다. 더욱 놀라운 것은 아슉들이 자기 방식대로 즉흥시를 영창詠唱할 때인데, 적절한 리듬으로 노래를 부르다가 갑자기 아주 빠른 속도로 시의 리듬을 변화시키는 모습은 청중의 탄성을 자아내기에 충분했다. 오늘날 그러한 능력을 가진 사람을 찾기란 불가능하다.

내가 어렸을 때 이미 아슉의 숫자는 계속 줄어들고 있는 추세였다. 아직 어린아이였지만 나는 당대에 유명한 아슉들을 많이 만나볼 수 있었다. 그들의 얼굴은 지금까지 내 기억 속에 선명하게 새겨져 있다. 내가 유명한 아슉들을 만날 수 있었던 것은 아슉 경연 대회가 있을 때마다 아버지가 나를 그곳에 데리고 갔기 때문이다. 페르시아와 터키, 코카서스에서 온 아슉들을 비롯해 멀리 투르키스탄(파미르 고원을 중심으로 한 중앙아시아 지역—옮긴이)에서 온 아슉들이 수많은 사람들을 앞에 두고 즉흥 연주와 노래 경합을 벌이곤 했다.

아슉 경연 대회는 다음과 같은 방식으로 진행되었다. 먼저 경연 참여자들이 제비뽑기로 순서를 정한다. 첫 번째 사람이 즉흥적인 멜로디로 노래를 부르면서, 두 번째 사람에게 종교적이거나 철학적인 주제를 담은 질문을 던진다. 또는 잘 알려진 신화나 전통, 신앙의 의미나 기원에 대한 질문을 노래로 표현하기도 한다. 그러면 이 질문을 받은 두 번째 사람이 즉흥적으로 만들어낸 멜로디로 물음에 화답한다. 이때 그의 멜로디는 앞선 사람의 음과 조화를 이루어야만 한다. 문기와 화답의 전 과정은 운문 형식의 노래로 이루어지는데, 저마다 다른 방언을 사용하는 청중 모두가 이해할 수 있도록 당시의 공통어인 투르코타르타르 어로 표현했다. 경연 대회는 몇 주 혹은 몇 달에 걸쳐 계속되기도 했다. 심사위원들이 보기에 가장 뛰어난 음유 시인이 우승자로 결정되어 상과 부상을 받았다. 상은 청중이 준비했는데 주로 소나 융단 같은 것들이었다.

나는 그런 경연 대회를 세 번 보았다. 첫 번째는 터키의 반(터키 동남쪽 반 호수 남단의 도시—옮긴이)이라는 도시에서 개최된 대회였고, 두 번째는 아제르바이잔에 있는 카라바흐(현재 아제르바이잔 영토 내에 있는 독립 국가. 주로 인접국인 아르메니아 인들이 거주한다—옮긴이)에서 개최된 대회였으며, 세 번째는 카르스(터키 동북부의 아르메니아 국경에 인접한 도시—옮긴이) 지역에 있는 수바탄이라는 작은 마을에서 개최된 대회였다.

나는 알렉산드로폴(아르메니아 북서부의 도시로, 오늘날의 기우므리—옮긴이)과 카르스에서 어린 시절을 보냈다. 아버지는 많은 사람들이 모이는 저녁 모임에 자주 초대를 받았다. 사람들은 아버지의 이야기와 노래를 좋아했다. 저녁 모임에 초대받을 때마다 아버지는 수많은 전설과 시 중에서 하나를 노래했다. 모임에 참석한 사람들이 듣고 싶어 하는 이야기를 노래하기도 하고, 여러 인물 간의 대화로 이루어진 이야기를 노래하기도 했다. 어떤 때는 온밤을 꼬박 세고도 이야기 한 편을 다 끝내지 못할 때도 있었다. 그러면 사람들은 이야기를 마저 듣기 위해 다음날 저녁에 다시 모여들었다.

아침 일찍 일어날 필요가 없는 일요일이나 휴일 전날 밤이면 아버지는 어린 우리에게 고대의 위인들과 놀라운 사람들에 대한 이야기를 들려주셨다. 또한 신과 자연 그리고 신비로운 기적에 대해서도 들려주셨다. 그리고 언제나 그날의 마지막 이야기는 '천일야화' 중 한 편으로 마무리되었다. 아버지는 천일야화에 나오는 이야기를 거의 다 알고 있었기 때문에 그 중 어떤 이야기든지 한 편을 골라 줄거리 전체를 처음부터 끝까지 들려줄 수도 있었다.

아버지로부터 들은 수많은 이야기는 내 생애 전체에 강렬한 인상을 남겼다. 그 중 한 편은 몇 년 뒤에, 최소한 다섯 번 이상은, 내가 이해할 수 없는 것을 이해할 수 있도록 해준 '영적 요소'로 작용하기도 했다. 나중에 나에게 '영적 요소'로서 작용한 그 이야기는 어느 날 저녁 아버지가 '대홍수 전의 대홍수'라는 전설을 노래할 때 들은 것으로, 그때 그것은 내 안에 아주 강렬한 인상으로 박히게 되었다. 그날 밤 아버지는 그 자리에 있던 당신의 친구와 이 주제를 가지고 토론을 벌였었다. 주변 환경의 변화로 아버지가 어쩔 수 없이 직업 목수로 일하던 때의 일이었다. 아버지의 친구는 자주 작업장에 들르곤 했는데, 그럴 때마다 두 분은 고대의 전설과 속담의 의미에 대해 밤을 새워 이야기를 나누곤 하셨다. 아버지의 친구란 다름 아닌 카르스 육군 대성당의 보르쉬Borsh 신부였다. 얼마 후에 그는 나의 첫 번째 스승이 되었다. 보르쉬 신부는 오늘날 '나'라는 인간의 개체성을 낳아준 토대이자 창조자였다. 즉 '내 안에 계시는 신God의 세 번째 측면'을 잉태시킨 장본인이었다.

두 분이 '대홍수 전의 대홍수'라는 주제로 토론하던 날 밤, 나와 큰아버지도 그 자리에 함께 있었다. 큰아버지는 이웃 마을에서 규모가 제법 큰 야채 농장과 포도 과수원을 운영하고 계셨다. 큰아버지와 나는 입을 꼭 다문 채 목공소 한쪽 구석에 쌓여 있는, 푹신한 대팻밥더미 위에 앉아서 아버지의 노래에 귀를 기울였다. 아버지는 바빌로니아의 영웅 길가메시의 전설을 영창하면서 그 의미를 설명해

주셨다.

우트나피시팀이 길가메시에게 슈루팍(고대 수메르의 도시로 오늘날 이라크 지역인 유프라테스 강 유역의 텔 파라 지역 — 옮긴이) 땅이 홍수로 파괴된 이야기를 들려주는 대목인 스물한 번째 노래를 아버지가 부르고 난 뒤 토론이 시작되었다.(《길가메시 서사시》에서, 길가메시는 영생의 비밀을 듣기 위해 죽지 않는 유일한 인간으로 성경의 노아에 해당하는 인물인 우트나피시팀을 우여곡절 끝에 만나, 지난날의 대홍수에 대한 이야기를 듣는다. 우트나피시팀 역시 죽지 않는 비결은 알지 못하고 다만 불로초를 바다에서 캐는 방법만 길가메시에게 가르쳐준다. 길가메시는 이 풀을 캐 가지고 집으로 돌아가다가 잠시 쉬는 사이 뱀이 이 불로초를 먹어버리는 바람에 빈손으로 우루크로 돌아온다 — 옮긴이) 노래를 잠시 멈추고 파이프에 담배를 채운 뒤 아버지는 길가메시 전설이 수메르 인에게서 기원한다는 의견을 내놓았다. 수메르 인은 바빌로니아 인보다 훨씬 앞선 고대의 민족이며, 그렇기 때문에 길가메시 전설 속의 대홍수 이야기가 히브리 성경에 나오는 대홍수 이야기의 모태가 되었으리라는 사실에 의심의 여지가 없다고 덧붙였다. 아울러 이 대홍수 이야기는 이후 기독교 세계관의 토대가 되었고, 단지 몇몇 군데에서 인물의 이름이나 몇몇 세부 내용에 변화가 가해졌을 뿐이라고 말했다.

보르쉬 신부가 여러 근거 자료를 바탕으로 반대 의견을 내면서 토론은 열기를 더해갔다. 대개 이날처럼 열띤 토론이 진행될 때면 아버지는 나를 먼저 잠자리에 들게 했지만, 두 분 모두 토론에 너무나 열중한 나머지 어린 내가 잠자리에 들 때가 되었다는 사실조차 까맣게 잊은 듯했다. 큰아버지와 나 역시 두 분의 토론에 상당한 흥미를 느꼈다. 우리는 새벽이 밝아올 때까지 대팻밥 더미에서 미동도 하지 않은 채 두 귀를 쫑긋 세우고 있었다. 아침이 되어서야 아버지와 보르쉬 신부는 토론을 그치고 자리에서 일어났다.

그날 밤 이 스물한 번째 노래는 수없이 불렸고, 그럴 때마다 그 노래는 내 기억 속에 점점 더 깊게 새겨졌다. 그때 이후로 나는 이 노래를 잊어본 적이 없다.

이 노래는 이렇게 불려진다.

길가메시여,
내 그대에게 애처롭기 그지없는 신들의 신비를 말해주고자 하노라.
그 옛날, 모든 신들이 함께 모인 자리에서
슈루팍 땅에 홍수를 일으키기로 결정하였도다.
맑은 눈을 가진 에아는 제 아버지 아누에게 아무 말도 하지 않고,
위대한 신 엔릴에게도 아무 말 하지 않았으며,
행복을 전파하는 네무루에게도 아무 말 하지 않았더라.
심지어 지하 세계의 왕자인 에누아에게도 말하지 않았더라.
단지 자신의 아들인 우바라투트를 불러놓고 말하길
"아들이여, 배를 짓도록 하라.
그 배 안에 너의 벗들을 위한 공간을 만들도록 하라.
그 배 안에 모든 새와 짐승의 암컷과 수컷을 위한 공간을 만들도록 하라.
신들이 슈루팍 땅에 홍수를 내리기로 결정하였나니,
누구도 이 결정을 돌이킬 수 없구나."

어린 시절, 형이상학적 주제를 두고 이 두 분 사이에서 벌어진 논쟁이 내게 준 강렬한 인상은 그 후 나라고 하는 인간의 개체성이 만들어지는 데 귀중한 자료가 되었다. 두 분은 꽤 연세가 들어서 돌아가셨다. 어찌 보면 두 분의 장수가 나의 개체성 형성이라는 특별한 결과를 만들어냈다고 말할 수도 있으리라. 나는 훨씬 나중에, 아마

제1차 세계대전 직전이었던 것 같은데, 그때서야 비로소 그 두 분의 영향으로 인해서 내 안에 형성된 개체성에 대해서 인식하게 되었다. 그리고 그 후 이 어린 시절의 인상은 앞에 언급한 내 삶의 '영적인 요소'로서 작용해 왔다.

나의 개체성에 대한 인식을 가져다준, 최초의 정신적·감정적 충격은 말하자면 이런 것이었다. 어느 날 나는 바빌로니아의 유적지에서 서판書板이 몇 개 발굴되었다는 잡지 기사를 읽었다. 학자들은 서판의 글귀가 최소한 4,000년 전에 새겨진 게 틀림없다고 말했다. 이 잡지에는 서판 사진과 함께 그것을 해독한 내용이 실려 있었다. 놀랍게도 거기에는 영웅 길가메시의 전설이 적혀 있었다.

내가 어린 시절 아버지한테서 자주 들은 이야기와 똑같은 내용이었다. 특히 거기에 적힌 스물한 번째 노래의 내용은 아버지가 노래와 이야기로 들려주었던 것과 거의 똑같았다. 그 사실을 안 순간, 나는 마치 나의 미래와 운명이 그 순간에 결정될 것만 같은 흥분을 경험했다. 처음에 나는 이 전설이 수천 년 동안 아속들에 의해 세대에서 세대로 전해지면서 그 형태가 거의 변하지 않고 보존되어 왔다는 사실을 믿을 수 없었다.

이 일이 있고 난 뒤, 어린 시절 아버지의 노래를 들으면서 내 안에 형성된 강렬한 인상이 어떻게 나에게 유익한 결과─이해할 수 없는 상황이나 현상을 나로 하여금 이해할 수 있도록 해준 '영적 요소'가 내 안에 자리 잡게 되었다는 사실─를 낳았는지가 마침내 아주 명료해졌다. 나는 가끔 고대 전설의 심오한 의미─나는 지금 그것들이 정말로 중요한 의미를 지니고 있다는 걸 알고 있다─를 내가 너무 늦게 알아차린 것이 아닌지 후회스럽기도 했다.

'대홍수 전의 대홍수'와 관련한 또 다른 전설을 나는 아버지한테서

들은 적이 있다. 이때 이후로 이 전설 또한 나에게는 아주 특별한 의미를 갖게 되었다. 이 전설도 운문으로 되어 있는데, 이에 따르면 아주 오래 전, 그러니까 마지막 대홍수가 일어나기 70세대(여기에서 한 세대는 100년으로 계산된다) 전쯤, 오늘날 바다인 곳이 본래 육지였고, 오늘날 육지인 곳이 본래 바다였던 시대에 지구에 한 위대한 문명이 존재했다고 전해진다. 그 문명의 중심지는 옛날에 하닌Haninn 섬이라 불리던 곳으로, 그곳은 지구의 중심이기도 했다. 나는 다른 역사적 자료들을 통해 하닌 섬이 오늘날 그리스가 있는 곳에 위치했다는 결론을 얻었다.

초기 대홍수의 유일한 생존자들은 이마스툰 형제회Imastun Brotherhood('이마스툰'은 고대 아르메니아 어로 '현자'를 의미하며, 역사에 남을 만한 위인들에게 이 칭호가 수여되었다. 예컨대 솔로몬 왕의 이름 앞에도 이 칭호가 붙는다)의 초창기 구성원들이었다. 이마스툰 형제회의 멤버들은 지구 전체로 넓게 퍼져나갔지만 그 중심은 바로 이 섬이었다. 학식 있는 남자들로 이루어진 이 형제회의 구성원들은 다른 무엇보다도 점성학에 조예가 깊었다. 대홍수가 일어나기 전, 그들은 서로 다른 지역에서 천체의 현상을 관찰하기 위하여 지구 곳곳으로 흩어졌다. 거리가 아무리 멀리 떨어져 있어도 그들은 각자가 알게 된 정보를 텔레파시를 이용해 언제든지 중심지로 전송할 수 있었다.

여기서 그들은 정보를 수신할 수 있는 매개체로 무녀를 활용했다. 무녀들은 각지의 이마스툰 형제들이 전송하는 정보를 초월 상태인 트랜스 상태에서 무의식적으로 수신하고 저장했다. 그런 다음 정보가 온 방향에 따라서 사전에 합의된 네 방향으로 수신 내용을 기록했다. 곧 섬의 동쪽 지역에서 온 정보는 위에서 아래로 기록하고, 남쪽에서 온 정보는 오른쪽에서 왼쪽으로, 서쪽(과거에는 아틀란티스가 있었고,

현재는 미국이 있는 지역)에서 온 정보는 아래에서 위쪽으로, 그리고 오늘날의 유럽 지역에서 온 정보는 왼쪽에서 오른쪽으로 기록했다.

아버지에 대한 추억을 적는 과정에서 아버지의 절친한 친구이자 나의 첫 스승이었던 보르쉬 신부에 대해 언급하지 않을 수 없다. 아버지와 신부님은 고령의 나이에 돌아가셨다. 두 분은 아직 뭘 모르는 어린 소년인 내가 장차 책임 있는 삶을 살 수 있도록 준비시켜야 한다는 일종의 사명감을 가지고 있었다. 나를 향해 두 분이 보여준 지고하고 견견 없는 태도는 지금도 그저 경탄스러울 뿐이며, 그런 점에서 이 두 분은 나의 본질인 '내 안에 존재하는 신성의 두 측면'을 나타내준다고 말할 수 있다.

두 분이 나를 준비시키기 위해서 사용한 방식은 인간의 마음을 계발시키고 내적인 자기 완성을 이룰 수 있도록 돕는 지극히 독창적인 방법이었음을 나이가 든 뒤에 나는 분명하게 이해할 수 있었다. 그분들은 그 방식을 카스톤실리아kastonsilia라고 불렀는데, 아마도 이 말은 고대 아시리아 어에서 나온 말이 아닐까 싶다. 아버지는 이 말을 한 전설에서 취했음이 분명하다.

그 방식이란 다음과 같다. 즉 둘 중 한 사람이 예기치 않은 순간에 다른 사람에게 질문을 던진다. 분명히 그 순간의 상황과는 아무런 연관성이 없는 질문임을 누구나 알 수 있는 그런 물음을 말이다. 그러면 질문을 받은 사람은 전혀 망설임 없이 고요하고 진지한 어투로, 그러면서도 논리적인 타당성을 충분히 갖춰서 대답을 한다.

한 예를 들어보자. 어느 날 저녁, 내가 아버지의 작업장에 있는데, 내 미래의 스승이 갑자기 들어서서는 느닷없이 아버지에게 "지금 이 순간 신은 어디에 있소?"라고 질문을 던졌다. 그러자 아버지는 굉장히 진지한 어조로 "신은 지금 사리 카미쉬에 있지요"라고 대답했다.

사리 카미쉬는 과거 러시아와 터키의 국경 지역에 있던 삼림 지대이다. 그곳은 키 큰 소나무들이 자라는 곳으로 트랜스코카서스나 소아시아에서는 유명한 곳이었다.

아버지의 대답을 들은 신부님이 두 번째 질문을 던졌다. "신이 그곳에서 무엇을 하고 있소?" 그러자 아버지는 신이 그곳에서 이중 사다리를 만들고 있다고 말했다. 사다리의 두 꼭대기에 행복을 묶어놓았기 때문에 개인이건 민족이건 누구나 사다리를 이용해 올라가고 내려올 수 있다고 덧붙였다.

두 분 사이에서 오가는 질문과 대답은 사뭇 진지하고 고요한 목소리로 진행되었다. 마치 한 사람이 다른 사람에게 오늘 시장에서 감자가 얼마에 거래되더냐고 물으니까 상대방이 올해는 감자 농사가 흉년이라 비싸더라고 대답하는 것처럼 말이다. 나중에야 나는 두 분 사이에 오간 질문과 대답 속에 몹시 풍요롭고 다양한 사상들이 담겨 있었음을 알게 되었다.

두 분은 이런 식으로 몇 시간이고 대화를 계속했다. 모르는 사람이 그 자리에 있었다면 도대체 말도 안 되는 대화를 계속하는 이 두 노인이 정신병원으로 보내지지 않은 게 이상하다고 여겼을 것이다. 아직 어린 나에게는 두 분의 대화가 무의미하게 여겨졌었다. 하지만 나이가 들어 내가 그와 똑같은 의문에 봉착했을 때 비로소 그분들의 대화 내용이 지극히 의미심장했음을 알게 되었다.

아버지는 아주 단순하고 명료한 사람이었다. 그리고 인간 삶의 목적에 대해서 매우 분명한 인식을 가지고 있었다. 아버지는 어린 나에게 인간의 삶에서 가장 중요한 것은 내적인 자유이며, 행복한 노년을 위해 부단히 노력해야 한다고 말씀하셨다. 그리고 이는 삶에서 우리가 반드시 성취해야 할 필수 요소이며, 굳이 현자들에게 묻지 않아도 사람이라면 누구나 당연히 알 만한 것이라고 덧붙였다. 하지만 이 목적을 이루기 위해서는 어린 시절부터 열여덟 살 때까지, 다음의 네 계명을 확고히 이행하는 데 필요한 지식을 습득해야 한다는 말씀도 잊지 않았다 그 네 계명은 다음과 같다.

첫째, 부모를 사랑해야 한다.
둘째, 순결을 지켜야 한다.
셋째, 외적으로 모든 사람을 차별 없이 공손하게 대해야 한다. 부자든 가난한 자든, 친구든 적이든, 권력을 가진 사람이든 노예이든, 종교가 무엇이든 상관없이 똑같이 대해야 한다. 하지만 내적으로는 자유로운 상태를 유지해야 하며, 사람이나 사물을 지나치게 신뢰해서는 안 된다.
넷째, 일 자체를 위해서 일을 할 뿐, 이득을 얻기 위해 일을 해서는 안 된다.

첫째아들인 나에게 아버지는 특별한 사랑을 보여주셨고 나에게 지대한 영향을 끼쳤다. 우리 두 사람의 관계는 아버지와 아들이라기보다 형제에 더 가까웠다. 또한 아버지의 존재, 아버지와 나눈 모든 대화, 그리고 아버지가 들려준 놀라운 이야기들은 내 안에 시적 상상력과 심오한 사상의 기틀을 마련해 주었다.
아버지 쪽 조상은 콘스탄티노플(터키의 도시 이스탄불의 옛 이름으로, 로마 제국의 콘스탄티누스 황제가 이 이름으로 바꾸기 전에는 비잔티움으로 불렸다 ― 옮긴이)을 점령한 터키인들의 박해를 피해 비잔티움을 버리고 그리스로 이민 온 사람들이었다. 원래 그들은 터키의 중심지에 정착해서 살다가, 몇 가지 이유로 나중에 그곳을 떠나게 되었는데, 그런 이유들 가운데는 가축들에게 기후도 알맞고 풀도 넉넉한 목초지를 제공하겠다는 이유도 있었다. 당시 우리 조상 가운데는 소를 길러 엄청난 재산을 축적한 사람도 있었다. 그들이 옮겨간 곳은 흑해의 동쪽 해안으로, 현재 그 지역은 규뮤쉬 하네라고 불린다. 그러다 얼마 후 러시아와 터키 사이에서 벌어진 마지막 전쟁(16세기 후반부터 19세기에 걸쳐 러시아와 오스만터키제국이 흑해 및 그 연안 지방을 둘러싸고 총 11차례에 걸쳐 전쟁을 벌였으며, 여기서는 1877~1878년 사이에 벌어진 마지막 러시아 터키 전쟁을 가리킨다—옮긴이) 직전, 계속되는 터키 인들의 박해를 피해 그루지야로 옮겨갔다. 그루지야에서 아버지는 형제들과 헤어져 아르메니아의 알렉산드로폴에 정착했다. 도시명이 터키 식 이름인 기우므리에서 알렉산드로폴로 막 바뀐 시점이었다.

　유산이 분배되는 과정에서 아버지의 몫으로 수많은 소떼를 비롯해 상당한 양의 재산이 주어졌다. 하지만 1, 2년 뒤 아버지는 자신의 힘으로는 감당하기 힘든 재난으로 인해 상속받은 재산을 모두 잃고 다시 거처를 옮겨갈 수밖에 없게 되었다. 그 배경은 이랬다.

　가족과 함께 목동들과 가축을 이끌고 아르메니아에 정착했을 당시 아버지는 그 일대에서 가장 부유한 농장주였다. 얼마 지나지 않아 가난한 농가들이 뿔 달린 짐승과 여타 가축들을 아버지에게 맡기고 그 대신 일정한 양의 버터와 치즈를 받아갔다. 그것은 그 지역의 관례이기도 했다. 그러다 보니 다른 농장주들과는 비교가 안 될 정도로 빠르게 가축 수가 늘어났다. 그러던 와중에 아시아에서 발생한 우역牛疫이 트랜스코카서스 일대에 널리 퍼지게 되었다. 순식간에 급격한 기세로 퍼진 역병으로 인해 결국 두세 달도 안 돼 대부분의 가축이 죽고 말았다. 살아남은 가축의 수는 손으로 꼽을 정도였고, 그나마도 뼈와 가죽만 앙상하게 남은 것들뿐이었다.

아버지가 주변 농가들의 가축을 맡아 키웠기 때문에 사고로 인한 손실을 배상해 줄 책임도 아버지에게 있었다. 이 역시 그 지방의 관습으로, 대개 가축을 위탁한 사람들은 역병은 물론 그보다 더 잦은 늑대로 인한 피해에도 농장주의 보호를 받도록 되어 있었다. 결국 아버지는 불운으로 인해서 가지고 있던 대부분의 가축도 잃고 다른 사람들의 손실을 보상해 주기 위해 가지고 있던 재산까지 모두 처분해야 했다. 결과적으로 아버지는 하룻밤 만에 아주 부유한 농장주에서 극빈자 신세로 전락하고 말았다.

그때 우리 가족은 여섯 명이었다. 아버지와 어머니 그리고 막내아들 집에서 생을 마감하기를 원했던 할머니와 세 명의 아이들—나와 바로 밑의 남동생 그리고 여동생—이 함께 살았다. 그 당시 내 나이는 얼추 일곱 살 무렵이었다.

재산을 모두 잃은 아버지는 가족을 부양하기 위해서 새로운 일거리를 찾아야 했다. 그때까지 모든 가족이 부유한 생활에 익숙해져 있었기 때문에 상대적으로 아버지가 지고 가야 할 경제적인 부담은 더욱 컸다. 대부호였던 아버지는 남아 있는 물건들을 모두 모아서 목재 저장소를 열고, 그 지역의 관습에 따라 온갖 종류의 목제품을 만드는 목공 사업을 시작했다. 하지만 상업 일을 해본 적이 없고, 따라서 사업 경험도 없었던 까닭에 목재 저장소는 1년도 안 돼 실패로 끝나고 말았다. 결국 아버지는 목재 저장소를 접고 작은 목공예품을 만드는 목공소로 일을 축소시킬 수밖에 없었다.

이 두 번째 실패는 첫 번째 재난을 겪고 4년째 되던 해에 일어난 일이었다. 이후 우리 가족은 알렉산드로폴의 작은 마을로 터를 옮겼다. 우연찮게도 당시는 러시아 인들이 점령한 카르스의 요새 도시 근처에서 재건축이 급속도로 진행되던 시즌이었다. 카르스에서 돈을 벌 수 있으리라는 기대와 함께 이미 그곳에서 사업을 하고 있던 큰아버지의 설득으로 아버지는 목공소를 카르스로 옮기게 되었다. 먼저 아버지 혼자 카르스로 갔고, 나머지 가족은 나중에 그곳으로 이사를 했다. 이 무렵 우리 가족은 세 명이나 더 늘어난 상태였다. '음식이 변형을 일으켜 만들어낸 우주적 산물'이 세 명의 귀여운 여동생의 모습으로 나타난 것이다.

카르스에 정착한 뒤 아버지는 나를 그리스 계 학교에 보냈다. 하지만 얼마 되지 않아 나를 러시아 시립 학교로 전학시켰다. 학교 수업을 남달리 빠르게 습득했던 까닭에 나는 수업 준비를 하느라 많은 시간을 낭비할 필요가 없었다. 덕분에 남은 시간을 아버지의 작업장에서 일을 도우면서 보낼 수 있었다. 아버지의 작업장에서 일을 시작한 지 얼마 안 돼 나를 찾는 단골손님도 생겼다. 처음에는 내 친구들이 주요 고객이었다. 나는 친구들을 위해서 나무총이나 필통 같은 물건을 만들어주었다. 그러다 점차 사람들이 집에서 가져온 온갖 종류의 물건을 고치는 일을 하게 되었다.

어린 시절 일이기는 하지만 나는 지금까지도 그 당시 우리 가족의 세세한 일들을 모두 기억하고 있다. 특히 아버지의 고요한 풍모와 함께 일련의 불운들 속에서도 외부 사건에 영향을 받지 않는 초연한 모습이 특별한 기억으로 남아 있다. 마치 풍요의 뿔the horn of plenty(그리스 신화에서 어린 제우스에게 젖을 먹였다고 전해지는 염소의 뿔―옮긴이)에서 불운의 젖이 쏟아져 내리는 듯한 상황에서 사투를 벌여야 했음에도, 아버지는 과거와 전혀 다름없이 행동했다는 것을 이제 확실히 말할 수 있다. 삶에 닥친 온갖 어려움 속에서도 아버지는 여전히 진정한 음유시인의 영혼을 간직하고 살아갔다.

내가 어렸을 때 우리 가족은 경제적으로 크게 곤궁했음에도 불구하고 가족 안에는 늘 여느 가정에서는 보기 드문 화합과 사랑 그리고 서로에게 힘이 되어주고자 하는 바람이 가득했다. 삶의 소소한 것들이 지닌 아름다움에서 영감을 발견할 줄 아는 아버지는 가족에게 닥친 가장 암울한 시기에조차 우리 모두에게 끝없이 솟아나는 용기의 원천이 되었다. 그리고 삶의 어려움이 그의 내면에까지 영향을 끼치지 못하는 모습은 우리에게 진정한 자유가 무엇인지 가르쳐주었다. 아버지는 우리의 내면에 '행복한 충동'의 씨앗을 심어주었다.

아버지에 대해서 쓰는 지금 나는 이른바 '초월 세계의 문제'에 대한 아버지의 관점을 언급하지 않고 지나칠 수가 없다. 이 문제와 관련해 아버지는 매우 특별하면서도 단순한 개념을 가지고 있었다.

마지막으로 아버지를 만났을 때 아버지에게 다른 사람들에게도 늘 던지던 질문을 하나 던졌던 기억이 난다. 사실 지난 30년 동안 나는 이 물음을 염두에 두고 살았다. 다른 사람들의 관심을 끌 만한 자료를 갖고 있는 놀라운 사람들과 만날 때에도 이 물음은 나에게 특별한 탐구의 수단이었다. 물론 다른 사람들에게 이 질문을 할 때면 나는 사전 준비를 하고 던졌는데, 그것은 나에게 일종의 관례처럼 되었다. 아버지에게도 마찬가지였다. 빌려온 지식이나 철학적인 이야기가 아니라 순전히 아버지가 살아오면서 경험을 통해 내면에 형성한, 아버지만의 개인적인 의견을 말해달라고 요청했다. 내 질문은 이랬다. "인간에게 영혼이 있는 겁니까? 만약 있다면 영혼은 불멸의 존재인가요?"

"어떤 식으로 말을 해야 할까?" 아버지가 느리게 서두를 꺼냈다. "사람들은 인간이 영혼을 가지고 있다고 믿고, 그것이 사후에도 독립적으로 존재하며 윤회한다고 말하는데, 나는 그렇게 생각하지 않는다. 그럼에도 인간이 살아있는 동안 '무언가'가 인간 안에 형성된다는 건 사실이다. 그 점에 대해서 나는 추호도 의심하지 않는단다. 이렇게 설명할 수 있겠구나. 인간은 특정한 속성을 가지고 태어나는데, 이 속성 덕분에 살아가면서 겪는 경험들이 그 사람 안에 특정한 물질을 만들어낸단다. 그리고 이 물질로부터 점차로 '무언가'가 만들어지는 것이지. 이것이 물질적인 육체와는 거의 무관하게 독립적인 생명력을 얻게 되는 거야.

사람이 죽을 때 이 '무언가'는 육체와 동시에 분해되는 것은 아니고 육체로부터 분리되고 나서 꽤 시간이 흐른 뒤에야 분해된단다. 비록 이 '무언가'가 인간의 육체와 똑같은 물질로 만들어지긴 했지만, 육체보다 훨씬 더 정교할 뿐만 아니라 지각 능력도 훨씬 더 예민하다고 여겨진다. 내가 생각하기에 이것의 예민한 지각 능력이란 아마 이런 게 아닐까 싶다. 너도 기억하겠지? 산도라는 이름을 가진, 반쯤 넋이 나간 아르메니아 여자를 상대로 네가 했던 실험 말이다."

아버지는 몇 년 전 내가 알렉산드로폴에 갔을 때, 아버지가 함께한 자리에서 한 실험에 대해 이야기하고 있었다. 그 당시 나는 여러 부류의 사람들을 상대로 다양한 단계의 최면 실험을 했었다. 이 실험의 목적은 훈련된 최면술사들이 '감각의 외향화 혹은 조금 떨어진 자리에서 통증 감각을 전달하기'라고 부르는 현상의 세세한 측면들을 밝히기 위한 것이었다.

나는 다음과 같은 방식으로 실험을 진행했다. 우선 찰흙과 왁스 그리고 탄약 가루를 섞은 반죽을 이용해 내가 최면 상태로 이끌어 갈 사람(매개체)과 닮은 인형을 만들었다. 이때의 최면 상태란 사이킥psychic 상태, 곧 고대로부터 오늘날에 이르기까지 과학계 일각에서 자주성의 상실이라고 부르는 상태로서, 현대의 낸시 학파School of

Nancy(19세기 말 프랑스의 의사 리어볼Liebealt이 주동이 된 학파로 치료 수단으로서 최면술을 임상에 직접 활용했다―옮긴이)가 분류한 최면의 3차 단계에 해당한다. 그 다음으로 올리브 기름과 대나무 기름을 혼합해서 만든 연고를 매개체의 몸 일부분에 바른 뒤 긁어냈다. 그리고 매개체를 닮은 인형의 몸에서도 같은 부위에 똑같이 연고를 바른 뒤 긁어냈다. 그러자 나의 흥미를 자아내던 모든 현상이 그대로 눈앞에 펼쳐지기 시작했다.

그 자리에서 아버지가 크게 놀란 것은 내가 기름이 발라진 인형의 신체 부위를 바늘로 찔렀을 때였다. 그 순간 매개체의 같은 부위에서도 경련이 일어났다. 내가 바늘을 더 깊게 찌르자 매개체의 몸, 정확히 같은 자리에서 피가 한 방울이 흘러나왔다. 아버지가 더욱 놀랐던 것은 매개체가 깨어난 뒤에 방금 전 일어난 현상에 대해 아무것도 기억하지 못하더라는 사실이었다. 그녀는 정말 아무런 느낌도 없었다고 말했다.

이 실험을 참관했던 아버지가 그때의 상황을 예로 들면서 이제 나에게 들려준 대답은 이랬다. "그러니까 네가 한 실험에서처럼 이 '무언가'도 사람이 죽기 전과 죽은 후에 그것이 분해될 때까지 특정한 주변 활동들에 반응을 하며 그런 활동들로부터 영향을 받는다는 말이다."

나를 교육하면서 아버지가 내 안에 명확히 심어준 것이 있는데, 나는 그것을 '계속해서 나아가는 힘'이라고 부른다. 아버지의 이 '계속해서 나아가는 힘'은 훗날 내 안에 결코 지울 수 없는 영향을 끼쳤다. 어린 시절 나는 내 안에 새겨진 이 흔적을 민감하게 느낄 수 있었고, 진리를 찾아 세상의 다양한 미개척지를 여행하면서 만난 사람들 역시 나의 그런 점을 알아보았다.

아이가 성장하여 책임 있는 삶을 살아가는 동안 사용할 방편이 될 만한 정보들이 내면에서 구체화되는 시기에, 아버지는 내 안에 결벽성이나 반발적 태도, 까다로움, 두려움, 소심함 같은 충동을 일으키는 정보가 아니라 이러한 충동을 유발하는 모든 것에 대해서 무심함을 유지할 수 있는 정보들이 내 안에 형성되도록 모든 경우의 수를 따져 미리 조치를 취하셨다. 이러한 목적에서 아버지는 개구리나 벌레 혹은 쥐 같은 동물을 내 이불 속에 집어넣기도 하고 독성이 없는 뱀을 손에 쥐어주고 가지고 놀게 하기도 하셨다.

나를 위한 아버지의 계속된 시도 중에서도 어머니와 고모, 나이든 목동 같은 내 주변의 어른들을 가장 걱정스럽게 한 것은 이른 아침에 나를 잠에서 억지로 깨어나게 만든 일이었다. 아버지는 한참 단잠을 자고 있는 어린 나를 깨워 우물가로 데려가서는 온몸에 찬물을 끼얹게 한 뒤 발가벗은 채로 달리기를 시키셨다. 내가 저항하면 아버지는 인정사정없이 벌을 주었다. 아버지는 평소에는 나에게 단 한 번도 소리를 지른 적이 없었다. 아버지는 몹시 자상하고 나를 끔찍이 사랑하셨지만, 벌을 줄 때는 조금도 가차 없었다. 나이가 든 후에 종종 그 당시를 떠올리곤 하는데, 그때마다 나는 아버지에게 온 마음으로 감사를 드리지 않을 수 없었다. 만일 아버지의 그런 노력이 없었다면, 나는 탐구 여정중에 만난 그 모든 장애와 어려움을 결코 극복하지 못했을 것이다.

아버지는 매우 규칙적인 생활을 하셨고, 규칙에서 어긋난 행동을 스스로에게 결코 용납하지 않으셨다. 예컨대 아버지는 일찍 자고 일찍 일어나 다음날 하기로 마음먹은 일을 시작하곤 하셨다. 심지어 딸의 결혼식 날 밤에도 예외는 아니었다.

내가 아버지를 마지막으로 뵌 것은 1916년이었다. 당시 아버지는 여든두 살이었지만, 여전히 건강하고 힘이 넘쳤다. 몇 가닥의 흰

턱수염이 나긴 했지만 거의 알아보기 어려웠다. 아버지는 이듬해인 1917년에 돌아가셨다. 그러나 자연적인 원인으로 돌아가신 것은 아니었다. 아버지를 알고 있는 모든 사람들, 특히 나에게 커다란 슬픔과 아픔을 안겨준 이 사건은 인간의 광기가 다시 한 번 활개를 치던 시기에 발생했다.

터키 인들이 알렉산드로폴을 공격했을 당시, 모두가 피난을 가야 할 상황이었음에도 아버지는 당신의 집을 운명의 손에 맡겨두고 싶어 하지 않으셨다. 결국 가족의 재산을 지키는 와중에서 아버지는 터키 인들에게 부상을 당했고, 얼마 후 돌아가셨다. 마침 그곳에 있던 몇몇 노인들이 아버지를 묻어주었다.

아버지는 다양한 신화와 노래를 문서로 직접 정리하기도 하고 구술하기도 하셨다. 내 생각에 아버지의 삶에서 가장 기념비적 작품이 되었을 이 문서들은 여러 차례에 걸친 약탈로 분실되고 — 분별력을 갖춘 사람들에게는 큰 불운이 아닐 수 없다 — 말았다. 하지만 아버지가 축음기로 녹음한 수백 편의 노래들은 기적적으로 남아 있을 수도 있다. 어쩌면 내가 모스크바에 두고 온 짐 속에 아직 그대로 보관되어 있을지 모른다. 만일 이 녹음물을 찾지 못한다면 전통 문화를 가치 있게 여기는 사람들에게는 너무나 큰 손실이 아닐 수 없다.

독자들이 아버지의 사람됨과 지성을 마음의 눈으로 보고 느낄 수 있도록 아버지가 좋아한 여러 편의 '주관적인 격언' 중 몇 개를 여기에 옮겨보고자 한다. 아버지는 사람들과 대화를 나누면서 이 격언들을 자주 인용하시곤 했다. 여기에서 한 가지 재미있는 것은 아버지가 대화에서 이 격언들을 인용할 때는 늘 이보다 더 적절하고 훌륭하게 그것들을 가져다쓸 수는 없을 거라는 느낌을 받았지만, 다른 사람이 이 격언들을 쓰면 완전히 요점을 벗어나거나 전혀 사실감 없는 말처럼 들렸다는 점이다. 나만이 아니라 그 자리에 있던 사람은 누구나 다 그렇게 느꼈다. 아버지가 즐겨 인용한 주관적인 격언 몇 가지를 적어본다.

소금 없이는 설탕도 없다.
재는 태워야 만들어진다.
캐속cassock(성직자들이 입는 옷—옮긴이)은 바보를 숨겨주는 옷이다.
그대가 높이 올라가 있기에 저 사람이 아래에 있는 것처럼 보인다.
성직자가 오른쪽으로 가면, 교사는 반드시 왼쪽으로 가게 되어 있다.
어떤 사람이 겁쟁이로 보인다면, 그건 그 사람이 자기 의지를 가졌다는 뜻이다.
인간은 음식의 양으로 만족감을 느끼는 게 아니라 탐욕의 부재로 만족감을 느낀다.
진실은 양심을 편안케 해준다.
코끼리도 없고 말도 없을 때는 당나귀가 왕 노릇 하려고 든다.
어두운 곳에서는 호랑이보다 이가 더 무섭다.
'에고'가 자리를 차지하게 되면, 신도 악마도 대수롭지 않게 여겨진다.
일단 어깨에 짊어질 수만 있으면, 세상에 그보다 더 가벼운 것은 없다고 여기게 된다.
지옥의 상징—유행의 첨단을 걷는 신발.
이 세상의 불행은 여자들의 허영심에서 나온다.
자신이 영리하다고 생각하는 사람은 어리석은 사람이다.
자신의 불행을 보지 않는 사람이 행복한 사람이다.
교사를 깨우침을 주는 사람이라고 부른다면, 도대체 누구를 머저리라고 불러야 하는가?

불은 물을 뜨겁게 하지만, 물은 불을 꺼버린다.

칭기즈칸이 아무리 위대하더라도 우리 마을의 경찰관만은 못하다.

남편이 첫 번째면 부인은 두 번째다. 부인이 첫 번째라면 남편은 그냥 아무것도 아닌 사람으로 남아 있는 게 낫다. 그래야 당신(남편)이 키우는 암탉들이 안전하다.

부자가 되고 싶다면, 경찰과 친해지면 된다.

유명해지고 싶다면, 기자들과 친해지면 된다.

배부르게 살고 싶다면, 장모와 친해지면 된다.

평화롭게 살고 싶다면, 이웃과 친해지면 된다.

편히 자고 싶다면, 당신의 부인과 친해지면 된다.

신앙심을 잃고 싶다면, 성직자와 친해지면 된다.

아버지에 대한 전체적인 그림을 보여주려면, 요즘 사람들에게서는 거의 보기 힘들거니와 아버지를 잘 아는 사람들도 깜짝 놀라는 아버지의 성향을 언급하지 않을 수 없다. 이러한 아버지의 성향 때문에 갑작스러운 가난을 겪으며 사업을 시작했을 때에도 일이 순조롭게 풀리지 않았다. 그래서 친구 분들이나 아버지와 사업 거래를 한 사람들은 아버지를 두고 비현실적이라거나 사업에 재능이 없다고 생각했다.

실제로 돈을 벌기 위해서 아버지가 벌인 사업은 모두 실패로 끝나고 말았다. 다른 사람들이 이뤄낸 어떤 결과도 아버지의 몫은 아니었다. 그렇지만 사업이 실패한 것은 아버지가 비현실적이라거나 그 분야에 재능이 없어서가 아니라 바로 아버지의 이러한 성향 때문이었다.

아버지가 어린 시절 습득했을 그 독특한 성향은 한마디로 "다른 사람들의 순진함이나 불운에서 사적인 이익을 취하는 것에 대한 본능적인 거부감"이라고 말할 수 있다. 달리 표현하자면, 지조 있고 정직한 아버지에게는 이웃의 불운 위에 자신의 부富를 의도적으로 축적한다는 것은 도저히 있을 수 없는 일이었다. 하지만 아버지 주변에 있던 대부분의 사람들, 지극히 현실적인 사람들은 아버지의 정직함을 이용해서 이득을 취하려 했고, 아버지를 속이려고 안간힘을 썼다. 그리하여 '우리 모두의 아버지인 하느님'이 인간에게 내린 계율을 믿고 따르려 한 아버지의 품성을 하찮은 것으로 만들어버렸다.

이 세상 모든 종교의 추종자들이 오늘날에도 곧잘 인용하는 아래의 성스러운 문구야말로 아버지에게 딱 들어맞는 말일 것 같다. 이 문구는 곧 우리 삶의 부조리함을 묘사하기도 하지만, 동시에 지극히 현실적인 충고도 던져주고 있다.

먼저 쳐라―그러면 맞지 않을 것이다.
하지만 그대가 치지 않으면―그들이 그대를 때려서 죽일 것이다, 마치 시도르의 염소처럼.

아버지는 자신이 인간의 통제 능력을 벗어난 상황으로 내몰리고, 결국 온갖 재난에 처하게 되리라는 것을 알았을 때조차도, 그리고 주변에 있는 사람들이 재칼처럼 더러운 탐욕의 이빨을 드러낼 때조차도 가슴을 잃지 않았으며 자신을 자기 밖의 어떤 것과 동일시하지 않았다. 아버지의 내면은 자유로웠고 언제나 그 자신으로 존재했다. 사람들이 얻고자 애쓰는 모든 것을 갖지 않았다는 사실조차 아버지의 내면을 어지럽히지는 못했다. 아버지는 일용할 빵과 명상을 위한 고요한 시간만 주어진다면 무엇이나 기쁘게 받아들일 준비가 되어 있었다. 아버지에게 가장 화가 날 때는 탁 트인 곳에 앉아서 밤하늘의 별을 보는 시간을 방해받을 때였다.

  이제 나는 이렇게 말할 수 있다. 언젠가 내가 아버지만큼 나이가 들거든 아버지와 같은 사람이 될 수 있기를 온 마음으로 열망하고 있다고.

  여건이 여의치 않아 나는 사랑하는 아버지의 육체가 누워 있는 묘지를 아직 찾아가 보지 못했다. 나중에도 가볼 수 있는 기회가 주어질 것 같지는 않다. 그러므로 나는 아버지에게 바치는 묘비명으로 이 책의 첫 장을 마무리하고자 한다. 언젠가 나의 아이들이, 피로 이어진 아이든 영혼으로 이어진 아이든, 기회가 주어진다면 꼭 이 고독한 무덤을 찾아가 보기를 권한다. 군중 심리라 불리는 인간의 재앙으로 인해 버림받은 내 아버지의 무덤을 꼭 찾아가 이 묘비명을 새긴 비석을 세워줄 것을 당부한다.

    내가 곧 당신이고,
    당신이 곧 나입니다.
    그는 우리에게 속해 있고
    우리는 둘 다 그에게 속해 있습니다.
    그러니 우리의 이웃도
    그러할 것입니다.

3 나의 첫 번째 스승

앞에서 언급한 것처럼 나의 첫 스승은 보르쉬 신부였다. 그 당시 그는 카르스 육군 대성당의 수석사제였는데, 러시아에 정복된 지 얼마 되지 않았던 카르스의 모든 사람들에게 그는 정신적 지주로서 존경을 받고 있었다. 정말로 우연한 일로 인해 그는 '나의 개체성의 두 번째 지층을 형성해 준 요소'가 되었다.

카르스 시립 학교에 다니던 시절, 재학생들을 대상으로 대성당의 소년 성가대원을 모집했는데 목소리가 좋다는 이유로 나도 성가대에 뽑혔다. 그때부터 나는 예배 시간에 노래를 부르고 연습도 하기 위해 러시아 성당에 나가게 되었다. 나이는 들었지만 잘생긴 보르쉬 신부는 새로 모집한 성가대에 관심이 많았다. 그해에 부를 다양한 성가곡들의 멜로디를 그가 직접 작곡했기 때문이었다. 그는 자주 연습 장소를 찾아왔고, 어린 성가대원들인 우리를 아주 다정하게 대해주었다.

성가대원으로 뽑힌 지 얼마 되지 않았는데도 어떤 이유에서인지 그는 나를 유난히 각별하게 대해주었다. 어쩌면 내가 어린아이치고 목소리가 아주 좋았기 때문일 수도 있다. 합창할 때 내 목소리는 유난히 돋보였다. 아니면 내가 몹시 장난기 많은 아이였고, 그가 그런 장난꾸러기를 좋아했기 때문일지도 모른다. 어쨌든 그는 나에게 점점 더 관심을 보였고, 어느 날부터인가는 내 학교 공부도 도와주기 시작했다.

그해 끝 무렵, 나는 안과 질환인 트라코마에 걸려 일주일 내내 성당에 가지 못했다. 이 사실을 안 신부님이 안과 전문 군의관 두 사람을 데리고 몸소 우리 집을 찾아왔다. 신부님이 우리 집을 방문하던 날 마침 아버지도 집에 계셨다. 군의관들이 검진을 마치고 떠나자 (그들은 하루에 두 번 황산구리 뜸질을 해주고 세 시간에 한 번씩 연고를 발라줄 군의병을 보내주기로 했다), 상대적으로 고령에 이르러 생을 마감한 보르쉬 신부와 아버지─완전히 다른 조건에서 책임 있는 나이를 위한 준비 과정, 즉 성장기를 보냈음에도 불구하고 거의 동일한 신념 체계를 가지고 있던─는 처음으로 대화를 나누게 되었다.

이 첫 만남에서 그들은 단박에 서로를 알아보았다. 그날 이후로 신부님은 아버지를 만나러 목공소에 자주 찾아왔다. 두 사람은 작업장 뒤편의 보드라운 톱밥더미 위에 자리 잡고 앉아 아버지가 만든 커피를 마시면서 종교와 역사를 주제로 몇 시간씩 대화를 나누곤 했다. 나는 특히 아버지가 아시리아에 관한 이야기를 할 때 신부님 얼굴이

유독 생기를 띠었던 기억이 난다. 아버지는 아시리아 역사에 관해 많은 지식을 가지고 있었고, 무슨 이유에서인지 신부님은 그때 대단한 흥미를 보였다.

이미 나이가 일흔에 이르렀지만 보르쉬 신부는 키가 크고 살집이 없었으며 용모가 수려했다. 허약한 체질이었음에도 흔들리지 않는 강인한 정신을 가진 분이었다. 깊고 폭넓은 지식을 갖춘 점도 그렇거니와, 삶 자체와 삶을 바라보는 시각도 주변 사람들과는 사뭇 달랐다. 그러다 보니 사람들은 그를 별난 인간으로 취급했다. 그의 겉모습만 보면 사람들이 그런 생각을 할 만도 했다. 꽤 부유한데다 급료도 많이 받았고 특별 거처까지 제공되었음에도, 관리인 숙소에 딸린 작은 방 하나와 부엌만 사용했기 때문이다. 오히려 그보다 훨씬 급료가 적은 보조 사제들은 여섯 개에서 열 개씩 방이 딸린 저택에 온갖 편의 시설을 갖춘 채 지내고 있었으니 말이다.

그는 주변 사람들과 거의 접촉을 하지 않고 은둔자처럼 살았다. 아는 사람을 찾아가는 일도 드물었다. 그 당시 그의 방에 들어갈 수 있도록 허락을 받은 사람은 나와 당번 사병뿐이었다. 하지만 그가 방을 비울 때는 당번 사병도 함부로 들어갈 수 없었다.

자신에게 주어진 의무를 다하기 위해서 그는 여가 시간을 온통 과학 연구에 쏟았다. 특히 천문학과 화학에 매진했고, 머리를 식히고 싶을 때는 바이올린 연주나 성가 작곡 같은 음악 작업을 했다. 그가 작곡한 성가 중에는 러시아에서 제법 잘 알려진 곡도 있었다. 내가 있는 자리에서 작곡한 성가도 여러 편 있었는데, 꽤 여러 해가 지난 뒤 나는 그 가운데 〈오, 전능하신 하느님〉〈고요한 빛〉〈당신에게 영광을〉 같은 곡들이 축음기에서 흘러나오는 것을 우연히 들은 적이 있다.

신부님은 아버지를 만나기 위해서 자주 우리 집을 찾아왔다. 대개 두 분 모두 일을 마치고 한가할 때인 저녁나절에 들르곤 했다. 신부님의 표현처럼 "다른 사람들을 유혹으로 이끌지 않도록 하기 위해" 그는 자신의 방문이 사람들 눈에 띄지 않게 하려고 애썼다. 그도 그럴 것이 일개 목수에 불과한 내 아버지와 달리 그는 사람들이 그림자만 보고도 누구인지 단박에 알 수 있을 만큼 잘 알려진 지역의 저명 인사였기 때문이다.

아버지의 작업장에서 두 분이 대화를 나누던 어느 날, 신부님은 아버지에게 나와 내 학업에 관한 이야기를 꺼냈다. 그 자리에는 나도 있었다. 그는 내 안에서 능력이 아주 출중한 소년을 보았다며, 그런 내가 고작 졸업장 하나를 받기 위해 자그마치 8년이라는 시간을 학교에서 낭비하는 것은 무의미한 일이라고 말했다. 실제로 시립 학교의 교육 방식은 상당히 불합리했다. 학교는 총 여덟 개 학년으로 이루어져 있었고, 학생들은 무조건 한 학년에서 1년씩 공부해야 했다. 8년 후에 받는 졸업장은 겨우 상급 학교의 첫 세 강좌를 들은 것과 동등한 자격을 주는 것이 다였다. 그런 까닭에 보르쉬 신부는 내가 학교를 그만두고 집에서 공부하게 하라며 아버지를 설득했다. 몇 과목은 자신이 직접 가르치겠다는 약속까지 했다. 만일 나중에 내가 수료증이 필요하게 되면 아무 학교에나 가서 해당 과목의 시험을 보면 된다고 설명했다.

가족 회의에서 이 문제는 해결되었다. 곧 나는 학교를 그만두었고, 그때부터 코르쉬 신부가 나의 교육을 맡았다. 그가 직접 몇 과목을 가르쳤고, 나머지 과목은 다른 교사들을 찾아서 맡겼다. 나를 가르칠 교사들은 사제 지망생들로 이름은 포노마렌코Fonomarenko와 크레스토프스키K-estovsky였다. 두 사람은 신학교를 졸업하고 군종 신부 발령을 기다리는 동안 이곳에서 사제를 보조하는 부제로 일하고 있었다. 의사인 소콜로프Sokolov도 나를 가르쳤다. 포노마렌코는 지리와 역사를 가르쳤고, 크레스토프스키는 성경과 러시아어를 가르쳤다. 소콜로프는 해부학과 생리학을 가르쳤다. 수학을 비롯한 다른 과목은 신부님이 직접 가르쳤다.

나는 열심히 공부하기 시작했다. 내가 재능이 있고 학업 습득 능력이 뛰어나긴 했지만, 많은 과목을 준비하기에는 시간이 턱없이 부족했고, 그러다 보니 쉴 시간이 거의 없었다. 게다가 한 교사의 집에서 다른 교사의 집까지 가려면 많은 시간을 길에서 보내야 했다. 그들이 사는 구역이 떨어져 있었기 때문인데, 특히 차크마크 요새 안의 군병원에서 근무하는 소콜로프한테 가려면 마을에서 5~6킬로미터는 족히 걸어가야 했다.

우리 가족은 원래 내가 사제가 되기를 바랐다. 하지만 보르쉬 신부는 어떤 사람이 진정한 성직자인지에 대해 좀 다른 견해를 가지고 있었다. 진정한 사제란 신도들의 영혼만 돌보는 것이 아니라 그들의 몸의 질병도 살피고 그것을 치료할 줄도 알아야 한다는 게 신부님의 지론이었다. 사제의 의무에는 의사의 역할도 포함된다는 것이었다. 그는 이렇게 말했다. "환자의 영혼에 접근하는 법을 모르는 의사는 환자에게 진정한 도움을 줄 수 없다. 마찬가지로 의사의 역할을 하지 못하는 사제는 훌륭한 사제가 될 수 없다. 몸과 영혼은 서로 연결되어 있기 때문이다. 질병의 원인이 영혼에 있을 때, 몸을 치료한다고 병을 치유할 수는 없는 일이다."

그는 내가 의학 수업을 받는 것을 매우 흡족해했다. 사람들이 흔히 생각하는 이유 때문이 아니라, 진정한 사제란 몸을 치료하는 의사이면서 영혼을 치유하는 사람이어야 한다는 이유 때문이었다.

어찌 되었든 신부님과의 만남으로 인해서 나의 삶은 전혀 다른 길로 접어들게 되었다. 아주 어렸을 때부터 나는 무엇이든 손으로 만드는 걸 좋아했고, 주차 기술 분야에서 전문가가 되는 꿈을 가지고 있었다.

　아직 내가 나아갈 방향이 어느 쪽인지 확실하게 결정되지 않았기 때문에, 나는 사제가 되기 위한 준비와 의사가 되기 위한 준비를 동시에 해나갔다. 양쪽으로 준비하려다 보니 공부해야 할 과목도 그만큼 더 늘어났다.

　그러다 어느 정도 시간이 지나자 공부에 속도가 붙으면서 모든 게 스스로 흘러가기 시작했다. 신부님의 표현처럼 유능한 아이였던 나는 양쪽 모두에서 진척을 보였다. 나아가 다양한 주제와 관련된 수많은 책들을 읽을 수 있는 시간도 생겼다. 대부분의 책은 보르쉬 신부가 주거나 다른 경로로 내 수중에 들어온 것들이었다.

　신부님은 자신이 맡은 과목을 열성적으로 가르쳤다. 수업이 끝난 뒤에도 그는 나를 자기 방에 머물게 했다. 차를 내오기도 하고, 때로는 자신이 막 작곡을 마친 성가를 불러보게도 했다. 그것은 여러 목소리에 맞게 편곡을 하기 위해서였다.

　방문이 잦고 시간도 길어지면서 신부님은 나와 자주 긴 대화를 갖곤 했다. 대화의 주제는 주로 내가 막 마친 수업에 관한 것이거나 아주 추상적인 문제와 관련된 것들이었다. 나와의 관계가 점점 깊어지면서 신부님은 나를 동등한 대화 상대로 대해주었다.

　나 역시 얼마 되지 않아 신부님에게 익숙해졌고, 처음 가졌던 수줍음도 사라졌다. 신부님을 존경했음에도 불구하고, 간혹 나는 그 사실을 잊고 신부님과 논쟁을 벌이곤 했다. 하지만 신부님은 그걸 전혀 불쾌하게 여기지 않았다. 지금 와서 생각해 보면 오히려 그런 모습이 그를 기쁘게 해드렸던 것 같다.

나와의 대화에서 신부님은 종종 성(性)에 관한 문제를 언급하곤 했다. 한번은 신부님이 성적 욕망과 관련해서 다음과 같은 이야기를 들려준 적이 있다.

"어른이 되기 전에 한 번이라도 육욕의 맛을 보고 나면, 성경의 에서에게 일어났던 것과 똑같은 일이 그에게 일어나게 된단다. 이삭의 맏아들이었던 에서는 죽 한 그릇에 장자의 권한, 말하자면 평생의 복락을 동생에게 팔아넘겨 버렸지. 어른이 되기 전에 단 한 번이라도 이런 유혹에 넘어간다면, 남은 생애 내내 진정 가치 있는 인간이 되긴 어려워.

어른이 되기 전에 그런 욕망을 충족한다는 것은 마치 모라봐리 산(産) 마자르(모라봐리는 카르스 남쪽에 위치한 작은 마을이고, 마자르는 갓 담가 숙성되지 않은 이 지역의 포도주)에 알코올을 쏟아 붓는 것과 같아. 마자르에 알코올 한 방울이라도 떨어뜨려서 얻을 수 있는 것은 기껏해야 식초 정도일 뿐, 제대로 된 마자르를 기대할 수는 없단다. 마찬가지로 어른이 되기 전에 성적 욕망을 충족시키려 든다면 그건 아직 어린 사람을 흉물스런 괴물로 만들고 말지. 하지만 어른이 된 다음에는 원하는 건 무엇이나 할 수 있어. 그건 마치 마자르와 똑같아. 마자르가 숙성해서 포도주가 된 다음에는 아무리 알코올을 쏟아 부어도 상관이 없지. 맛도 손상되지 않고, 얻고 싶은 어떤 농도의 포도주든 얻을 수 있단다."

보르쉬 신부는 세계와 인간에 대해서 자신만의 독창적인 사상을 가지고 있었다. 인간과 인간 존재의 목적에 대한 그의 관점은 주변 사람들의 관점이나 내가 그때까지 들어봤거나 책에서 읽은 것과는 완전히 달랐다. 여기에서 나는 보르쉬 신부의 이러한 사상을 언급해

볼 참인데, 그러다 보면 그가 인간을 어떻게 이해하고 인간에게 무엇을 기대했는지 드러나게 될 것이다.

그는 이렇게 말했다.

"어른이 되기 전에는 누구도 자기가 한 행위에 책임이 없단다. 선한 행동이든 악한 행동이든, 자발적으로 한 행동이든 강요에 못 이겨 한 행동이든 상관없이 말이다. 모든 책임은 그를 돌볼 의무가 있는 사람들의 몫이지. 의식적으로든 상황 때문에 어쩔 수 없어서든 아직 어린 사람이 장차 책임 있는 삶을 살 수 있도록 준비시킬 의무가 그들에게 있기 때문이야.

청년기는 남녀를 가릴 것 없이 모든 인간 존재가 어머니 뱃속에서부터 시작된 최초의 자기 계발을 완료하는 마무리 단계에 해당한단다. 이때부터, 다시 말해 자기 계발 과정이 끝나는 순간부터 인간은 자발적인 것이든 아니든 자신이 한 모든 행위에 책임을 져야 해.

순수 이성을 갖춘 사람들이 수세기 동안 관찰해서 입증한 자연 법칙에 따르면 이러한 계발 과정은 남자의 경우 20세에서 23세 사이에 마치고 여자의 경우는 15세에서 19세 사이에 마친다고 한다. 연령대는 그들이 자라온 지역의 지리적 조건과 성장 방식에 따라서 달라질 수 있어. 과거의 현자들이 밝혀냈듯이, 이 계발의 시기는 자연의 법칙에 따른 거야. 자신이 한 모든 행위에 책임을 질 정도로 독립적인 존재가 되려면 자연 법칙상 그만큼의 시간이 필요하기 때문이지. 하지만 불행하게도 오늘날에는 이 시기의 중요성을 알아채는 사람이 거의 없다. 내 생각에 이는 주로 인간의 삶에서 가장 중요한 성문제를 오늘날의 교육이 등한시하기 때문인 것 같다.

오늘날, 성인이 된 사람들, 심지어 그 나이를 훌쩍 뛰어넘은 사람들을 봐도 자기가 한 행동에 책임을 지는 사람이 드물어. 처음에는 이런 모습이 이상하게 여겨질 수도 있다. 하지만 이는 섹스에 대한 이 시대 교육이 빚어낸 당연한 결과라고 생각한다.

이런 터무니없는 상황이 벌어진 주된 원인 중 하나는 오늘날 이 나이에 이른 사람들 대부분이 자신의 완성을 위해서 꼭 필요한 반대편 성, 즉 자신에게 걸맞은 이성異性을 만나지 못했기 때문이야. 인간 존재가 불완전하기 때문에 완성을 위해서 이성과 만나는 것이 자연의 법칙이지. 이러한 불완전함은 개인적인 차이로 생겨난 게 아니라 위대한 법칙, 즉 우주적 법칙에서 기인하는 거란다.

이 나이에 이른 남녀가 자신의 불완전한 부분을 완전하게 채워줄 이성을 주변에서 찾지 못한다고 해도, 이들은 여전히 자연 법칙의 영향을 받기 때문에 성적 욕구가 충족되지 않은 채로 있을 수는 없단다. 그러다 보니 자기 자신과 꼭 맞지 않는 타입의 이성과 어쩔 수 없이 관계를 맺게 되지. 하지만 극성極性의 법칙으로 인해 두 사람 사이에 부조화가 빚어지고, 결국 그들은 부지불식간에 자신의 개체성이라고 할 수 있는 모습을 잃고 말지. 그러므로 책임 있는 삶을 살고자 하는 사람은 누구나 자기 계발 과정을 완성하기 위해 자신에게 맞는 반대쪽 성을 가까이 두어야만 해.

먼 옛날의 선조들은 남녀가 이런 방식으로 만나지 않으면 안 된다는 것을, 신의 섭리로, 잘 알고 있었지. 다소라도 정상적인 인간 존재를 만들기 위해서는 어린 시절부터 거기에 합당한 조건을 창조해야 한다는 것을 알고 있었다는 말이다. 그런 까닭에 선조들은 자녀에게 적합한 타입의 반대 성을 찾아주는 것을 아주 중요한 임무로 여겼단다.

고대 사람들 대부분은 남아가 일곱 살이 되고 여아가 한 살이 될 때 서로에게 맞는 짝을 찾아주거나 약혼을 맺어주는 관습이 있었지. 이때부터 미래에 부부가 될 아이들을 키우는 양쪽 집안 사람들은 그 두 아이가 성장하는 동안 기질이나 취미, 좋아하는 것 등이 서로 일치할 수 있도록 그 내용을 반복적으로 주입했어. 즉 그들 사이에 일치감을 형성해 가는 것을 부모로서 큰 사명으로 여겼다는 말이야."

나는 또 신부님이 다음과 같은 이야기를 들려준 기억이 난다.

"사람이 스스로 책임질 나이가 되어 기생충 같은 존재가 아니라 진정한 인간이 되게 하려면, 다음 열 가지 원칙이 교육의 기본이 되어야 한단다. 아주 어린 시절부터 이를 내면에 심어줘야 해.

순종하지 않으면 처벌받는다는 믿음.
공로가 있을 때만 보상을 받는다는 기대.
신에 대한 사랑—하지만 성자들에 대해서는 무관심한 태도.
동물 학대에 대한 양심의 가책.
부모와 스승을 슬프게 하는 것에 대한 두려움.
악마와 뱀 그리고 쥐를 무서워하지 않음.
자신이 가지고 있는 것에 만족할 줄 아는 기쁨.
다른 사람들의 호의를 저버리는 것에 대한 슬픔.
고통과 배고픔을 견디는 인내심.
제 일용할 양식을 벌고자 애쓰는 삶의 자세."

비통하게도 나는 우리 시대 그 누구보다 덕망 높고 놀라운 사람인 신부님의 마지막 며칠을 함께하지 못했다. 나에게 결코 잊을 수 없는 스승이자 두 번째 아버지였건만, 나는 그에게 이생에서의 마지막 빚을 갚지 못했다.

그의 죽음 이후 많은 세월이 지난 어느 일요일, 카르스 육군 대성당의 신부들과 신도들이 크게 놀라고 흥미로워할 만한 일이 발생했다. 이웃 마을 출신이라는 생면부지의 한 남자가 성당 구내에 단 하나뿐인, 쓸쓸하고 잊혀진 무덤을 위해 러시아 정교회의 절차에 따라 장례식을 치러 달라고 요청했기 때문이다. 그들은 이 낯선 사내가 애써 눈물을 삼키는 모습을 보았다. 그는 사제들에게 넉넉히 보상을 하더니, 누구에게도 시선을 주지 않은 채 마차에 올라탔다. 그러고는 곧장 기차역으로 떠났다.

존경하는 스승이시여, 부디 편히 잠드소서.
제가 당신의 꿈대로 살아왔는지
또 지금도 살고 있는지
그것은 알지 못하지만,
당신이 제게 주신 가르침은
제 평생 단 한 번도 깨뜨린 적이 없습니다.

4 보가체프스키

보가체프스키Bogachevsky 또는 에블리시Evliss 신부라고도 불리는 그는 아직 건강하게 잘 살고 있다. 그는 사해死海 해변에서 그다지 멀지 않은 곳에 있는 에세네 파(에세네 파는 고대 유대교의 신비주의 종파의 하나—옮긴이) 형제회the Essene Brotherhood 본원에서 수도원장의 보조 수사라는 행운을 누리고 있다. 어떤 사람들은 이 형제회가 예수가 태어나기 1,200년 전쯤에 설립된 것으로 추정하고 있다. 또 이 형제회에서 예수가 최초의 입문 의식을 치렀다고 전해진다.

내가 보가체프스키, 즉 에블리시 신부를 처음 만났을 때만 해도 그는 아직 청년으로 러시아 신학대학Russian Theological Seminary을 갓 졸업한 상태였다. 당시 그는 카르스의 육군 대성당에서 부제副祭로 일하면서 사제 임명을 기다리고 있었다. 카르스에 도착한 지 얼마 안 돼 그는 나의 첫 스승인 보르쉬 신부의 요청으로 크레스토프스키 대신 나를 가르치게 되었다. 크레스토프스키 역시 사제 보직을 기다리던 후보자였는데, 그가 몇 주 전 폴란드 어딘가에 있는 보병 연대의 군 사제로 발령을 받아 떠나면서 보가체프스키가 그 자리를 이어받은 것이다.

보가체프스키는 꽤 붙임성 있고 다정다감한 사람이었다. 그는 온 지 얼마 되지도 않아서 그곳의 모든 수사들에게 신임을 받았다. 심지어 포노마렌코까지 보가체프스키를 좋아했다. 포노마렌코도 사제직을 기다리는 후보자 중 한 사람이었는데 사람이 거칠고 천박하기 짝이 없어서 주변에 친한 이라곤 아무도 없었다. 하지만 어쩐 일인지 보가체프스키와는 잘 어울렸다. 둘은 군 소방대 인근의 공원 가까운 곳에 셋방을 얻어 함께 지낼 만큼 친했다.

아직 어린 나이였음에도 나는 보가체프스키와 곧 절친한 친구가 되었다. 여가 시간이 생길 때면 나는 보가체프스키를 만나러 갔다. 간혹 오후에 수업이 있을 때는 수업이 끝난 뒤에도 그곳에 있으면서 다른 수업을 준비하기도 하고 보가체프스키와 포노마렌코 그리고 그들을 찾아오는 지인들 사이의 대화를 듣기도 했다. 어떤 때는 그들을 도와 간단한 집안일을 하기도 했다.

두 사람을 자주 찾아오는 사람들 중에는 보가체프스키의 고향 친구이자 군 엔지니어로 일하는 브세슬라프스키Vseslavsky와 포병 장교로 불꽃 제조 전문가인 쿠즈민Kouzmin이 있었다. 그들은 사모바르(러시아에서 찻물을 끓일 때 쓰는 큰 주전자—옮긴이) 주변에 모여 앉아서 온갖 주제를 놓고 토론을 벌이곤 했다.

나는 보가체프스키와 그의 친구들이 아주 다양한 주제를 다룬 수많은 책들—그리스 어, 아르메니아 어 그리고 러시아 어로 된—을 읽을 때면 귀를 바짝 세우고 들었다. 나는 많은 문제들에 흥미를 느꼈지만 아직 어린 탓에 그들의 대화에 끼지는 못했다. 그들의 의견은 나에게 권위 있게 들렸다. 그 당시 나는 상급 교육을 받은 이 사람들에게 커다란 존경심을 가지고 있었다.

　그들은 외딴 도시 카르스에서의 단조롭고 무료한 일상으로부터 잠시라도 벗어나볼 생각으로 나의 스승인 보가체프스키의 방으로 모여들었던 것이지만, 추상적인 문제들에 대한 나의 끝없는 호기심을 일깨운 것은 바로 그들 사이에 오고간 온갖 대화와 논쟁이었다. 이 호기심이야말로 내 삶을 통틀어 또렷한 흔적을 남길 만큼 인생에서 중요한 역할을 했고, 이러한 호기심을 자극한 사건들이 보가체프스키와의 추억이 만들어지던 그 시기에 발생했다. 이것이 내가 그때의 기억들을 좀 더 언급하려는 이유이다.

　어느 날 보가체프스키와 친구들 사이에서 대화가 오가던 중 심령론 이야기가 나왔다. 그 당시는 심령의 힘으로 테이블이 저절로 움직이는 현상에 대해서 어딜 가나 열면 토론이 일 정도로 사람들이 큰 관심을 보이던 때였다.

　군 엔지니어로 있는 사람은 이 현상이 영혼의 관여 때문에 일어나는 현상이라고 주장했다. 그러자 다른 사람들이 반박하고 나섰다. 그들은 이것이 단지 자력이나 인력의 법칙 혹은 자기 암시 같은 자연의 힘에 의한 결과일 뿐이라고 주장했다. 하지만 누구도 현상의 실재 자체를 부정하지는 않았다.

　나는 그날도 그들의 의견 하나하나에 귀를 기울였다. 그들이 말하는 내용은 정말이지 흥미로웠다. 나는 이미 이런저런 책들을 수도 없이 읽었지만, 이런 주제에 관해 듣기는 이때가 처음이었다. 심령론 토론이 특히 내게 강한 인상을 남긴 이유는 그 무렵 내 여동생의 죽음으로 인해 슬픔이 컸기 때문이었다. 나는 그 여동생을 특히 귀여워했는데, 그때까지도 아직 슬픔에서 벗어나지 못한 상태였다. 당시 나는 자주 여동생 생각을 했고, 나도 모르게 죽음이라든지 사후의 삶에 대한 의문에 빠지곤 했다. 그날 저녁에 들은 이야기들은 마치 내 안에 무의식적으로 떠올라 해결책을 구하고 있던 생각과 질문에 대한 응답처럼 여겨졌다.

토론 끝에 그들은 테이블 실험을 직접 해보기로 결정했다. 이 실험을 하려면 다리가 세 개 달린 테이블이 필요했다. 마침 그 방 한쪽 귀퉁이에 테이블이 하나 있었지만, 이 실험의 전문가인 군 엔지니어는 테이블에 못이 박혀 있다는 이유로 그것을 사용하려 들지 않았다. 그는 실험용 테이블은 금속이 붙어 있지 않아야 한다며, 나에게 근처 사진사의 집에 가서 혹시 쓸 만한 테이블이 있는지 물어보라고 했다. 다행히 사진사의 집에는 적합한 테이블이 있었고, 나는 그것을 가지고 돌아왔다.

어둠이 내릴 무렵, 우리는 문을 모두 닫고 등불의 밝기를 낮췄다. 모두가 테이블 주변에 모여 앉은 뒤 특정한 방식으로 두 손을 테이블 위에 올려놓았다. 이제 남은 일은 기다리는 것뿐이었다.

약 20분이 지나자 테이블이 움직이기 시작했다. 엔지니어가 그 자리에 있는 사람들 한 사람 한 사람의 나이를 묻자 테이블이 한쪽 다리로 나이에 해당하는 숫자만큼 바닥을 툭툭 치기 시작했다. 어떻게 그리고 왜 테이블의 다리가 바닥을 툭툭 두드렸는지 나로서는 이해할 수가 없었다. 사실 나는 스스로를 납득시킬 엄두조차 내지 못했다. 그 사건은 마치 미지의 세계로 향하는 문이 바로 내 눈 앞에서 열린 것 같은 강렬한 인상을 남겼다.

그날 듣고 본 일들이 나를 너무도 심하게 뒤흔들어놓은 탓에 집으로 돌아와서도 나는 밤새 그 의문들을 붙들고 생각에 생각을 거듭할 수밖에 없었다. 결국 그날 수업 시간에 보르쉬 신부에게 그 현상에 관해 직접 물어보기로 결심했다. 그리고 신부님과의 수업 시간에 어제 저녁의 대화와 실험에 대해서 말했다.

"모두 다 난센스야." 나의 첫 스승인 신부님의 대답이었다. "그런 일은 생각할 필요도 없고 신경 쓸 필요도 없다. 오히려 '그런 대로 봐 줄 만한 존재'라도 되려면 알아야 할 것들을 배우는 데 네 시간을 쓰란 말이다."

신부님은 여기에 뭔가 덧붙이고 싶은 유혹을 거부할 수 없었다. "자, 이 귀여운 마늘 대가리야." 그는 나를 이렇게 부르길 좋아했다. "생각해 봐라! 만일 영혼이 테이블 다리로 바닥을 두드릴 수 있다면, 그건 곧 그 영혼들이 물리적인 힘을 가지고 있다는 뜻이겠지? 그런데 만일 영혼들이 그런 힘을 가지고 있다면, 무엇 때문에 테이블 다리로 바닥을 두드리는 것과 같은 바보 같고 더군다나 복잡하기까지 한 방식으로 사람들과 소통하려고 할까? 영혼들이 알려주고자 하는 메시지가 있다면 우리한테 직접 접촉을 한다든지 다른 방법을 통해서 전하면 될 게 아니냐?"

연로한 스승의 의견이라 소중하게 여기긴 했지만, 나는 아무런 이의 없이 곧이곧대로 그의 대답을 받아들일 수 없었다. 신학대와 여타 고등 교육 기관에서 공부한 나의 젊은 스승이나 그의 친구들이 어쩌면 과학이 덜 발달한 시절에 교육을 받은 나이든 성직자보다 더 많은 걸 알고 있을 거라 생각되었기 때문이다. 그런 까닭에 연로하신 신부님을 깊이 존경하기는 했어도, 일반적인 현상을 넘어선 좀 더 높은 차원의 문제에 대해서는 그의 시각을 의심하지 않을 수 없었다.

스스로 문제를 풀어볼 요량으로 보가체프스키와 보르쉬 신부, 그리고 다른 사람들에게서 얻은 책을 모두 읽어보았지만 해답을 찾을 수는 없었다. 어쨌거나 내가 하는 공부가 이런 의문들과 직접적인 관련이 없었기 때문에 오랫동안 그 문제에 골몰할 수 없었다. 그리고 시간이 지나자 나 역시 이 문제를 잊어버렸고 더 이상 생각하지 않게 되었다.

시간이 흘러갔다. 나는 보가체프스키를 포함한 여러 교사들의 가르침에 따라 열심히 공부했다. 쉬는 날에는 간혹 알렉산드로폴에 사는 큰아버지를 만나러 가기도 했다. 그곳에는 내 친구들이 여럿 살고 있었다. 내가 그곳을 가는 또 다른 이유는 돈을 벌기 위해서였다. 나는 늘 개인적인 용도로 돈이 필요했다. 옷이나 책 같은 것을 사는 데도 필요했고, 때론 가족과 친지를 돕는 데도 필요했다. 그때는 우리 가족이 경제적으로 많이 곤궁하던 때였다.

돈을 벌 수 있는 곳으로 굳이 알렉산드로폴을 택한 이유는 무엇보다도 그곳에 살고 있는 사람들이 나를 '손재주의 대가'로 알고 있었기 때문이다. 사람들은 늘 나에게 무언가를 만들어달라거나 고쳐달라는 부탁을 했다. 자물쇠를 고쳐달라는 사람도 있었고, 시계를 수리해 달라는 사람도 있었다. 돌을 잘라서 특수한 화덕을 만들어달라는 사람, 혼숫감으로 쓸 쿠션의 문양을 떠달라거나 응접실용 쿠션의 문양을 만들어달라는 사람도 있었다. 한마디로 알렉산드로폴에는 나를 기다리는 수많은 고객과 일이 있었고, 그곳에서 나는 꽤 많은 돈을 벌 수 있었다.

내가 알렉산드로폴로 간 이유는 한 가지 더 있었다. 카르스에서 나는 '배운' 사람들, '나보다 뛰어난' 사람들과 어울렸다. 어린 마음에 나는 그 사람들이 나를 한갓 손재주로 생계를 꾸려가는 장인(匠人) 정도로 여기는 것도 싫었고, 우리 집이 궁핍해서 내가 어쩔 수 없이 그런 단순한 일로 용돈벌이를 한다고 생각하는 것도 싫었다. 그때는 그런 것들이 나의 자존심에 깊은 상처를 주었다.

그해 부활절에도 나는 여느 때처럼 알렉산드로폴로 갔다. 그곳은 카르스에서 약 100킬로미터 가까이 떨어져 있었다. 그곳에 가면 나는 큰아버지 집에 머물곤 했는데, 나는 그분을 굉장히 좋아했고, 그분 역시 나를 귀여워했다.

큰아버지 집에서 머물던 둘째 날 저녁 식사 때였다. 숙모가 이런저런 이야기를 하던 중에 문득 내게 "내 말 잘 들어라. 부디 사고가 나지 않도록 조심해"라고 말씀하셨다. 나는 깜짝 놀랐다. 내게 무슨 일이 일어날 줄 알고 저런 말씀을 하시는 걸까? 숙모에게 그 말이 무슨 뜻이냐고 물었다. "나도 그런 이야기를 믿지는 않는다만, 너에 대한 예언이 현실이 된 걸 보면 나머지 일들도 일어날까봐 염려되는구나." 그러더니 숙모는 나에게 다음과 같은 이야기를 들려주셨다.

매년 겨울에 접어들 무렵이면, 정신이 좀 모자란 듯 보이는 점쟁이 마르디로스가 알렉산드로폴을 찾아오곤 했다. 어떤 이유에서인지 숙모는 이 점쟁이를 불러다가 나의 미래에 대해 물어보았단다. 그는 앞으로 나를 기다리고 있는 많은 일들을 예언했고, 숙모에 따르면 그 중 몇 가지는 이미 실현되었다고 했다. 말끝에 숙모는 그 당시 내게 일어난 사건 몇 가지를 언급하면서 이렇게 덧붙였다. "하느님 맙소사! 다행히도 아직 너에게 일어나지 않은 일이 두 가지가 있단다. 하나는 네 몸 오른쪽으로 뭔가 큰 통증을 느끼게 될 거란 것이고, 또 하나는 네가 총기로 큰 사고를 당할 거라는 거였단다. 그러니까 얘야, 총기 사고 위험이 있는 데서는 아주아주 조심해라." 숙모는 그 정신 나간 사람의 말을 믿지는 않지만 주의해서 나쁠 건 없지 않겠느냐고 말을 맺었다.

나는 숙모의 말에 깜짝 놀랐다. 왜냐하면 실제로 두 달 전쯤 몸 오른쪽에 부스럼이 생겨서 근 한 달간 치료를 받았기 때문이다. 한 달 동안 매일 군 병원에 가서 치료를 받고 나왔지만, 이 일에 대해서는 누구에게도 말한 적이 없었다. 심지어 집에서도 이 사실을 아는 사람은 없었다. 그런데 먼 곳에 사는 숙모가 어떻게 그 일을 알 수 있겠는가? 하지만 나는 숙모의 말을 크게 마음에 두지는 않았다. 점 같은 걸 믿지 않았기 때문에 숙모에게서 들은 그 점쟁이의 예언도 금방 잊어버렸다.

알렉산드로폴에는 파티노프Fatinov라는 이름의 친구가 살았다. 파티노프에게는 고르바쿤Gorbakoun이라는 친구가 있었는데, 그 친구 아버지는 그리스 인 구역에서 가까운 바쿠 연대 소속의 중대장이었다. 숙모로부터 예언 이야기를 듣고 일주일 정도가 지난 뒤, 파티노프가 찾아와서 자기 친구 고르바쿤과 함께 들오리 사냥을 가자고 했다. 두 사람은 아라가츠 산(아르메니아 북서쪽에 있는 산—옮긴이) 발치에 있는 호수로 갈 거라고 했다. 휴식을 취할 좋은 기회라는 생각에 동행하기로 했다. 그 동안 신경병리학 책들—한번 붙들면 푹 빠지게 하는 책들이긴 했지만—을 붙들고 공부하느라 나는 사실 많이 지쳐 있었다. 게다가 나는 어렸을 적부터 사격을 무척 좋아했다.

여섯 살 때쯤인가, 나는 허락도 없이 아버지의 총을 가지고 참새 사냥을 하러 나간 적이 있었다. 처음으로 방아쇠를 당겨보고 뒤로 벌렁 나자빠지긴 했지만 그 일로 겁을 먹기보다는 오히려 사격에 더 큰 흥미를 느끼게 되었다. 당연히 부모님은 당장 총을 빼앗아 내가 도저히 닿을 수 없는 높은 곳에 걸어두었다. 하지만 나는 낡은 탄피를 모아 가지고 직접 총을 만들었다. 이 장난감 총은 판지로 된 과녁을 뚫을 정도로 강했다. 납 산탄으로 장전된 이 총은 진짜 총 못지않게 적중률이 높았다. 내 친구들 사이에 이 총을 갖고 싶어 하는 아이들이 많아졌고, 결국 아이들은 내게 총을 만들어달라고 주문하기 시작했다. 이 일로 나는 솜씨 좋은 '총기 제작자'가 되었을 뿐만 아니라 제법 돈벌이도 할 수 있었다.

아무튼 그 이틀 뒤 파티노프와 고르바쿤이 나를 데리러 왔다. 우리 세 사람은 사냥을 하기 위해서 호수로 떠났다. 그곳까지는 약 24킬로미터 정도를 걸어가야 했다. 해가 지기 전에 도착하기 위해서 우리는 이른 새벽에 집을 나섰다. 그렇게 해야 서두르지 않고 도착해서 다음날 아침 일찍 사냥을 시작할 수 있었다.

그날 사냥에는 우리 세 사람과 고르바쿤의 아버지가 보낸 사병 한 사람까지 모두 네 사람이 동행했다. 우리는 모두 총을 가져갔고 고르바쿤은 군용 소총까지 가지고 갔다. 예정대로 호수에 도착한 뒤 모닥불을 피워서 저녁을 만들어 먹고 임시 막사를 세워 그 안에서 잠을 잤다.

다음날 우리는 해가 뜨기 전에 잠자리에서 일어났다. 우리는 두 패로 나뉘어 호수 양쪽 언저리에서 들오리들이 날아오르기를 기다렸다. 내 왼쪽에는 군용 소총을 쥔 고르바쿤이 있었다. 첫 번째 오리가 날아오르는 순간 고르바쿤이 총을 쐈다. 하지만 오리가 막 날아오르려던 참에 발포한 탓에 총알은 나의 오른쪽다리를 뚫고 지나가고 말았다. 다행히 총알은 뼈를 비켜서 지나갔다.

이 사건으로 사냥 파티는 망치고 말았다. 다리에서 많은 피가 흘렀고, 통증도 점점 심해졌다. 혼자서 걸을 수 없었기 때문에 친구들이 사냥총을 묶어 급히 만든 들것으로 나를 집까지 데리고 갔다.

한동안 집 안에 머물면서 상처는 빠르게 아물었다. 다행히 뼈는 다치지 않았지만 그 후에도 나는 오랫동안 다리를 절었다. 점쟁이의 예언과 맞아떨어진 이 사건으로 인해 나는 많은 생각을 하게 되었다. 나중에 내가 다시 큰아버지 댁을 찾아갔을 때 마침 점쟁이 마르디로스가 그 마을에 돌아왔다는 소식을 듣게 되었다. 나는 숙모에게 그 사람을 만나게 해달라고 부탁했다.

숙모가 점쟁이를 집으로 데려왔다. 그는 키가 크고 살집은 별로 없었다. 초점이 없는 눈은 불안하고 어수선했으며 정신이 반쯤 나간 것처럼 보였다. 가끔씩 온몸을 정신없이 떨어댔고 끊임없이 담배를 피웠다. 누가 보더라도 그가 성하지 않다는 것을 알 수 있었다.

그가 미래에 대해서 말해주는 방식은 이랬다. 일단 촛불 두 개 사이에 자리를 잡고 앉은 뒤, 엄지손가락을 눈앞에 들어 올린 채로 일종의 수면 상태에 빠질 때까지 손톱을 오랫동안 쳐다보았다. 그런 다음 손톱에서 본 것들을 말하기 시작했다. 먼저 점을 보는 사람이 어떤 옷을 입었는지를 말하고, 이어서 그에게 장차 어떤 일이 일어날 것인지를 말했다. 그 자리에 없는 사람의 운명을 이야기할 때는, 그 사람의 이름과 얼굴 생김새 그리고 그 사람이 현재 살고 있는 곳이 어느 방향인지를 물었다. 가능하다면 그 사람의 나이도 알려달라고 했다.

이런 방식으로 그는 나의 미래를 다시 예언했다. 그의 예언들이 어떤 식으로 현실에서 이루어졌는지는 나중에 언급하기로 하자.

그해 여름, 역시 알렉산드로폴에서 나는 도저히 설명할 수 없는 현상을 목격했다. 큰아버지 집 건너편의 공터 한가운데에 포플러나무 숲이 있었다. 나는 그곳을 좋아해서 책이나 일거리를 가지고 그곳을 찾아가곤 했다. 그곳에서는 피부색이나 종족에 상관없이 도시의 모든 아이들이 모여서 놀았다. 아르메니아 계 아이들, 그리스 계 아이들, 쿠르드 족 아이들, 타르타르Tartar 족 아이들이 뒤엉켜 귀가 저릴 정도로 떠들고 소란을 피웠다. 하지만 내게는 전혀 방해가 되지 않았다.

어느 날, 나는 포플러나무 숲에 앉아서 바쁘게 일을 하고 있었다. 이웃집 남자가 다음날 조카딸 결혼식 때 자기 집 문 위에 걸어둘 방패에 모노그램(몇 개의 글자를 한 글자 모양으로 합쳐서 도안한 것. 보통 이름의 첫 글자들을 합쳐 만듦—옮긴이)을 그려달라고 부탁했기 때문이었다. 모노그램은 조카딸 이름의 첫 글자와 신랑 이름의 첫 글자를 조합해서 만들도록 되어 있었다. 나는 글자를 새겨 넣으면서 동시에 연월일 숫자들을 그려 넣을 공간도 방패 위에 남겨가며 작업하지 않으면 안 되었다.

과거의 일들 중 특정한 사건들은 우리의 기억 속에 강한 인상을 남기게 마련이다. 나는 지금도 1888년이라는 그 해의 숫자를 어떻게 하면 정말 멋지게 그려 넣을 수 있을까 골몰했던 기억이 난다. 그렇게 일에 깊이 빠져 있을 때였다. 어디선가 갑자기 절박한 비명소리가 들려왔다. 나는 벌떡 일어났다. 놀고 있던 아이들 중 누군가에게 사고가 일어났음이 틀림없다고 생각한 나는 얼른 공터로 뛰어갔다. 그러나 내 눈 앞에는 전혀 뜻밖의 상황이 펼쳐져 있었다.

땅바닥에는 원이 하나 그려져 있고, 그 안에 조그만 소년이 한 명 서 있었다. 소년은 원 안에서 흐느껴 울며 이상한 몸짓을 하고 있고, 나머지 아이들은 원에서 조금 떨어진 곳에서 소년을 보며 웃고 있었다. 어리둥절해진 나는 아이들에게 도대체 무슨 일이냐고 물었다.

아이들에게서 들은 이야기는 이랬다. 원 안에 있는 소년은 야지디 Yazidi(예지디Yezidi라고도 하며, 조로아스터 교, 마니 교, 유대교, 네스토리우스 파의 그리스도교, 이슬람교 등 여러 종교의 요소가 혼합된 종파. 그들은 자신들이 다른 인간들과는 다르게 창조되었고 아담의 후손이 아니라고 믿는다. 악마가 하느님 앞에서 자신의 자만을 회개하면 용서를 받고 과거 자신의 자리였던 천사장으로 복귀할 수 있다는 교리 때문에 악마 숭배교라는 부당한 평판을 얻기도 했다—옮긴이) 교도의 아이로, 누군가 그 아이 주위로 원을 그렸고, 원을 지우지 않는 한 소년은 원 밖으로 나올 수 없다는 것이었다. 실제로 소년은 이 마법의 원 밖으로 나오기 위해서 온갖 노력을 다했지만 별 성과가 없었다. 나는 당장 소년에게 달려가서 발로 원의 한쪽을 지워버렸다. 그러자 소년이 즉시 원의 지워진 부분으로 뛰쳐나와 재빨리 도망을 쳤다.

나는 어안이 벙벙해서 그 자리를 떠나지 못하고 서 있었다. 무언가에 홀린 것처럼 꿈쩍할 수 없었다. 한참 후에야 끊겼던 생각의 끈이 이어지면서 제정신을 차릴 수 있었다. 나는 야지디 교에 관한 이야기를 들어보기는 했으나 심각하게 생각해 본 적은 없었다. 하지만 내 눈으로 직접 본, 이 놀랍기 그지없는 사건으로 인해 나는 야지디 교에 대해 진지하게 생각해 보게 되었다.

주변을 둘러보니 소년들은 다시금 하던 놀이에 몰두해 있었다. 나는 생각에 잠긴 채 포플러나무 아래로 돌아와 모노그램 작업을 계속했다. 일이 손에 잡히지 않았지만, 어떤 일이 있어도 그날 일을 끝내야 했다.

야지디 교는 트랜스코카서스 지역에 퍼져 있는 종파로, 교도들 대부분은 아라라트 산(터키 동부, 아르메니아 국경 지대에 있는 산으로, 구약의 대홍수 때 노아의 방주가 머물렀다는 산—옮긴이) 인근에 살고 있었다. 그들을 악마 숭배자라 부르는 사람들도 있었다.

이 일이 있고 나서 여러 해 뒤, 나는 이 현상을 검증해 줄 특별한 실험을 해보았고, 실험을 통해 야지디 교도 주위로 원을 그리면 그 사람은 자신의 자유 의지로는 결코 원을 빠져나올 수 없다는 사실을 알았다. 원 안에서는 자유롭게 움직일 수 있고, 원이 클수록 움직일 수 있는 공간도 더 커졌지만, 원 밖으로 나가는 건 불가능했다. 무언가 이상한 힘, 그가 가진 힘보다 훨씬 더 강력한 힘이 그를 원 안에서 빠져나오지 못하게 막았다. 나도 제법 힘이 센 편이었지만, 원 안에 갇힌 연약한 야지디 여자 한 사람도 밖으로 끌어낼 수 없었다. 여자를 꺼내려면 나만큼 힘이 센 남자가 한 명 더 있어야 했다.

강제로 원 밖으로 끌어낼 경우, 그 사람은 즉시 몸이 빳빳해져 순간적으로 감각이 사라지는 이른바 강경증 상태가 되며, 다시 원 안으로 되돌려놓으면 다시 원래 상태를 회복했다. 만약 원 안으로 되돌려놓지 않으면, 정상 상태로 돌아오는 데 13시간에서 21시간이 걸린다는 사실도 실험을 통해 알 수 있었다.

강경증 상태의 야지디 교도를 다른 방법으로 정상으로 돌아오게 하는 건 불가능하다. 적어도 나와 내 친구가 해본 실험에서는 그랬다. 강경증 상태에 놓인 사람들을 그 상태로부터 벗어나게 할 수 있는, 현대 최면 과학 쪽의 온갖 방법을 우리가 알고 있었음에도 그것은 불가능했다. 오직 야지디의 사제만이 특정한 주문을 이용해서 그들을 보통 상태로 돌아오게 할 수 있었다.

그날 저녁, 나는 작업을 마친 방패를 배달한 뒤 러시아 인들이 모여 사는 곳으로 갔다. 그곳에는 내가 알고 지내는 사람들과 친구들이 대부분 살고 있었다. 어쩌면 그들이 이 이상한 현상에 대한 내 의문을 해결해 줄지도 모른다는 생각이 들어서였다. 알렉산드로폴의 러시아 인 거주지에는 그 지방의 지식인들이 모여 살고 있었다.

여기서 한 가지 언급해 둘 것이 있다. 나는 여덟 살 때부터 우연찮은 환경 덕분에 카르스와 알렉산드로폴에 나보다 훨씬 나이도 많고 사회적으로도 높은 계층에 속한 친구들을 두게 되었다는 것이다. 부모님이 예전에 살았던 알렉산드로폴의 그리스 인 구역에는 친구들이 없었다. 친구들은 모두 러시아 인 구역 맞은편에 살았는데, 거의 다 장교나 공무원, 성직자의 자녀들이었다. 나는 자주 그들을 만나러 갔고, 차츰 그들의 가족과도 친분을 쌓았다. 나중에는 그 구역 내 거의 모든 사람의 집에 드나들 정도가 되었다.

나를 몹시 놀라게 했던 그날 낮의 일에 대해서 내가 맨 먼저 찾아가 이야기를 건넨 사람은 아나니예프라는 친구였다. 그는 나보다 나이가 훨씬 많았다. 그는 내 말이 채 끝나기도 전에 위압적인 말투로 이렇게 말했다. "동네 꼬마 녀석들이 귀가 얇은 널 가지고 장난을 친 거야. 그 녀석들이 너를 놀린 거라고. 너를 바보로 만든 거지. 자, 네 꼴을 좀 봐! 그 녀석들 꾀가 얼마나 잘 먹혀들었는지 말이야." 말을 마치기도 전에 그는 옆방으로 달려가 제복을 걸쳐 입고 나왔다. 최근에 새로 맞춘 제복이었다. — 그는 얼마 전에 우편 전신 공무원으로 임명을 받았다. — 그는 나에게 같이 공원에나 가자고 했지만, 나는 시간이 없다는 핑계를 대고, 같은 골목에 살고 있는 파블로프를 만나러 갔다.

파블로프는 재무부 공무원으로 사람은 아주 좋았지만 지독한 술꾼이었다. 그의 집에는 요새要塞 교회의 부제로 있는 막심 신부와 포병 장교인 아르테민, 그리고 테렌티예프 대위, 교사인 스톨마흐, 그리고 내가 잘 모르는 두 명의 사람이 함께 모여 있었다. 그들은 보드카를 마시고 있었다. 내가 들어서자 그들은 자리에 앉으라며 보드카를 권했다.

아마도 그해부터 내가 술을 마시기 시작했던 것 같은데, 그다지 많은 양을 마시지는 않았지만 누가 술을 권하면 굳이 거절하지도 않았다. 내가 술을 마시기 시작한 건 카르스에서 있었던 한 사건 때문이었다. 어느 날 아침, 밤새 공부하느라 지친 몸으로 막 잠자리에 들려고 하는데, 군인 한 명이 함께 성당에 가야 한다며 나를 데리러 왔다. 그날은 한 요새에서 예배가 열리기로—무엇을 기리기 위한 예배였는지는 기억나지 않는다—되어 있었다. 예배 막바지에 성가대 합창을 넣기로 결정이 되면서, 예배 보조자들과 사병들이 사방으로 흩어져 성가대원들을 불러 모았다.

나는 밤새 한숨도 자지 못한 상태에서 가파른 언덕 위의 요새까지 올라가느라 지칠 대로 지치고 말았다. 정작 예배가 시작되었을 때는 두 발로 서 있기조차 힘들었다. 예배가 끝난 뒤, 초대된 손님들을 위한 저녁 만찬이 차려졌다. 성가대원들을 위해서는 별도의 저녁상이 주어졌다. 술을 좋아하는 성가대 지휘자가 지쳐 보이는 나에게 보드카를 조금 마셔보라고 권했다. 보드카를 받아서 마시자 기분이 한결 좋아지는 걸 느낄 수 있었다. 두 번째 잔을 마시고 나자 모든 피로감이 순식간에 사라져버렸다. 이후 아주 지치거나 초조할 때면 보드카를 작은 잔으로 한두 잔씩, 어떤 때는 세 잔까지도 마시곤 했다.

그날 저녁에도 나는 친구들과 함께 보드카 한 잔을 마셨다. 하지만 그들의 강권에도 불구하고 두 번째 잔은 끝내 사절했다. 그 자리에 모인 사람들은 아직 취하기 전이었다. 술자리가 시작된 지 얼마 되지 않은 것 같았다. 나는 이 친구들이 모이면 대개 어떻게 자리가 흘러가는지 알고 있었다. 제일 먼저 취하는 사람은 언제나 막심 신부였다. 조금간 취해도 막심 신부는, 무슨 이유에서인지, 진실한 신앙인 고故 알렉산더 1세(1825년 47세의 나이로 죽은 것으로 알려진 러시아의 황제. 그러나 실제로는 죽지 않고 신분을 속이며 탄광에서 일하다 1864년 숨을 거두기 전 자신이 알렉산더 1세라고 밝히면서 세상을 놀라게 하였다 — 옮긴이)의 영혼이 안식하기를 바라는 기도문을 읊조리기 시작했다. 하지만 그날따라 침울한 얼굴로 앉아 있는 그를 보자, 나는 그날 낮의 일을 더 이상 참지 못하고 말하기 시작했다. 그러나 아나니예프에게 했던 것처럼 심각한 어조가 아니라 농담조로 가볍게 이야기를 꺼냈다.

그 자리에 있던 모두가 굉장한 호기심을 가지고 내 말에 귀를 기울였다. 내가 이야기를 끝내자 각자 자기의 의견을 피력하기 시작했다. 제일 먼저 입을 연 사람은 테렌티예프 대위였다. 그는 자신도 최근에 몇몇 병사가 쿠르드 족 남자 주위로 원을 그리자 그 남자가 제발 원을 지워달라며 눈물로 애원하는 모습을 보았다고 했다. 그는 자기가 사병에게 원의 한쪽을 지우라고 명령한 뒤에야 쿠르드 족 남자가 원 밖으로 나올 수 있었다고 했다. 그러면서 그는 이렇게 말을 이었다. "내 생각에는 말이야, 그들은 닫혀 있는 원 밖으로 절대 나가지 않겠다는 서약을 한 것 같아. 그리고 실제로 원 밖으로 나가지 않아. 나갈 수 없기 때문이 아니라 자신들의 서약을 깨뜨리고 싶지 않기 때문이지."

대위가 말을 끝내자 신부가 입을 열었다. "그들은 모두 악마 숭배자들이야. 보통 때는 악마가 그들을 간섭하지 않지. 그건 그들이 모두 악마의 하수인이기 때문이야. 하지만 악마 자신도 하수인에 불과하고 그의 상관이 모든 사람들 위에 악마의 위상을 세워야 한다고 명령했기 때문에, 네가 본 것처럼 야지디들의 자유를 제한하는 듯한 모습을 보여주는 거지. 그렇게 하면 다른 사람들도 야지디 교도가 자신의 하수인들이라는 걸 믿어 의심하지 않을 테니 말이네. 필립처럼 말이야."

필립은 길거리 도퉁이에 서 있는 경찰로, 여기 모인 친구들은 딱히 심부름시킬 만한 사람이 없을 때면 으레 그를 불러 담배나 술을 사오라고 시켰다. 그 당시만 해도 경찰의 역할이란 "고양이도 비웃을" 정도로 하찮은 것이었다. 신부가 말을 이어갔다.

"만약 내가 길거리에서 소동을 피운다고 하자. 그러면 이 필립이라는 작자는 나를 경찰서까지 끌고 가야 돼. 남들의 이목이 있으니 그렇게 해야 하는 거지. 그러지 않으면 사람들이 이상하게 생각할 것 아냐? 하지만 모퉁이만 돌고 나면 그는 나를 놓아주지. 물론 '담뱃값이라도 좀 적선해 주셔야죠?'라는 말을 잊지 않고 말이야. 네가 봤던 그 일도 이것과 별다를 게 없어. 더러운 악마라는 놈이나 그 하수인 노릇하는 야지디 놈들이나 똑같은 놈들이라는 말이지." 나는 그가 한 이야기가 즉석에서 만들어낸 것인지 아니면 실제로 있었던 일인지 알 수 없었다.

포병 장교는 그런 현상은 한 번도 들어본 적도 없고 일어날 수도 없다고 못 박았다. 더군다나 우리 같은 지식인이 악마니 뭐니 하는 이상한 이야기를 믿고 쓸데없는 데 머리를 쓴다는 사실이 유감스럽다고 말했다.

반대로 교사인 스톨마흐는 자기는 초자연적 현상을 굳게 믿는다며 포병 장교의 의견을 반박했다. 그는 오늘날 문명화 과정이 급속도로 진행되고 있기는 하지만 여전히 과학이 설명할 수 없는 현상들이 많이 존재한다고 했다. 그러면서 조만간 이러한 형이상학적인 신비 현상들의 물리적 원인들을 현대 과학이 완벽하게 설명할 수 있는 날이 오리라 확신한다고 덧붙였다. "지금 네가 말한 것들은 낸시 학파(낸시 학파는 이 책 80쪽의 옮긴이 주 참조—옮긴이) 과학자들이 탐구하고 있는 자력(磁力) 현상의 하나라고 생각돼."

스톨마흐는 좀 더 이야기하고 싶어 했지만 파블로프가 가로막고 나섰다. "악마여, 야지디들과 악마 숭배자들을 모조리 데려가 버려라! 그 녀석들 모두에게 보드카 반병씩을 마시게 하면, 아무리 악마라도 붙잡아두지는 못할 거야. 자, 그러니 이사코프의 건강을 위하여 건배!"(이사코프는 그 지역의 보드카 양조장의 주인이었다.)

이 논쟁은 내 생각을 잠재우기는커녕 더 많은 생각에 사로잡히게 만들었다. 그리고 파블로프의 집을 나서면서 그때까지 학식 있다고 생각했던 사람들에 대해 의구심이 들기 시작했다.

다음날 아침, 나는 우연히 39번 구역의 담당 의사인 이바노프 박사를 만났다. 그는 우리 옆집에 사는 아르메니아 인 환자를 보러 가는 길이라며 나에게 함께 가서 통역을 좀 해달라고 부탁했다. 이바노프 박사는 지역민들 사이에서 훌륭한 의사로 평판이 좋았는데, 그가 종종 큰아버지를 찾아오곤 해서 나 역시 그를 잘 알고 있었다.

진료가 끝나고 난 뒤 내가 그에게 물었다.

"각하(그는 장군 직급을 가지고 있었다), 왜 야지디 교도들은 자신을 둘러싼 원 밖으로 나갈 수 없는지 설명해 주실 수 있나요?"

"아, 그 악마 숭배자들 말이냐?" 그가 물었다. "그건 일종의 히스테리일 뿐이야."

"히스테리요?"

"그래, 히스테리."

그는 히스테리와 관련해서 길고 복잡한 이야기를 줄줄이 늘어놓기 시작했다. 그의 말을 종합해 보면 히스테리는 단지 히스테리일 뿐이었다. 사실 그것은 내가 이미 알고 있는 것들이었다. 카르스 군 병원 도서관에 있는 신경병리학과 심리학 관련 도서 중 내가 읽지 않은 책은 단 한 권도 없었다. 나는 그 책들을 한 줄 한 줄 아주 집중해서 읽었다. 과학을 모태로 뻗어 나온 줄기에 해당하는 이 두 분야의 과학 지식을 파고들다 보면 테이블이 저절로 움직인 현상을 설명할 길이 보이리라는 기대가 워낙 컸기에 책에 적힌 낱말 하나도 그냥 지나치지 못했다. 그런 까닭에 나는 히스테리는 단지 히스테리일 뿐이라는 사실을 익히 알고 있었지만, 그래도 이바노프 박사한테서 무언가 다른 것을 들을 수 있기를 기대했던 것이다.

의문에 대한 해답을 찾기가 어렵다는 것을 알면 알수록, 호기심이라는 벌레는 내 안으로 더 깊숙이 파고들었다. 며칠 동안 나는 내가 아니었다. 아무것도 하고 싶지 않았다. 오직 한 가지만을 생각하고 또 생각했다. '무엇이 진실인가? 책에 적혀 있는 내용과 교사들이 가르쳐준 내용이 진실인가? 아니면 내가 늘 부딪치고 있는 사실들이 진실인가?'

그 일이 있고 얼마 안 돼 또 다른 사건이 발생했다. 이번 일은 나를 극도의 혼돈 상태로 빠뜨리고 말았다. 야지디 일이 있은 지 대엿새 뒤였다. 잠자리에서 일어나 세수를 하려고 샘터로 갈 때였다. ─매일 아침 샘물로 세수하는 것은 이 지역의 관습이었다.─샘터 구석에서 여인네들이 열을 내며 이야기를 나누고 있었다. 가까이 다가가서 들은 여인네들의 이야기는, 전날 밤 타르타르 인 구역에 고르나흐gornakh가 나타났다는 것이었다. 고르나흐는 최근에 죽은 사람의 육체를 이용해 그 사람의 모습을 하고 다니면서 온갖 악행을 저지르는 사악한 영혼을 일컫는 말로, 특히 죽은 사람과 원한 관계에 있는 사람들을 해코지했다. 이번에는 이 사악한 영혼들 중 하나가 그저께 땅에 묻힌 타르타르 긴 마리암 밧치의 아들 몸을 빌어서 나타났다고 했다.

나는 이 남자가 죽어서 매장되었다는 사실을 알고 있었다. 그의 집이 우리 가족이 카르스로 떠나기 전에 살았던 집 바로 옆인데다, 이틀 전에는 내가 직접 세입자들에게 임대료를 받으러 그곳에 갔었기 때문이다. 타르타르 인들의 집을 방문하면서 사람들이 망자의 시신을 운구하는 모습을 보기까지 했다. 그가 죽기 전 경찰 수비대가 되어 우리를 찾아오기도 했던 터라 나는 그를 잘 알고 있었다.

며칠 전, 그는 승마 대회에 나갔다가 말에서 떨어지면서 창자가 뒤틀리는 큰 사고를 당했다고 했다. 쿨체프스키라는 군의관이 '창자를 다시 제자리로 돌려놓기' 위해 수은을 한 잔 가득 먹여보았지만 가엾은 그 젊은이는 죽고 말았고, 타르타르 족 관습에 따라 바로 매장되었다.

그런데 사악한 영혼이 그의 몸 속으로 들어가서 그를 끌고 집으로 가는 모습을 동네 사람 하나가 우연히 보고 질겁을 해서 사람들에게 알렸단다. 결국 그 못된 영혼이 더 이상 나쁜 짓을 못하게 하려고 선량한 이웃들이 재빨리 그의 목을 베고 다시 무덤에 가져다 묻었다.

기독교 신도들 가운데는 이 사악한 영혼들이 유독 타르타르 인의 몸에만 들어가는 이유가, 관을 땅 속 깊이 묻지 않고 흙으로 표면만 살짝 덮는데다 그 안에 음식을 넣어두기도 하는 그들의 장례 관습 때문이라고 믿는 사람들이 있었다. 땅 속 깊이 매장되는 기독교인의 시신은 들어가기가 어려우니까 타르타르 인의 시신을 좋아한다는 것이다.

이 사건으로 나는 큰 충격에 빠지고 말았다. 도대체 이 상황을 어떻게 설명할 수 있는가? 여태까지 내가 배운 것들은 다 뭐란 말인가? 나는 주변을 둘러보았다. 길모퉁이에 큰아버지와 경찰, 마을 사람들이 존경하는 메르쿠로프, 그리고 학교를 거의 마칠 나이가 된 그의 아들이 모여서 같은 화제로 이야기를 나누고 있었다. 그들 모두 이 지역에서 존경받는 인물들이고 나보다 나이도 많았기 때문에, 나는 그들이 나로서는 꿈조차 꾸지 못할 많은 일들을 알고 있으리라 믿었다. 하지만 내가 그들의 얼굴에서 본 것은 무엇인가? 분개나 슬픔, 놀라움이었는가? 아니었다. 그들은 그저 사악한 영혼을 처벌해서 못된 행위를 저지했다는 사실에 들떠 있을 따름이었다.

나는 다시 독서에 몰입했다. 내 안의 벌레를 만족시켜 줄 무언가를 책에서라도 발견할 수 있기를 바라면서 말이다.

보가체프스키는 나를 성심성의껏 지도해 주었지만, 안타깝게도 카르스를 떠나야 했다. 카르스에 온 지 2년 만에 카스피 해 지역의 한 마을에 주둔하는 군대의 사제로 임명받았기 때문이다. 그가 카르스에 머물면서 나의 선생 노릇을 하는 동안 나는 그와 남다른 관계를 맺게 되었다. 아직 정식 사제가 아니었음에도 그가 매주 나의 고해성사를 받아준 것이다. 카르스를 떠나던 날 그는 여러 가지 당부와 함께 매주 고해성사의 내용을 편지로 써서 부치라며, 자기도 가끔씩 답장을 보내겠다고 했다.

카스피 해 지역에서 1년을 보내고 난 뒤 보가체프스키는 군 사제로서의 직무를 포기하고 수도자가 되었다. 전하지는 말로는 그의 부인이 어떤 군 장교와 바람을 피웠기 때문이라고 했다. 그는 부인을 쫓아낸 뒤 더 이상 도시에 머무르고 싶지도 않았고 사제 노릇도 하기 싫었다고 한다. 보가체프스키가 카르스를 떠나고 얼마 되지 않아 나는 티플리스(흑해와 카스피 해를 잇는 교통의 요충지로, 오늘날 그루지야의 수도인 트빌리시의 옛 이름—옮긴이)로 갔다. 그 즈음 큰아버지가 보가체프스키가 보내온 편지 두 통을 주셨다. 그 후로 몇 년 동안 그에 관해서는 아무런 소식도 듣지 못했다.

꽤 오랜 시간이 지난 뒤 우연히 딱 한 번 사마라(러시아 중서부 볼가 강 중류에 있는 공업 도시 — 옮긴이)에서 그를 만났다. 그는 막 그 지역 주교의 집을 나서던 참이었는데, 잘 알려진 수도원의 수도사 복을 입고 있었다. 당시 나는 성인이 되었고 외모도 상당히 변한 상태라 그는 나를 금방 알아보지 못했다. 내가 누군지 밝히자 그는 반색하며 나를 맞았다. 사마라를 떠나기 전 며칠 동안 우리는 자주 만났다.

하지만 이 이후로 다시는 그를 만나지 못했다. 나중에 들은 바로는 그가 러시아의 수도원에 있고 싶지 않아 터키로 떠났다가, 곧이어 그리스의 아토스(그리스 정교회의 정신적 성지, 일명 '신성한 산'이라 불린다 — 옮긴이)로 갔다고 했다. 하지만 그곳에서도 오래 머물지 못했다고 들었다. 결국 그는 수도자의 삶을 접고 예루살렘으로 갔으며, 그곳에서 묵주 판매업을 하는 상인과 어울리게 되었다고 한다.

이 상인은 에세네 파의 수도사로, 천천히 보가체프스키를 준비시켜 자신이 몸담고 있는 형제회에 입문시켰다. 몇 년 뒤 보가체프스키는 모범적인 삶의 태도를 인정받아 이집트 내 지부 한 곳을 관리하는 책임자가 되었고, 이후 형제회 본원의 수도원장을 보좌하는 사람 한 명이 사망하자 그 자리에 앉았다.

나중에 부르사에 머무를 때 나는, 보가체프스키를 종종 만났다는 터키 인 데르비쉬dervish(이슬람교 신비주의 종파인 수피의 탁발 수도승. '미친 듯이 춤추는 사람'이라는 뜻을 가지고 있다 — 옮긴이)로부터 이 시기 보가체프스키의 기이한 삶에 관한 많은 이야기를 듣게 되었다. 이 시기 이전에 그는 나에게 편지 한 통을 보냈는데, 그 편지 역시 큰아버지의 집 주소로 보낸 것이었다. 편지에는 신의 가호를 기원하는 짧은 인사말과 함께 그리스 수도승 옷을 입고 찍은 조그만 사진 하나, 그리고 예루살렘 주변의 성지를 담은 사진 몇 장이 들어 있었다.

카르스에 머물던 시절, 아직 정식 사제가 되기 전의 보가체프스키는 도덕성에 관한 독특한 시각을 가지고 있었다. 그는 곧잘 지구상에는 두 종류의 도덕성이 존재한다고 말했다. 하나는 객관적인 도덕성으로서 수천 년 동안 내려온 인류의 삶을 통해 형성된 것이고, 다른 하나는 주관적 도덕성으로서 민족이나 나라, 가족, 집단에 따라서는 물론 개인에 따라서도 다르다는 것이었다. 그의 이야기를 옮겨보면 이렇다.

"객관적 도덕성은 삶에 의해서, 또 하느님이 당신의 선지자들을 통해 우리에게 주신 계율에 의해서 형성되었지. 이러한 객관적 도덕성이 점차로 인간의 양심이라는 것이 형성되는 토대가 되었고. 그리고 객관적 도덕성이 결국 유지될 수 있는 것은 바로 이 양심에 의해서야. 객관적 도덕성은 결코 변하지 않아. 시간이 지날수록 확산될 뿐이지. 그러나 주관적 도덕성은 인간이 만든 것이고, 따라서 상대적인 개념이야. 그러다 보니 사람에 따라서 다르고, 지역에 따라서 다를 수밖에 없단다. 한 시대를 지배하는 선악의 개념이 어떤 것이냐에 따라서도 달라지고 말이야.

예를 들어 여기 트랜스코카서스에서는 여성이 얼굴을 드러내거나 손님과 말을 섞으면 모든 사람이 그녀를 두고 비도덕적이네, 가정 교육이 엉망인 집안에서 자랐네 하고 비난을 한다. 하지만 러시아에서는 거꾸로 여성이 얼굴을 가리거나 손님이 찾아왔는데 인사도 하지 않고 대화에 끼지도 않는다면 모든 사람이 그녀를 두고 가정 교육도 엉망이고 무례하고 무뚝뚝하다고 말을 하지.

또 다른 예를 들어볼까? 카르스에서는 남자가 일주일에 한 번, 최소한 두 주에 한 번은 터키식 목욕탕에 가야 돼. 그러지 않으면 사람들이 싫어하고 심지어 혐오감을 느끼기까지 하지. 고약한 냄새가 난다고 말이야. 사실 전혀 냄새가 안 나도 그래. 하지만 러시아의 상트페테르부르크(러시아 제2의 도시로 러시아 북서부에 위치 — 옮긴이)에서는 이와 정반대로, 남자가 대중목욕탕에 간다고 말만 꺼내도 무식하니 어리석으니 천박하니 하는 소리를 듣게 된다. 그러다 보니 어쩌다 목욕탕에 가야 할 상황이 생겨도 다른 사람들에게는 이 사실을 숨겨야 해. 그래야 사람들이 그를 저속한 인간 취급하지 않을 테니 말이야.

이른바 도덕성이나 명예라는 게 상대적이란 걸 아주 잘 보여주는 예를 하나 들어보자. 지난주에 이곳 카르스에서는 장교들과 관련된 사건이 둘 있었다. 이 두 사건은 온 도시를 뒤흔들어놓았지. 하나는 K 중위의 재판이었고, 또 하나는 마카로프 중위의 자살 사건이었어. K 중위는 제화공 이바노프의 얼굴을 심하게 때려서 한쪽 눈을 실명하게 만들었고 그 사건으로 군법정에 회부되었지. 군법정은 이 사건이 있기 전에 제화공이 K 중위를 크게 자극했다는 사실과 헛소문을 퍼뜨려 그를 헐뜯고 다녔다는 사실을 밝히고 K 중위에게 무죄를 선고했어.

나는 이 사건에 흥미를 느끼고 법정의 증거물과 상관없이 직접 그 불행한 제화공의 가족과 주변인들을 탐문해 보기로 마음먹었어. K 중위가 그런 행동을 한 진짜 이유가 무엇인지 알아보고 싶었거든.

들은 얘기에 의하면, 중위는 제화공 이바노프에게 처음에는 부츠 한 켤레를 주문했다가 나중에 두 켤레를 더 주문했다고 하더구나. 부츠 값은 그 달 20일에 월급을 받으면 보내주겠다면서 말이야. 하지만 20일에 중위는 부츠 값을 보내지 않았고, 결국 이바노프가 중위의 집을 찾아가게 됐지. 그러자 중위는 그 다음날 돈을 주겠다고 약속했고, 그런 식으로 계속 '내일, 내일' 하면서 지불 날짜를 미뤘어. 이바노프는 계속해서 돈을 받으러 중위 집을 찾아갔고 말이야. 이바노프에게 그 돈은 꽤 큰 액수였지. 사실 전 재산이나 다름없었어. 부인이 세탁부 일을 하면서 한 닢 두 닢 모은 돈으로 중위의 부츠 만드는 데 필요한 재료를 산 거니까. 게다가 이바노프는 먹여야 할 자식들이 다섯 명이나 있었거든.

K 중위는 이바노프가 자주 찾아와 돈을 달라는 데 화가 났어. 그래서 사병한테 제화공이 오거든 자기가 집에 없다고 말하라고 시킨 거야. 그런 식으로 이바노프를 피하다가, 급기야는 다시 찾아오면 감옥에 처넣겠다고 협박까지 했고. 그래도 이바노프가 찾아오자 중위는 사병을 시켜서 혼쭐을 내주라고 했다는 거야.

하지만 마음씨 착한 사병은 이바노프를 때리는 대신 좋은 말로 설득을 했단다. 이렇게 자주 찾아와 봤자 중위의 화만 돋울 뿐이라고 말이야. 사병은 차분히 이야기를 나눌 생각으로 이바노프를 부엌으로 데리고 갔단다. 이바노프가 자리를 잡고 앉자 사병은 거위를 잡고 털을 뽑기 시작했어. 거위 구이를 하려고 말이야. 이걸 보고 이바노프가 '세상에! 그러니까 우리 상전들께서는 빚은 안 갚고 날마다 구운 거위를 드신단 말이지? 난 내 자식들을 쫄쫄 굶기고 있는데!'라고 한 마디 했다는구나.

바로 그때 K 중위가 – 우연히 부엌에 들어서다가 – 그 말을 들은 거야. 격노한 중위는 탁자 위에 있던 커다란 비트 뿌리를 집어 들어 이바노프의 얼굴을 가격했는데, 너무나 세게 맞은 나머지 이바노프의 눈이 못쓰게 되고 말았단다.

두 번째 사건은 앞의 사건과는 정반대라고 할 수 있어. 마카로프 중위라는 자가 마쉬벨로프라는 대위에게 진 빚을 갚지 못해서 결국 권총으로 자살하고 만 사건이지. 이 마쉬벨로프라는 자는 상습 도박꾼에다 사기 카드 게임의 대가라고 해. 단 하루도 사기를 처먹지 않는 날이 없을 정도라고 하니 그런 그가 마카로프를 상대로 사기 게임을 벌였으리라는 건 불 보듯 뻔한 일이지.

이 사건이 일어나기 얼마 전, 마카로프가 다른 장교들과 카드놀이를 했는데 그 가운데는 마쉬벨로프도 있었어. 그 자리에서 마카로프는 자기가 가진 돈을 모두 잃고 마쉬벨로프에게 사흘 안에 갚겠다며 돈을 빌렸는데 그 돈까지 몽땅 잃고 말았던 거야. 빌린 돈의 액수가 워낙 커서 마카로프로서는 사흘 안에 도저히 갚을 수가 없었어. 약속을 지킬 수 없게 되자, 장교로서 명예를 더럽히느니 차라리 자살을 하기로 선택하게 되었던 거고.

이 두 사건은 다 빚 때문에 일어났어. 앞의 경우는 채권자가 채무자 손에 눈을 잃은 사건이고, 뒤의 경우는 채무자가 스스로 목숨을 끊은 사건이지. 왜 그랬을까? 마카로프가 자살한 건 단지 사기꾼 마쉬벨로프에게 진 빚을 갚지 않을 경우 주변 사람들이 자신을 심하게 비난할 거라고 생각했기 때문이야. 그에 반해 제화공에게 진 빚을 갚느냐 아니냐는, 설사 제화공의 자식들이 모두 굶어죽는다 해도 장교의 명예가 훼손되는 것에 비하면 아무것도 아니었던 거지.

다시 말해 이런 행동들을 하게 된 까닭은 사람들이 자기 자식들 마음 안에 온갖 종류의 관습을 채워 넣기 때문이란다. 아직 미래의 인간이 그들 안에서 만들어지고 있는 중인데 말이야. 이것은 아이들 내면에 자연스럽게 양심이 계발될 수 있는 기회를 빼앗는 거나 같아. 우리 조상들이 그러한 관습에 맞서 싸우며 수천 년 동안 지켜온 객관적 도덕성이 아이들 안에 자리 잡지 못하게 말이야."

보가체프스키는 나에게 가족의 관습이든 여타 사람들의 관습이든 어떤 관습도 받아들여서는 안 된다고 말했다. 그가 말했다.

"인간의 머릿속을 가득 채우고 있는 이 관습들로부터 주관적 도덕성이 형성돼. 하지만 진정한 삶을 살기 위해서는 관습이 아니라 양심에서 기인한 객관적 도덕성이 필요하지. 양심은 어디서나 똑같아. 이곳에서나 상트페테르부르크에서나 미국이나 캄차카 반도에서나 솔로몬 제도에서나 다 똑같아. 오늘은 네가 여기에 있지만, 내일은 미국에 있을 수도 있어. 하지만 네가 진정한 양심을 가지고 있고 그것에 따라서 살아간다면, 네가 어디에 있든 조화를 이루며 살아갈 수 있을 거야.

너는 아직 어리고, 네 인생은 아직 시작하지도 않았다. 어쩌면 이곳에 있는 사람들은 너를 가정 교육을 제대로 받지 못한 아이로 취급할 수도 있어. 제대로 인사하는 법도 모르고, 격식에 맞게 예의를 차릴지도 모른다고 말이야. 하지만 네가 자라서 네 안의 진정한 양심에 따라 인생을 살아간다면 그런 건 전혀 문제가 안 돼. 그 진정한 양심이 바로 객관적 도덕성의 초석이야.

주관적 도덕성이란 상대적인 개념이야. 만일 네 안에 상대적인 개념들만 가득 차 있다면, 어른이 되어서도 넌 늘 관습적인 시각과 생각으로 행동하고 또 그런 눈으로 다른 사람들을 판단할 거다. 그러니까 사람들이 좋다 나쁘다 하는 것이 아니라 네 안에 존재하는 양심에 따라서 행동하는 법을 배워야 하는 거야.

관습에 속박받지 않는 양심이야말로 세상의 어떤 책이나 교사보다도 더 많은 것을 담고 있단다. 그러나 너 자신의 고유한 양심이 형성될 때까지는 '다른 사람이 너희에게 하지 않기를 원하는 것을 너희도 다른 이에게 행하지 말라'고 하신 예수의 가르침대로 살아가야 한다."

　이제 노인이 된 에블리시 신부는 우리의 성스런 교사인 예수가 우리에게 바라는 방식대로 살아가는 최초의 사람이 되었다. 그의 기도가 진리에 따라서 살아가고자 희망하는 모든 사람에게 힘이 될 수 있기를!

미스터 X
혹은 포고시안 선장

지금은 미스터 X로 불리는 사르키스 포고시안Sarkis Pogossian은 현재 여러 대의 외항선을 소유한 선주가 되어 있다. 그가 갖고 있는 배 중 한 척은 그가 가장 좋아하는 순다 열도(동남아시아의 말레이 제도 가운데 인도네시아에 속하는 여러 섬들 — 옮긴이)와 솔로몬 제도(남태평양 뉴기니 섬의 북동쪽에 있는 섬들 — 옮긴이) 사이를 오가는데, 이 배는 그가 직접 지휘를 해서 운항한다고 한다. 그는 혈통으로는 아르메니아 인이고, 태어난 곳은 터키였지만, 어린 시절은 주로 트랜스코카서스의 카르스에서 보냈다.

내가 포고시안을 만나 친구가 되었을 무렵 그는 에치미아진(아르메니아의 종교 중심 도시 — 옮긴이)에 있는 신학교를 막 마치고 신부가 되기 위해 준비하던 젊은 청년이었다. 포고시안을 만나기 전 나는 이미 그의 부모님을 통해서 그에 대한 이야기를 들은 적이 있었다. 그의 부모는 카르스의 우리 집에서 멀지 않은 데 살면서 자주 우리 아버지를 만나러 왔다. 나는 그들에게 아들이 하나뿐이며, 그 아들이 예레반(아르메니아의 수도로, 에치미아진에서 동쪽으로 20킬로미터 거리에 있다 — 옮긴이)의 신학교에서 수학했다는 사실, 그리고 그 당시에는 에치미아진의 신학교에서 공부한다는 사실을 들어서 알고 있었다.

포고시안의 부모는 터키 원주민들로 에르주룸에서 살다가 러시아인들이 그곳을 점령한 뒤 카르스로 옮겨왔다. 포고시안의 아버지는 염색업자(염색업자인지 아닌지는 팔뚝을 보면 금방 알 수 있다. 염색 작업으로 인해서 대개 팔꿈치에 파랗게 물이 들어 있고 씻어도 그 색깔이 빠지지 않기 때문에 사람들은 단박에 그가 염색업자임을 알 수 있다)였고, 그의 어머니는 황금 자수를 놓는 일을 했는데 특히 아르메니아 여성들이 입는 의상의 가슴 장식과 허리띠 장식을 주로 했다. 그들은 매우 검소한 생활을 하면서 번 돈을 모두 아들 교육에만 쏟아 부었다.

포고시안이 부모를 만나러 오는 일은 좀처럼 없었기 때문에, 내가 카르스에서 그를 본 적은 한 번도 없었다. 그와 처음 만난 곳은 에치미아진이었다. 에치미아진에 가기 전 나는 아버지를 뵙고 갈 생각으로 잠시 카르스에 들렀는데, 내가 에치미아진에 간다는 소식을 들은 포고시안의 부모님이 아들에게 조그마한 꾸러미 하나를 전해달라고 부탁했다.

내가 에치미아진으로 가는 목적은 — 언제나 그랬듯이 — 초자연적 현상에 대한 의문에 답을 찾기 위한 것이었다. 초자연적 현상에 대한 나의 관심은 시간이 지날수록 줄어드는 게 아니라 더욱더 강렬해지고 있었다.

앞 장에서 이야기한 것처럼 초자연적 현상에 커다란 흥미를 갖게 되면서 나는 책 속으로 깊이 빠져들었고, 과학 분야의 사람들을 찾아다니며 이러한 현상에 대한 설명을 구했다. 하지만 책에서도 사람들에게서도 만족할 만한 답을 얻지 못하자, 나는 종교에서 답을 찾기 시작했다. 수많은 수도원을 찾아갔고, 독실하다는 종교인들을 만났으며, 성경과 성인들의 삶을 다룬 책을 탐독했다. 사나힌Sanahin 수도원의 유명한 신부 예블람피오스Yevlampios의 시종 노릇을 3개월간 하기도 했다. 그뿐 아니라 트랜스코카서스 일대의 여러 종교 성지들을 거의 모두 순례하기도 했다.

이 시기 동안에도 나는 그 실재성을 의심할 수 없는 일련의 현상들을 수없이 목격했다. 하지만 여전히 그것을 설명할 길은 없었고, 나는 전보다 더 혼란스러워졌다. 한번은 어떤 종교 축제에 참여하기 위해서 아르메니아 인들이 아메나 프레츠Amena-Pretz라고 부르는 자주르 산으로 간 적이 있는데, 친구와 함께 알렉산드로폴을 떠나 그곳으로 가던 도중 한 사건을 목격하게 되었다.

길을 가던 우리는 팔데반이라는 작은 마을에 사는 한 남자가 손수레에 실려 가는 것을 보게 되었다. 남자는 몸이 마비된 상태였다. 환자를 이송하는 사람들은 그의 친지들이었는데, 우리는 그들과 함께 길을 가면서 이런저런 이야기를 나누게 되었다. 겨우 서른 살쯤 되어 보이는, 이 반신불수의 남자는 6년 동안 병상에 누워 있었다고 했다. 하지만 그 전에는 아주 건강해서 군복무까지 별 탈 없이 마쳤다고 했다. 그런데 군복무를 마치고 집에 돌아온 뒤, 결혼식을 코앞에 두고 갑자기 왼쪽 몸 전체가 마비되고 말았다. 의사한테도 보이고 치료사도 불러서 갖은 치료법을 다 써봤지만 아무런 소용이 없었다. 코카서스에 있는 미네랄니예 보디(북카프카스 산맥 부근의 온천 도시―옮긴이)

에 가서 특별 치료까지 받았으나 허탕을 치고, 이제 성자가 그의 고통을 완화시켜 줄지도 모른다는 일말의 희망을 가지고 그를 아메나프레츠로 데려가는 중이었다.

성지로 가는 도중, 우리는 다른 모든 순례자들처럼, 구세주를 닮은 기적의 성상 앞에서 기도를 하기 위해 디스키안트라는 마을에 잠깐 멈추었다. 이 성상은 그 마을의 한 아르메니아 인 집 안에 있었다. 환자 역시 기도를 하고 싶어 했기 때문에 친지들은 그를 집 안으로 데리고 갔다. 나도 이 가엾은 남자를 옮기는 것을 거들었다.

자주르 산 발치에 도착해서 보니 산의 비탈진 곳에 성자의 기적의 무덤이 있다는 작은 교회가 서 있었다. 우리는 순례자들이 보통 수레나 마차, 소형 화물차 등을 세워두는 도로 끝에 멈추어 섰다. 거기서부터는 400여 미터를 걸어서 올라가야 했다. 관습에 따라 맨발로 걸어가는 사람들이 많았는데, 개중에는 무릎으로 기다시피 올라가는 사람도 있었고 뭔가 조금 다르게 올라가는 사람도 있었다.

위로 올라가기 위해 환자를 수레에서 내리려는 순간이었다. 환자가 갑자기 저항하면서 혼자 힘으로 기어서 오르고 싶다고 했다. 제 힘으로 올라가는 데까지 올라가 보고 싶다는 말에 친지들은 어쩔 수 없이 그를 땅바닥에 내려놓았다. 환자는 마비되지 않은 몸의 오른쪽을 이용해서 바닥을 기기 시작했다. 옆에서 보는 사람들 마음이 아플 정도로 그는 힘들게 산을 올랐다. 하지만 그는 어떤 도움도 받으려고 하지 않았다. 쉬다 가다를 반복하던 남자는 세 시간 만에 정상에 올랐고, 성당 한가운데에 있는 성자의 무덤까지 기어가 마침내 비석에 입을 맞추었다. 그러고는 곧바로 의식을 잃었다.

친지들은 물론 사제들과 나까지 합세하여 그를 깨어나게 하기 위해 안간힘을 썼다. 입 속에 물을 떨어뜨려 주기도 하고 찬물로 머리를 식혀주기도 했다. 마침내 그가 의식을 되찾은 순간, 기적이 일어났다. 남자의 몸을 옭죄던 마비 증상이 사라진 것이다.

처음에는 환자 자신도 믿기지 않은지 어리벙벙한 모습이었다. 그러다 팔다리를 모두 움직일 수 있다는 사실을 깨닫고 자리에서 벌떡 일어나 춤을 추기 시작했다. 한참 춤을 추다가 갑자기 정신을 차린 남자는 울부짖으면서 바닥에 고꾸라져 기도를 하기 시작했다. 신부를 비롯해 그 자리에 모여 있던 사람들도 따라서 무릎을 꿇고 기도했다. 잠시 후 신부가 자리에서 일어나더니 사람들 한가운데에 서서 성자에게 감사의 예배를 드렸다.

나를 혼란스럽게 한 또 다른 사건은 카르스에서 일어났다. 그해 카르스 전역에는 심한 무더위와 가뭄이 닥쳤다. 곡식들은 하나같이 누렇게 말라갔고, 기근에 대한 두려움으로 인해 민심은 흉흉해졌다. 같은 해 여름. 안티오크 교구의 대수도원장이 기적의 성상—그것이 수많은 기적을 행한 성 니콜라스의 성상이었는지 성모 마리아의 성상이었는지는 기억나지 않는다—을 가지고 러시아에 도착했다. 크레타 전쟁으로 고통받는 그리스 인들을 돕는 기금을 모으기 위해서였다. 그는 이 성상을 가지고 러시아 내 그리스 인 거주 지역들을 찾아다녔고 카르스에도 방문했다.

정치적인 동기에서였는지 종교적인 동기에서였는지는 알 수 없지만 카르스의 러시아 당국도 다른 지역들에서처럼 특별 환영식을 준비하는 등 온갖 방식으로 대수도원장에게 경의를 표했다. 대수도원장이 어느 도시에 도착하면, 교회에서 교회로 성상이 옮겨졌는데, 이때 교회의 성직자는 환영 문구가 적힌 현수막을 들고 나와 엄숙하게 성상을 맞이했다.

대수도원장이 카르스에 도착한 다음날, 비가 내리기를 기원하는 특별 예배가 도시 외곽에 모셔진 성상 앞에서 모든 성직자들이 모인 가운데 거행될 거라는 소문이 퍼졌다. 실제로 그날 12시가 되자 수많은 현수막과 성상을 앞세운 행렬이 각 교회로부터 그 장소로 모여들기 시작했다. 이 행사에는 오래된 그리스 계 교회의 성직자는 물론 최근 재건된 그리스 계 성당과 군 성당의 사제들, 쿠반 연대 교회 및 아르메니아 인 교회 성직자들도 참여했다.
　그날은 무더위가 유난히 기승을 부렸다. 지역 주민 대부분이 모인 가운데 성직자들이 상석에 앉은 대수도원장과 함께 경건하게 예배를 거행했다. 예배가 끝난 뒤 행렬은 다시 마을을 향해 행진했다. 그리고 그때, 사람들이 도저히 설명할 수 없는 일이 벌어졌다. 갑자기 하늘이 구름으로 뒤덮이더니 사람들이 마을에 도착하기도 전에 속옷까지 젖을 만큼 큰 폭우가 쏟아지기 시작한 것이다. 이 현상을 설명하는 데 어떤 사람들은 '우연의 일치'라는 판에 박힌 말을 사용하고 싶을지도 모르겠다. '우연의 일치'라는 말은 이른바 지각 있다는 사람들이 잘 쓰는 말이다. 하지만 누구도 이 우연이 너무도 놀랍게 벌어졌다는 사실을 부정하지는 못할 것이다.
　세 번째 사건은 우리 가족이 잠시 알렉산드로폴의 옛집으로 돌아가 있던 시기에 일어났다. 우리 옆집에는 고모네 식구가 살았는데, 고모네 집에는 그 지역 관공서에서 서기 겸 비서로 일하는 타르타르인 남자가 세를 살고 있었다. 노모, 여동생과 함께 살던 그는 최근에 이웃 카라다흐 마을에 사는 아름다운 타르타르 처녀와 결혼을 했다.
　처음에는 만사가 순조롭게 흘러가는 것처럼 보였다. 젊은 아내와 결혼한 지 40일이 지난 뒤, 타르타르 전통에 따라 신부가 친정 부모님을 방문하러 갔다. 그런데 신부는 친정에서 감기인지 뭔지에 걸렸고, 집에 돌아온 뒤 시름시름 앓기 시작했다. 날이 갈수록 신부의 병세는 깊어졌다. 주변 사람들이 지극정성으로 돌봤지만 차도가 없었다. 레스닉이라는 동네 의사, 전직 군의관 케엘체프스키 등 여러 명의 의사가 치료해 보았지만 병자의 상태는 나아지지 않았다. 나와 안면이 있는 의사 보조원 한 사람은 레스닉의 명령으로 매일 아침 여자에게 주사를 놓아주기도 했다. 이름이 잘 기억나지 않는 그 보조원―그에 대해 내가 유일하게 기억하는 것은 그가 엄청 키가 컸다는 사실뿐이다―은 내가 집에 있을 때면 가끔씩 우리 집에 들르곤 했다.

어느 날 아침, 어머니와 내가 차를 마시고 있는데 그가 우리 집을 찾아왔다. 우리는 그에게 차를 권했다. 셋이서 이런저런 이야기를 나누던 중 내가 그에게 이웃집 여자는 좀 어떤지 물었다. "병세가 아주 안 좋아요. 급성 폐결핵의 일종인데, 당장이라도 어떻게 될지 모르겠네요."

그와 아직 차를 마시는 중인데 병자의 시어머니가 집 안으로 들어오더니, 우리 집 조그만 정원에서 장미 열매를 좀 따도 되겠느냐고 어머니에게 물었다. 노파는 눈물을 흘리면서, 타르타르 인들에게 성녀로 추앙되는 성모 마리아가 지난밤 병자의 꿈에 나타나 장미 열매를 모아 우유를 붓고 끓여 마시라는 계시를 해주었다고 말했다. 며느리를 안심시켜 줄 마음에 노파가 장미 열매를 따러 온 것이다. 이 말에 그 의사 보조원은 실소를 금치 못했다.

어머니는 당연히 허락하고 함께 정원으로 가 노파가 장미 열매 따는 것을 도왔다. 의사 보조원이 자리를 떠난 뒤 나도 정원으로 나가 두 사람을 도왔다.

다음날 아침, 시장에 가던 나는 정말이지 놀라운 광경을 목격하게 되었다. 병자와 노파가 기적의 성녀상이 모셔져 있는 아르메니아 인 교회에서 나오는 것이 아닌가. 다시 일주일 뒤에는 새신부가 창문을 닦고 있는 모습을 보았다. 물론 의사인 레스닉은 기적처럼 보이는 이 일을 두고 한갓 우연에 지나지 않는다고 말했다.

내 두 눈으로 똑똑히 목격한 이 사건들 말고도 탐구 여정중에 들은 수많은 사건들 - 이 모든 사건은 하나같이 초자연적인 무언가가 존재함을 보여준다 - 은 일반적인 상식과는 전혀 맞지 않았다. 당연히 초자연적인 현상 자체를 거부하는 일반 과학 지식으로는 설명할 수 없는 일들이었다.

이러한 모순은 내 마음을 어지럽게 했다. 사실과 그에 대한 반증이 똑같이 설득력이 있었기 때문에 내 안에서 느끼는 모순의 정도는 훨씬 컸다. 어쨌든 나는 끊임없이 나를 괴롭히는 물음들에 대한 진정한 답을 언제 어디선가는 찾게 될 거라는 희망을 가지고 탐구 여정을 계속했다.

그리고 바로 이러한 목적이 나를 수많은 곳으로 이끌어주었고, 특히 위대한 종교 중심지의 한 곳인 에치미아진으로 향하게 만들었다. 나는 그곳에서 이 회피할 수 없는 물음들에 대한 해결의 실마리라도 찾을 수 있기를 기대했다.

에치미아진 또는 바가르샤파트라고 불리는 이곳은 아르메니아 인들에게는 이슬람교도들의 메카나 기독교인들의 예루살렘과 같은 의미를 가진 곳이었다. 이곳은 아르메니아 인들의 총주교總主教가 있는 곳이자 아르메니아 문화의 중심지이기도 했다. 해마다 가을이면 이곳에서 대규모의 종교 축제가 열렸다. 이때는 아르메니아 각지에서는 물론 전 세계에서 순례자들이 모여들었고, 축제가 시작되기 일주일 전부터 주변 도로가 모두 순례자들의 행렬로 뒤덮였다. 순례자들 중에는 걸어오는 사람도 있었고, 수레나 마차를 타고 오는 사람도 있었으며, 말이나 당나귀를 타고 오는 사람도 있었다.

나는 몰로칸Molokan 종파(육류는 먹지 않지만 우유와 계란은 먹는 러시아 종교 교파 중 하나—옮긴이)의 마차에 짐을 맡기고 알렉산드로폴에서 떠나는 순례자들과 함께 걸어서 여행을 했다. 그리고 관습에 따라 에치미아진에 도착하자마자 성스러운 장소들을 모두 찾아다니며 기도를 올렸다. 그런 다음 묵을 데를 알아보기 위해서 시내로 내려갔다. 하지만 모든 여인숙—그때는 호텔이 없었다—이 만원이었기 때문에 빈 방을 찾기란 불가능했다. 결국 많은 사람들이 하듯이 시내 외곽으로 나가 수레나 마차 아래에 자리를 잡기로 마음먹었다. 하지만 아직 이른 시간이었기 때문에 먼저 포고시안 부도님의 심부름부터 해야겠다는 생각에 포고시안을 찾으러 나섰다.

그는 먼 친척뻘 되는 수레니안Surenian이라는 대수도원장의 집에서 살고 있었다. 때마침 그는 집에 있었다. 포고시안은 나와 나이가 엇비슷했고, 중간 정도의 키에, 피부가 검고, 짧은 콧수염을 기르고 있었다. 눈은 몹시 슬퍼 보였는데, 그러다가도 가끔씩 내부의 불길에 활활 타오르는 것처럼 보이기도 했다. 오른쪽 눈은 약간 사시였다. 그 당시 포고시안은 아주 연약하고 수줍음 많은 청년처럼 보였다.

그는 나에게 자기 부모님의 안부를 물었고, 이런저런 대화 끝에 내가 숙박할 곳을 찾지 못했다는 이야기를 듣자 갑자기 뛰쳐나갔다 들어오더니 나더러 자기 방을 함께 쓰면 어떻겠느냐고 물었다. 물론 나는 그의 제안을 받아들였고, 즉시 나가서 마차에서 물건을 챙겨왔다. 포고시안의 도움을 받아 잠자리를 만들고 나자 수레니안 사제가 저녁 식사가 준비되었다며 우리를 불렀다. 사제는 나를 다정하게 맞은 뒤, 포고시안 가족의 안부도 묻고 알렉산드로폴에 관해서도 이것저것을 물었다.

저녁 식사 후 포고시안과 나는 시내를 둘러보고 성스런 유물들도 보러 나갔다. 포고시안에 따르면 축제 기간 동안 에치미아진에서는 밤새도록 수많은 행사가 열리고, 카페와 음식점도 밤새워 영업을 한다고 했다. 그날 밤부터 며칠 동안 나는 포고시안과 어울려 지냈다. 도시 안팎을 모조리 알고 있던 포고시안은 나를 데리고 그야말로 안 가본 곳 없이 다 돌아다녔다. 일반 순례자들은 출입이 안 되는 장소도 찾아갔고, 심지어는 에치미아진의 보물이 보관된 칸자란도 방문했다. 그곳은 아무에게나 출입이 허락되는 곳이 아니었다.

포고시안과 이야기를 나누면서 나는 내가 고민하던 물음들에 그 역시 흥미를 가지고 있다는 사실을 알게 되었고, 그 또한 이와 관련해 엄청난 양의 자료를 가지고 있다는 사실도 알게 되었다. 이야기를 나눌수록 우리는 서로에게 친밀감을 느끼고, 나중에는 속마음까지 나누는 사이가 되었다. 그때부터 우리 사이에는 강한 결속감이 형성되기 시작했다.

포고시안은 신학교 공부를 거의 마칠 즈음이었고, 2년 안에 사제 임명을 받을 예정이었다. 하지만 어쩐 일인지 그는 이 상황을 달갑게 여기는 것 같지 않았다. 그는 종교적인 사람이었지만 주변 환경에 대해서는 극도로 비판적이었고, 자신의 이상과 정반대로 살아가는 듯이 보이는 사제들과 섞여 살아야 한다는 것에 강한 거부감을 가지고 있었다. 그는 나와 친구가 되고 나서 그곳 성직자들의 감추어진 생활에 대해 많은 이야기를 들려주었다. 그리고 성직자가 되어 이런 환경 속에서 살아가야 한다는 생각이 자신을 몹시 힘들고 고통스럽게 한다고 털어놓았다.

나는 축제가 끝난 뒤에도 에치미아진에서 3주간 더 머물렀다. 수레니안 대수도원장의 저택에서 포고시안과 함께 지낸 덕분에, 나는 나를 괴롭히던 주제를 가지고 대수도원장과 몇 차례 이야기를 나눌 수 있었고, 그가 나에게 소개해 준 몇몇 수사들과도 이야기를 주고받을 기회가 있었다. 하지만 이곳에서도 내가 기대하던 답을 찾지는 못했다. 시간이 흐르고, 여기에서도 답을 찾을 수 없으리라는 사실이 분명해질 즈음, 나는 깊은 환멸감을 느끼며 그곳을 떠났다.

포고시안과 나는 아주 절친한 친구가 되었다. 우리는 서로 연락도 주고받고 둘 모두 관심을 갖고 있는 문제에 대해 새롭게 관찰한 것이 있으면 그것도 공유하기로 약속했다.

2년이 지난 어느 화창한 날, 포고시안이 티플리스로 나를 찾아와 우리는 함께 머무르게 되었다. 신학교 졸업 뒤 잠시 카르스의 부모님 집에 머물렀던 그는 이제 지역 교구를 맡기 위해 결혼을 해야 할 상황이었다. 그의 가족은 이미 신붓감을 찾아놓은 상태였지만, 그는 선택의 기로에서 어찌해야 할지 결정을 내리지 못하고 있었다. 그는 매일 내가 갖고 있는 오만 가지 책들을 읽으며 보냈고, 티플리스 철도역에서 화부로 일하던 내가 일을 마치고 돌아오는 저녁이면 함께 산책을 나갔다. 인적 없는 길들을 걸으면서 우리는 쉴 새 없이 이야기를 나누었다.

어느 날, 여느 때처럼 길을 걷다가 내가 농담삼아 철도역에서 함께 일해보지 않겠느냐고 물었다. 놀랍게도 다음날, 그가 나에게 철도역에서 일자리를 얻게 도와달라며 떼를 썼다. 나는 굳이 생각을 바꾸라고 설득하지 않았다. 그 대신 쪽지와 함께 그를 나와 친한 기술자 야로슬레프에게 보냈다. 야로슬레프는 즉시 소개장을 써서 그를 역장에게 보냈고, 역장은 그를 바로 보조 자물쇠공으로 채용했다.

그렇게 시간이 흘러 10월이 되었다. 우리는 여전히 추상적인 물음들에 몰두해 있었고, 포고시안은 집으로 돌아갈 생각을 하지 않고 있었다. 어느 날 야로슬레프의 집에서 나는 또 다른 기술자 바실리에프를 소개받았는데, 그는 티플리스와 카르스 사이에 설치하기로 된 선로를 측량하기 위해 코카서스에 와 있었다. 몇 번 만나고 난 어느 날 그가 나에게 측량 작업 감독 겸 통역사로 자기와 함께 일해보지 않겠느냐고 제안했다.

그가 제시한 보수는 상당히 구미가 당기는 큰 액수였다. 내가 벌고 있는 돈의 네 배에 가까웠다. 나는 이미 하고 있던 일에 흥미도 잃고 그 일로 내가 주로 하려는 작업이 방해를 받기 시작하던 터라 흔쾌히 그 제안을 받아들였다. 게다가 내게는 더 많은 자유 시간이 필요했기에 굳이 두 번 생각해 볼 이유도 없었다. 나는 포고시안에게 무언가 할 만한 일을 찾을 수 있을 테니 함께 가자고 제안했으나, 그는 자물쇠 만드는 일에 점점 흥미를 느끼기 시작했다며 내 제안을 거절했다.

나는 석 달 동안 이 기술자와 함께 티플리스와 카라클리스 사이의 협곡들을 여행했다. 공식적인 급여 외에도 뭔가 미심쩍은 인물들로부터 몇 차례 비공식적인 돈을 받기도 해 나는 꽤 큰 돈을 벌게 되었다. 철도가 어느 마을이나 도시를 지나게 될지 사전에 알게 되면, 나는 그 지역의 힘 있는 이들에게 사람을 보내 그곳으로 철도가 지나가도록 해주겠다는 제안을 했다. 대부분의 경우 내 제안을 받아들였고, 그에 따른 보상으로 뒷돈을 받았는데, 때로는 제법 큰 액수의 돈을 받았다.

다시 티플리스로 돌아왔을 땐 나는 굳이 새로운 일거리를 찾지 않왔다. 이전에 화부로 일하면서 모아둔 돈과 3개월간 벌어들인 돈으로 수중에 꽤 큰돈이 있었기 때문이다. 그 대신 내가 관심을 가지고 있는 현상들을 연구하는 데 나의 모든 시간을 바쳤다. 포고시안은 그 사이 자물쇠 담당 관리자로 승진했고, 나름대로 시간을 쪼개 수많은 책들을 읽었다. 최근에는 아르메니아의 고대 문학에 큰 관심을 갖고, 내가 거래하던 서적상들을 통해 관련 서적을 다량으로 구입하기도 했다.

그 즈음 포고시안과 나는 옛날 사람들이 알고 있던 '무언가'가 실제로 존재했으나 현재는 그러한 지식이 대부분 잊혀버렸다는 결론에 도달해 있었다. 그리고 오늘날의 과학이나 책, 혹은 일반 사람들을 통해서는 이 지식에 대한 실마리를 찾을 수 있으리라는 일체의 희망을 버린 상태였기 때문에 우리의 모든 관심은 고대 문학 쪽으로 옮겨갔다. 우연히 고대 아르메니아 문학 전집을 발견한 우리는 공부에 전념할 수 있는 조용한 장소를 찾기 위해서 알렉산드로폴로 가기로 결정했다.

알렉산드로폴에 도착한 뒤, 포고시안과 나는 고대 아르메니아의 수도로 폐허가 된 아니Ani에 머물기로 했다. 그곳은 알렉산드로폴에서 약 50킬로미터 정도 떨어진 외진 곳(아니는 오늘날 기우므리 남쪽으로 터키의 카르스 지방과 국경을 맞댄 곳에 있다 ― 옮긴이)으로, 우리는 폐허 속에 오두막을 짓고 이웃 마을 사람들이나 양치기들로부터 음식을 조달받으며 작업을 시작했다.

아니는 962년에 아르메니아의 바그라티드Bagratid 왕조의 수도가 되었다. 이후 1046년에 비잔틴 황제에게 정복되었는데, 그때 아니는 이미 '천 개의 교회가 있는 도시'로 불리고 있었다. 나중에 이곳은 셀주크 투르크에 정복되었다가, 1125년에서 1209년 사이에는 그루지야 인들에게 다섯 번이나 정복당하기도 했다. 1239년에는 몽고인들에게 정복되었고, 1313년에는 지진으로 인해서 완전히 파괴되고 말았다.

폐허의 유적지에는 1010년에 완공된 총대주교 교회의 잔재가 남아 있었고, 역시 11세기에 완성된 교회 두 곳과 1215년에 세워진 교회 한 곳의 잔재도 남아 있었다.

이 대목에서 나는 한 가지 사실을 언급하지 않고 그냥 넘어갈 수 없다는 생각이 든다. 어쩌면 독자들 중에는 이 이야기에 흥미를 느끼는 사람도 있을 거라고 여겨지기 때문이다. 그것은 내가 방금 고대 아르메니아 수도인 아니와 관련해 인용한 역사적 사실들이 내가 저술을 시작한 이래 공인된 정보, 그러니까 백과사전에 기록된 정보를 취한 첫 예—그리고 이것이 마지막 예가 되기를 바란다—라는 것이다.

아니라는 도시는 오랫동안 '천 개의 교회가 있는 도시'라고 불리다가 '천 한 개의 교회가 있는 도시'로 이름이 바뀌게 되었는데, 그 까닭을 설명해 주는 아주 흥미로운 전설이 전해져 오고 있다. 그 전설은 이렇다.

옛날에 어떤 양치기의 아내가 남편에게 어느 교회를 가나 목격하게 되는 좋지 못한 일들에 대해서 불평했다. 그녀는 조용히 기도드릴 만한 곳이 한 곳도 없다며, 자기가 가본 교회란 교회는 하나같이 벌떼가 모여 있는 것처럼 사람들로 바글거리고 소란스럽기 짝이 없다고 했다. 아내의 불평을 귀 기울여 듣고 난 양치기는 특별히 부인을 위한 교회를 짓기 시작했다. 과거에는 '양치기shepherd'라는 낱말이 오늘날과 같은 의미로 쓰이지 않았다. 예전에 양치기는 자신이 방목하던 가축 무리의 소유주를 의미했고, 양치기들은 지역에서 가장 부유한 사람들로 여겨졌다. 그들 중에는 혼자서 여러 종류의 가축 무리를 소유한 사람도 있었다.

교회 건물이 완성되자 양치기는 그곳을 '양치기의 독실한 아내의 교회'라고 이름 붙였다. 그때 이후로 아니는 '천 한 개의 교회가 있는 도시'라고 불리게 되었다. 어떤 역사 자료에 따르면 양치기가 이 교회를 세우기 전에 이미 이 도시에 천 개가 훨씬 넘는 교회가 존재했다고도 한다. 하지만 최근의 발굴 작업에서 나온 돌 하나는 양치기와 그의 독실한 아내에 관한 전설이 사실임을 입증해 주고 있다.

이 도시의 폐허 속에 살면서 그리고 독서와 연구에 시간을 쏟으면서, 우리는 여가 시간이면 무언가를 찾을지도 모른다는 희망 아래 이곳저곳을 찾아다니며 발굴 작업을 했다. 실제로 아니의 폐허 안에는 수많은 지하 통로들이 있었다.

어느 날 포고시안과 나는 지하 통로 중 하나를 파다가 땅의 밀도가 달라지는 부분을 발견하게 되었다. 그 부분을 계속해서 파나가자 새로운 통로가 드러났는데, 내부가 좁고 그 끝은 낙석으로 막혀 있었다. 돌을 치우자 아치형 구조로 된 작은 방이 세월 속에서 허물어진 모습으로 눈앞에 나타났다. 어디로 보나 이곳이 수도자의 방이라는 걸 알 수 있었다. 방에는 가구의 잔재로 보이는 썩은 나뭇조각들과 깨진 도자기 외에 아무것도 없는 것처럼 보였는데, 방 한쪽을 보니 틈새에 양피지 문서 더미가 쌓여 있었다.

양피지의 일부는 건지로 부스러져 나갔지만, 남아 있는 것들은 그런대로 보존 상태가 양호한 편이었다. 우리는 최대한 주의를 기울여서 문서를 오두막으로 옮긴 뒤, 거기에 적힌 내용들을 판독해 보려고 했다. 문서에 적힌 글자들은 아르메니아 어처럼 보이긴 했지만 우리는 모르는 언어였다. 포고시안은 물론 나도 아르메니아 어를 잘 알았지만 문서에 적힌 내용은 하나도 이해할 수 없었다. 그럴 수밖에 없는 것이 그 언어들은 오늘날의 것과 전혀 다른 고대 아르메니아 어였기 때문이다.

이 발견에 큰 흥미를 느낀 우리는 모든 것을 제쳐놓고 그날 바로 알렉산드로폴로 돌아갔다. 그곳에서 우리는 단 몇 마디라도 판독해 보고자 수많은 낮과 밤을 지새웠다. 온갖 어려움을 헤치고 수많은 전문가들을 찾아다닌 끝에 우리는 이 문서들이 단지 한 수도사가 다른 수도사―아렘Arem 신부라고 불리는―에게 쓴 편지들일 뿐임을 알게 되었다.

우리는 그 중에서 한 편지에 특별한 흥미를 느꼈는데, 거기에는 편지 작성자가 어떤 신비 현상들에 관해 알게 된 정보가 언급되어 있었다. 그러나 이 문서가 가장 파손이 심한 편지 중 하나였기 때문에 우리는 많은 단어들을 어림짐작으로 추론해 볼 수밖에 없었다. 그렇긴 해도 우리는 편지를 성공적으로 복원할 수 있었다.

우리가 가장 흥미를 느낀 부분은 편지의 초반부가 아니라 후반부였다. 편지의 초반부는 안부를 묻는 내용이 길게 이어지다가, 추론컨대 이 아렘이라는 신부가 전에 머물렀음직한 한 수도원에서 일어난 작은 일들에 대한 이야기로 이어졌다. 그러다 편지의 끄트머리에 이르자 우리의 관심을 끄는 문장이 나타났다. 그 내용은 이랬다.

"우리의 경애하는 텔반트Telvant 신부님께서는 마침내 사르뭉Sarmoung 형제회의 진실을 알아냈습니다. 그 단체는 실제로 시라누시Siranoush 근처에 존재했습니다. 그러다 50년 전 사람들의 대이동 직후 이즈루민Izrumin 계곡으로 이주해 그곳에 자리를 잡았습니다. 그곳은 니브시Nivssi에서 사흘을 가야 합니다.……"

그런 뒤 편지는 다른 문제에 대한 언급으로 이어졌다.

무엇보다 우리를 놀라게 한 것은 '사르뭉'이라는 단어였다. 우리는 《메르하바트Merkhavat》라는 책에서 여러 차례 이 낱말을 발견한 바 있었다. 이 단어는 유명한 비전秘傳 학교의 이름으로, 기원전 2500년 경 바빌론에 세워졌다고 전해졌다. 이 학교는 기원후 6세기 내지 7세기까지 메소포타미아의 어딘가에 존재했다고 알려졌지만, 그 후의 존재 여부에 관해서는 전혀 밝혀진 바 없었다. 이 학교에서는 수많은 신비들을 풀 수 있는 열쇠를 포함해 위대한 지식들이 전수되고 있었다고 했다.

포고시안과 나는 이 학교에 대해 자주 이야기를 나누었고, 이 학교에 관한 믿을 만한 정보를 찾을 수 있기를 꿈꾸어 왔었다. 그런데 지금 이 양피지 안에서 그 학교가 언급된 것이다! 우리는 몹시 기뻤다. 하지만 이름이 언급되었다는 것을 제외하고 이 편지에서 발견된 것은 아무것도 없었다. 전에 알고 있던 정보 외에, 이 학교가 언제, 어떻게 생겨났고, 어디에 존재했으며, 지금도 존재하고 있는지 등에 관해서는 더 이상 알 수 없었다.

며칠 동안 힘들게 탐색한 끝에 우리는 다음과 같은 결론을 내렸다. 즉 대략 6, 7세기경에 아시리아 인, 즉 아이소르Aisors의 후예들이 비잔틴 인들에 의해 메소포타미아에서 페르시아로 쫓겨났고, 아마도 이 무렵에 이 편지들이 씌었으리라는 것이다. 또 옛날에 니에비Nievi 국國의 수도였던 현재의 모술(오늘날 이라크 북부의 도시—옮긴이)이 한때 문서에 언급된 니브시로 불렸고, 현재 이 도시의 인구가 주로 아이소르 인들로 이루어져 있다는 사실을 확인한 순간, 우리는 이 편지의 내용이 두말할 것도 없이 바로 이 아이소르 인들과 관련된다는 결론을 내렸다.

만일 그런 학교가 정말로 존재했고 그 시기에 어딘가 다른 곳으로 옮겨갔다면, 그것은 분명 아이소르 인 학교일 수밖에 없었다. 또한 그 학교가 여전히 존재하고 있다면, 그 학교는 분명 아이소르 인들이 사는 곳에 있을 터였다. 그곳이 모술에서 사흘 정도 걸리는 거리에 있다는 점을 감안할 때 현재 이 학교는 우르미아(오늘날 이란 북서쪽 우르미아 호수 서안에 있는 도시 — 옮긴이)와 쿠르디스탄(우르미아 호수 남쪽 지역 — 옮긴이) 사이 어딘가에 존재할 것이 틀림없었다. 그러니 그 학교의 정확한 위치를 찾기란 그다지 어려울 것 같지 않았다. 우리는 어떤 희생을 치르더라도 그곳으로 가 학교가 어디 있는지 찾아내 그 학교에 들어가고 말겠다고 결심했다.

이미 말한 것처럼 아시리아 인의 후손인 아이소르 인들은 현재 세계 곳곳에 흩어져 살고 있다. 트랜스코카서스를 비롯해 페르시아 북서부와 터키 동부에 상당수가 살고, 소아시아 전역에도 흩어져 있다. 전체 인구는 300만 명 정도로 추정되는데, 대부분은 예수의 신성을 인정하지 않는 네스토리우스 교도들Nestorians(콘스탄티노플 총대주교 네스토리우스의 교설을 신봉하는 교파로, 431년 에페소스 공의회에서 이단으로 선고된 후, 5세기경 네스토리우스가 페르시아로 망명해, 그곳에 교회를 세우고 지지자를 규합하였다. 중국 당나라에도 전파돼 경교景敎로 알려졌으며, 13세기 후반에 크게 융성했다가 박해로 대부분 절멸하고, 오늘날 이라크 북부 등지에 5만 명 정도가 남아 있다 — 옮긴이)이다. 그 밖에 자콥 파Jacobites, 마론 파Maronites, 가톨릭 교도, 그레고리안 파를 따르는 사람들이 있고, 많은 수는 아니지만 악마 숭배자들로 알려진 야지디 파도 있다.

최근 들어 다양한 종교의 수많은 선교사들이 아이소르 인들을 자기네 신앙으로 개종시키려고 굉장한 열성을 보이고 있는데, 여기서 우리는 아이소르 인들이 '그들 자신을 개종시키는 데' 선교사들 못지않은 열성을 보이고 있다는 사실에 주목할 필요가 있다. 그들은 겉보기에는 열성적인 태도로 신앙을 바꿀 뿐만 아니라 개종으로 인해서 얻어지는 상당 양의 물질적 이득까지 취하고 있다. 심지어 이런 모습이 속담으로 표현될 정도로 말이다. 이렇듯 아이소르 인 사이에 여러 종교가 혼재하고 있음에도 실제로 종족 대부분은 동인도East Indies 총대주교의 영향 아래 있다.

아이소르 인 대부분은 사제들이 통치하는 작은 마을에서 살고 있다. 어떤 마을이나 지역 중에는 왕자, 그들 말로 멜리크melik라 부르는 사람이 통치하는 한 씨족만으로 이루어진 곳도 있다. 모든 멜리크는 총대주교 아래 소속되어 있으며, 그 지위는 삼촌에서 조카에게로 세습되는데, 이는 본래 예수의 열두 사도 중 하나인 시몬에게서 비롯되었다고 한다.

아이소르 인은 지난 제1차 세계대전으로 인해 극심한 고통을 받았다. 러시아와 영국의 손 안에서 노리갯감이 도면서 아이소르 인의 절반이 쿠르드 족과 페르시아 인 사이의 복수전에서 죽임을 당한 것이다. 그나마 살아남은 사람들은 순전히 미국인 영사 Y 박사와 그의 부인 덕택이었다. 내 생각에, 아이소르 인들, 특히 미국에 거주하는 아이소르 인들 — 많은 수가 그곳에 살고 있다 — 은 Y 박사가 아직 살아있다면 평생 그의 집 대문 앞에 아이소르 인 의장대를 상주시켜야 할 것이고, 만일 죽었다면 그의 출생지에 기념비를 세워야 할 것이다.

우리가 원정대를 결성하기로 결심한 바로 그해에 아르메니아 인 사이에 대규모 민족주의 운동이 일어났다. 이때 자유를 위해 싸운 영웅들의 이름이 사람들 입에 오르내렸는데, 특히 나중에 민족의 영웅이 된 안드로니크Andronik라는 젊은이의 이름이 많이 회자되었다.

러시아 계 아르메니아 인, 터키 계 아르메니아 인, 페르시아 계 아르메니아 인 등이 이때 각지에서 수많은 정당과 위원회를 결성했다.

한편에서 파벌들 사이에 추악한 다툼이 일어나기도 했지만, 그런 와중에서도 이들 간의 통합을 위한 노력이 시도되기도 했다. 간단히 말해서 아르메니아에서 늘 똑같은 결과로 끝나곤 하던 폭력적인 형태의 정치적 폭발이 다시 한 번 벌어지는 중이었다.

알렉산드로폴에서의 어느 이른 아침, 나는 여느 때처럼 목욕을 하러 아르파 강으로 걸어가는 중이었다. 그러다 중간쯤에 있는 카라쿨리라는 곳에서 숨을 헐떡이며 뛰어오는 포고시안과 맞닥뜨리게 되었다. 그는 나를 붙들더니 어제 Z 사제로부터 들은 이야기를 전했다. 아르메니아 위원회가 정당 멤버들 가운데 특별 임무를 수행할 지원자를 뽑아 무스(오늘날 터키 동남부의 도시 — 옮긴이)로 파견할 예정이라는 것이었다.

포고시안이 숨을 헐떡이며 말을 이었다. "집에 도착해서 문득 생각해 보니 이것이 우리의 목적을 이룰 좋은 기회가 되겠다는 생각이 들었어. 그러니까 내 말은 사르뭉 형제회의 흔적을 찾아볼 수 있을 거란 얘기야. 그래서 해가 뜨자마자 이 문제를 상의하려고 자네 집에 찾아갔는데 자네가 없어서 이렇게 뒤쫓아 온 거야."

나는 그의 말을 가로채고 말했다. "우리는 정당 멤버도 아니고, 더군다나……" 내가 말을 끝맺기도 전에 그가 다시 말했다. 이미 모든 것을 생각해 보았고, 어떻게 하면 될지도 알아봤으며, 지금은 내가 그의 계획에 동의하느냐 아니냐만 알면 된다는 것이었다. 나는 당연히 어떤 값을 치르더라도 이즈루민이라는 계곡을 찾아가 보고 싶다고 말했다. 그리고 어떤 방법으로 그곳에 도착하든 상관없다고 덧붙였다. 악마의 등에 올라타고 가든, 블라코프 신부—포고시안은 내가 이 블라코프라는 사람이 1킬로미터 밖에 존재하기만 해도 격분할 정도로 아주 싫어하는 인물이라는 것을 알고 있다—와 팔짱을 끼고 가든 개의치 않는다고 말했다. "자네가 준비를 할 수만 있다면, 뭐든 자네가 원하는 대로 하게. 내가 목적한 곳에 갈 수만 있다면 상황이 요구하는 모든 것에 동의할 수 있으니 말이야."

나는 포고시안이 뭘 어떻게 했고 누구를 만나 어떤 이야기를 나누었는지 모른다. 하지만 그가 노력한 결과는 며칠 후 상당한 액수의 러시아 화폐와 터키 화폐, 페르시아 화폐로, 또 우리가 목적지까지 가는 동안 거칠 여러 지역의 사람들에게 보낼 여러 통의 소개장으로 나타났다. 그렇게 하여 우리는 알렉산드로폴을 떠나 카히시만으로 향했다.

2주 뒤에 우리는 아락스 강변(오늘날 기우므리 남쪽 아르메니아와 터키의 국경 지역—옮긴이)에 도착했다. 그곳은 러시아와 터키 사이에 자연 국경을 이루는 곳이었다. 우리는 이곳에서 우리와 만나러 나온 쿠르드 족 사람들의 도움을 받아 강을 건넜다. 이것으로 최대의 난관은 넘어선 것처럼 보였고, 이제부터는 모든 것이 순조롭게 잘 진행되기만을 바랐다. 우리는 대부분 도보로 여행을 했고, 밤이 되면 주로 양치기들과 함께 머물거나 이미 거쳐 온 마을 사람들이 추천해 준 집에서 보냈다. 때론 알렉산드로폴로부터 편지를 받은 사람들 집에서 보내기도 했다.

우리에게 주어진 임무가 있었기에 최대한 그 일을 수행하려고 노력하긴 했지만, 우리는 잠시도 이 여행의 진짜 목적을 잊어버린 적이 없었다. 우리의 여행 계획이 원래 의뢰받은 지역들과 항상 일치하는 것은 아니었다. 그럴 때면 임무가 끝나지 않았더라도 주저 없이 그곳을 떠났다. 솔직히 말하자면 우리는 그에 대해 전혀 양심의 가책을 느끼지 않았다.

러시아 국경을 지나갈 때 우리는 아으르 다으 산(아라라트 산—옮긴이)

을 넘어가기로 결정했다. 물론 이 산을 넘어가는 길이 최고의 난코스가 될 수도 있지만, 그 대신 아르메니아 인들을 뒤쫓은 쿠르드 족 강도떼나 터키 군대를 피할 수 있기 때문에 육로 대신 산을 넘기로 결심했다. 산을 넘은 뒤 우리는 티그리스 강과 유프라테스 강의 발원지를 오른쪽에 두고 반Van(오늘날 터키 동남쪽 이란과의 국경 지역에 있는 도시 — 옮긴이)을 향해서 남쪽으로 방향을 틀었다.

여기에 모두 다 옮겨 적지는 못하지만 여행 도중 우리는 수천 가지 모험을 했다. 그러나 그 가운데 하나는 그냥 지나칠 수가 없다. 그 일 이후로 여러 해가 지났지만 여전히 그 사건을 떠올릴 때면 웃음이 나온다. 그러면서 동시에 그 순간 내가 느꼈던 감정을 다시금 경험하게 된다. 재앙이 눈앞에 임박했음을 예감할 때 느껴지는 본능적인 두려움 말이다.

이 사건이 있고 난 뒤에도 나는 여러 차례 매우 위태로운 상황들을 겪은 바 있다. 예컨대 목숨을 위협하는 적들에게 둘러싸인 적도 여러 번 있었고, 투르키스탄 호랑이가 지나다니는 길을 가로질러 가야 한 적도 있었다. 누군가 내 앞에서 총부리를 겨누고 있는 때도 여러 번이었다. 하지만 이제 말하려는 사건에서와 같은 느낌을 경험한 적은 한 번도 없었다. 물론 지금 와서 생각해 보면 참 재미있는 사건처럼 보이지만 말이다.

포고시안과 나는 말없이 길을 따라 걷고 있었다. 그는 행진곡을 속으로 흥얼거리면서 막대기 든 팔을 앞뒤로 휘저으며 걸었다. 그때 갑자기 마치 허공에서 툭 튀어나오기라도 한 것처럼 개 한 마리가 우리 앞에 나타났다. 뒤이어 또 한 마리가 나타나는가 싶더니 여기저기서 쉴 새 없이 개들이 쏟아져 나왔다. 그런 식으로 거의 열다섯 마리나 되는 양치기 개들이 나타나더니 우리를 향해서 짖어대기 시작했다. 그러자 포고시안이 경솔하게도 돌을 잡아던졌고, 개들이 일제히 우리를 향해서 달려들었다.

그 녀석들은 쿠르드 족의 양치기 개들로 몹시 사나웠다. 만일 내가 본능적으로 포고시안을 잡아당겨 앉히지 않았더라면 녀석들은 우리를 한순간에 갈가리 찢어놓고 말았을 것이다. 우리가 길바닥에 앉자 개들도 더 이상 짖거나 달려들지 않았다. 개들은 우리 두 사람을 빙 둘러 서더니 하나둘씩 자리를 잡고 앉았다.

잠시 후 정신을 차린 뒤에 상황을 찬찬히 살펴볼 수 있게 된 우리는 웃음을 참을 수 없었다. 우리가 자리에서 움직이지 않고 가만히 있자 개들도 조용히 자리를 지키고 있었다. 그러다 우리가 가방에서 빵을 꺼내 던져주자 개들이 한달음에 빵 조각을 먹어치웠다. 고맙다는 표시로 꼬리를 흔들어대는 녀석들도 있었다. 하지만 좀 친해졌다 싶어서 자리에서 일어나려고 하자, "오, 안 돼! 그럴 순 없지!"라고 말이라도 하듯 즉각 자리를 박차고 일어나 이빨을 드러내고 짖어대기 시작했다. 녀석들은 다시 단박에 달려들 기세로 으르렁거렸다. 결국 우리는 다시 주저앉고 말았다. 그러다 다시 자리에서 일어나려 하자 개들이 또 사납게 짖어댔다. 우리는 세 번째로 주저앉고 말았다.

그런 상태로 우리는 세 시간이나 가만히 앉아 있어야 했다. 만일 어린 쿠르드 족 소녀가 저쪽에서 당나귀와 함께 나타나지 않았다면 얼마나 더 오래 그렇게 앉아 있어야 했는지 모른다. 우리는 소녀를 향해서 손짓 발짓으로 온갖 신호를 보냈고, 마침내 소녀가 우리 쪽으로 고개를 돌렸다. 가까이 다가온 소녀는 우리가 처한 상황을 간파했는지 개들의 주인인 양치기를 부르러 갔다. 양치기는 멀지 않은 언덕 뒤편에 있었다. 잠시 후 양치기가 나타나서 개들을 불렀다. 개들이 멀리 사라진 뒤에야 우리는 자리에서 일어설 수 있었다. 양치기의 뒤를 따라가는 동안에도 그 열다섯 악당은 우리한테서 눈을 떼지 않았다.

아락스 강을 건넜으니 가장 큰 고비는 넘겼다고 생각한 건 참으로 순진한 생각이었다. 난관은 그때부터 시작이었다. 가장 큰 어려움은 이 국경의 강을 건너고 아으르 다으 산을 넘은 다음에 닥쳤다. 개들과 맞닥뜨렸을 때까지만 해도 아이소르 인 흉내를 내며 지나올 수 있었지만 이곳은 진짜 아이소르 인들이 사는 곳이라 그럴 수가 없었다. 당시 그 지역을 지나가던 아르메니아 인들은 다른 모든 종족들로부터 박해를 받았기 때문에 우리 두 사람이 그곳을 무사히 지나갈 수 있을 거라고는 장담하기 어려웠다. 그렇다고 투르크 인이나 페르시아 인으로 가장하여 지나가는 것도 위험하기는 마찬가지였다. 러시아 인이나 유대인처럼 꾸민다면 좀 낫겠지만 포고시안이나 나의 생김새로는 불가능한 일이었다.

당시에는 진짜 국적을 감추고 여행하려면 아주 주의 깊게 행동해야 했다. 위장하고 가다 잡히면 매우 위험한 상황에 처할 수도 있었다. 그곳 원주민들은 달갑지 않은 외국인을 없애는 데 수단을 가리지 않았다. 예컨대 영국인 몇 사람이 최근 아이소르 인들 손에 산 채로 가죽이 벗겨졌다는 소문이 있었다. 이유인즉 영국인들이 아이소르 인들의 명문銘文 하나를 복제하려고 했다는 거였다. 한참 고민한 끝에 우리는 코카서스 계 타르타르 족으로 위장하기로 했다. 이런저런 수를 내 제법 타르타르 사람처럼 복색을 하고 우리는 여행을 계속했다.

아락스 강을 건넌 지 정확히 두 달 후에 우리는 Z 시의 중심가에 이르렀다. 거기서부터는 시리아 방향으로 산길을 지나가야 했다. 이 길로 가다가 유명한 K 폭포에 다다르기 전에 쿠르디스탄 쪽으로 방향을 틀어야 했다. 그리고 그쪽으로 쭉 가다보면 그 어딘가에서 우리가 찾으려는 그곳이 나올 터였다.

그때까지만 해도 이 기나긴 여행을 하면서 부딪친 갖가지 상황들에 잘 적응해 왔기 때문인지 모든 일이 제법 순조롭게 흘러가는 것처럼 보였다. 우리의 의도와 계획을 송두리째 바꾸어놓은, 그 뜻밖의 사건을 만나기 전까지는 말이다.

어느 날 길가에 앉아서 소금에 절인 물고기와 빵을 먹고 있을 때였다. 갑자기 포고시안이 소리를 지르면서 펄쩍 뛰어올랐다. 포고시안이 앉아 있던 자리를 보니 크고 노란 팔랑가 독거미가 잽싸게 도망치고 있었다. 포고시안이 갑자기 비명을 지르면서 뛰어오른 이유가 바로 저 독거미 때문이었다. 나는 즉시 독거미를 죽이고 포고시안을 살폈다. 그는 팔랑가에게 다리를 물린 상태였다. 나는 타란툴라(거미류 중에서 가장 몸집이 큰 부류로, 사냥감에 이빨을 꽂아 독을 주입하여 마비시킨 뒤 체액을 빨아먹는다 — 옮긴이)의 일종인 이 독거미에게 물리면 목숨을 잃을 수도 있다는 사실을 알고 있었다.

나는 상처의 독을 입으로 빨아낼 요량으로 바로 포고시안의 옷을 찢었다. 하지만 그가 물린 곳이 다리의 살집이 많은 부분이라 빨기가 쉽지 않은데다, 만일 내 입 안에 조금이라도 상처가 있을 땐 나까지 위험해질 수 있겠다 싶어, 나는 우리 두 사람 모두에게 위험 부담이 덜한 방법을 선택했다. 나는 칼을 꺼내 들고 재빨리 포고시안의 종아리에서 살 한 점을 떼어냈다. 하지만 서두른 나머지 너무 크게 떼어내고 말았다.

치명적인 위험은 피했다 싶자 조금은 마음이 진정되었다. 나는 즉

각 상처를 물로 씻어낸 뒤 조심스럽게 붕대를 감았다. 상처가 커서 포고시안이 피를 많이 흘린데다 합병증이 발생할 우려도 있어 더 이상 지도에 표시해 놓은 길대로 여행을 계속할 수는 없었다. 어떻게 할지 지금 당장 결정을 내려야 했다.

우리는 일단 그곳에서 밤을 보내고 다음날 아침에 N 시로 가는 방법이 있을지 찾아보기로 했다. N 시는 50킬로미터 정도 떨어진 곳에 있었는데, 우리는 그곳에 살고 있는 한 아르메니아 인 사제에게 전달할 편지를 갖고 있었다. 이 사고가 나기 전에는 그 마을을 들를 계획이 아니었기 때문에 아직 편지를 전해주지 못한 상태였다.

다음날 우연히 그곳을 지나던 친절한 쿠르드 족 노인의 도움으로 우리는 가까운 마을에서 황소 두 마리가 끄는 우마차를 빌릴 수 있었다. 나는 두엄을 실어 나르던 마차에 포고시안을 싣고 N 시 쪽으로 방향을 잡았다. 그러나 소에게 먹이를 먹이기 위해 네 시간마다 마차를 멈춰 세우는 바람에 이 짧은 거리를 가는 데 자그마치 48시간이 걸렸다.

마침내 N 시에 도착한 우리는 곧장 아르메니아 인 사제에게 갔다. 편지와 소개장을 건네받은 신부는 우리를 친절하게 맞아주었다. 포고시안에게 일어난 일에 대해 듣고 그는 즉각 방 한 칸을 우리에게 내주었다. 물론 우리는 감사한 마음으로 그의 호의를 받아들였다.

우마차로 오는 동안 꽤 높게까지 올라갔던 포고시안의 체온은 다행히 사흘째 되는 날부터 내려가기 시작했다. 하지만 상처가 곪았기 때문에 조심해서 치료해야 했다. 이것이 바로 한 달 가까이나 그 사제에게 신세를 지게 된 이유였다.

사제와 꽤 오랜 기간 한 지붕 아래서 지내며 이런저런 이야기들을 나누다 보니 우리는 아주 친근한 사이가 되었다. 한번은 그가 이야기 도중 자신이 갖고 있는 물건 하나와 그것에 관련된 이야기를 들려주었다. 그것은 오래된 양피지 문서였는데, 거기에는 모종의 지도가 그려져 있었다. 오랫동안 집안에서 소유해 오던 것인데, 증조할아버지가 자신한테 물려주셨다고 했다. 사제가 말했다.

"재작년이었어, 낯선 남자 하나가 찾아와서는 이 지도를 보여달라고 하더군. 내가 이 지도를 가지고 있다는 걸 그가 어떻게 알았는지는 나도 몰라. 모든 게 의심스러웠지. 나는 그 남자가 누군지 전혀 몰랐으니까. 그래서 처음에는 지도를 보여주려고 하지 않았어. 그런 걸 갖고 있지 않다고 시치미를 뗐지. 하지만 그 남자는 포기하지 않고 계속 지도를 보여달라는 거야. 그러자 생각이 바뀌더구만. '굳이 이 남자에게 그걸 보여주지 못할 까닭이 뭔가?' 그래서 결국 지도를 보여주었다네.

남자는 양피지를 제대로 살펴보지도 않고 그걸 자신에게 팔라고 하더군. 그 자리에서 터키 돈으로 200파운드를 제시하더라고. 상당히 큰 돈이지. 하지만 나는 그걸 팔고 싶지 않았어. 돈이 필요한 것도 아니었고, 오랫동안 소장해서 익숙한 물건을 누군가에게 팔고 싶지도 않았지. 나에게 그건 일종의 기념품 같은 거거든.

이 이방인은 그날 밤을 이곳 높은 양반 집에서 묵었나봐. 다음날 그 양반네 하인이 나를 찾아왔는데, 그 집 손님이 양피지 문서를 500파운드에 사고 싶어 한다고 전하더라고. 솔직히, 그 이방인이 우리 집을 떠난 순간부터 내 마음속에서는 온갖 의심이 일어나더군. 우선 이 남자는 오로지 이 양피지를 구하려고 아주 먼 데서 온 게 틀림없었어. 그 다음에, 도저히 이해가 안 되는 것이 나에게 이런 게 있다는 걸 그가 도대체 어떻게 알았느냐는 거야. 끝으로 그가 양피지를 바라보면서 굉장한 흥미를 보였다는 점이었어.

이 모든 걸 종합해 보건대 이 물건이 굉장한 가치를 가지고 있는 게 틀림없다는 생각이 들었지. 그래서 하인을 통해 500파운드를 제안했을 때, 속으로야 그 제안에 유혹을 느끼지 않은 건 아니지만 귀한 물건을 너무 싸게 팔면 안 된다는 생각도 들고 조심해서 나쁠 건 없다는 마음도 들어 다시 한 번 거절을 했다네.

저녁 무렵 낯선 남자가 다시 내 집을 찾아왔지. 이번에는 높은 양반과 함께 나타났더군. 그는 나에게 500파운드에 양피지를 팔 수 없겠느냐고 다시 한 번 물었고, 나는 단호하게 거절해 버렸네. 하지만 그가 높은 양반과 함께 왔기 때문에 나는 두 사람을 집 안으로 초대했지. 우리는 커피를 마시면서 이런저런 이야기를 하게 되었네.

대화중에 낯선 손님이 바로 러시아의 왕자라는 사실을 알게 되었지. 그가 그러더군. 자기가 골동품에 관심이 많은데 이 양피지 문서가 딱 자신의 취향에 맞는 물건이라는 거야. 골동품 감정가로서 이 물건에 흥미를 느껴 꼭 소장하고 싶은데, 사실 물건 값보다 훨씬 많은 액수를 제시한 거라며, 그보다 더 높은 값을 지불한다면 아둔한 짓이 될 테고, 자신의 제안을 거절하면 내가 후회하게 될 거라고 하더군.

그러자 우리 두 사람의 대화를 진지하게 듣고 있던 높은 양반이 양피지 문서에 흥미를 보이면서 한번 보고 싶다고 하는 거야. 내가 물건을 가지고 나오자 두 사람이 문서를 살펴보는데, 높은 양반은 이런 물건에 그렇게 비싼 값을 치른다는 게 믿겨지지 않는다는 듯한 표정을 짓더군.

대화를 나누던 중 왕자가 나에게 갑자기 이렇게 묻는 거야. 이 문서를 복제하고 싶은데 얼마를 내면 좋겠느냐고 말이야. 나는 뭐라고 대답을 해야 할지 몰라서 망설였지. 솔직히 말해서 나는 좋은 고객을 놓치고 싶지는 않았거든. 그러자 그가 나에게 문서를 복제하는 값으로 200파운드를 내놓겠다고 하더군. 이번에는 나도 더 이상 값을 올리지 못하겠더구만. 왕자가 아무것도 아닌 것에 큰돈을 쓰는 것 같아서 좀 미안했거든.

생각해 보게나. 복제를 허락하는 조건으로 200파운드나 되는 큰돈을 받다니 말이야. 더 생각할 것도 없이 나는 왕자의 제안에 동의했지. 속으로 생각해 봤어. 어차피 돈은 돈대로 받고 문서는 문서대로 내가 계속 갖고 있는 거니까 손해 보는 건 없다 싶었지. 게다가 팔고 싶을 때 언제든 팔 수 있잖아.

다음날 아침 왕자가 다시 찾아왔네. 양피지를 탁자 위에 펼쳐놓으니까 거기에 기름을 바르고 그 위에 다시 물에 갠 석고 분말을 도포하더군. 몇 분 뒤 석고를 떼어내더니 내가 준 낡은 종이로 포장한 뒤 나에게 200파운드를 건네주고는 사라져버렸네. 그렇게 해서 신께서는 나에게 손해 본 것 하나 없이 200파운드를 보내주셨지. 그리고 나는 아직도 그 문서를 소유하고 있고 말이야."

사제의 이야기는 몹시 흥미로웠다. 하지만 나는 전혀 내색을 하지 않고 마치 순순한 호기심 때문인 양 도대체 어떤 물건이기에 그처럼 큰돈을 내겠다고 했는지 궁금하다며 문서를 좀 보여달라고 했다. 그러자 사제는 나무 궤짝 안에서 둘둘 말린 양피지를 꺼내왔다. 그가 양피지를 펼쳐 보였지만 처음에는 그것이 무엇인지 알 수가 없었다. 하지만 좀 더 주의 깊게 문서를 들여다본 나는 그만…… 오, 신이여! 그 순간 내가 경험한 것을 나는 결코 잊지 못할 것이다.

격렬한 전율이 내 몸을 덮쳤다. 흥분을 속으로 감추기 위해 스스로를 다잡아야만 했기에 전율은 더욱 격렬할 수밖에 없었을 것이다. 내 눈에 들어온 것은 내가 지금까지 몇 달 동안 잠 못 들며 생각하고 또 생각했던 바로 그것이었다! 그것은 바로 '모래로 덮이기 전의 이집트' 지도였다. 나는 간신히 흥분을 억누르며 지도에 별 관심이 없다는 표정으로 아무 말 없이 지도를 살펴보았다.

잠시 후 사제가 양피지를 돌돌 말더니 나무 궤짝에 다시 집어넣었다. 나는 지도를 복제하는 데 200파운드나 낼 수 있는 러시아 왕자가 아니었다. 하지만 이 지도는 러시아 왕자 못지않게 내게도 꼭 필요한 물건이었다. 나는 무슨 수를 쓰더라도 지도를 복제하고 말겠다고 결심을 했다. 그리고 어떻게 하면 그렇게 할 수 있을지 생각하기 시작했다.

그즈음 포고시안은 건강이 많이 회복된 상태였다. 바깥 테라스로 그를 데리고 나가면 그는 그곳에 앉아 몇 시간씩 햇볕을 쬐곤 했다. 그런 포고시안에게 나는 언제 사제가 볼일을 보러 바깥으로 나가는지 알려달라고 했다. 다음날 사제가 집을 나섰다는 포고시안의 신호를 받은 뒤 나는 나무 궤짝에 맞는 열쇠를 만들기 위해 몰래 사제의 방으로 들어갔다. 처음에는 열쇠의 세부적인 구조를 맞출 수가 없었다. 여러 차례 열쇠를 줄로 다듬은 끝에 세 번째 시도 만에 구멍에 맞는 열쇠를 만들 수 있었다.

우리가 떠나기 이틀 전 저녁, 사제가 집을 비운 사이 나는 다시 그의 방으로 들어가 궤짝에서 양피지를 꺼내왔다. 우리 방으로 돌아온 나는 포고시안과 함께 지도에 기름종이를 올려놓고 밤새워 그것을 본떴다. 다음날 나는 양피지를 원래 자리에 되돌려놓았다.

그때 이후로 나는 이 보물 — 신비와 가능성으로 가득한 — 을 남들 눈에 띄지 않게 옷감 안쪽에 넣은 뒤 기워 안전하게 갖고 다녔다. 그러고 나니 이제 이것 이외의 다른 일에 대한 관심과 의도는 모두 사라져버린 것만 같았다. 억누를 수 없는 열망이 내면에서 솟아올랐다. 어떤 값을 치르더라도, 지금 당장 이 보물의 도움을 받아 그곳에 도달하고야 말겠다는 열망이 강하게 일어났다. 지난 2~3년간 단 한 순간도 나를 가만히 내버려두지 않던 그 고대의 지혜에 대한 욕망, 마치 벌레처럼 나를 갉아먹던 그 욕망의 허기를 마침내 채울 수 있게 되었다.

어쩌면 아르메니아인 사제의 호의를 배반한 데 대한 자기 정당화일 수도 있고 뭐 다른 이유 — 이렇든 저렇든 큰 상관은 없지만 — 일 수도 있지만, 어찌 되었든 나는 아직도 몸이 성하지 않은 동료 포고시안과 여러 가지 문제를 놓고 논의하기 시작했다. 나는 그에게 그러잖아도 넉넉지 않은 돈을 낭비하지 말고 튼튼한 승용마 두 마리를 구입하자고 설득했다. 나는 사제의 집에 머무르는 동안 제법 기민하고 걸음이 빠른 말 두 마리를 본 적이 있는데, 일단 그 말들을 사면 당장이라도 시리아 쪽으로 떠날 수 있다고 포고시안을 설득했다. 그 지역 태생의 말은 돋음걸이가 무척 가벼워서 마치 커다란 새를 타고 날 듯이 빠른 속도로, 게다가 손에 물 잔을 들고도 물 한 방울 쏟지 않고 타고 갈 수 있을 정도였다.

나는 여기서 여행하면서 겪은 우여곡절을 모두 옮겨 적을 생각은 없다. 뜻밖의 상황이 발생해 길을 자주 바꿔야 했지만 그런 일도 굳이 언급하지 않겠다. 다만 우리를 친절하게 환대해 준 아르메니아인 사제를 떠난 지 정확히 넉 달 뒤 우리는 스미르나(터키 서쪽 해안에 있는 이즈미르의 옛 이름 — 옮긴이)라는 곳에 도착했는데, 그곳에 도착하던 날 저녁 이후 포고시안의 운명에 전환점이 된 모험을 하게 되었다는 이야기만은 하지 않을 수 없다.

그날 저녁, 곤경과 긴장의 시간을 뒤로 하고 잠시나마 기분 전환을 해볼 생각으로 우리는 조그만 그리스 음식점을 찾아갔다. 느긋한 마음으로 유명한 두지코douziko(고대 그리스의 유향주의 전통을 이은 고급 술—옮긴이)를 마시면서 말린 고등어부터 소금에 절인 병아리콩까지 수많은 접시에 연이어 담겨 나오는 요리를 실컷 즐겼다.

음식점에는 우리 말고도 많은 사람들이 있었다. 대부분은 이곳 항구에 정박중인 외국 배에서 일하는 선원들이었다. 이들은 상당히 소란스러웠는데, 여기 오기 전 이미 한 군데 이상 술집에 들렀으리라는 걸 알 수 있었다. 그들은 말 그대로 '술에 푹 절어' 있었다.

탁자별로 국적이 다른 선원들이 앉아 있었는데, 그들 사이에 가끔씩 싸움이 벌어지곤 했다. 처음에는 뱃사람들 사이에서만 통용되는 은어로 욕설이 오고가는 정도였다. 대부분은 그리스 어와 이탈리아 어, 터키 어가 뒤섞여 있었다. 그러다 갑자기 아무런 경고도 없이 폭발이 일어났다. 나는 지금도 그날 어쩌다가 화약 가루에 불이 붙었는지 알지 못한다. 그 순간 제법 큰 무리를 짓고 있던 선원들이 벌떡 일어나 큰소리를 지르며 우리한테서 가까이 있던 다른 선원들에게 달려들었다. 그러자 그들도 같이 덤벼들었고 눈 깜짝할 사이에 난투극이 벌어졌다.

포고시안과 나도 두지코의 독기로 다소 흥분된 상태에서 머릿수가 모자라는 쪽을 거들 양으로 뛰어들었다. 우리는 도대체 왜 싸움이 벌어지고 있는지 몰랐다. 아니 누가 때리고 누가 맞는지도 구분할 수 없었다.

음식점에 있던 다른 손님들과 마침 그곳을 지나던 군인들이 우리를 떼놓고 나서야 싸움이 끝났다. 싸움에 가담했던 사람들은 누구 하나 성한 사람이 없었다. 코뼈가 부러진 사람, 피를 내뱉는 사람, 왼쪽 눈 주변에 커다란 멍이 든 사람 등 각양각색이었다. 포고시안은 다섯 번째 갈비뼈 아래쪽으로 통증이 심한지 두 손으로 옆구리를 움켜쥔 채 고통스러운 신음 소리를 냈는데, 그 와중에서도 아르메니아 어로 쉴 새 없이 저주를 퍼부어댔다.

선원들이 쓰는 표현대로, 폭풍은 잦아들었다. 포고시안과 나는 그 야말로 이 사람들 덕분에―누가 요청한 것이 아님에도―저녁 한때를 아주 기분 좋게 즐겼고, 지친 몸을 이끌고 숙소로 향했다. 숙소로 가는 동안 우리는 말없이 걷기만 했다. 내 눈은 의지와 상관없이 자꾸만 감겼고, 포고시안은 신음 소리를 내며 남의 일에 끼어들었다 봉변을 당한 자신을 책망했다.

다음날 아침, 식사를 하면서 우리는 몸 상태를 체크하고 간밤의 어리석은 행동을 반성하면서, 계획했던 이집트 여행을 바로 실행하기로 결심했다. 배를 타고 긴 여행을 하다 보면 맑은 바닷바람이 간밤의 싸움터에서 얻은 상처들을 말끔히 씻어줄 것이었다. 우리는 즉시 항구로 달려가 주머니 사정에 맞는 알렉산드리아(이집트 북동부의 항구 도시―옮긴이) 행 배가 있는지 찾아보았다.

항구에 정박된 배 중에 그리스 선적의 범선 한 척이 곧 알렉산드리아로 떠난다는 이야기를 듣고 우리는 필요한 정보를 얻기 위해 그 배가 소속된 회사 사무실로 서둘러 달려갔다. 사무실 문 앞에 이르렀을 때였다. 한 선원이 황급히 뛰어오더니 서투른 터키 어로 무슨 말인가를 쏟아내기 시작했다. 그러더니 반갑다는 듯 흥분된 몸짓으로 우리 손을 잡고 흔들어댔다.

처음에는 무슨 영문인지 이해할 수 없었다. 그러다 차츰 그가 영국인 선원이고, 간밤에 우리가 그들 편이 되어 함께 싸운 일행 중 한 명이라는 사실을 알게 되었다. 그는 우리보고 기다리라는 몸짓을 하고는 어딘가를 향해서 급하게 뛰어갔다. 몇 분 후 그가 동료 세 명을 데리고 나타났다. 나중에 안 사실이지만 그 중 한 사람은 군인 장교였다. 그들은 지난밤 우리가 자신들을 도와준 데 진심으로 감사해하면서 근처 그리스 식당에 가서 함께 두지코를 한 잔씩 하자고 했다.

기적의 두지코—고대 그리스 인들의 은혜로 전해진 귀중한 선물인—가 세 순배쯤 돌고 나자 우리는 조금씩 목청을 높여가며 아무 얘기나 스스럼없이 나누기 시작했다. 그것은 순전히 지구상 어디서나 통하는 항구 언어, 그리고 '고대 그리스 식 흉내 내기'와 '고대 로마 식 손짓'만으로도 우리가 서로를 이해시킬 수 있는 능력을 타고난 덕분이었다. 우리가 어떻게든 알렉산드리아에 가고 싶어 한다는 사실을 그들이 알게 되었을 때, 고대 그리스 인들이 발명한 그 귀중한 유산(두지코를 말함—옮긴이)은 정말이지 놀라운 방식으로 효력을 발휘했다.

선원들은 마치 우리의 존재를 잊어버린 것처럼 자기들끼리 뭔가 열심히 말하기 시작했다. 말다툼을 하는지 농담을 하는지 알 수 없었다. 그러다 갑자기 두 사람이 술을 단번에 털어 넣더니 다급하게 밖으로 뛰어나갔다. 남은 두 사람은 서로 술잔을 비우느라 바쁜 와중에도 자애로운 목소리로 우리에게 뭔가를 장담하고 보장하느라 애썼다.

우리는 도대체 어떤 일이 벌어지고 있는지 나름대로 추측하기 시작했는데, 잠시 후 우리의 추측이 거의 맞았다는 걸 알았다. 갑자기 자리를 떴던 선원 두 사람은 우리가 자신들의 배를 탈 수 있도록 조처하기 위해 누군가를 만나러 갔던 것이다. 그들의 배는 다음날 피레우스(그리스 아테네 서쪽의 항구 도시—옮긴이)로 떠날 계획이었다. 그곳에서 배는 다시 시실리를 거쳐 알렉산드리아로 갔다가, 그곳에서 약 2주 정도 머문 뒤 봄베이로 떠날 예정이었다.

두 사람은 한참 뒤에 돌아왔다. 그들을 기다리는 동안 우리는 온갖 언어의 상스러운 표현들을 안주삼아 고대 그리스의 멋진 유산인 두지코를 즐겼다. 희소식을 기다리며 시간을 보내는 데 이보다 더 즐거운 방법이 없었음에도, 다섯 번째 갈비뼈에 대한 기억 때문인지 포고시안이 갑자기 참을성을 잃더니 그만 기다리고 당장 집으로 돌아가자고 졸라댔다. 게다가 심각한 어조로 내 멀쩡하던 다른 쪽 눈까지 검게 겅들기 시작했다고 말했다.

포고시안이 팔랑가에게 물린 뒤 아직 완전히 회복되지 않은 상태라 나는 그의 청을 거절할 수 없었다. 두지코를 마시느라 여념이 없는 이 뜻밖의 동료들에게 아무런 설명도 없이 고분고분하게 자리에서 일어나 포고시안의 뒤를 따라갔다. 그러자 놀랍게도 전날의 동지였던 우리가 아무 말 없이 자리에서 일어나자 선원들도 자리에서 일어나 우리를 따라 걷기 시작했다. 집까지는 꽤 멀었다. 집으로 가는 동안 우리는 각자 알아서 자신만의 시간을 즐겼다. 어떤 사람은 노래를 부르고, 어떤 사람은 옆 사람에게 뭔가를 입증하기라도 하듯 계속 손짓을 해댔으며, 어떤 사람은 휘파람으로 군대 행진곡 풍의 노래를 불렀다.

집에 도착하자마자 포고시안은 옷도 벗지 않은 채 바로 자리에 드러눕고 말았다. 나는 나보다 나이 많은 선원에게 침대를 내주고 바닥에 몸을 뉘었다. 그러고는 다른 선원에게도 나처럼 하라는 시늉을 해보였다. 끔찍한 두통 때문에 밤중에 잠에서 깬 나는 전날 일어났던 일들을 하나하나 짚어보다가 선원들이 우리를 따라 집까지 왔다는 사실을 떠올리고 집안을 둘러보았다. 하지만 그들은 이미 떠나고 없었다.

나는 다시 잠에 빠져들었다. 포고시안이 차를 준비하면서 접시를 덜거덕거리는 소리, 매일 아침마다 부르는 아르메니안 기도 소리에 깨어났을 때는 이미 시간이 꽤 흐른 뒤였다. 그날 아침에는 포고시 안도 나도 차를 마시고 싶지 않았다. 우리는 뭔가 시큼한 음식을 먹고 싶었다. 하지만 우리는 그저 찬물만 조금 마시곤 아무 말 없이 각자 침대로 돌아갔다. 우리는 둘 다 몹시 우울하고 비참한 기분이었다. 더군다나 내 입 안은 마치 한 다스의 코사크 사람들이 마구를 채운 말을 타고 밤새 질주를 하고 다닌 것처럼 따가웠다.

그런 상태로 누운 채 우리는 각각 자기 생각에 잠겼다. 그때 갑자기 문이 왈칵 열리더니 영국인 선원 셋이 방 안으로 뛰어들었다. 그중 한 명은 전날 우리와 함께 있었던 사람이지만 나머지 둘은 처음 보는 얼굴이었다. 그들은 서로 말을 가로채며 우리에게 무언가를 설명하려고 들었다. 머리를 쥐어짜면서 묻고 궁리한 끝에 우리는 마침내 그들이 무슨 말을 하려는지 이해할 수 있었다. 그들은 얼른 자리에서 일어나 옷을 챙겨 입고 함께 배로 가자고 말하고 있었다. 우리가 임시 선원 자격으로 배를 탈 수 있도록 상관의 허락을 받아놓았다면서 말이다.

우리가 옷을 챙겨 입는 동안 선원들은 계속 쾌활한 목소리로 이야기를 주고받았다. 그러다 갑자기 우르르 몰려들더니 우리의 소지품을 직접 챙기기 시작했다. 우리가 옷을 다 입고 숙소의 주인장을 불러서 방세를 지불하고 나서 보니 짐이 어느새 말끔하게 챙겨져 있었다. 선원들은 각기 짐을 나눠 든 채 우리에게 자신들 뒤를 따르라는 시늉을 했다.

우리는 모두 길거리로 나가 항구를 향해 걸었다. 항구에 도착하자 선창가에 정박해 있는 작은 보트가 눈에 들어왔다. 보트에는 선원 두 명이 우리를 기다리고 있었다. 모두가 보트에 올라타자 그들이 노를 젓기 시작했다. 영국인 선원들은 계속 노래를 불렀다. 약 30

분쯤 뒤 우리는 꽤 큰 전함 옆에 멈추어 섰다.

전함에서도 우리의 승선을 기다리고 있었던 게 분명했다. 우리가 갑판에 발을 내딛자마자 통로에 서 있던 여러 명의 선원이 재빨리 우리 두 사람의 짐을 낚아채더니 우리를 조리실 옆 창고에 마련한 작은 선실로 안내했다. 전함의 구석진 곳이긴 했지만 우리에겐 아늑하게만 보이던 그 방에 짐을 푼 뒤 식당에서 함께 싸웠던 선원의 안내를 받아 위층 갑판으로 올라갔다. 우리는 둥글게 감아놓은 밧줄더미 위에 자리를 잡고 앉았다. 그러자 곧 거의 모든 승무원이 우리를 빙 둘러쌌다. 그 가운데는 일반 선원도 있었고 하급 장교도 있었다.

그들은 상하에 관계없이 우리에게 남다른 친근감을 보였다. 다들 하나같이 우리 두 사람과 악수를 하고 싶어 했고, 우리가 영어를 모른다는 사실을 감안해 온갖 몸짓과 자신들이 아는 모든 언어를 동원해 뭔가 기분 좋은 이야기를 전달하려고 애썼다. 수많은 언어로, 지극히 독창적인 대화가 진행되는 동안, 그런대로 그리스 어를 하는 선원 한 사람이 그 자리에 모인 사람 모두 하루에 최소한 스무 개의 낱말을—우리는 영어를, 자기들은 터키 어를—배우자는 제안을 했다. 그의 제안에 사람들은 열렬한 박수로 환영 의사를 밝혔다. 그러자 전날 알게 된 친구 가운데 두 명이 즉각 우리가 제일 먼저 배웠으면 하는 영어 단어를 적어주었다. 포고시안과 나는 그들에게 터키 어 목록을 만들어주었다.

출항 시간이 가까워지면서 상급 장교들이 배를 바다에 띄우려 하자 승무원들은 모두 임무를 수행하기 위해 각자의 자리로 흩어졌다. 포고시안과 나는 그리스 어 알파벳으로 발음을 적어놓은 스무 개의 영어 단어를 외우기 시작했다. 우리 귀에 낯설게만 들리는 소리들을 정확히 발음하면서 단어를 외우는 데 너무 열중한 나머지 우리는 저녁때가 다 되었다는 사실도, 배가 이미 항해중이라는 사실도 깨닫지 못했다. 배가 흔들리는 대로 좌우로 흔들거리면서 선원 한 사람이 우리에게 다가왔을 때에야 우리는 하던 공부를 멈추었다. 그는 아주 커다란 몸짓으로 식사 시간이 되었다며 우리를 조리실 옆 우리 선실로 데려갔다.

저녁 식사를 하면서 나와 포고시안은 몇 가지 문제를 의논한 뒤 그나마 그리스 어를 좀 하는 선원에게 우리 생각에 대해 자문을 구했다. 즉 다음날부터 나는 배의 금속 부분을 청소하고 포고시안은 엔진실의 이런저런 일을 돕고 싶은데 괜찮은지 허락을 구하기로 한 것이다. 허락은 그날 저녁 바로 떨어졌다.

배를 타고 항해하던 중에 일어난 일들에 대해서는 여기서 자세히 설명하지 않을 생각이다.

알렉산드리아에 도착해서 나는 그 고마운 선원들과 뜨겁게 작별 인사를 나눴다. 그리고 최대한 빨리 카이로에 도착하겠다는 불타는 결의 속에 배에서 내렸다. 하지만 포고시안은 그 사이 몇몇 선원들과 친해진데다 엔진실에서 하던 일에도 큰 관심이 생겨, 결국 배에 남아 여행을 계속하고 싶어 했다. 우리는 서로 소식을 주고받기로 약속한 뒤 헤어졌다. 나중에 알게 된 바로는 그 후 포고시안은 영국 전함의 엔진실에서 계속 일을 했고, 기계학을 공부하고 싶다는 포부를 갖게 되었으며, 몇몇 선원과 젊은 장교들하고 아주 절친한 사이가 되었다고 했다.

알렉산드리아에서 그는 같은 배로 봄베이로 갔고, 그 후 호주의 여러 항구를 거쳐 마침내 영국에 도착했다. 리버풀에서 그는 새로 사귄 영국인 친구들의 설득과 영향으로 선박 공학 기술학교에 입학을 했다. 그곳에서 그는 기술 관련 공부도 열심히 했지만, 동시에 영어

도 완벽하게 구사할 정도가 되었다. 2년 뒤 그는 자격증을 갖춘 전문 기계 기사가 되었다

젊은 시절 나의 첫 동료이자 친구였던 포고시안에게 바치는 이 장을 마무리 지으면서, 나는 그가 어린 시절부터 두드러지게 보여준 매우 독창적인 성향에 대해 언급하고자 한다. 이는 포고시안이라는 인간이 어떤 성격의 소유자인지를 아주 잘 보여준다.

포고시안은 항상 무언가를 하고 있었다. 그는 팔짱을 낀 채 하릴없이 앉아 있는 적이 없었다. 친구들처럼 현실과 아무 관련 없는 흥밋거리 책을 뒤적이며 누워 있는 모습도 보인 적이 없었다. 딱히 할 일이 없을 때는 발로 시간을 재며 리듬에 맞춰 두 팔을 좌우로 흔들거나, 손가락으로 온갖 모양을 만들어내곤 했다.

언젠가 내가 이처럼 쓸데없이 몸을 움직인다고 해서 누가 돈을 주는 것도 아닌데 왜 가만히 쉬지를 못하느냐고 물은 적이 있다. 그러자 그가 대답했다.

"물론 그렇지. 지금이야 누구도 이 괴상한 짓에 돈을 지불하지 않겠지. 자네도 그렇고, 똑같은 소금물에 절였다 나온 것 같은 여타의 사람들도 모두 그렇게 생각하겠지. 하지만 언젠가는 자네나 자네 자손들이나 다 이 괴상한 짓에 돈을 지불하게 될 거네. 실없는 농담은 그만두고, 내가 이렇게 하는 이유는 내가 일하는 걸 좋아하기 때문이야. 그렇다고 내 타고난 성품이 일을 좋아한다는 뜻은 아니야. 나도 다른 사람들처럼 게을러. 그래서 스스로 원해서 뭔가 쓸모 있는 일을 하려고 하지는 않지. 단지 상식적인 차원에서 일을 좋아할 뿐이야.

여기서 한 가지, 자네가 기억해야 할 게 있네. 내가 '나'라는 표현

을 쓸 때, 그건 결코 나 전체를 의미하는 게 아냐. 단지 내 마음을 가리킬 뿐이라는 거야. 나(여기서 '나'는 방금 표현한 대로 나 전체가 아니라 내 마음, 즉 나의 이성적인 부분을 가리킨다—옮긴이)는 일하는 걸 좋아해. 그리고 중도에 포기하지 않고 일을 끝까지 마치는 것을 좋아한다네. 그것은 내가 스스로에게 부과한 일종의 임무와 같아. 그러니까 단지 나의 이성뿐만 아니라 내 타고난 성품 전체가 그 일에 익숙해질 수 있도록 스스로를 단련시키는 거지.

더욱이나 나는 이 세상에서 우리가 의식적으로 한 일은 어떤 것도 결코 쓸모없는 일로 끝나는 법이 없다고 확신한다네. 언젠가, 누군가 반드시 그것에 돈을 지불하게 되어 있어. 결과적으로 지금 이런 식으로 일을 하다 보면 나는 두 가지 목적을 달성하게 될 거야. 첫 번째로 나는 타고난 내 성품이 게을러지지 않도록 단련하게 될 거고, 두 번째로 내 노년을 위한 준비도 하게 될 거야. 자네도 알겠지만 우리 부모님이 돌아가실 때 내가 더 이상 생계를 꾸려갈 힘이 없을 때도 쓸 수 있을 만큼 넉넉한 유산을 남겨주시지는 못할 거야. 내가 일을 하는 또 한 가지 이유는 인생에서 진정한 만족은 강요에 의해서가 아니라 의식적으로 일할 때 얻을 수 있다는 걸 알기 때문이야. 그게 바로 똑같이 밤낮으로 일을 해도 인간이 카라바흐의 나귀와 다른 점이라네."

그의 이와 같은 추론은 완전히 사실로 입증되었다. 그는 젊은 시절—대부분의 사람들이 노년의 안정을 위해 가장 열심히 일하는 시간—내내 말하자면 쓸데없이 헤매고 다니는 데 모두 탕진했고, 노년을 위해서 돈을 벌어야 한다는 생각은 결코 해본 적이 없었다. 또 1908년 전에는 한 번도 진지하게 돈 버는 일에 발을 들여놓은 적도 없었다. 하지만 그는 오늘날 지구상에서 가장 부유한 사람 중 한 사람이 되었다. 그가 정직하게 부를 축적했음은 더 말할 나위도 없다.

 의식적으로 한 일이 결코 쓸모없는 일로 끝나는 법이 없다는 그의 말은 맞았다. 그는 정말이지 평생에 걸쳐 어떤 환경 어떤 조건에서건 밤낮을 가리지 않고 의식적으로 일을 했고 황소처럼 성실하게 일을 했다.

 신이시여, 그는 쉴 만한 자격이 충분하오니, 이제 그에게 휴식을 주소서.

아브람 옐로프

내가 청년기에 포고시안 다음으로 만난 또 한 명의 놀라운 사람은 아브람 옐로프Abram Yelov였다. 그는 자진해서 혹은 부지불식간에 내가 한 인간으로서 인격을 완성해 가는 데 필요한 '생기의 원천'이 되어주었다. 그를 처음 만난 것은 내가 온통 사로잡혀 있던 의문들에 대해 사람들이 뭔가 답을 해줄지 모른다는 희망을 완전히 상실한 직후였다. 그 당시 나는 에치미아진에서 티플리스로 돌아오던 중이었고, 고대 문학 작품들을 읽는 데만 모든 관심을 쏟고 있었다.

티플리스로 돌아온 까닭은 그곳에서는 내가 원하는 책들을 모두 얻을 수 있기 때문이었다. 이 도시에서는 그때도 그랬고 내가 그 전에 머물 때도 그랬지 간, 다른 언어들로 쓰인, 특히 아르메니아 어와 그루지야 어 그리고 아랍어로 쓰인 희귀 도서들을 쉽게 구할 수 있었다.

티플리스에 도착한 뒤 나는 디두바이라고 불리는 구역에 방을 얻었다. 그리고 거의 매일 알렉산더 공원 서쪽 거리에 있는 군인 상점가를 찾아갔다. 그곳에는 티플리스의 서점들이 거의 다 모여 있었다. 그곳에 붙박이로 있는 서점들 맞은편에는 영세 상인이나 책 행상이 책과 그림을 땅바닥에 즐비하게 늘어놓고 장사를 했다. 특히 장날이면 더 많은 영세 상인이나 책 행상을 볼 수 있었다.

많은 영세 상인들 중에 온갖 종류의 책을 사고팔며 수수료를 챙기는 젊은 아이소르 인이 있었는데, 그가 바로 아브람 옐로프였다. 이 이름은 젊은 시절에 불리던 이름이었다. 그는 둘째가라면 서러울 정도로 솜씨 좋은 거간꾼이었지만, 나에게는 둘도 없는 친구였다. 그는 걸어 다니는 도서관이라고 불릴 만큼 각 나라의 말로 된 책의 제목을 수도 없이 알고 있었다. 게다가 책을 쓴 작가의 이름이며 책이 출간된 날짜와 장소, 어디에서 구입할 수 있는지까지 모조리 꿰고 있었다.

처음에는 나도 그에게서 책을 샀지만, 나중에는 내가 다 읽은 책들을 돌려주면 그가 다른 책으로 바꿔주기도 했고 내가 원하는 책을 찾을 수 있도록 도와주기도 했다. 그러면서 우리는 금세 친구가 되었다.

그 당시 아브람 옐로프는 사관 학교에 들어가려고 준비하던 참이라 여가 시간은 대부분 시험 공부에 썼다. 하지만 그는 철학에도 상당한 관심을 가지고 있어서 그쪽 분야의 책도 꽤 많이 읽고 있었다. 우리가 절친한 친구가 될 수 있었던 것은 철학적인 문제에 대한 그의 흥미 덕분이었다. 우리는 가끔씩 저녁에 알렉산더 공원이나 무쉬 타이드 같은 데서 만나 철학적인 주제를 놓고 토론을 벌이곤 했다. 고서 무더기를 함께 뒤지기도 했고, 장날이면 내가 그의 책 장사를 도와주기도 했다.

우리의 우정은 다음 사건으로 인해서 더욱 돈독해졌다. 장날이면 옐로프가 책을 파는 자리 옆에서 좌판을 펼치던 그리스 인이 있었다. 이 사람은 여러 가지 석고 제품을 팔았는데, 주로 작은 조각상이나 유명한 사람들의 상반신 상, 큐피드와 프시케 상, 소년 목동과 양치기 소녀 상, 그리고 고양이나 개, 돼지, 사과, 배 등등 다양한 모양과 크기의 저금통 따위였다. 한마디로 말해서 식탁이나 서랍장 같은 데를 꾸미는 온갖 잡동사니 물건들을 모아다 팔았다.

어느 날 손님이 뜸한 시간에 옐로프가 석고 물건이 즐비한 그리스 인의 좌판을 고갯짓으로 가리키면서 그만의 독특한 표현법으로 이렇게 말했다.

"누가 저런 쓰레기를 만들어냈는지 모르겠지만, 저쪽에 어떤 작자가 돈더미를 쌓아올리고 있구만. 사람들 말이 저 물건들은 이곳에 온 지 얼마 안 되는 더러운 이탈리아 녀석이 만들어낸다더군. 그 작자가 가축우리 같은 데서 저런 쓰레기들을 만들어내고 있다는 거야. 그리고 바보 같은 꼴로 집안을 장식하려고 저 끔찍한 물건을 사는 멍청이들이 있어서 저 그리스 녀석 같은 머저리들이 힘들이지도 않고 주머니에 돈을 두둑하게 채우는 거지. 우리를 좀 봐. 하루 종일 추위에 시달리며 한 자리에 꼼짝 못하고 서 있다가 저녁이 되면 고작 퀴퀴한 옥수수빵 한 조각으로 위장을 채우고 있으니 말이야. 몸과 영혼이 간신히 버틸 정도지. 그러곤 다음날 아침이면 또다시 이곳으로 와서 저주받은 일상을 반복하잖아."

옐로프의 말이 끝나자 나는 그리스 인 행상에게로 갔다. 그로부터 나는 이 도자기들이 실제로 이탈리아 사람이 만들었고, 그자가 물건 만드는 방법을 철저히 비밀로 하고 있다는 사실을 알게 되었다.

"우리 행상이 나를 포함해 열두 명인데, 물량이 달려서 티플리스 전역에 대기도 부족할 판이라오."

그리스 인 행상의 이야기와 옐로프의 넋두리에 자극을 받고 나는 이내 이 승승장구하는 이탈리아 인의 깃발을 훔쳐야겠다는 생각을 하게 되었다. 나는 당시 무슨 일이든 해서 돈을 벌 궁리를 하던 차였다. 그 무렵 내 수중의 돈은 이집트를 탈출하는 히브리 인들처럼 주머니에서 술술 빠져나가고 있었다.

나는 먼저 그리스 인 행상과 이야기를 나누었다. 의도적으로 나는 그의 애국심을 자극했다. 그런 뒤 다음 행동을 염두에 두고서 그와 함께 이탈리아 인을 찾아가 일거리가 있는지 물어보았다. 내가 운이 좋았던 것인지 이탈리아 인은 바로 전까지 일을 도와주던 소년이 공구를 훔쳐서 해고했다며, 회반죽을 젓는 동안 물을 따라줄 사람이 필요하다고 했다. 내가 보수를 얼마나 주든 상관없이 일을 하고 싶다고 하자 그는 즉시 나를 채용했다. 미리 계획한 대로 나는 첫날부터 얼간이 노릇을 했다. 거의 세 사람 몫의 일을 열심히 했지만, 다른 일들에는 바보처럼 굴었던 것이다. 이런 이유로 이탈리아 인은 곧 나를 무척 좋아하게 되었고, 이 어리석고 순진무구해 보이는 젊은 바보에게는 다른 사람들에게 하듯이 비밀을 감추려 들지 않았다.

2주 만에 나는 온갖 물건 만드는 방법을 익히게 되었다. 내 고용주는 나를 툴러 접착제를 대라느니 혼합물을 저으라느니 등등 여러 가지 일을 시켰다. 그 덕분에 나는 그만이 들어가던 지성소至聖所에도 들락거릴 수 있었고, 이내 별것 아닌 것 같지만 이 일에서 중요한 비법들을 모두 터득할 수 있었다. 예컨대 회반죽을 물에 풀 때 레몬즙을 몇 방울이나 떨어뜨려야 하는지 알아야만 반죽에 기포가 생기는 일 없이 표면이 매끄러운 물건을 만들어낼 수 있었다. 그러지 않으면 석고상의 코나 귀처럼 세밀한 부분에 보기 싫은 구멍이 생길 수도 있었다. 또 거푸집을 만들 때 접착제와 젤라틴, 글리세린의 혼합 비율을 정확히 아는 것도 중요하다. 이 세 가지 재료 중 한 가지라도 많거나 적으면 모든 걸 망치게 된다. 이런 비법을 모른 채 만드는 과정만 알아서는 좋은 결과물을 얻어낼 수 없었다.

한 달 반 정도가 지난 뒤 시장에는 내가 만든 유사 제품들이 마침내 모습을 나타냈다. 나는 이탈리아 인이 만든 모형에 작은 포탄을 집어넣은 우스꽝스런 형태의 머리통들을 덧대 펜 꽂이 용도로 쓸 수 있게 했다. 나는 또 '침대에서는 별 쓸모없는 남자'라는 이름을 단 특수 저금통도 선보였는데, 이는 엄청나게 잘 팔렸다. 그 당시 티플리스 사람들 중 내가 만든 이 저금통을 갖지 않은 집은 단 한 집도 없었을 것이다.

나중에 나는 내 밑으로 여러 명의 기술자를 두었고, 그루지야 출신의 여자 견습생도 여섯 명이나 두었다. 옐로프는 흔쾌히 이 모든 일을 도와주었다. 내 일이 바쁠 때는 평일에 책 장사를 중단하기도 했다. 그러는 와중에도 옐로프와 나는 계속 책을 읽었고 철학적 물음들에 대해서도 탐구하기를 쉬지 않았다.

몇 달 후 돈이 제법 모아지자 나는 그 일에 싫증이 났다. 하지만 내 물건은 여전히 인기가 많았다. 나는 이 작업장을 유대인 두 사람에게 높은 가격으로 팔아넘겼다. 내 숙소가 작업장에 딸려 있었기 때문에 나는 곧 기차역 부근의 몰로칸스 가(街)로 이사했고, 옐로프 역시 책들을 챙겨들고 그곳으로 옮겨왔다.

옐로프는 키가 작고 몸집이 딱 벌어진데다 두 눈이 늘 불붙은 석탄처럼 활활 타올랐다. 그는 털이 아주 많은 편이었는데, 텁수룩한 눈썹에 코 밑에서부터 뻗어 나온 수염이 양쪽 뺨을 거의 덮다시피 했지만, 그럼에도 두 뺨은 늘 불그스름한 빛을 띠고 있었다. 그는 터키에서 태어났다. 반Van 지방의 비틀리스나 그 주변 지역 어딘가가 그의 고향이었다. 그의 가족은 우리가 만나기 4~5년 전쯤에 러시아로 옮겨왔다. 가족이 티플리스에 정착한 뒤, 그는 체육 학교를 다녔다. 학교 규율이 복잡하지 않고 아주 단순했음에도 그는 못된 행동을 했다는 이유로 결국 퇴학을 당했다. 그 일이 있은 지 얼마 안 돼 그의 아버지 역시 그를 쫓아내 버렸다. 그때부터 옐로프는 마음 내키는 대로 살기 시작했다. 스스로 표현하기를 그는 한마디로 집안의 골칫덩어리였다고 한다. 하지만 어머니는 아버지 몰래 아들에게 가끔 돈을 보내주곤 했다.

옐로프는 어머니에게 각별한 애정을 가지고 있었다. 그런 그의 모습은 일상에서도 고스란히 드러났다. 예컨대 그는 어머니 사진을 침대 머리맡에 걸어두었고, 집을 나설 때면 늘 사진에 입을 맞추고 나갔다. 그리고 집에 돌아오면 입구에서 언제나 '오늘도 좋은 날이었죠, 어머니' "다녀왔습니다, 어머니" 같은 인사를 하곤 했다. 지금 와서 생각해 보니 이런 면 때문에 내가 더욱 그에게 호감을 가졌던 것 같다. 그는 아버지도 사랑하긴 했지만 자신의 방식으로만 사랑했다. 그는 아버지를 옹졸하고 허영심 많고 고집 센 남자로 여겼다.

그의 아버지는 도급업자로 상당한 부를 축적한 사람이었다. 그는 아이소르 인들 사이에서 매우 중요한 인물로 여겨졌는데, 그것은 비록 모계 쪽만이기는 했지만 그가 마쉬문Marshimoun 가문의 후손이기 때문이었다. 마쉬둔 가문은 과거에 아이소르의 왕가였고, 왕정 시대가 끝난 뒤에도 총대주교들을 배출한 집안이었다.

옐로프에게는 형도 한 명 있었는데, 내가 들은 바로는 당시 미국 필라델피아에서 공부를 하고 있다고 했다. 하지만 옐로프는 형을 전혀 좋아하지 않았다. 그는 형에 대해 두 개의 얼굴을 가진 이기주의자요 심장이 없는 짐승이라고 아주 굳게 여기고 있었다.

옐로프는 특이한 구석이 많았다. 그 중에서도 그한테는 바지를 자꾸만 잡아 올리는 버릇이 있었다. 나중에 친구들은 이 습관을 고쳐주려고 무던히도 노력했다. 포고시안은 가끔 이런 옐로프를 두고 "아이고, 저 모양으로 장교가 되겠다고? 장군과 처음 만난 순간부터 말이지, 경례는 안 하고 바지부터 잡아당기다가 영창으로 직행하게 될 걸" 하면서 놀려대기도 했다. 실제로 포고시안은 이보다 훨씬 험한 표현을 썼다.

포고시안과 옐로프는 서로를 끝없이 놀려먹었다. 사이좋게 이야기를 나눌 때에도 옐로프는 포고시안을 '소금에 절인 아르메니아인'이라고 불렀고, 포고시안은 옐로프를 '하차고흐khachagokh'라고 불렀다. 아르메니아 사람들은 보통 '소금에 절인 아르메니아 인'으로, 아이소르 인들은 '하차고흐'로 불렸는데, 하차고흐란 '십자가 도둑'이란 뜻이다. 이런 별명은 다음과 같은 이야기에서 유래된 것 같다.

아이소르 인은 흔히 교활한 사기꾼으로 알려져 있다. 트랜스코카서스 지역에서는 아이소르 인에 대해 이런 말이 전해진다. "러시아인 일곱 명을 한데 끓이면 유대인 한 명을 얻을 수 있다. 유대인 일곱 명을 끓이면 아르메니아 인 한 명을 얻을 수 있다. 그리고 아르메니아 인 일곱 명을 끓여야 아이소르 인 한 명을 얻을 수 있다."

각지에 흩어져 사는 아이소르 인 중에는 성직자가 많았는데, 대다수는 자기 스스로 성직자 면허를 발급한 사람들이었다. 당시에는 이런 일이 아주 쉽게 되었다. 러시아와 터키 그리고 페르시아 세 나라의 국경이 만나는 아라라트 산 일대에 살면서 이 세 나라의 국경을 자유롭게 오갈 통행증을 소지했던 그들은, 러시아에서는 자신을 터키 계 아이소르 인으로, 페르시아에서는 러시아 계 아이소르 인으로 자칭하고 다녔다.

그들은 교회 의식만 거행한 게 아니라 신앙심 깊고 무지한 사람들에게 온갖 성유물聖遺物을 팔아서 큰돈을 벌어들이기도 했다. 예컨대 그들은 러시아 깊숙한 데까지 들어가 자신을 그리스 인 성직자라고 속이고―러시아 인들은 그리스 인 성직자를 깊이 신뢰했다―예루살렘이나 성 아토스Holy Athos(그리스 북부의 아토스 산 일대를 말하며, 그리스 정교회의 총본산인 수도원이 있다―옮긴이) 등 성지에서 가져온 물건이라며 가짜 성유물을 판매해 큰 이득을 남겼다. 이런 성유물 중에는 예수가 처형당했던 십자가 조각과 성모 마리아의 머리카락도 있었고, 성 니콜라스St. Nicholas(270~342 소아시아 미라 지역의 대주교로, 오늘날 산타클로스로 알려진 성인―옮긴이)의 손톱, 행운을 가져다준다는 유다(예수의 12제자 중 한 사람으로 예수를 판 인물―옮긴이)의 치아, 성 게오르기우스St. Georgius(?~303. 초기 기독교의 순교자로 기독교 14성인 중 한 사람. 성 조지라고도 부른다―옮긴이)가 타고 다녔던 말의 편자 조각도 있었으며, 심지어는 어떤 위대한 성자의 갈비뼈나 해골도 있었다.

순진한 기독교인들은 이러한 물건을 커다란 경외심을 가지고 구입했다. 특히 러시아 인 상인들이 이런 물건을 많이 샀는데, 실제로 그 대부분은 아이소르 인 성직자가 집에서 만든 것이거나 엄청나게 많은 러시아 교회들에서 자체 생산한 것이었다. 아이소르 인들의 이러한 면모를 잘 아는 아르메니아 인들은 이 때문에 그들을 '십자가 도둑'이라고 불렀다.

한편 아르메니아 인들이 소금에 절여졌다고 말해지는 이유는 그들이 신생아에게 소금을 뿌리는 관습이 있었기 때문이다. 나는 잠시 이러한 관습이 결코 쓸데없는 것이 아니라는 내 생각을 덧붙이고 싶다. 내가 특별히 관찰해 본 결과, 다른 민족의 신생아들은 태어나자마자 대개 염증을 예방하기 위해 일종의 파우더를 아기의 몸에 뿌리는데, 그런 지역에서는 피부 발진으로 인해서 아기가 고통을 겪는 경우가 많았다. 하지만 같은 지역이라도 아르메니아 아기들은 보통의 신생아들이 걸리는 다른 질병은 걸릴지언정 이러한 발진으로 인해 고통받는 경우는 거의 없었다. 나는 이것이 소금을 뿌리는 관습 덕분이라고 여기고 있다.

옐로프는 아이소르 인들이 보이는 한 가지 전형적인 특징을 전혀 가지고 있지 않다는 점에서 그의 동포들과 달랐다. 그는 비록 욱하는 성질이 있긴 했지만 결코 원한을 품는 일이 없었다. 그의 분노는 금방 사라졌다. 어쩌다 다른 사람의 기분을 상하게 했을 때는 열이 식는 대로 자신이 했던 말을 부드럽게 고치고자 최선을 다했다.

그는 다른 사람의 종교에 대해서 세심하게 배려하는 태도를 가지고 있었다. 언젠가 유럽에서 온 선교사들이 아이소르 인을 개종시키기 위해서 집중적인 선교 활동을 벌이고 있다는 이야기를 주고받던 중에 옐로프가 이렇게 말한 적이 있었다.

"인간이 누구에게 기도를 하느냐는 중요한 문제가 아니야. 중요한 건 그의 믿음이지. 믿음이란 양심이고, 양심은 어린 시절에 그 토대가 만들어져. 그러니까 종교를 바꾼다면 그건 양심을 저버리는 일이 되는 거야. 인간에게 양심보다 소중한 미덕은 없어. 나는 각자의 양심을 존중해. 양심은 믿음에 의해서 유지되고 믿음은 자기가 믿는 종교에 의해서 유지되기 때문에 나는 사람들의 종교를 존중하는 거야. 그래서 내가 만약 다른 사람의 종교를 비판하거나 환멸을 느끼게 해서 어린 시절이 아니면 습득할 수 없는 그 양심을 파괴하도록 만든다면 나는 엄청 큰 죄를 짓는 셈이 되지."

옐로프가 이런 식으로 자신의 생각을 피력하면 포고시안은 그에게 "그런데 왜 자네는 장교가 되고 싶어 하나?"와 같은 질문을 던졌다. 그러면 옐로프는 두 뺨이 붉게 달아오르면서 이렇게 고함을 치곤 했다. "지옥에나 꺼져버려. 이 소금에 절인 독거미 자식아!"

옐로프는 유난히 친구들을 아꼈다. 그는 누군가와 가까워지면 말 그대로 그를 위해 영혼이라도 내어줄 준비가 되어 있었다. 옐로프와 포고시안이 친구가 되면서 둘은 친형제 이상으로 가까운 사이가 되었다. 하지만 이 두 사람의 우정은 겉보기에 아주 남달라서 설명하기가 쉽지 않았다. 서로에 대한 애정이 깊어갈수록, 둘은 서로를 더 거칠게 대했다. 그러나 거친 태도 이면에는 아주 부드러운 사랑이 숨어 있었다. 그런 모습을 본 사람이면 누구나 가슴 밑바닥에서부터 깊은 감동을 느낄 수 있었다. 거친 태도 밑에 깔려 있는 사랑을 알고 있는 나 역시 그 모습에 감동해서 나도 몰래 흐르는 눈물을 어쩌지 못한 적이 여러 번이었다.

예컨대 이런 예를 들 수 있겠다. 옐로프가 우연히 어떤 집에 초대받아 갔다고 하자. 주인이 그에게 사탕을 준다. 관습대로라면 그는 그 자리에서 사탕을 받아 먹어야 한다. 그러지 않으면 사탕을 준 사람이 불쾌해하기 때문이다. 하지만 옐로프는 본인도 사탕을 굉장히 좋아하지만 그것을 절대로 먹지 않고 주머니에 숨겨두었다가 나중에 포고시안에게 갖다준다. 그렇다고 포고시안에게 사탕을 그냥 주지는 않는다. 온갖 조롱과 모욕적인 말을 주고받은 뒤에야 건네준다.

이런 식이다. 저녁 식사를 하면서 이런저런 이야기를 나누다 옐로프가 마치 이게 뭐지 하는 표정으로 주머니에서 사탕을 꺼낸다. 그러고는 사탕을 포고시안에게 내밀면서 이렇게 말한다. "왜 이런 쓰레기가 내 주머니에 있지? 여봐, 이 배설물을 한번 냠냠 드셔보지 그래? 자넨 사람에게 안 좋은 것도 단숨에 먹어치우는 처리 전문가잖아." 그러면 포고시안이 사탕을 받아들고 쓴소리를 내뱉는다. "이처럼 귀한 건 자네 주둥이에는 맞지 않아. 자네는 기껏 도토리나 먹고 살 팔자라고. 자네의 돼지 형제들처럼 말이야."

포고시안이 사탕을 먹는 동안 옐로프가 경멸조로 쏘아댄다. "저것 좀 봐. 참 게걸스럽게도 먹네, 단것을. 카라바흐 당나귀가 엉겅퀴를 우적우적 씹어 먹는 것처럼 먹어대는군. 내가 준 저 더러운 쓰레기를 먹어치웠으니 이제부터 개처럼 내 뒤를 졸졸졸 따라다니겠어." 이런 식으로 대화가 계속해서 이어져나가는 것이다.

책과 저자들에 관해 꿰고 있는 것 말고 언어 습득에도 옐로프는 탁월한 재능을 보였다. 열여덟 개의 언어를 구사하는 나조차 옐로프에 비하면 풋내기에 불과했다. 내가 어떤 유럽 어의 낱말 하나를 익히기도 전에 옐로프는 이미 그 언어들을 완벽에 가깝게 구사할 수 있었다. 그가 지금 구사하는 언어가 모국어가 아니라는 사실을 믿을 수 없을 정도였다. 예컨대 이런 일도 있었다.

고고학 교수였던 스크리들로프Skridlov — 나중에 우리가 이야기하게 될 사람이다 — 가 아프간의 한 성유물을 가지고 아무다리야 강(아프가니스탄의 힌두쿠시 산맥에서 시작하여 중앙아시아의 투르크메니스탄과 우즈베키스탄 국경 지대를 지나 아랄 해로 흘러드는 강—옮긴이)을 건너야 했는데, 러시아 국경의 경계가 삼엄해서 건널 수가 없었다. 당시에는 어떤 이유에서인지 국경 양쪽으로 수많은 아프간 군인과 영국 군인이 보초를 서고 있었다. 이때 어디선가 낡은 영국군 장교복을 구해온 옐로프가 군복을 걸쳐 입고 영국군 초소로 갔다. 그는 인도에 복무중인 영국군 장교인데 투르키스탄 호랑이를 사냥하러 나왔다고 꾸며대었다. 그가 영어로 어찌나 재미나게 사냥 이야기를 들려주었는지 군인들은 그 이야기에 푹 빠져들었고, 군인들의 관심이 그쪽에 쏠려 있는 사이에 우리는 물건을 강 이쪽에서 저쪽으로 여유 있게 옮길 수 있었다.

무엇보다도 그는 공부를 열심히 계속했다. 하지만 처음에 생각했던 사관 학교에는 들어가지 않았다. 그 대신 모스크바로 가서 라자레프 학교Lazarev Institute를 놀라운 성적으로 입학했다. 내 기억이 맞다면 몇 년 뒤 그는 카잔 대학에서 언어학 학위를 받았다.

포고시안이 육체적 작업에 대해 남다른 관점을 가지고 있듯이, 옐로프는 정신적 작업에 대해서 매우 독특한 관점을 가지고 있었다. 그는 이런 말을 한 적이 있다.

"아무튼 우리의 생각도 낮이고 밤이고 일을 하고 있네. 그렇다면 이왕이면 투명 인간이 되게 한다는 모자나 알라딘의 보물을 생각하는 것보다는, 무언가 쓸모 있는 것을 생각하는 게 낫지 않겠나? 물론 생각을 하는 데에도 일정한 에너지가 소모되지. 하지만 그래봐야 한 끼 식사를 소화하는 데 들어가는 에너지보다 적게 든다네. 그래서 나는 언어를 공부하기로 결정한 거야. 언어 공부를 하다보면 내 생각이 빈둥거리지도 않을 뿐더러 멍청한 꿈이나 유치한 공상에 빠져 있느라 내 다른 기능들이 방해받는 일도 없을 테니 말이야. 게다가 언어에 대한 지식은 그 자체만으로도 유용할 때가 많아."

이 친구는 지금도 살아있으며, 북아메리카의 한 도시에 정착해서 편안하게 지내고 있다.

전쟁 기간 중 옐로프는 러시아에서 살았고 대부분의 시간은 모스크바에서 보냈다. 그는 책과 문방구를 함께 파는 가게들을 많이 운영했는데 그 중 한 군데를 살피러 시베리아로 갔다가 러시아 혁명군에게 체포되었다. 러시아 혁명이 진행되는 동안 그는 무수한 고초를 겪었고 쌓아온 재산도 깡그리 잃고 말았다. 그리고 겨우 3년 전에야 미국에 살던 조카 옐로프 박사의 설득으로 북미로 이민을 갔다.

구르지예프의 아버지

구르지예프의 어머니

보르쉬 신부

구르지예프가 어린 시절을 보낸 카르스의 당시 모습(1882년 경)

구르지예프가 어린 시절 성가대원으로 있었던 카르스의 육군 대성당 모습

청년 구르지예프가 동전을 줍기 위해 다이빙을 하던 갈라타 해변의 부잔교 풍경(1913년)

이슬람교 신비주의 종파인 수피의 탁발 수도승인 데르비쉬들

구르지예프와 그의 아내(Julia Ostrowsky) (1919)

신성무

구르지예프(1908)

카슈가르에 있을 당시의 구르지예프

구르지예프(1917)

샤또 프리외르의 모습

구르지예프(1921)

프리외르에 학습관을 짓는 모습을 바라보는 구르지예프(1922)

무브먼트 클래스를 지켜보는 구르지예프(1922)

뉴욕에 도착했을 당시의 구르지예프(1924)

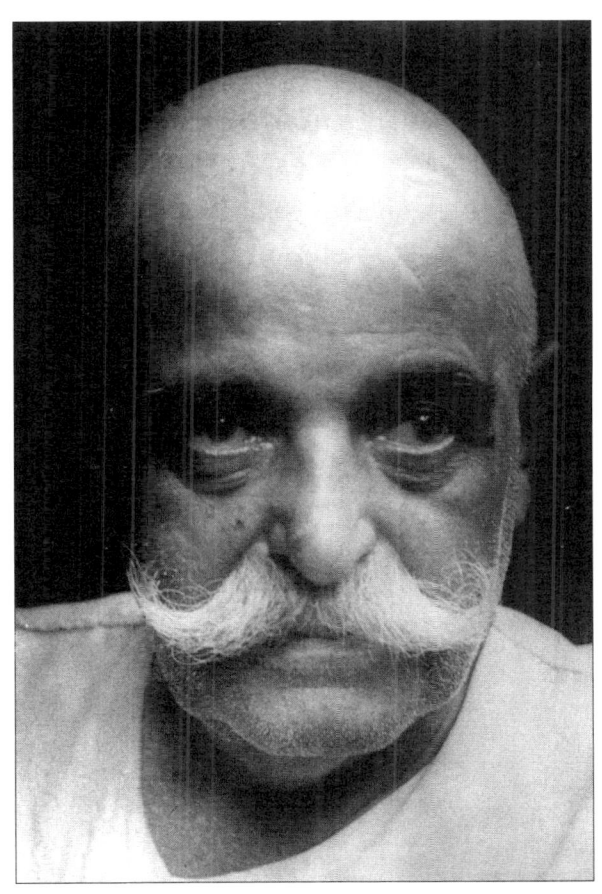

말년의 구르지예프

인간의 조화로운 계발을 위한 학교에 대한 설명서 표지

유리 루보베츠키 왕자

내가 만난 놀랍고 비범한 사람 중 또 한 사람은 러시아의 왕자 유리 루보베츠키Yuri Lubovedsky였다. 그는 나보다 나이가 훨씬 많았지만, 나는 40년 가까이 더없이 절친한 친구요 선배 탐구자로서 그와 교류를 해왔다.

어느 날 갑자기 그에게 닥친 한 가지 사건, 그 사건은 우리의 만남을 가능하게 해준 간접적인 이유이자 수십 년간 이어진 우리 두 사람 사이의 우정을 묶어준 결속의 원인이기도 했다. 사실상 그 사건으로 인해서 그때까지 지속되어 오던 그의 가족적 삶은 비극적인 끝을 맞게 되었다. 젊은 시절 왕자는 근위대의 장교로 근무했다. 그러던 중 자신과 성격이 비슷한 한 아름답고 젊은 여성과 격렬한 사랑에 빠졌고 마침내 결혼을 했다. 결혼 후 두 사람은 모스크바에 있는 왕자의 저택에서 살았다.

그러던 중 왕자비가 첫째아이를 낳다가 죽었고, 아내를 잃은 슬픔을 토로할 길을 찾던 왕자는 사랑하는 아내의 영혼과 대화를 나눌 수 있으리라는 기대로 강신술降神術에 관심을 갖기 시작했다. 그러면서 자신도 모르는 사이에 점점 초자연학occult에 빠져들었고 이를 통해 삶의 의미를 탐구해 나아가기 시작했다. 초자연학 연구에 몰두하면서 그의 삶의 방식도 완전히 바뀌게 되었다. 그는 아무도 만나지 않았고, 어디에도 가지 않았다. 서재에 틀어박혀 누구의 방해도 받지 않은 채로 초자연학과 관련된 문제들만 파고들었다.

초자연학 연구에만 몰두하던 어느 날 한 낯선 노인이 그를 찾아왔다. 집안 사람들이 놀랍게도, 왕자는 이 노인을 즉시 서재로 들이더니 문을 닫아건 채 오랫동안 대화를 나누었다. 노인의 방문이 있고 얼마 되지 않아서 왕자는 모스크바를 떠났다. 그리고 남은 생애 대부분을 아프리카와 인도, 아프가니스탄과 페르시아에서 보냈다. 아주 드물게 러시아를 방문했는데 그나마도 필요한 일만 마치면 바로 떠나버렸다.

왕자는 아주 부유한 사람이었지만 가진 재산은 모두 '탐구'와 원정대 결성에 썼다. 그는 자신의 의문에 대한 답을 찾을 수 있으리라 여겨지는 장소가 있으면 그곳을 탐험하기 위한 특별 원정대를 결성하곤 했다. 왕자는 몇몇 사원들에서는 꽤 오래 머물렀고, 자신과 관심사가 비슷한 사람들을 많이 만났다.

내가 그를 처음 만났을 때 그는 이미 중년의 나이에 접어들어 있었고, 나는 아직 청년이었다. 첫 만남 이후 그가 죽을 때까지 우리는 한 번도 교류의 끈을 놓은 적이 없다. 우리가 처음 만난 것은 이집트의 피라미드 앞에서였다. 포고시안과 헤어지고 오래되지 않은 때로, 내가 막 예루살렘에서 돌아온 직후였다. 예루살렘에서 나는 주로 러시아 관광객을 상대로 관광 안내원 노릇을 하며 생활비를 벌었다. 그들에게 도시의 여기저기를 보여주고 그 지역의 관습에 대해 설명해 주는 게 내 일이었다.

이집트에 와서도 나는 같은 일로 돈을 벌 결심을 했다. 나는 아랍어와 그리스 어를 할 줄 알았고, 유럽인을 상대할 때 필수적인 이탈리아 어도 할 줄 알았다. 며칠 만에 나는 관광 안내원이 알아야 할 모든 것을 습득했고, 능수능란한 젊은 아랍 안내인들과 함께 순진한 관광객을 상대로 일을 시작했다. 이미 이런 일을 해보기도 했거니와 당시 주머니도 비어 있었고, 또 원래 계획한 일들을 실행하려면 돈이 필요했기 때문에 나는 주저 없이 관광 안내원으로 나섰다.

어느 날 한 러시아 인이 나를 관광 안내원으로 고용했다. 나중에 나는 그가 고고학 교수인 스크리들로프임을 알게 되었다. 그와 함께 스핑크스에서 쿠푸 왕의 피라미드 쪽으로 걸어가던 중이었다. 머리칼이 살짝 회색빛이 도는 신사 한 명이 "무덤 도굴꾼!" 하면서 나의 고용주를 불렀다. 반가운 기색이 역력한 얼굴로 그 남자는 나의 고용주에게 건강이 어떠냐고 물었다. 두 사람은 러시아 어로 대화를 나누기 시작했다. 하지만 내가 러시아 어를 할 줄 안다는 사실을 모르는 고용주는 나한테는 어설픈 이탈리아 어로 말을 했다.

두 사람은 피라미드의 발치에 자리를 잡고 앉았고, 나는 두 사람의 대화를 잘 들을 양으로 그들로부터 멀지 않은 곳에 자리를 잡았다. 자리에 앉은 뒤 나는 집에서 가져온 납작한 빵인 추렉을 꺼내서 먹기 시작했다.

　우리가 만난 그 신사가 바로 러시아의 왕자였는데, 그가 교수에게 물었다.

　"자네는 아직도 오래 전에 죽은 사람들 유해나 파헤치고 다니나? 그 어리석은 작자들이 살아생전 썼던, 아무짝에도 쓸모없는 쓰레기들을 모으고 다니는가 말이네."

　"그러는 당신은 어떻소?" 교수가 되물었다. "그래도 이것들은 실물이라 손으로 만져볼 수라도 있지만, 당신이 평생을 바쳐 쫓아다닌 그것은 덧없기 짝이 없는 것이지 않소? 건강하고 돈 많은 남자로서 풍요롭게 살 수 있는 인생을 쓸모없는 일에 낭비하고 있잖은가 말이오. 당신이 찾고 있는 진리란 옛날 옛적 어떤 미친 게으름뱅이가 만들어낸 것일 뿐이오. 내가 하는 일은 비록 호기심을 채워주지는 못할지 몰라도, 원한다면 최소한 주머니는 두둑하게 채워줄 수 있소."

　그들은 이런 식으로 오랫동안 이야기를 나누었다. 내 고용주는 다른 피라미드를 더 보기 위해 고대 도시인 테베(기원전 3000년부터 주민이 산 흔적이 있는 그리스 중부의 옛 도시 — 옮긴이)에서 만나기로 약속하고 왕자와 헤어졌다.

　나는 여유가 생길 때마다 사막으로 변하기 전의 이집트 지도를 들고 마치 무엇에 홀린 사람처럼 이런 유적지들을 배회했다. 스핑크스를 비롯한 고대 기념물들의 의미를 찾아낼지도 모른다는 기대를 가지고서 말이다.

　교수와 왕자가 만난 며칠 뒤 나는 피라미드 발치에 앉아 두 손에 지도를 펼쳐든 채로 깊은 생각에 빠져 있었다. 그때 갑자기 누군가 내 곁에 서 있다는 느낌이 들었다. 나는 얼른 지도를 접고 고개를 들었다. 그는 쿠푸 왕의 피라미드 근처에서 내 고용주에게 소리를 지른 바로 그 신사였다. 놀라서 창백해진 표정으로 그가 나에게 이탈리아 어로 이 지도를 어디에서 어떻게 얻었느냐고 물었다.

그의 외모와 지도에 대한 관심으로 미루어볼 때, 나는 순간 그가 내가 몰래 지도를 복사했던 그 집의 아르메니아 인 사제가 이야기한 왕자일지 모른다는 생각이 들었다. 나는 그에게 대답 대신 러시아 어로 혹시 이러이러한 성직자한테서 지도를 사려고 했던 사람 아니냐고 되물었다. 그러자 그가 "맞네, 내가 바로 그 사람일세"라고 대답하더니 내 옆에 자리를 잡고 앉았다.

나는 그에게 내가 누구이고 어떻게 이 지도를 손에 넣게 되었는지, 어떻게 내가 이미 그의 존재를 알고 있는지 말했다. 그러면서 우리는 점점 깊은 대화를 나누게 되었다. 이내 평정을 되찾은 왕자가 나에게 카이로에 있는 그의 아파트로 함께 가서 대화를 계속하자고 제안했다.

공통된 관심사 덕분에 그날 이후 우리 두 사람 사이에는 강한 결속감이 형성되었다. 우리는 자주 만났고, 이후 거의 35년 동안이나 아무런 방해도 받지 않고 서신을 주고받았으며, 인도와 티베트 그리고 중앙아시아의 많은 지역을 여러 차례에 걸쳐 함께 여행했다.

우리가 마지막으로 만난 것은 터키의 콘스탄티노플에서였다. 왕자는 그곳 페라에 집을 가지고 있었다. 러시아 대사관에서 그다지 멀지 않은 곳이었는데, 그는 간간이 그곳에서 오랜 기간 머무르곤 했다. 내가 그곳에서 그를 만난 것은 다음과 같은 사정 때문이었다.

내가 메카에서 돌아왔을 때는 그곳에서 만난 부하라(오늘날 우즈베키스탄 중남부, 제라프샨 강 하류에 자리한 옛 도시 — 옮긴이) 출신 데르비쉬dervish(수피 탁발승. 4장 참조 — 옮긴이)들, 그리고 귀향길에 있던 사르트Sart 족(주로 우즈베키스탄에 사는 이란계 민족―옮긴이) 순례자 몇 사람이 나와 함께 있었다. 원래 계획은 콘스탄티노플을 거쳐서 티플리스로 간 뒤 그곳에서 알렉산드로폴로 넘어가 가족을 만날 생각이었다. 그런 다음 데르비쉬들과 함께 부하라로 갈 예정이었다. 하지만 우연히 왕자와 만나면서 이 모든 계획은 바뀌고 말았다.

콘스탄티노플에 도착해서 나는 우리가 타고 갈 증기선이 그곳에서 6, 7일간 더 정박해 있을 거라는 이야기를 들었다. 난처하기 짝이 없었다. 일주일 동안 아무것도 하지 않은 채 빈둥거리며 지내야 하다니, 이건 정말 마음에 들지 않는 상황이었다. 나는 시간을 유용하게 보낼 생각으로 부르사에서 알게 된 데르비쉬를 찾아가기로 했다. 그리고 이번 기회에 유명한 초록 모스크 Green Mosque(터키 부르사 시에 있는 이슬람 사원으로 1424년 완공되었으며, 내부가 초록색 타일로 화려하게 장식되어 이런 명칭이 붙었다―옮긴이)도 찾아가 볼 생각이었다. 하지만 먼저 갈라타 해변에 있는 왕자의 집으로 가 몸도 씻을 겸 성격 좋은 왕자의 늙은 아르메니아 인 가정부도 만나보기로 했다.

왕자한테서 받은 마지막 편지대로라면 그는 그때쯤 실론(지금의 스리랑카―옮긴이)에 머무르고 있을 터였다. 그런데 놀랍게도 그는 아직 콘스탄티노플에, 그것도 다른 곳이 아닌 자기 집에 머무르고 있었다. 앞서 말한 것처럼 우리는 자주 편지를 주고받았지만, 얼굴을 마지막으로 본 것은 2년 전이었다. 그러다 보니 이 뜻밖의 만남은 우리 두 사람 모두에게 그야말로 '행복한 놀라움'이었다.

나는 부하라 여행을 뒤로 미루었고, 코카서스로 가려던 계획도 포기해야 했다. 왕자가 한 젊은 여성을 러시아까지 데려가 달라고 부탁했기 때문이었다. 그가 원래 계획했던 실론 여행도 그녀 때문에 잠시 취소된 것이라고 했다.

그날 나는 목욕탕에 다녀와 말쑥하게 차려입고 왕자와 저녁 식사를 함께 했다. 자기 이야기를 한창 하던 중 그는 아주 활기찬 목소리로 내가 러시아로 터려가기로 한 젊은 여성에 관해 이야기했다. 내 관점에서 볼 때 이 여성은 훗날 모든 면에서 놀라운 사람이 되었기 때문에, 나는 루보베츠키 왕자가 들려준 이야기만이 아니라, 내가 개인적으로 직접 그녀를 만나면서 알게 된 그녀의 후반기 삶에 대한 이야기까지 여기서 들려주고 싶다. '어느 폴란드 여성의 고백'이라는 제목으로 이 놀라운 여성의 삶을 훨씬 완벽하게 묘사한 원본이 있지만, 이 원본은 나의 다른 원고들과 함께 러시아에 남아 있는 상태이며, 그런 까닭에 이 원고들의 운명이 어찌 되었는지 나로서는 알 도리가 없다.

비트비츠카이아

왕자는 나에게 다음과 같은 이야기를 들려주었다.
"일주일 전 나는 볼런티어 플리트Volunteer Fleet 호를 타고 실론으로 떠나려고 했네. 이미 승선도 한 상태였지. 나를 배웅하러 나온 러시아 대사관 직원과 이야기하던 중이었는데, 인품이 고상해 보이는 노인 한 사람이 눈길을 끌더군.
'저기 저 노인네들 보시는 겁니까?' 대사관 직원이 그러더군. '누가 저 사람이 거물 매춘업자인 줄 짐작이나 하겠어요? 저 노인네는 그런 사람이에요.'
이 말은 대사관 직원이 대화중에 지나가듯 한 말이었네. 배 위가 몹시 소란스럽기도 했고, 많은 사람들이 나를 배웅하러 나와서, 그 노인에게 길게 관심을 쏟을 틈이 없었지. 나는 그 직원이 한 말을 금방 잊어버렸다네.

곧 배가 출발했네. 그때는 아침이었고, 날씨는 화창했어. 나는 갑판에 앉아서 책을 읽고 있었다네. 내 옆에는 잭(잭은 왕자가 키우던 영국산 애완견 폭스테리어로 왕자는 어디를 가든 데리고 다녔다)이 가만히 놀고 있었고. 그때 한 예쁘장한 여성이 지나가다 잭을 보고는 쓰다듬어주더군. 그녀가 설탕을 주지만 잭은 먹지 않았어. 내 허락 없이는 누구한테서도 뭘 받아먹지 않거든. 녀석이 고개를 쳐들더니 마치 '받아도 될까요?'라고 묻기라도 하듯이 나를 바라보더군. 나는 고개를 끄덕이면서 러시아 어로 '그래, 받아도 돼'라고 했네.

그 젊은 여성도 러시아 어를 할 줄 알았고, 그래서 자연스럽게 대화를 나누게 되었어. 어디까지 가느냐 뭐 그런 대화였지. 그녀는 러시아 영사 집에 가정교사로 채용돼 알렉산드리아로 가는 중이라고 하더군. 그렇게 이야기를 나누고 있는데 대사관 직원이 이야기했던 그 노인이 갑판에서 젊은 여성을 부르더군. 두 사람이 함께 가고 나자 갑자기 그 노인에 대해 들은 이야기가 생각났다네. 게다가 그런 사람과 이 여성이 서로 아는 사이라는 게 뭔가 미심쩍다는 기분이 들더군. 나는 기억을 더듬기 시작했어. 알렉산드리아의 러시아 영사라면 나도 잘 아는데, 내 기억이 맞다면 그 사람은 결코 가정교사를 둘 일이 없는 거야. 의심이 점점 커지기 시작했지.

우리가 탄 배는 항구 몇 군데를 들르게 되어 있었네. 맨 먼저 들른 곳이 다르다넬스 해협(지중해와 흑해를 잇는 터키 서부의 해협 — 옮긴이)에 들어서서였는데, 배가 멈추자 나는 전보 두 통을 보냈지. 하나는 알렉산드리아의 영사에게 보낸 것으로 실제로 가정교사를 구하느냐고 묻는 것이었고, 다른 하나는 다음 기착지인 살로니카의 영사에게 보낸 것이었네. 나는 선장에게도 내가 의심스러워하는 내용을 털어놓았어.

살로니카에 도착했을 때 내 의심이 틀리지 않았다는 게 확인되었지. 그리고 그 여성이 거짓말에 속아 팔려가고 있다는 건 불을 보듯 뻔한 사실이었으니까.

그녀는 매력적이었네. 나는 그녀를 위험에서 구해 러시아로 돌려보내기로 결심을 했지. 그리고 그녀 문제가 해결될 때까지 실론 행을 보류하기로 했네. 우리는 같은 날 다른 배편으로 살로니카에서 콘스탄티노플로 돌아왔어. 돌아오자마자 나는 그녀를 집으로 보내려고 했네만, 어디에도 갈 곳이 없다는 사실을 알게 되었지. 그게 바로 내 일정이 연기된 이유라네.

나중에 그녀의 이야기를 들어보니 사연이 참 기구하더군. 그녀는 폴란드 인으로, 볼리네라는 지방에서 태어났고, 어린 시절에는 로브노(우크라이나 서북부의 도시로, 러시아에 편입되기 전 폴란드에 속했다 — 옮긴이)에서 그다지 멀지 않은 곳에서 살았다더군. 아버지가 그 지역 백작 소유의 영지에서 관리자로 일을 했다네. 오빠와 남동생, 언니가 하나씩 있었는데, 어머니는 자기가 어렸을 때 돌아가시고 모두 늙은 고모 손에서 자랐다더군. 그녀다 비트비츠카이아Vitvitska.a가 열네 살, 언니가 열여섯 살 되던 해에 아버지마저 돌아가셨지. 그 당시 오빠는 이탈리아 어딘가에서 가톨릭 사제가 되려고 공부하고 있었고, 남동생은 아주 못된 불량배였다고 해. 그러다 한 해 전에 남동생이 대학에서 도망 나와 오데사 근처 외진 곳에서 숨어 지낸다는 소식을 들었다더군.

아버지가 돌아가시고 새로운 관리자가 오면서 두 자매와 고모는 그곳을 떠나야 했네. 그들은 로브노로 이사를 갔는데, 얼마 지나지 않아 고모도 세상을 떠나버렸지. 두 자매의 상황은 더 어려워졌어. 먼 친척의 충고로 두 자매는 가진 것을 다 내다팔고 오데사로 이사했네. 그곳에서 둘은 양재사가 되려고 직업 학교에 입학했지.

비트비츠카이아는 외모가 아주 예쁜 데 반해 언니는 인물이 보잘 것없었어. 비트비츠카이아를 쫓아다니는 남자들이 아주 많았는데, 그 가운데 외판원 일을 하던 한 남자가 그녀를 꾀어 상트페테르부르크로 데려갔다네. 이 일로 언니와 다퉜고, 결국 비트비츠카이아는 자기 몫의 유산을 챙겨서 집을 나왔지. 그런데 상트페테르부르크에 도착하자 외판원 남자가 그녀 돈을 빼앗아 떠나버렸다더군. 그녀는 동전 한 푼 없는 신세로 낯선 도시에 나앉게 된 거지.

온갖 고생과 불운 끝에 마침내 한 늙은 상원의원의 정부情婦가 되었는데, 상원의원 역시 젊은 남학생을 질투하다가 그녀를 내치고 말았다네. 얼마 뒤 그녀는 어느 '존경받는' 의사 집안에 들어가게 되었는데, 그 의사 집안 사람들은 아주 독창적인 방법으로 그녀를 훈련시켰더군.

비트비츠카이아가 어느 날 알렉산드라 극장 앞 정원에 앉아 있었는데 그 의사 부인이 다가와 자기 집으로 들어와서 함께 살자고 설득을 했다는군. 그런 뒤 그녀에게 이런 책략을 가르쳤다네. 비트비츠카이아가 네프스키 가를 걷고 있는 거야. 그러다 남자가 다가와 말을 붙이면 피하는 대신 남자가 집까지 따라오게 하는 거지. 길을 걸으면서 달콤한 말로 남자를 유혹해 놓고는 집 앞에서 남자만 남겨두고 들어와. 그러면 십중팔구 남자는 건물 관리인에게 그녀가 누구인지 물을 테고, 관리인은 그녀가 모모 의사 부인의 친구라고 말해주는 거야. 이런 식으로 해서 의사는 새로운 환자들을 얻게 돼. 남자들이 그녀와의 즐거운 만남을 기대하며 없는 병을 만들어서라도 의사의 집을 찾아오게 될 테니 말이야."

왕자는 확신에 차서 말했다.

"내가 지금까지 비트비츠카이아를 유심히 살펴본 바로는, 그녀는 잠재 의식 상태에서는 그런 식으로 살고 있는 자신에게 늘 절망하고 있었지만, 그럼에도 절박한 상황 때문에 어쩔 수 없이 그렇게밖엔 살지 못했던 거라네. 어느 날, 그날도 환자들을 낚기 위해 네프스키 가를 걷고 있던 그녀는 뜻밖에 그곳에서 남동생을 만나게 되었어. 서로 몇 년째 연락이 끊긴 상태였지. 동생은 옷도 아주 잘 차려입었고 제법 돈깨나 있는 인상이었다더군. 동생과의 상봉은 그녀의 낙 없는 인생에 한 줄기 빛을 가져다주었지. 동생은 오데사와 해외에서 사업을 하고 있는 것 같았는데, 누이 삶이 말이 아니라는 사실을 알고 오데사로 오라고 했다네. 오데사에는 자기가 아는 사람도 많고 좋은 일자리도 마련해 줄 수 있을 것 같다면서 말이야. 그녀는 동생의 제안을 받아들였지. 오데사에 도착하자 동생이 아주 전망 좋다는 일자리를 제안했는데, 그게 바로 알렉산드리아의 러시아 영사 가족의 가정교사 자리였던 거지.

며칠 뒤 동생이 인품이 고매해 보이는 노인을 그녀에게 소개해 주었지. 그 사람 역시 알렉산드리아로 갈 예정인데 목적지가 같으니 누이와 동행해 주기로 했다면서 말이야. 그렇게 해서 어느 화창한 날, 그녀는 믿음직해 보이는 그 노신사와 함께 배에 올라타게 되었고 여행을 시작하게 된 거라네. 그 뒷얘기는 자네도 이미 알고 있을 테고……"

왕자는 내게, 그녀 가족에게 닥친 환경과 불행한 상황이 그녀를 타락 직전까지 몰고 간 것이라 생각한다고 말했다. 하지만 타고난 그녀의 성품은 전혀 손상되지 않았고, 게다가 그녀에게는 놀라운 재주가 많다고 덧붙였다. 그런 이유에서 자기가 그녀 인생에 끼어들게 되었고, 그녀가 올바른 길로 나아가도록 도와주게 되었다고 했다.

왕자가 말했다.

"그러기 위해서 우선 이 불운한 아가씨를 탐보프 지방의 내 영지에 있는 여동생에게 보낼 생각이라네. 그곳에서라면 안정을 취할 수 있을 테고, 그 다음에 어떻게 될지는 두고 봐야겠지."

왕자의 이상주의와 자애로움에 대해 이미 알고 있던 나는 그의 계획에 몹시 회의적인 생각이 들었고, 여기에 쏟는 그의 노력이 무위로 끝날까봐 염려스러웠다. 심지어 이런 생각도 들었다. '이미 마차에서 굴러 떨어진 물건을 다시 찾은들 무슨 쓸모가 있을까?'

비트비츠카이아를 아직 만나보지 못했지만, 어떤 이유에선지 내 안에는 그녀에 대한 일종의 증오심이 일어났다. 하지만 왕자의 부탁을 거절할 수 없어서, 그때 생각이긴 하지만 이 하잘것없는 여자의 동행이 되어달라는 요청을 마지못해 받아들였다.

내가 처음 그녀를 본 것은 승선하고 며칠 뒤였다. 그녀는 중간이 넘는 키에 날씬한 몸매, 갈색 머리를 한 매우 아름다운 외모를 갖추고 있었다. 눈은 친절하고 정직해 보였지만, 때로는 악마 같은 교활함을 보이기도 했다. 나에게는 역사 속의 타이스Thais(그리스의 고급 창녀로, 알렉산더 대왕의 애첩이었다가 동방 원정에 따라가 페스세폴리스를 불지르고 거주민을 학살하도록 사주했다고 전한다. 훗날 아나톨 프랑스의 동명 소설을 비롯해 많은 소설과 오페라의 주인공으로 등장하였다 — 옮긴이)가 바로 이런 유형이었으리라고 생각되었다. 처음 그녀를 보았을 때 내 안에서는 증오심과 동정심이라는 이중의 감정이 동시에 일어났다.

어쨌든 나는 그녀를 데리고 탐보프 지방으로 떠났다. 그곳에서 그녀는 왕자의 여동생과 함께 머물렀다. 왕자의 여동생은 그녀를 마음에 들어 했고, 오랜 기간 외국에 나가 살 때도 데리고 갔다. 특히 두 사람은 이탈리아에서 오래 머물렀다. 왕자와 왕자 여동생의 영향을 받아 그녀는 점점 두 사람의 사상에 관심을 갖기 시작했고, 이내 그것은 그녀의 본질을 구성하는 절대적인 부분이 되었다. 그녀는 진지하게 자신에 대한 탐구 작업을 시작했고, 그녀를 한 번이라도 만나본 사람은 누구나 그러한 작업의 성과를 느낄 수 있었다.

러시아에 그녀를 데려다준 뒤로 나는 오랫동안 그녀를 보지 못했다. 아주 우연히 그녀를 다시 만난 것은 적어도 4년은 더 지난 뒤였다. 왕자의 여동생과 함께였는데, 그들은 당시 좀 특이한 사정으로 이탈리아에 머무르고 있었다.

그때 나는 로마에 있었다. 늘 그랬듯이 나의 목적을 추구하는 과정에서 그곳에 갔던 것인데, 가진 돈이 거의 바닥이 난 상태라 로마에서 사귄 두 명의 젊은 아이소르 인이 가르쳐준 대로, 또 그들의 도움을 받아 길거리에서 구두를 닦기 시작했다.

처음에는 일이 잘 되지 않았다. 수입을 올리려면 무언가 새롭고 독창적인 방법을 쓸 필요가 있었다. 나는 특별한 안락의자를 주문했다. 그리고 구경꾼들 눈에 잘 띄지 않는 의자 아래쪽에 에디슨 축음기를 놓았다. 거기에 고무 튜브를 부착시킨 뒤 그 끝에다 이어튜브를 연결했다. 안락의자에 손님이 앉으면 나는 손님의 양쪽 귀에 장치를 꽂은 뒤 슬그머니 기계를 작동시켰다. 이렇게 하면 손님은 내가 신발을 닦는 동안 〈마르세예즈〉(프랑스 국가—옮긴이)나 오페라 곡 따위를 들을 수 있었다. 여기에 더해서 오른손 팔걸이에 내가 직접 만든 쟁반을 부착하고 그 위에 유리잔과 물병 그리고 백포도주와 삽화가 있는 잡지를 비치했다. 이 장치 덕분에 손님이 크게 늘었고 첸테지모(이탈리아의 화폐 단위—옮긴이)가 주머니에 쏟아지기 시작했다. 특히 젊은 관광객들은 수고비를 아주 후하게 주었다.

호기심에 찬 사람들이 하루 종일 내 곁에서 입을 쩍 벌린 채 서 있었다. 그들 대부분은 자기 차례가 되어 안락의자에 앉기를 기다리는 손님이었다. 그들은 내가 신발을 닦아주는 동안 전에는 보거나 들은 적이 없는 뭔가를 경험하게 되리라 기대하고 있었다. 그러면서 자신들처럼 하루 종일 차례를 기다리며 서 있는 다른 바보들 앞에서 뭔가 아는 척 으스대기도 했다.

이 무리 중에 나의 시선을 끄는 젊은 여자가 있었다. 그녀가 나의 관심을 끈 것은 인상이 아주 낯익었기 때문이었다. 하지만 워낙 바빠서 그녀를 자세히 바라볼 수 없었다. 그러던 어느 날 나는 이 젊은 여성이 자기보다 더 나이 들어 보이는 한 부인에게 러시아 어로 "분명히 그 사람이 맞다니까요"라고 하는 소리를 들었다. 무슨 말인가 궁금해서 나는 손님들에게 양해를 구하고 그녀에게 다가가 러시아 어로 물었다. "누구신지 물어도 될까요? 저도 어디선가 당신을 만난 적이 있는 것 같은데요."

그녀가 대답했다. "당신이 한때 끔찍이 미워했던 사람이에요. 나를 얼마나 미워했는지 당신의 증오심이 발산되는 곳에서는 날아든 파리조차 금방 죽고 말았죠. 루보베츠키 왕자를 기억하신다면, 당신이 콘스탄티노플에서 러시아까지 동행해 준 그 불운한 아가씨도 기억해 낼 수 있을 거예요."

그 순간 나는 그녀를 알아봤고, 그녀와 함께 있는 여성이 왕자의 여동생이라는 사실도 바로 깨달았다. 그날부터 두 사람이 몬테카를로(모나코 북부에 있는 관광 휴양 도시 — 옮긴이)로 떠날 때까지, 나는 매일 저녁 그들이 머물고 있는 호텔에서 함께 시간을 보냈다.

이 만남이 있고 1년 반 뒤에, 우리가 준비중이던 제법 큰 규모의 원정대 모임에 비트비츠카이아가 스크리들로프 교수와 함께 나타났고, 그날 이후 그녀는 우리 떠돌이 패의 영원한 멤버가 되었다.

한때 도덕적 타락의 벼랑 끝에 서 있기도 했지만, 그 후 인생의 길목에서 우연히 마주친 식견 있는 사람들의 도움으로 여성이라면 누구나 선망하는 이상적인 모습의 여성이 된 비트비츠카이아, 그녀의 내적 세계를 묘사하기 위해서 나는 여기에서 그녀의 수많은 모습 가운데 단지 한 가지만 언급하고자 한다.

여러 가지 관심사 중에서도 그녀는 특히 음악에 관심이 많았다. 음악에 대한 그녀의 진지한 태도는 한 원정길에서 나눈 대화에서 분명하게 나타났다. 우리는 그 여정중에 투르키스탄 중심부를 지나다가 아무나 쉽게 접근할 수 없는 한 수도원에서 사흘간 머문 적이 있었다. 그런데 사원을 떠나던 날 아침 비트비츠카이아의 얼굴빛이 죽은 사람처럼 창백했다. 게다가 무슨 까닭인지 팔에는 삼각건을 두르고 있었다. 그 때문에 그녀는 한동안 혼자서 말을 타지 못하고 다른 동료나 내가 도와주어야만 했다.

행렬이 모두 길에 나선 뒤 나는 다른 사람들보다 조금 뒤에 처져 있는 비트비츠카이아 쪽으로 말을 몰아갔다. 무슨 일이 있었는지 알고 싶어서 그녀에게 끈질기게 자초지종을 물었다. 어쩌면 동료들 가운데 한 사람이 짐승 같은 행동으로 그녀―우리 모두에게 성스러운 존재가 되어버린 여성―를 모욕한 게 틀림없다고 나는 생각했다. 나는 그 작자가 누구인지 알아내서 경고도 없이, 아니 말에서 내릴 틈도 없이 마치 꿩 사냥을 하듯 총으로 쏴버리고 싶었다.

나의 질문 공세에 비트비츠카이아가 마침내 상황의 전말을 털어놓았다. 그녀는 "그 강할 놈의 음악"이 문제라며 나에게 지지난밤에 들은 음악을 기억하느냐고 물었다. 나는 당연히 그날 밤 일을 전부 기억했다. 우리 모두 수도원 구석에 자리를 잡고 앉아 예배를 드렸고, 예배 도중 수도자들이 연주한 단조로운 음악에 거의 흐느껴 울

다시피 했었으니까. 나중에 우리가 왜 그랬는지 다 같이 이야기를 나누었지만 아무도 그 이유를 설명하지 못했다.

잠시 숨을 고른 뒤 비트비츠카이아가 이야기를 하기 시작했다. 그녀는 마치 옛날 이야기를 하는 것처럼 자신이 이상한 상태에 놓이게 된 이유를 길게 설명했다. 그날 아침 우리가 말을 타고 지나가던 길 주변의 풍경이 형언할 수 없을 만큼 찬란했기 때문인지 아니면 다른 이유 때문인지는 알 수 없지만, 그녀가 그때 진지한 음성으로 들려준 이야기는 지금까지도 내 기억 속에 단어 하나하나까지 고스란히 남아 있다. 그녀가 쓴 단어 하나하나가 내 머릿속에 너무나 강렬하게 새겨진 탓에 이 글을 쓰는 지금도 그녀의 목소리가 생생하게 들리는 듯하다. 그녀는 이렇게 이야기를 시작했다.

"어렸을 때 음악이 나의 내면에 얼마나 강한 느낌을 남겼는지는 기억나지 않아요. 하지만 내가 음악에 대해서 어떤 생각을 가지고 있었는지는 분명하게 기억하고 있어요. 어떤 음악을 칭찬할 때나 비판할 때 나는 오직 내 생각에 따라서 그렇게 했지요. 다른 사람들도 그렇듯이 나도 남들에게 무지해 보이기 싫었으니까요. 심지어 어떤 곡에 전혀 관심이 없어도 누군가 의견을 물어오면 주위 상황에 맞춰 좋으니 나쁘니 말을 하곤 했지요.

간혹 모든 사람이 찬사를 보내면 내가 알고 있는 온갖 기술적인 용어를 들먹이며 그 음악을 비판했어요. 그렇게 하면 사람들이 내가 뭔가 안목을 갖춘 지성인으로 여길 거라고 생각할 테니까요. 어떤 땐 다른 사람들과 마찬가지로 비난을 쏟아내기도 했어요. 왜냐하면 사람들이 그처럼 비판을 할 때는 내가 알지 못하지만, 분명히 비판받을 만한 이유가 있기 때문일 거라고 생각했거든요. 하지만 내가 어떤 음악을 칭찬할 때는 평생 이 문제로 골똘해 왔을 작곡가―그가 누구이든 상관없이—가 자신의 음악이 인정받지 못하면 다시는 세상에 작품을 내놓지 않을지도 모른다는 생각이 들 때였어요. 한마디로 찬사든 비난이든, 난 언제나 내 자신이나 다른 사람들에게 진실하지도 못했고 그 때문에 양심의 가책을 느끼지도 않았어요.

나중에 루보베츠키 왕자의 여동생, 그 선한 노부인께서 나를 품에 안아주시면서 나에게 피아노를 배워보라고 권유하더군요. '교양과 지성을 갖춘 여성이라면 누구나 이 악기를 다룰 줄 알아야 한다'고 하면서요. 친절한 노부인을 기쁘게 해드리기 위해서 나는 아주 열심히 피아노를 배웠어요. 6개월 만에 나는 자선 음악회에 초대받을 정도로 피아노를 꽤 잘 치게 되었죠. 그 자리에 참석한 사람들 모두 더할 나위 없이 나를 칭찬하면서 내 재능에 놀라워했답니다.

그러던 어느 날 내 피아노 연주가 끝나자 왕자의 여동생이 다가오더니 아주 진지하고 근엄한 목소리로 말씀하시더군요. 신이 나에게 놀라운 재능을 주셨는데 그 재능을 온전히 계발하지 않고 방치한다면 큰 죄를 짓는 거라고요. 그러면서 나더러 이미 음악을 시작했으니 취미 수준에서 끝내지 말고 제대로 된 교육을 받아야 한다고 하셨어요. 그러기 위해서는 먼저 음악 이론부터 공부를 시작해서 필요하다면 시험을 보는 것도 좋겠다고 하더군요. 그날부터 그분은 나에게 온갖 음악 책을 보내기 시작했고, 심지어 책을 구입하러 직접 모스크바까지 다녀오기도 했어요. 순식간에 내 서재의 벽들은 온갖 음악 책들로 도배를 한 것처럼 되었죠.

나는 정말이지 열성적으로 음악 이론 공부에 매진했어요. 단지 나에게 은혜를 베풀어주신 분께 기쁨을 안겨드리고 싶어서만이 아니었어요. 내 자신이 이 공부에 아주 강한 매력을 느꼈기 때문이에요. 시간이 갈수록 음악의 여러 법칙들에도 관심이 커졌지요. 하지만 내가 가진 책은 내 공부에 전혀 도움이 되지 않았어요. 음악이란 무엇이고 그 법칙들이 무엇에 기초하고 있는지에 관해서는 아무런 언급이 없고, 그저 음악의 역사에 관한 지식들만 책마다 조금씩 다르게 서술하고 있을 뿐이었죠.

예컨대 이런 것들이죠. 우리가 사용하는 옥타브는 일곱 개의 음표로 이루어져 있지만, 고대 중국에서는 옥타브가 다섯 개뿐이었다, 고대 이집트 인들이 연주한 하프는 테부니tebuni라고 불렸고 플루트는 멤mem이라고 불렸다, 고대 그리스 인들이 쓴 멜로디는 이오니아 식, 프리지아 식, 도리아 식 등의 서로 다른 양식을 기초로 구성되었다, 9세기에 이른바 다성多聲 음악이 나타났는데 처음에는 불협화음이 너무나 강해서 한 임신부가 교회에서 이 음악을 오르간으로 연주하는 소리를 듣고 조산한 예가 있었다, 그러다 10세기에 귀도 다레쪼 Guido d'Arezzo(도레미파솔라시도라는 서양의 계이름을 처음으로 사용한 것으로 알려진 이탈리아의 수도승이자 음악가 — 옮긴이)라 불리는 수도승이 솔페즈solfege(계이름을 이용해 악보를 보고 음을 읽거나 부르는 방법 혹은 그 방법을 배우는 것 — 옮긴이)를 만들어냈다.…… 무엇보다도 이 책들은 유명 음악가들에 대한 정보를 상세하게 다루고 있는데, 그들이 어떻게 유명해졌는가 하는 것뿐만 아니라 심지어 어느 작곡가가 어떤 넥타이를 착용했고 어떤 안경을 끼었다는 내용까지 적혀 있었어요. 하지만 음악이란 무엇이고 그것이 사람의 마음에 어떤 영향을 끼치는가 하는 이야기를 언급하는 책은 하나도 없었어요.

나는 이른바 음악 이론이라는 걸 공부하는 데 1년을 몽땅 소비했죠. 거의 모든 책을 읽고 나서 마침내 얻은 결론은 이 책들은 나에게 아무것도 줄 게 없다는 것이었어요. 하지만 음악에 대한 나의 관심은 커져만 갔고, 결국 나는 책에서 답을 찾기를 포기하고 내 자신의 생각 속에 파묻히게 되었지요.

그러던 어느 날 지루함을 못 이겨 우연히 왕자의 서재에서 《진동의 세계 The World of Vibrations》라는 책을 꺼내들게 되었는데, 놀랍게도 그 책은 나에게 음악에 관한 확실한 방향을 제시해 주었어요. 이 책의 저자는 음악가도 아니었고, 책의 내용을 봐도 그가 음악에는 아무 관심도 없다는 걸 알 수 있었죠. 그는 기술자요 수학자였어요. 책의 한 곳에서 진동에 대해 설명하면서 그 한 예로 음악을 거론했을 뿐이에요. 그는 음악의 소리는 특정한 진동들로 이루어져 있는데, 이것은 인간 안에도 똑같이 존재하는 진동에 명백한 영향을 미친다고 썼어요. 그것이 바로 사람들이 어떤 음악은 좋아하고 어떤 음악은 싫어하는 이유라면서요. 나는 이 부분을 바로 이해할 수 있었고, 이 기술자의 가설에 전적으로 동의했어요.

그 당시 나는 이 흥미로운 내용 외에 다른 것을 생각할 수 없었어요. 그래서 왕자의 여동생과 이야기를 할 때도 항상 음악과 그것의 진정한 의미에 대한 이야기로 대화를 끌고 가려고 했지요. 결국 그분도 이 문제에 관심을 갖게 되었고, 우리는 이 주제를 가지고 함께 연구도 하고 몇 가지 실험도 하기에 이르렀어요

왕자의 여동생은 이 실험만을 위해 개와 고양이 같은 동물을 구입하기도 했죠. 우리는 또 하인들을 불러다놓고 차를 대접하면서 몇 시간이고 그들에게 피아노 연주를 들려주기도 했어요. 처음에는 우리의 실험이 별다른 성과가 없었죠. 그러다 어느 날 하인 다섯 명과 전에 왕자가 소유했던 마을의 농부 열 명을 대상으로 실험을 했는데, 그 중 절반 정도의 사람들이 내가 직접 작곡한 왈츠를 듣는 도중 잠에 빠져버렸답니다.

우리는 이 실험을 몇 차례 반복했고, 그때마다 잠에 빠져드는 사람

의 숫자가 늘어났어요. 우리는 사람들이 잠에 빠지는 것 말고 다른 반응을 보이는지 보려고 온갖 원리를 활용해 종류가 다른 음악들을 작곡해 보았지만, 우리가 얻어낸 유일한 결과는 그들을 잠에 빠지게 하는 것뿐이었어요. 쉬지 않고 작업하고 또 그에 대해 생각하느라 결국 나는 몸과 마음이 지치고 말았죠. 이런 내 모습을 보고 왕자의 여동생은 더 이상 안 되겠다고 여겼는지 나를 서둘러 외국으로 데리고 갔답니다.

우리는 이탈리아로 갔어요. 관심이 다른 데로 흩어지기는 했지만, 건강은 나날이 좋아졌죠. 그로부터 5년 후, 파미르 고원-아프가니스탄 원정에 나섰다가 한마음 형제회Monopsyche Brotherhood의 실험을 목격하고 나서야 다시 음악의 효과에 대해 생각해 볼 수 있었어요. 하지만 처음에 가졌던 열정은 사라지고 없었지요.

몇 년 뒤 내가 맨 처음 했던 음악 실험들을 돌이켜보곤 했는데, 그때마다 사람들이 내 음악을 듣고 잠에 빠져든 데 그렇게 큰 의미를 부여한 것이 얼마나 순진한 일이었는지 웃음을 참을 수가 없었어요. 사람들이 잠에 빠져든 이유가 음악을 들으면서 점점 편안해졌기 때문이었다는 생각을 단 한 번도 해보지 못했어요. 하루 종일 고된 노동을 하고 난 뒤에 친절한 귀부인이 대접하는 훌륭한 저녁식사에 보드카 한 잔을 마시고 부드러운 안락의자에 앉아 있으면 잠에 빠져드는 건 당연한 것인데 말이죠.

한마음 형제회의 실험을 지켜보고 그들의 설명을 듣고 난 뒤 러시아로 돌아가는 길에 나는 다시 한 번 사람들을 상대로 실험을 했어요. 형제회 사람들이 조언한 것처럼 실험 장소의 기압에 맞는 절대음 '라'를 찾아 거기에 맞춰 피아노를 조율했죠. 방의 크기도 고려했고요. 그리고 특정한 코드에 계속해서 동일한 반응을 보이는 사람들을 실험 대상자로 삼는 한편, 장소의 특성과 참여자 각각의 인종도 고려했어요. 하지만 동일한 실험 결과를 얻지는 못했어요. 그러니까 한 가지 똑같은 멜로디로 모든 사람에게 동일한 경험을 유발시키지는 못했다는 말이에요.

실험에 참여한 사람들이 앞서 언급한 조건들에 완전히 부합하기만 한다면, 내 마음대로 그들 모두를 웃거나 울게 만들 수도 있고 적의를 느끼게도 혹은 자비심을 품게도 할 수 있다는 건 틀림없어요. 하지만 참여자들이 여러 인종으로 이루어져 있거나 그들 중 한 사람이라도 정서가 다른 사람들과 조금이라도 다를 경우에는 결과가 아주 다양하게 나타날 수밖에 없어요. 실험을 통해서 나는 한 가지 같은 음악을 가지고 모든 사람에게서 예외 없이 똑같은 반응이 일어나기를 기대했지만 실패하고 말았어요. 결국 나는 한 번 더 실험을 포기할 수밖에 없었답니다. 그나마 얻은 결과에 나름대로 만족한다고 스스로를 위로하면서요.

하지만 이틀 전 이곳에서 들었던 음악 말이에요, 멜로디라곤 거의 없는 그 음악은 우리 모두의 내면을 똑같은 상태로 만들었어요. 인종이나 민족만 다른 게 아니라 성격이나 유형, 습관, 기질이 완전히 딴판인 사람들이었는데 말이죠. 이 현상에 대해 인간 공통의 느낌이라는 게 있지 않겠느냐고 하는 건 말도 안 되는 소리예요. 우리가 최근 실험적으로도 증명했듯이 우리 원정대 동료들 사이에 그런 감정 같은 건 전혀 존재하지 않아요. 한마디로 이틀 전 그런 현상을 초래할 만한 것이라곤 아무것도 없었어요. 그걸 설명해 줄 수 있는 게 아무것도 없었다는 거예요. 그 음악을 듣고 나서 방으로 돌아왔는데, 이 현상의 진정한 원인을 알고 싶다는 강렬한 욕망이 내 안에서 다시 일어나더군요. 여러 해 동안 내내 내 머릿속을 뒤흔들어놓던 바로 그 욕망 말이에요.

  밤새도록 나는 한잠도 잘 수 없었어요. 오직 이 모든 것의 진정한 의미가 무엇인지 알고 싶다는 한 가지 생각뿐이었죠. 어제도 하루 종일 생각에 생각을 거듭하느라 식욕조차 잃어버렸어요. 음식은 고사하고 물 한 모금조차 마실 수가 없었네요. 어젯밤 나는 분노 때문인지 아니면 지쳐서인지 잘 모르겠지만 너무나 절망스런 나머지 나도 모르게 손가락을 깨물었지요. 얼마나 세게 깨물었는지 손을 거의 쓸 수 없는 지경이 되어버렸어요. 그래서 삼각건을 두르고 있는 거예요. 지금도 너무 아파서 말 위에 앉아 있기가 힘들 지경이에요."

  그녀의 이야기는 내 가슴에 깊이 와 닿았고 진심으로 그녀를 도와주고 싶었다. 그녀의 말이 끝난 뒤 나는 1년 전에 경험했던 놀라운 일 한 가지를 들려주었다. 역시 음악과 관련된 것인데, 내게 엄청난 충격을 안겨주었던 일이다.

  나는 내 어린 시절의 스승으로 놀라운 인물이었던 에블리시 신부(보가체프스키)가 써준 소개장을 가지고 에세네 파 사람들을 찾아간 이야기와, 대부분 유대인이었던 그들이 고대 히브리 음악과 노래를 가지고 30분 만에 식물이 자라게 만든 이야기를 들려주고, 그들이 어떻게 그렇게 했는지까지 자세하게 설명해 주었다. 내 이야기에 얼마나 매료되었는지 그녀의 두 볼이 벌겋게 달아올랐다. 우리는 러시아에 돌아가면 바로 누구의 방해도 받지 않는 곳에서 음악 실험을 심도 있게 해보기로 약속했다.

  이 대화를 나눈 뒤로 비트비츠카이아는 평소의 모습으로 돌아왔다. 손가락을 다쳤음에도 그녀는 우리 가운데 누구보다 날렵하게 절벽을 올랐고, 30킬로미터도 더 떨어진 곳에서 우리가 가야 할 방향을 알려주는 표지를 찾아내었다.

비트비츠카이아는 볼가 강 여행 때 감기에 걸렸는데, 그로 인해 러시아에 돌아간 뒤 목숨을 잃고 말았다. 그녀의 시신은 사마라(러시아 중서부 볼가 강 중류에 있는 도시―옮긴이)에 묻혔다. 나는 그녀가 병에 걸렸다는 소식을 타슈켄트(우즈베키스탄의 수도―옮긴이)에서 듣고 달려가 그녀의 임종 순간을 지킬 수 있었다.

나는 벌써 인생 여정의 절반을 지나왔고, 전 세계의 거의 모든 나라를 여행했으며, 수천 명의 여성을 만나보았다. 그녀를 회상하면서 내가 반드시 고백해야 할 것이 있으니, 그처럼 놀라운 여성을 만난 적도 없고 앞으로도 결코 만날 수 없으리라는 것이다.

중간에 잠시 끊겼는데 나의 나이든 동료이자- 진짜배기 친구였던 루보베츠키 왕자 이야기를 계속하자. 내가 콘스탄티노플을 떠난 지 얼마 되지 않아서 그도 그곳을 떠났다. 이후 나는 몇 년 동안 그를 만나지 못했다. 하지만 그로부터 정기적으로 편지를 받았고, 편지를 통해서 그가 어디에 있는지, 그때마다 그에게 최고의 관심사가 무엇인지 알 수 있었다.

먼저 그는 실론 섬으로 갔다. 그곳에서 인더스 강의 원류를 향해 여행을 했다. 그 후 그는 아프가니스탄이나 발루치스탄(파키스탄의 서남부 산악 지대―옮긴이), 또는 카피리스탄(아프가니스탄 북동부 지역으로 오늘날의 누리스탄―옮긴이) 등 다양한 곳에서 나에게 편지를 보내왔다. 그러던 어느 날 갑자기 우리 두 사람 사이의 편지 왕래가 끊겼고, 그 후로는 새로운 소식은커녕 그에 관한 소문조차 듣지 못했다.

나는 그가 여행지 어딘가에서 죽은 게 틀림없다고 믿었다. 시간이 지나면서 세상에서 제일 가까운 사람을 영영 잃어버렸다는 생각에도 점차 익숙해져 갔다. 그러다 어느 날 뜻밖의 장소, 바로 아시아의 심장에서 아주 우연하게 그를 다시 만났다.

내 생각이지만, 그는 이 시대를 살아가는 사람들이 표상으로 삼을 만한 뛰어난 인물이었다. 그런 그와의 마지막 만남을 더 깊이 있게 조망하자면, 나는 여기에서 다시 이야기를 끊고 역시 나의 친구요 동료가 된 솔로비예프Soloviev 이야기를 먼저 하지 않을 수 없다. 솔로비예프는 뒤에 동양 의학의 권위자가 되었는데, 특히 티베트 의학에 정통했다. 그는 또 아편과 대마초가 인간의 정신과 몸에 끼치는 영향과 관련해서 세계적인 전문가로 인정을 받았다. 유리 루보베츠키를 마지막으로 만난 것은 바로 이 솔로비예프와 함께 중앙아시아를 여행할 때였다.

솔로비예프

부하라 한국汗國(1599~1920년까지 중앙아시아의 부하라를 수도로 한 우즈베크 족의 국가. 오늘날은 우즈베키스탄에 편입되었다 — 옮긴이)**의 수도 부하라**(오늘날 우즈베키스탄 중남부, 제라프샨 강 하류에 자리한 옛 도시 — 옮긴이)에서 약 6~8킬로미터 정도 떨어진 트랜스카스피안 철도역 주변에 러시아 인들은 '신新 부하라'라는 이름의 커다란 신도시를 조성했다. 처음 솔로비예프를 만났을 당시 나는 그 신도시에 머물고 있었다. 그곳에 간 것은 이슬람교의 원리들에 관해서 지식도 더 쌓고 나와 친분이 있는 여러 종파의 부하라 데르비쉬들도 만나기 위해서였다. 그들 가운데는 위대한 데르비쉬이자 나의 오랜 친구인 보가 에딘Bogga-Eddin도 있었다. 그러나 그때 그는 부하라에 없었고, 그가 어디로 갔는지 아는 사람도 전혀 없었다. 하지만 나는 그가 곧 돌아올 거라고 믿을 만한 근거를 가지고 있었다.

신 부하라에 도착해서 나는 크바스kvass(러시아 산 호밀 맥주—옮긴이)를 파는, 뚱보 유대인 여자의 집에 작은 방을 하나 얻었다. 이 방에서 나는 쿠르드 족의 커다란 목양견으로 나에게 헌신적인 필로스와 함께 지냈다. 필로스는 지난 9년 동안 내가 어디를 가든 함께 다녔다. 필로스는 도시든 시골이든 내가 잠깐씩 머무르는 곳에서는 어디서나 금방 유명해졌다. 특히 조무래기 소년들 사이에서 인기가 좋았다. 녀석은 내가 목에 주전자를 걸어서 보내면 여관에서 뜨거운 찻물을 받아오는가 하면, 내가 적어준 쪽지를 가지고 가서 나 대신 장을 봐오기도 했다.

이 개가 얼마나 뛰어났는지 독자들의 이해를 돕기 위해 여기에서 녀석의 비범함을 설명하는 데 약간의 시간을 소비하는 것도 불필요한 일은 아닐 것 같다. 나는 잠시 그 놀라운 영혼의 독창성이 어떤 식으로 드러났는지 몇 가지 사건을 통해 기술해 볼 생각이다.

이곳에 오기 전 나는 몇몇 데르비쉬들을 만나러 P라는 부하라 인 마을을 찾아갔었다. 보가 에딘이 그들을 알아두는 게 좋을 거라고 충고해 주었기 때문이었다. 첫 번째 사건은 이 데르비쉬들이 P 마을을 떠나고 나 역시 사마르칸트(우즈베키스탄 중동부에 있는, 중앙아시아 최고最古의 도시 중 하나—옮긴이)로 가기로 마음먹은 직후에 일어났다. 여행자 숙소의 방세를 지불하고 다른 빚까지 해결하고 나자 가진 돈이 거의 바닥나고 말았다. 기껏해야 60코펙(러시아 동전 단위—옮긴이) 정도의 돈이 수중에 남아 있었다. 그 마을에서 돈을 벌기란 불가능했다. 그때는 일거리가 많은 철도 아닌데다 유럽 문명에서 그처럼 멀리 벗어나 있는 외딴 곳에서 공여품 따위를 팔기도 어려웠다. 그 반면에 사마르칸트에는 러시아 인을 비롯해 유럽인이 많이 있었다. 게다가 곧 사마르칸트로 갈 수 있으리라고 생각하고 나는 이미 티플리스로부터 사마르칸트로 돈이 송금되도록 해놓은 상태였다.

여행 경비가 없어서 나는 110킬로미터가 넘는 그 길을 걸어가기로 결심했다. 어느 화창한 날 나는 필로스와 함께 길을 나섰다. 떠나기 전에 5코펙으로 여행중 먹을 빵을 샀고, 필로스를 위해서 5코펙 어치 양 머리고기를 샀다. 내가 먹을 음식은 물론 필로스가 먹을 것까지 최소한의 양만 산 것이니, 우리 중 누구도 배부르게 먹었다고 말할 수 없을 정도의 양이었다.

여행중 우리는 길 양쪽으로 텃밭이 있는 지역을 거쳐 가게 되었다. 투르키스탄에서는 많은 지역에서 텃밭끼리는 물론 길과 텃밭 사이를 구분 짓는 울타리 용도로 예루살렘 아티초크(뚱딴지 또는 뚝감자라고도 부른다. 꽃은 국화꽃을 닮았고 뿌리는 감자를 닮았으며 식재료로도 많이 쓰인다 — 옮긴이)를 길게 심는 관습이 있었다. 아티초크는 키가 아주 크고 굵게 자라서 나무 담장이나 철조망 못지않게 훌륭한 울타리 역할을 했는데, 나는 길을 따라 걷다가 바로 이런 아티초크 울타리가 있는 곳을 지나가게 되었다.

배가 너무 고파 아티초크를 몇 개 파 먹기로 했다. 누가 보고 있지는 않은지 주위를 살피며 급하게 굵직한 아티초크 네 뿌리를 파냈다. 그러고는 다시 걸으면서 아주 맛있게 아티초크를 먹었다. 필로스에게도 먹으라고 한 조각을 주었지만, 냄새를 맡아보더니 그냥 고개를 돌려버렸다.

신新 사마르칸트에 도착한 뒤 나는 도시 변두리에 있는 한 가정집에 방을 잡았다. 그러고는 바로 티플리스에서 돈이 도착했는지 확인하러 우체국으로 달려갔다. 돈은 아직 도착하지 않은 상태였다. 어떻게 돈을 마련할까 고민하던 나는 종이로 꽃을 만들어 팔기로 마음먹고, 색지를 사기 위해서 당장 상점으로 달려갔다. 하지만 내가 가진

50코펙으로는 종이를 얼마 살 수 없어서, 색지 대신 얇은 흰 종이를 사기로 마음을 바꿨다. 거기다 직접 종이를 염색할 작정으로 아닐린 염료도 샀다. 이렇게 하면 약간의 돈으로 제법 많은 꽃을 만들 수 있었다.

상점을 나와 잠깐 쉬어갈 생각으로 공원 나무 그늘 아래 벤치에 앉았다. 내 친구 필로스도 내 곁에 앉았다. 나는 생각에 잠긴 채 가지 사이를 오가는 참새들을 보고 있었다. 그때 머릿속에 한 가지 생각이 떠올랐다. '참새를 이용해서 돈을 벌어보는 건 어떨까?' 이 지역에 사는 사크트 족 사람들은 카나리아를 비롯해 고운 소리로 노래하는 새들을 무척 좋아했다. 그러다 문득 참새가 카나리아에 뒤질 게 뭐냐는 생각이 들었다.

공원 옆으로 길을 따라 마차 주차장이 있었는데, 많은 마부들이 한낮의 열기를 피해 마차 안에서 낮잠을 자며 휴식을 취하고 있었다. 나는 그곳으로 가서 말의 꼬리털을 뽑아가지고 덫을 만들어서 공원 여기저기에 설치했다. 필로스는 시종일관 호기심에 찬 눈으로 나를 지켜보고 있었다. 잠시 후 참새 한 마리가 덫에 걸렸다. 나는 조심스럽게 참새를 꺼내 집으로 가지고 갔다.

집에 도착해서 집주인 아주머니에게 가위를 빌려 카나리아 모양으로 참새 깃털을 다듬었다. 그런 다음 아닐린 염료로 멋지게 색을 입혔다. 나는 이 참새를 가지고 구 사마르칸트 지역으로 갔다. 이 참새가 특별한 '미국산 카나리아'라고 외치고 다닌 지 얼마 되지도 않아서 참새는 팔려버렸다. 내가 받은 돈은 자그마치 2루블이었다. 나는 그 돈으로 당장 색깔이 단순한 새장 몇 개를 구입했다. 그 다음부터는 참새를 새장에 넣어서 판매했고, 2주 만에 이 미국산 카나리아를 80마리나 팔았다.

참새를 잡으러 가던 처음 사나흘은 필로스를 데리고 다녔지만, 그 후로는 혼자서 다녔다. 며칠 만에 필로스는 이미 신 사마르칸트의 아이들 사이에서 유명 인사가 되어 있었고, 그러다 보니 필로스가 공원에 등장하면 수많은 아이들이 몰려드는 통에 참새를 제대로 잡을 수 없었기 때문이다.

내가 필로스를 데려가지 않은 그 다음날이었다. 아침 일찍 집을 나간 필로스가 저녁이 되자 먼지를 잔뜩 뒤집어쓴 채 지친 모습으로 돌아왔다. 그러더니 제법 근엄한 몸짓으로 참새 한 마리를 내 침대 위에 올려놓았다. 물론 이미 죽은 놈이었다. 이런 일이 매일 반복되었다. 이른 아침에 집을 나선 필로스는 하루도 빠짐없이 죽은 참새 한 마리를 내 침대 위에 가져다놓았다.

나는 위험을 감수하면서까지 사마르칸트에 오래 머무를 생각이 없었다. 혹시라도 악마가 농간을 피워서, 내 카나리아들이 갑자기 비에 젖는다거나, 새장 속의 미국산 카나리아가 마실 물로 목욕이라도 하게 된다면, 단박에 가위질로 모양을 낸 볼품없는 참새로 돌변하고 말 게 아닌가! 그러면 엄청난 소동이 뒤따를 게 뻔했다. 무사히 그곳을 빠져 나가려면 서둘러야 했다.

나는 사마르칸트에서 신 부하라로 향했다. 그곳에서 내 친구인 보가 에딘을 만날 참이었다. 주머니에 150루블이 넘는 돈이 들어 있으니 부자가 된 느낌이었다. 그 당시만 해도 150루블은 꽤 큰 액수였다.

이미 말했던 것처럼 신 부하라에서 나는 크바스를 파는 뚱보 유대인 여자 집에 방을 얻었다. 방 안에는 가구라곤 전혀 없었기 때문에 잠을 잘 때는 한쪽 구석자리에 깨끗한 천을 깔고 베개도 없이 잠을 청했다. 단지 돈 때문에 그런 것만은 아니었다. 그것이 저렴하게 숙박할 수 있는 방법이기도 했지만, 더 큰 이유는 그 당시 내가 유명한 힌두 요기들의 수행법을 철저히 따르고 있었기 때문이다. 하지만 한 가지 솔직히 고백하자면, 그 무렵 물질적으로 몹시 힘들 때에도 향유 농도가 무려 80퍼센트나 되는 오드콜로뉴 향수를 몸에 바르고 깨끗한 시트 위에서 잠드는 호사를 거부할 수 없었다.

내가 자리에 누운 지 5분 내지 10분 정도 지나면 필로스도 내가 급조한 잠자리에 자리를 잡고 누웠는데, 이것은 그 정도 시간이면 내가 잠에 들었을 거라고 필로스 나름대로 시간을 계산해서 그런 것이었다. 필로스는 누울 때도 늘 내 얼굴 쪽이 아닌 등 쪽으로 누웠다. 이 '초강력 간편' 잠자리 머리맡에는 책들을 끈으로 묶어서 만든 작고 편리한 책상이 하나 있었다. 그 책들은 당시 내가 관심을 갖던 주제의 책들이었다. 이 독특한 책상 위에는 기름 램프라든지 공책, 벌레 퇴치용 파우더 등 밤에 필요한 물건들이 올려져 있었다.

신 부하라에 도착한 며칠 뒤 아침, 내가 임시변통으로 마련한 이 책상 위에 커다란 예루살렘 아티초크가 하나 놓여 있었다. 그때 나는 속으로 '아, 이 깍쟁이 아줌마 같으니! 몸집은 커다란데 제법 눈치가 빠르네. 내가 예루살렘 아티초크라면 사족을 못 쓴다는 걸 그새 알아채다니'라고 생각했다. 나는 아주 즐겁게 아티초크를 먹었다.

주인 여자가 아티초크를 갖다놨다고 여긴 이유는 단순했다. 나 외에 내 방에 드나들 수 있는 사람이 주인 여자밖에 없기 때문이었다. 그래서 그날 복도에서 주인 여자와 마주쳤을 때 나는 고맙다는 말과 함께 어떻게 아티초크를 가져다놓을 생각을 다 했느냐며 농담까지 던졌다. 하지만 놀랍게도 주인 여자는 그게 무슨 소리인지 모르겠다고 잘라 말했다.

다음날 아침, 같은 자리에 또 아티초크가 놓여 있었다. 당연히 어제 못지않은 즐거운 마음으로 아티초크를 먹기는 했지만, 내 방에서 일어나고 있는 이 신비한 일에 대해서 진지하게 생각해 보지 않을 수 없었다. 더 놀라운 것은 사흘째 되는 날에도 같은 일이 벌어졌다는 것이다! 그날 나는 반드시 이 비밀을 찾아내고 말겠다고 다짐을 했다. 도대체 누가 이처럼 영문을 알 수 없는, 그러면서 동시에 나를 즐겁게 하는 장난을 치는지 꼭 밝혀내겠다고 말이다. 하지만 며칠이 지나도록 나는 아무것도 밝혀내지 못했고, 매일 아침 같은 자리에서 예루살렘 아티초크를 발견하는 기적은 계속 일어났다.

어느 날 아침, 그런 날이 거듭되면서 혼란이 더욱 가중되는 이 사건에 끝장을 볼 작정으로 나는 복도에 놓여 있는 크바스 발효통 뒤에 몸을 숨겼다. 잠시 후 필로스가 조심스럽게 통 옆을 지나가는 게 보였다. 입에는 커다란 예루살렘 아티초크를 물고 있었다. 녀석은 방 안으로 들어가더니 내가 늘 아티초크를 발견하던 그 자리에 그것을 내려놓았다. 그때부터 나는 필로스를 좀 더 가까이서 관찰하기 시작했다.

다음날 아침, 집을 떠나기 전 나는 필로스의 왼쪽 머리를 가볍게 쓰다듬어주었다. 이것은 우리 둘 사이의 신호로, 내가 먼 곳을 가는 데 데려가지 않는다는 의미였다. 나는 밖으로 나가서 몇 걸음 걷다가 얼른 집 건너편 상점으로 가서 몸을 숨기고 내 방 문 쪽을 주시했다. 곧 필로스가 밖으로 나오더니 주변을 둘러보고 나서 시장 쪽으로 걸어가기 시작했다. 나는 몰래 그 뒤를 따라갔다. 시장은 수많은 상점과 사람들로 가득했다. 필로스는 조용히 사람들 사이를 빠져나갔고, 나도 녀석을 놓치지 않기 위해 살금살금 뒤를 밟았다.

잠시 후 한 가게 앞을 지나던 필로스가 걸음을 멈추고 주변을 살폈다. 쳐다보는 사람이 없는지 확인하더니 녀석은 재빨리 자루에서 예루살렘 아티초크 하나를 낚아채 달리기 시작했다. 집에 돌아와 보니 언제나처럼 같은 자리에 예루살렘 아티초크가 하나 놓여 있었다.

이 개의 놀라운 정신 능력을 보여주는 또 다른 사례가 있다. 대개 내가 필로스를 두고 혼자 외출하는 날이면 녀석은 내 방 문 밖에 누워서 내가 돌아오기를 기다리곤 했다. 내가 없는 사이 원하는 사람은 누구라도 내 방에 들어갈 수 있었다. 그러나 필로스는 그 사람이 방 밖으로 나오도록 허락하지 않았다. 내가 없을 때 누군가 방에 들어왔다가 나가려고 하면, 이 커다란 개는 이빨을 드러내며 으르렁거리기 시작했다. 그 도습에 내 방을 찾은 낯선 사람은 심장이 부츠 속으로 움츠러들 정도였다.

이 일 역시 신 부하라에서 일어났는데, 사건이 일어나기 이틀 전 한 폴란드 인 순회 영화 기사가 나를 찾아왔다. 영사기의 그림을 화면에 투사할 때 필요한 아세틸렌가스 용기 중 하나를 수리할 일이 있었는데, 나를 아는 마을 주민들이 그 문제를 해결해 줄 전문가가 나밖에 없다고 귀띔을 해주었기 때문이다. 나는 그에게 조만간 시간을 내서 고장 난 용기를 고쳐주겠다고 약속했다.

하지만 나와 대화를 나누고 간 그날 오후, 그 영사 기사는 다른 용기에서도 가스가 샌다는 사실을 알았다. 가스 용기가 모두 두 개뿐이라 이러다 다음 상영 전체를 망칠 수도 있겠다 싶어 그는 내가 찾아오기를 기다리지 않고 직접 용기를 들고 왔다. 내가 집에 없지만 방문이 잠겨 있지 않은 것을 안 그는 굳이 무거운 통을 다시 지고 가지 않고 내 방에 두고 가기로 했다.

그날 아침 나는 구 부하라에 있었다. 그곳에서 한 모스크를 방문할 계획이었는데, 이슬람교 추종자들은 개를 신전 안이나 근처로 데려오는 것을 커다란 신성모독으로 여겼기 때문에 할 수 없이 필로스를 집에 남겨둘 수밖에 없었다. 그날도 필로스는 문 밖에 누워 내가 오기만을 기다리고 있었다.

　늘 해오던 대로 필로스는 영사 기사가 방 안으로 들어가도록 내버려두었다. 하지만 살아서는 결코 방을 나갈 수 없는 법! 몇 차례의 부질없는 시도 끝에 이 가엾은 폴란드 인은 방바닥에 주저앉아 하루 종일 먹지도 마시지도 못하고 조바심으로 속을 태우며 나를 기다려야만 했다. 그날 나는 늦은 저녁에야 집으로 돌아왔다.

　각설하고, 나는 여전히 신 부하라에 머물고 있었고, 이번에는 정말로 종이로 조화造花를 만들기 시작했다. 돈을 벌 수 있다는 것 외에도 이 일은 여러 가지 장점이 있었다. 조화를 팔면서 관심 있는 부하라 여기저기를 갈 수도 있었고, 특히 그 계절에는 이런 장사가 수익이 짭짤했다. 사순절이 끝날 즈음이 되면 부하라 주민들이 부활절 꽃으로 방이나 탁자를 장식하기 좋아한다는 건 잘 알려진 일이었다. 게다가 그 해는 유대교의 부활절과 기독교의 부활절이 거의 일치했다. 신 부하라의 주민과 구 부하라의 일부 주민이 이 두 종교에 속해 있었기 때문에 조화 수요가 엄청나게 클 수밖에 없었다.

　나는 밤낮으로 일에 몰두했다. 데르비쉬 친구들을 만나러 가거나 잠시 쉴 요량으로 저녁에 근처 식당에서 당구를 치는 경우가 아니면 거의 방을 나서지 않았다. 젊은 시절 나는 당구를 아주 좋아했고 실력도 제법 되는 편이었다.

　성聖 목요일 저녁, 나는 일을 마치고 당구를 치러 나갔다. 그런데 게임을 하던 도중 갑자기 옆방에서 사람들이 시끄럽게 소리치는 소리가 들려왔다. 당구봉을 집어던지고 옆방으로 달려가 보니 남자 네 명이 한 사람을 때리고 있었다. 이 사람들이 누구고 무슨 일로 그러는지는 몰랐지만 나는 몰매를 맞고 있는 사람을 구하기 위해서 싸움판에 뛰어들었다. 젊은 시절 나는 일본 유술柔術(복싱과 유도 따위를 합친 무술―옮긴이)에 관심을 갖고 열심히 익혀왔기 때문에 이런 것을 실제 써먹을 기회가 있다면 마다하지 않았다. 이번에도 그것을 써먹을 요량으로 적극적으로 싸움에 뛰어들었다. 결과적으로 우리 두 사람, 그러니까 그 낯선 사람과 내가 순식간에 상대편을 항복시켰다.

그때만 해도 신 부하라는 아직 생긴 지 얼마 안 된 도시였다. 주민들 가운데는 경찰의 감시를 받는 러시아 망명자들이 많았고, 그 밖에도 온갖 국적을 가진 사람들이 잡다히 섞여 있었다. 아픈 과거를 지고 이곳에 들어온 사람들도 있었고, 미래에 대한 청운의 꿈을 품고 온 사람들도 있었다. 그들 중에는 형기를 마치고 출감한 범법자도 있었고, 정치적 망명자도 제법 있었는데, 이러한 망명자들은 그 당시 러시아에서는 흔히 볼 수 있었다. 망명자들은 생활 조건이 너무나 비참해서 누구랄 것도 없이 모두 술에 절어 살았다. 과거에 술을 마시지 않던 사람이나 술이 잘 받지 않는 사람조차 자연스럽게 술에 빠지게 되었다.

내가 같은 편이 되어 싸운 그 친구도 이 범주에 속한 사람이었다. 싸움이 끝난 뒤 나는 그 친구를 집까지 데려다주려고 했다. 혹시라도 그가 혼자 집에 가다가 불미스러운 일이라도 당할까봐 염려스러웠기 때문이었다. 하지만 곧 그가 그를 몰매질했던 네 사람과 함께 철도 보수용 차량에서 살고 있다는 사실을 알게 되었다. 이미 밤이 깊었으므로 그를 내 숙소로 데려가는 것 외에 방법이 없었다. 그도 나의 제안에 순순히 동의했다.

이날 만난 친구―이 사람이 솔로비예프였다―는 아직 상당히 젊은 나이임에도 이미 술에 절어 살고 있었다. 싸우다가 생긴 부상도 꽤 심한 편이었다. 얼굴은 상처투성이였고, 한쪽 눈도 새까맣게 멍이

들어 있었다. 다음날 아침 그의 눈은 퉁퉁 부어서 앞을 거의 볼 수 없을 정도였다. 나는 몸이 좀 나아질 때까지 나와 함께 있자고 그를 설득했다. 게다가 부활절 연휴가 시작돼 일도 이미 이틀 전에 끝난 상태였다. 성 금요일에 어딘가 잠시 다녀왔지만 밤에는 내 숙소로 돌아왔다.

다음날 나는 부활절 행사에 주문받은 꽃을 배달하느라 거의 하루 종일 밖에서 뛰어다녀야 했다. 저녁때까지 쉴 틈이 없었다. 딱히 기독교인 친구도 없고 부활절을 기념하러 어디 갈 데가 있는 것도 아니어서 나는 보드카 한 병과 색칠한 달걀, 그 외 부활절 축제 때 먹는 몇 가지 음식을 사들고 집으로 왔다.

솔로비예프는 집에 없었다. 목욕을 하고 옷매무새를 바로한 뒤—나는 갈아입을 옷이 따로 없었다—혼자서 저녁 예배에 참석하러 교회로 향했다. 집에 돌아와 보니 솔로비예프가 언제 들어왔는지 잠을 자고 있었다. 방에 따로 탁자가 없었기 때문에 나는 그가 깨지 않도록 조용히 마당에서 큰 상자를 하나 가지고 들어왔다. 그 위에 깨끗한 천을 깔고 축제를 위해서 사온 물건들을 올려놓았다. 그런 다음 솔로비예프를 깨웠다. 그는 눈앞에 펼쳐진 음식을 보더니 깜짝 놀랐다. 그리고 흔쾌히 이 엄숙한 만찬에 동참했다. 잠자리에서 일어난 그는 '탁자' 앞에 자리를 잡고 앉았다. 그는 내 책 더미 위에 앉고 나는 거꾸로 뒤집어놓은 양동이 위에 앉았다.

먼저 보드카를 두 개의 잔에 따랐다. 그런데 놀랍게도 그가 고맙다는 말과 함께 술을 거절했다. 술은 나 혼자 마시고 그는 음식을 먹기 시작했다. 이 축제에 함께한 필로스에게는 양 머리 고기를 평소보다 두 배로 주었다. 우리는 침묵 속에서 식사를 했다. 나에게도, 솔로비예프에게도 행복한 부활절이 아니었다. 가족과 함께했던 익숙한 부활절 만찬을 떠올리며 나는 먼 곳에 떨어져 있는 가족을 생각했다. 솔로비예프 역시 무언가를 생각하는 것 같았다. 우리는 아무 말 없이 꽤 오랫동안 자리에 앉아 있었다.

그러다 갑자기 솔로비예프가 혼잣말을 하듯 이렇게 외쳤다. "오, 주여! 저를 도와주소서. 이 밤을 기억하며, 제 인생을 이 지경으로 만든 이 독약을 다시는 마시지 않을 수 있도록 도와주소서!" 그의 입술이 굳게 닫혔다가 다시 암담한 어조로 "아…… 나는 참으로……"라고 중얼거리더니, 나에게 자신의 인생 이야기를 털어놓기 시작했다.

무엇이 그로 하여금 이런 기분에 젖게 했는지 나는 알지 못한다. 부활절 때문이었을까? 그것이 지난날 그의 소중한 기억들을 떠올리게 만든 걸까? 아니면 신경 써서 차려놓은 식탁과 뜻밖의 만찬 때문일까? 아니면 두 가지 다? 이유야 어쨌든 그는 나에게 자신의 속내를 털어놓기 시작했다.

솔로비예프는 한때 우체국 직원으로 일한 적이 있는데 그야말로 우연히 그렇게 된 것 같았다. 본래 그는 사마라의 상인 집안 출신으로, 아버지는 큰 제분소를 갖고 있었다. 어머니는 가난한 귀족 가문에서 태어나 귀족들을 위한 신부新婦 학교에서 교육을 받은 사람이었는데, 그런 까닭에 자녀들에게도 오직 훌륭한 예의범절과 올바르게 처신하는 법만을 가르쳤다. 아버지는 집에 머무르는 때가 거의 없었고, 제분소와 곡물 가게들에서 살다시피 했다. 더군다나 아버지는 술에 중독되어 있었고, 1년에 몇 번은 수주씩 술에 빠져 지내곤 했다. 술에 취해 있지 않을 때에도 아버지는 '다른 사람 위에 군림하려 드는 바보'일 뿐이었다고 아들은 말했다.

솔로비예프의 부모님은 각기 별개의 삶을 살고 관심사도 달랐던 까닭에, 서로의 존재를 견디기 힘들어했다. 솔로비예프에게는 남동생이 하나 있었는데, 두 아이는 모두 공립 학교를 다녔다. 부모님은 이 아이들조차 갈라놓았다. 큰아들은 어머니의 귀여움을 받고 작은 아들은 아버지의 귀여움을 받았기 때문에 집안에서는 자주 다툼이 빚어지곤 했다. 아버지는 늘 조롱하는 듯한 말투로 큰아들을 불렀고, 결국 두 사람 사이에는 일종의 적대감 같은 것이 형성되었다. 어머니는 남편에게 생활비를 받아서 살림을 꾸리면서 그 돈에서 솔로비예프에게 매달 일정액의 용돈을 주었다. 하지만 성장해 가면서 먹고 싶은 것도 많아지고, 용돈만으로는 여자애들 비위 맞추기도 어려웠다. 결국 그는 여자애에게 줄 선물을 사기 위해 어머니의 팔찌를 훔쳐다 팔았다.

어머니는 나중에 그 사실을 알았지만 아버지에게는 비밀로 했다. 그러나 그의 도벽은 갈수록 심해졌고, 아버지도 결국 알게 되면서 집안이 발칵 뒤집혔다. 아버지는 그를 집에서 쫓아냈다. 나중에 친지들과 어머니의 도움으로 간신히 아버지의 용서를 받을 수 있었다.

솔로비예프가 최고 학년 전 학년인 5학년이었을 때, 사라마에 순회 서커스단이 왔다. 그때 그는 안장 없이 말을 타는 베르카라는 여자 기수에게 완전히 정신을 빼앗기고 말았다. 서커스단이 차리친(러시아 볼가 강 하류의 중공업 도시인 볼고그라드의 옛 이름 — 옮긴이) 지역으로 옮겨가자, 솔로비예프는 어머니에게 거짓말을 해서 뜯어낸 돈을 들고 베르카를 따라갔다.

그때부터 그는 술을 마시기 시작했다. 차리친에서 그는 베르카가 한 기마경찰과 어울린다는 사실을 알았고, 그 비통함 때문에 더욱더 술에 매달렸다. 수시로 항구의 주점을 드나들면서 그는 자신과 비슷한 친구들을 많이 만나게 되었다.

어느 화창한 날, 술에 잔뜩 취해 있는 상태에서 가진 돈을 모두 도둑맞으면서 이 생활은 막을 내렸다. 그는 동전 한 푼 없이 낯선 도시에 버려진 신세였지만, 감히 가족에게 돈을 보내달라고 부탁할 엄두가 나지 않았다. 가지고 있던 소지품과 옷가지 등을 하나둘씩 내다 팔며 살아가던 그는 마지막 남은 누더기 옷까지 팔지 않으면 안 되는 지경이 되고 말았다. 결국 그는 말 그대로 완전히 부랑자가 되고 말았다.

주린 배를 채우기 위해서 그는 어장에서도 일을 했고, 무엇이든 손에 닿는 일이면 닥치는 대로 했다. 그러다가 다른 부랑자들과 함께 바쿠에까지 흘러들어 갔다. 이곳에서는 운명의 여신이 그를 향해 희미하게 미소를 짓는 것 같았다. 누군가 그에게 입을 옷을 주고, 발라흐나(볼가 강변의 러시아 도시 — 옮긴이) 지역에서 전화 교환수로 일할 수도 있게 해준 것이다.

그동안의 역경들을 거치면서 그는 신중해졌고, 그래서 일도 열심히 했다. 그러던 어느 날 그는 사마라에서 온 한 사람을 만나게 되었다. 솔로비예프가 어느 집안 출신의 누구인지 알게 된 그는 솔로비예프에게 더 나은 일자리를 구해주고 싶어 했다. 5학년까지 교육을 받은 덕분에 그는 바쿠에서 우편 및 전신 업무직의 보조원 자리를 얻을 수 있었다. 하지만 처음 몇 달간은 무보수로 일을 해야 했다. 그 다음에 그는 쿠쉬카(아프가니스탄과 국경을 맞대고 있는 오늘날 투르크메니스탄의 남부 도시 — 옮긴이)에서 연락을 받고 그곳에서 사무원으로 근무했다. 금욕적인 태도 덕분에 그는 이제 옷도 제법 차려입고 약간의 돈도 저축할 수 있었다.

그의 나이 스물한 살 때 군 당국으로부터 병역 소집 명령서가 날아왔다. 이는 그를 고향으로 돌아가게 만들었다. 사마라에 도착해 호텔에 묵으면서 그는 어머니에게 편지를 썼다. 그 전에도 아들로부터 몇 차례 편지를 받았던 어머니는 아들이 새 사람이 되었다는 사실에 기뻐하면서 아버지의 용서까지 얻어냈다. 솔로비예프는 다시 가족의 품에 받아들여졌고, 아버지는 아들이 정신을 차린 것을 보면서 비로소 잘 대해주기 시작했다.

입대하면 복무할 곳은 많았지만, 솔로비예프가 우편 업무 쪽의 전신 기사였고 이 분야는 결원이 생겨야 신병을 모집했기 때문에, 그는 입대 명령을 받기까지 몇 달을 기다려야 했다. 그 덕분에 트랜스카스피안 철도를 관할하는 철도 대대 내 우체국—그 당시까지도 여기는 군 관할이었다—으로 소집될 때까지 그는 서너 달을 부모님과 함께 살았다.

우체국에 도착한 뒤 처음 몇 주 동안 그는 2중대의 이등병으로서 기초 훈련을 받은 뒤 쿠쉬카 철도선線에 배치되었다. 하지만 배치를 받고 얼마 되지 않아 황달에 걸리는 바람에 중대가 있는 메르브(투르크메니스탄 동남부의 옛 도시—옮긴이)의 병원으로 후송되었다. 몸이 회복된 뒤 그는 사마르칸트의 대대 본부로 보내졌고, 거기서 다시 군 병원으로 후송돼 군 복무가 가능한지 알아보는 검사를 받았다.

그가 후송된 병원에는 죄수들을 위한 병동이 있었다. 복도를 지나면서 그는 가끔씩 작은 창문을 통해 죄수들과 이야기를 나누곤 했는데, 그러다가 위조죄로 구속된 한 폴란드 인과 친해졌다. 건강 문제로 결국 복무 면제를 받고 솔로비예프가 병원을 떠나던 날, 이 폴란드 인 죄수가 그에게 사마르칸트 역 근처에 사는 친구에게 편지를 전해달라고 부탁했다. 그리고 편지를 전달해 주는 데 대한 답례라면서 파란색 액체가 든 작은 유리병 하나를 몰래 건네주었다. 그는 이 용액을 이용하면 초록색 3루블짜리 지폐—다른 지폐에는 소용이 없고—를 위조할 수 있다고 말했다. 특수 종이에 이 용액을 묻혀 지폐

양면에 붙인 뒤 책갈피에 넣고 눌러주면 지폐 양면의 원판을 만들 수 있는데, 이 원판으로 그럴싸한 복사본 서너 장을 만들 수 있다는 것이었다.

중앙아시아 사람들은 러시아 화폐에 익숙하지 않기 때문에 이렇게 만든 위폐는 쉽게 유통될 수 있었다. 호기심도 일었고 또 집으로 돌아갈 여비도 필요했기에 솔로비예프는 시험삼아 위조지폐를 만들어보았다. 그가 만든 위폐 몇 장이 아무 문제 없이 통용되었다.

집으로 돌아온 그는 가족으로부터 따뜻한 환대를 받았다. 아버지는 솔로비예프에게 집에 머물며 동생이 하고 있는 일을 도와주라고 했다. 그래서 그는 사마라 외곽에 있는 제분소 하나를 맡아서 관리하게 되었다. 하지만 몇 달 동안 제분소 일을 해보니 지루하게 느껴졌고 과거의 방랑자 생활이 그리워졌다. 그는 아버지에게 가서 더 이상 일을 못하겠다고 솔직하게 털어놓았다. 아버지는 집을 떠나고 싶어 하는 아들의 뜻을 받아주었고 상당한 액수의 돈까지 아들에게 쥐어주었다.

솔로비예프는 모스크바를 거쳐 상트페테르부르크로 갔다. 그러면서 다시 술을 마시기 시작했고, 끝내는 술주정뱅이가 되어 바르샤바에 도착했다. 군 복무 면제를 받고 나온 지 1년 만의 일이었다. 그러던 어느 날 바르샤바의 길거리에서 한 남자가 그를 붙들었다. 다름 아닌 사마르칸트의 병원에서 알게 된 죄수였다. 그 남자는 법정에서 무죄 판결을 받아 풀려났고, 바르샤바에는 독일에서 들어올 위폐용 종이와 인쇄기 때문에 와 있는 것 같았다. 그는 솔로비예프에게 부하라에서 자기와 함께 동업을 하자고 요청했다.

솔로비예프는 이것이 법에 저촉되는 일이긴 하지만 쉽게 돈을 벌 수 있다는 생각에, 먼저 부하라로 가서 그를 기다렸다. 하지만 이 폴란드 인 위조범은 기계 도착이 미뤄지는 바람에 바르샤바를 떠나지 못하고 있었다. 그 사이 솔로비예프는 계속해서 술에 빠져 살며 가진 돈을 모두 탕진하고 말았고, 3개월째 철도 일을 하면서 근근이 생활하고 있었다. 나를 만난 때가 바로 그때였다. 그때까지도 그는 밤낮을 가리지 않고 술에 빠져 살고 있었다.

솔로비예프의 솔직한 이야기는 나에게 깊이 와 닿았다. 그 당시 나는 최면에 관한 상당한 지식을 가지고 있었는데, 피시술자를 특정 상태로 이끈 뒤 그에게 적절한 문구를 던져줌으로써 좋지 못한 습관을 버리게 할 수 있었다. 그래서 나는 솔로비예프에게 정말로 알코올 중독에서 벗어나고 싶다면 내가 도와줄 수도 있다고 제안했다. 그는 내 제안을 받아들였다. 다음날부터 나는 매일 그를 최면 상태로 이끌어 필요한 문구들을 던져주기 시작했다. 그는 점차 보드카에 혐오감을 느꼈고, 그의 표현을 사용하자면 차마 그 '독약'을 쳐다보는 것조차 끔찍하게 여기게 되었다.

그때쯤 솔로비예프는 아예 철도 일을 접고 나와 함께 생활하기 시작했다. 그는 나를 도와서 꽃을 만들기도 했고, 때로는 같이 시장에 나가서 꽃을 팔기도 했다.

그가 나를 도우면서 마치 사이좋은 형제처럼 함께 지내는 데 익숙해질 무렵, 두세 달 동안 아무런 소식이 없던 내 친구 데르비쉬 보가에딘이 구 부하라에 돌아왔다. 내가 신 부하라에 살고 있다는 소식을 듣고 그는 다음날 바로 나를 만나러 왔다. 내가 왜 그토록 오래 나가 있었느냐고 묻자 보가 에딘이 대답했다.

"내가 오랫동안 떠나 있었던 것은 부하라 위쪽의 한 도시에서 우연히 매우 재미있는 사람을 만났기 때문이라네. 그 사람과 한 번이라도 더 만나서 나를 몹시 괴롭히는 문제들을 가지고 대화를 나누고 싶어서, 상上 부하라에서 아무다리야 강을 따라가는 그의 여행에 안내자 노릇을 자청했지. 이곳에도 그와 함께 왔어. 이 노인은 데르비쉬들 사이에서 사르쿵이라는 이름으로 알려진 한 형제회에 속한 사람인데, 그 형제회의 본원은 아시아의 심장부 어딘가에 있다네."

보가 에딘이 숨을 고른 뒤 말을 이었다.

"이 비범한 존재와 대화를 하다 보니 그가 자네에 대해서 굉장히 많은 걸 알고 있더군. 그래서 내가 물었지. 만약 자네가 그를 만나고 싶어 한다면 만날 용의가 있는지 말이야. 그는 기꺼이 자네를 만나고 싶다고 하더군. 그는 정말 누구에게나 공정한 태도를 취하는 사람일세. 그가 그러더군. 자네가 비록 카피르kaphir(아랍권에서 이슬람교를 믿지 않는 불신자를 일컫는 말. 나중에 유럽에서 비기독교도인 아프리카 흑인을 가리키는 말이 되었다―옮긴이) 출신이기는 하지만 자신들과 유사한 영혼의 소유자가 되었다고 하더군."

카피르라는 말은 신앙이 다른 모든 이방인―여기에는 모든 유럽인이 포함된다―에게 붙여진 이름으로, 그들의 관념에 따르면 원칙도 없고 신성한 어떤 것도 내면에 갖추지 못한 동물 같은 존재들이었다. 보가 에딘이 그 노인에 대해 들려준 말은 한 마디 한 마디가 내 머릿속에 소용돌이를 일으켰다. 나는 당장 그와 만나게 해달라고 재촉했다. 그는 선뜻 그렇게 하겠다고 했다. 노인은 그다지 멀지 않은 신 부하라 인근 마을에서 몇몇 지인들과 함께 머물고 있다고 했다. 우리는 다음날 그를 만나러 가기로 했다.

나는 그 노인과 몇 차례 꽤 긴 시간 동안 대화를 나눴다. 마지막 만남에서 그는 나에게 자신의 사원으로 가서 잠시 머물면 어떻겠느냐고 제안했다. 그가 그 이유를 설명했다.

"어쩌면 그곳에서 그대가 관심을 갖고 있는 문제를 가지고 누군가와 이야기 나눌 수도 있을 것이네. 그러는 중에 그대가 찾고 있는 게 무엇인지 확실히 알 수도 있겠지." 그는 내가 그곳으로 가기 원한다면 기꺼이 도와주겠다고 덧붙였다. 나를 안내해 줄 안내인을 찾아주겠지만, 단 사원의 위치를 누구에게도 말하지 않겠다고 굳게 맹세를 해야만 한다고 단서를 달았다.

나는 당연히 모든 것에 즉각적으로 동의했다. 한 가지 아쉬운 점은 그 사이 아주 가까워진 솔로비예프와 헤어져야 한다는 것뿐이었다. 그래서 나는 혹시나 하는 마음으로 친한 친구 한 명을 데려가도 되느냐고 물어보았다. 잠시 생각하더니 노인이 대답했다. "물론 그럴 수 있네. 그대가 그의 사람됨을 보장할 수 있고, 그 사람 역시 똑같은 맹세를 할 수만 있다면 말이네." 친구로 지내는 동안 솔로비예프는 이미 자기가 한 말을 지킬 능력이 있음을 보여주었고, 따라서 나는 충분히 그의 사람됨을 보장할 수 있었다.

모든 논의를 끝마친 뒤, 나는 한 달 후에 아무다리야 강둑에 위치한 예니 히사르 유적지 근처에서 약속된 암호를 통해 어떤 사람들을 만나게 될 것이며 그들이 우리를 사원으로 안내해 줄 거라는 말을 들었다.

약속한 날, 솔로비예프와 나는 예니 히사르 요새의 고대 유적지에 도착했다. 그리고 같은 날 우리를 마중 나온 네 명의 카라 키르기스인(키르기스스탄의 주 민족—옮긴이)을 만났다. 관례에 따른 인사를 나눈 뒤 우리는 함께 식사를 했다. 날이 어두워지자 그들은 다시 한 번 우리의 맹세를 다짐받았다. 그들은 바쉴륵(얼굴을 완전히 가리기 위해서 쓰는 두건)으로 우리의 눈을 가리고 말에 태운 뒤 길을 떠났다.

사원으로 가는 내내, 우리는 주변을 둘러본다거나 우리가 어디쯤 지나고 있는지 알려고 하지 않기로 한 맹세를 양심껏, 엄격하게 지켰다. 밤을 지새우기 위해 멈출 때나 한적한 곳에서 식사를 할 때만 우리는 두건을 벗을 수 있었다. 하지만 이동하는 동안에는 딱 두 번 두건을 벗을 수 있었다. 첫 번째는 여행 8일째 되던 날로 구름다리를 지날 때였는데, 그곳은 말을 타고 건널 수도 없고 두 사람이 나란히 건널 수도 없는, 오직 일렬종대로만 겨우 건널 수 있는 곳이었다. 당연히 눈을 가린 채 건너는 것도 불가능했다.

주변의 산세로 보건대 그곳은 판지 강(타지키스탄과 아프가니스탄 사이로 흐르는 강. 아무다리야 강의 상류에 해당―옮긴이)이나 제라프샨(타지키스탄 내륙을 흐르는 강으로 우즈베키스탄과의 국경 부근에서 북서쪽으로 방향을 바꾼다―옮긴이) 강 계곡인 것 같았다. 우리가 지나가는 다리 밑으로 폭이 넓은 강물이 흐르고 있는 것이나 다리를 둘러싼 산의 모습 등으로 미루어보건대 이들 강의 협곡 사이에 걸쳐진 다리일 가능성이 높았다.

눈을 가린 채 다리를 건너는 게 가능했다면 차라리 우리에게는 그게 더 나았으리라. 너무나 오랫동안 눈을 가리고 지내온 탓인지 어째서인지는 모르겠지만, 이 다리를 건널 때의 불안과 공포는 지금도 잊을 수가 없다. 한동안 우리는 다리 위로 단 한 발짝도 떼어놓을 수가 없었다. 이러한 다리는 투르키스탄에서 많이 볼 수 있는데, 그 다리를 피해서 갈 수 있는 방법이라곤 20일 정도는 족히 걸어야 할 길로 우회하는 것뿐이었다.

이런 다리 앞에 서서 강물이 흐르고 있는 협곡의 바닥을 쳐다볼 때 느끼는 몸의 반응은 파리의 에펠탑 꼭대기에서 아래쪽을 내려다볼 때의 그것과 비슷하리라. 단지 이 경우가 에펠탑에서 밑을 내려다보는 것보다 몇 배나 더 두려움이 크겠지만 말이다. 산꼭대기는 너무나 높게 솟아 있기 때문에 밑에서는 보이지 않고, 몇 킬로미터 정도 떨어진 거리에서나 겨우 볼 수 있었다.

게다가 이 다리들은 손잡이용 난간도 없고 폭도 너무 좁아서 산악용 짐꾼 말 한 마리가 겨우 지나갈 수 있을 정도였다. 그뿐만 아니라 다리가 위 아래로 출렁거리는 통에 마치 푹신한 침대 위를 걷는 듯한 느낌이 들기도 했다. 과연 이 다리가 내 몸무게를 버텨줄 만큼 튼튼할지 어떨지 불안했었다는 이야기는 아예 언급하지도 않겠다.

대개 이런 다리는 특정한 나무 껍질의 섬유질로 만든 밧줄을 가지고 한쪽 끝은 다리에 묶고 한쪽 끝은 산에 있는 나무나 튀어나온 바위에 묶어서 고정해 놓은 경우가 많다. 그러나 이런 다리는 스릴을 즐기는 유럽 사람들에게조차 그다지 권장할 만한 것이 못 된다. 이런 다리를 건너는 유럽인은 누구라도, 신고 있는 부츠 정도가 아니라 그보다 훨씬 아래 어딘가로 심장이 곤두박질치고 말 게 뻔하기 때문이다.

두 번째로 두건을 벗은 것은 사막의 대상隊商 곁을 지나갈 때였다. 안내자들은 우리 눈을 가리고 있는 이상한 모양의 두건이 사람들의 관심을 끌거나 의심을 불러일으키는 것을 원하지 않았고, 그래서 대상 곁을 지나는 동안에는 그것을 벗겨놓는 게 좋다고 여긴 것 같았다. 우리는 산길로 이어진 정상을 똑바로 바라보며 서 있었다. 마치 투르키스탄에서 특유의 기념물 곁을 지날 때면 사람들이 그 기념물을 바라보며 서 있듯이 말이다. 투르키스탄에는 이러한 기념물이 아주 많고 지형적으로 중요한 위치에 세워져 있기 때문에, 우리 같은 여행자들이 길 없는 지역을 여행할 때는 이 기념물들이 길을 잃지 않게 하는 이정표 역할을 해주었다. 대개 이 기념물들은 높은 지대에 우뚝 솟아 있어서 여행자가 이들의 위치를 대략이라도 알고 있을 때에는 멀리서도 길을 찾을 수 있었다. 기념물이라고 해서 특별한 것은 아니고 그저 높다랗게 쌓아올린 돌무더기나 땅에 단순하게 박아놓은 긴 장대들 같은 것이었다.

산악 민족들 사이에서는 이런 기념물과 관련한 다양한 신앙이 존재했다. 기념물이 서 있는 지점에 성인이 묻혔다든지, 그곳에서 성인이 산 채로 하늘로 올라갔다든지, 머리가 일곱 개 달린 용을 그가 이 자리에서 죽였다든지, 그 밖에 이 자리에서 아주 놀라운 일이 일어났다는 등의 내용이었다. 대개 어떤 기념물과 관련해 이름이 언급되는 성인은 그 지역의 수호자로 여겨지곤 하는데, 만약 여행자가 그 지역에서 곧잘 겪는 어려움─예컨대 산적이나 야생 동물의 공격을 피했다거나, 산이나 강을 무사히 건넜다거나 등등─을 무사히 극복했다면, 그건 순전히 그 성인의 보호 때문이라 여겨졌다. 그런 까닭에 이런 난관을 헤치고 나온 상인이나 순례자 또는 여행자는 감사의 뜻으로 기념물 앞에 일종의 공물을 바쳤다.

이들 지역에서는 공물을 바치는 사람의 기도를 성인이 잊지 않고 계속 기억하게끔 하기 위해 좀 색다른 물건을 공물로 바치는 풍습이 생겨났는데, 그런 이유에서 이곳 사람들은 천 조각이나 동물의 꼬리 같은 것을 공물로 가져와 한쪽 끝을 기념물에 묶고 다른 쪽은 바람에 자유롭게 날리도록 했다.

이러한 물건들, 그러니까 바람에 날리는 천 조각이나 동물의 꼬리는 멀리 떨어진 곳에서도 여행자들이 이 지점을 잘 알아볼 수 있도록 해주는 역할을 한다. 이런 기념물들이 어디 어디에 있는지 대략이나마 알고 있는 사람이라면 우뚝 솟아 있는 한 지점을 기준으로 삼아 자신이 가야 할 방향을 가늠할 수 있다. 기념물들이 세워져 있는 패턴을 모를 경우 이러한 산악 지역을 여행한다는 건 거의 불가능하다. 산 속에는 잘 구획된 길은커녕 사람이 다닐 만한 오솔길도 없다. 설사 길이 형성되었다 하더라도 갑작스러운 날씨 변화와 뒤따르는 눈보라로 인해서 금방 길의 모양이 바뀌거나 완전히 사라져버린다. 그러므로 이 지형지물이 없다면, 여행자들은 길을 못 찾고 혼돈에 빠질 수밖에 없을 것이다. 이런 때는 아무리 정확한 나침반이라도 별 도움이 안 된다. 그러므로 이런 지역을 지나가려면 먼저 한 기념물에서 다른 기념물로 가는 방향부터 숙지해야 한다.

도중에 우리는 여러 차례 말과 당나귀를 바꿔 탔다. 걸어서 갈 때도 있었다. 헤엄을 쳐서 강을 건너기도 했고, 산도 여러 개를 넘었다. 그리고 몸으로 느껴지는 열기나 한기로 가늠해 볼 때 깊은 계곡으로 내려가거나 높은 산등성이를 기어오르기도 했다. 마침내 12일째가 되던 날 두건이 벗겨졌다. 우리는 작은 개울이 흐르고 개울 양쪽으로는 채소가 풍성하게 자라 있는 좁은 계곡에 도착해 있었다.

알고 보니 그곳은 여정의 마지막 휴식 지점이었다. 식사가 끝난 뒤 우리는 다시 길을 나섰지만 더 이상 눈가리개를 하지는 않았다. 우리는 당나귀를 타고 상류로 거슬러 올라갔다. 그 다음 약 30분 정도 협곡을 지나가자 높은 산들로 에워싸인 작은 계곡이 정면으로 들어왔다. 왼쪽에는 눈이 별로 없었지만 오른쪽과 앞쪽으로는 눈으로 하얗게 뒤덮인 봉우리들이 보였다. 계곡을 지나 휘어진 길을 돌자 왼쪽 멀리 경사진 곳에 건물 몇 채가 보였다. 가까이 다가가서 보니 꼭 아무다리야 강둑이나 판지 강둑에서 볼 수 있는 모양의 요새와 비슷해 보였다. 건물들은 제법 높고 파괴된 흔적이 없는 벽으로 둘러싸여 있었다.

우리는 맨 앞에 있는 대문 안으로 들어섰다. 그곳에 늙은 여인이 한 명 우리를 기다리고 있었는데, 안내인들은 그녀에게 뭐라고 말을 한 뒤 똑같은 문으로 곧바로 나가버렸다. 우리는 노파와 그 자리에 남겨졌다. 노파는 서두르는 기색 없이 우리를 작은 안뜰을 중심으로 둥그렇게 세워진 수많은 방들—수도실 같은—중 한 곳으로 안내해 주었다. 그녀는 우리에게 방 안에 있는 침대 두 개를 가리키더니 그대로 사라져버렸다.

곧 아주 허약해 보이는 노인이 들어오더니 우리에게 아무것도 묻지 않고 투르크멘 어로 아주 부드럽게 이야기를 하기 시작했다. 마치 우리가 오랜 친구 사이이기라도 한 것처럼 말이다. 그는 어디에 무엇이 있는지 일일이 보여준 뒤 처음 며칠간은 식사를 이쪽으로 가져다줄 거라고 말했다. 그러면서 긴 여행으로 피곤할 테니 쉬라고 했다. 그러나 피곤하지 않다면 밖으로 나가 주변을 둘러봐도 좋다는 말도 덧붙였다. 간단히 말해 이곳에서 마음껏 편하게 지내도 좋다고 했다.

우리는 긴 여행으로 너무나 피곤했기 때문에 잠깐 휴식을 취하기로 하고 자리에 누웠다. 나는 세상모르게 잠을 잤다. 시간이 얼마나 지났을까, 한 소년이 찻잔과 녹차가 든 사모바르 그리고 옥수수 케이크, 염소젖으로 만든 치즈, 꿀 등을 아침 식사로 가져왔을 때에야 잠에서 깨어났다. 나는 소년에게 어디서 몸을 씻을 수 있는지 물어보려고 했지만, 안타깝게도 소년이 쓰는 언어는 나로서는 몇 마디 욕설 말고는 아는 것이 없는 언어였다.

솔로비예프는 이미 일어나 밖으로 나가고 없었다. 그는 10분쯤 후에 돌아왔다. 그 역시 어제 저녁 깊은 잠에 빠졌다가 밤늦게 깨어났는데, 다른 사람들을 방해할까 싶어 그냥 침대에 누운 채로 조용히 티베트 낱말들을 암기하고 있었다고 했다. 그러다 해가 떠오르자 밖으로 나가 주변을 살펴보다가 막 대문을 나서려는 참에 노파가 손짓으로 안뜰 구석의 작은 집으로 그를 불렀다고 했다. 노파를 뒤따르면서 그는 속으로 바깥 출입이 금지된 게 틀림없다고 생각을 했다. 하지만 집 안으로 들어선 순간 그는 단지 이 마음씨 좋은 노파가 자신에게 신선하고 따뜻한 우유를 한 잔 주려고 했을 뿐이란 걸 알았다. 나중에 그녀는 솔로비예프가 대문을 열 수 있도록 도와주기까지 했다.

아무도 우리를 찾아오지 않았기 때문에 우리는 차를 마신 뒤 밖으로 나가 주변을 둘러보기로 했다. 우선 건물들을 감싸고 있는 높은 성벽 주변을 걸어 다녔다. 우리가 처음 들어왔던 대문 말고 북서쪽으로도 작은 문이 하나 더 있었다.

사방을 지배하고 있는 건 경탄스러울 만큼 깊은 고요뿐이었다. 고요를 깨뜨리는 것은 먼 데서 들려오는 단조로운 폭포수 소리와 새들의 지저귐뿐이었다. 무더운 여름날, 공기는 무거웠고, 우리는 기운이 처져 있었다. 주변에 펼쳐진 장엄한 풍경도 눈에 들어오지 않고, 오직 폭포수 떨어지는 소리만 우리의 관심을 끌었다. 넋이라도 뺏긴 것처럼 우리는 그 소리를 향해서 발을 떼었다. 아무런 말도 하지 않은 채 솔로비예프와 나는 끌리다시피 폭포 쪽으로 갔다. 나중에 이곳은 우리가 아주 좋아하는 장소가 되었다.

그날은 물론 다음날도 우리를 찾아오는 사람이 없었다. 하지만 끼니는 하루에 세 번씩 꼬박꼬박 배달되었다. 주로 유제품과 말린 과일, 그리고 생선—검은 점박이 송어—이었고, 사모바르에는 거의 매시간 물이 채워졌다. 우리는 침대에 누워 있기도 하고, 단조로운 소리를 내는 폭포로 가서 티베트 단어를 암기하기도 했다.

이 무렵에는 폭포에서나 폭포로 가는 길에서나 단 한 사람도 만나지 못했다. 딱 한 번, 우리가 그곳에 앉아 있을 때 어린 소녀 네 명이 지나친 적은 있지만, 그들조차 우리를 보자마자 재빨리 방향을 바꾸더니 작은 수풀을 지나 우리가 전에 본 적이 있는 북서쪽 문으로 들어가 버렸다.

세 번째 날 아침, 나는 폭포 옆 그늘에 앉아 있었고, 솔로비예프는 지루함을 이기려고 작은 막대기를 가지고 자기만의 방식으로 눈앞에 보이는 눈 덮인 산봉우리의 높이를 가늠하고 있었다. 그때 갑자기 첫날 식사를 날라다준 소년이 달려왔다. 소년은 솔로비예프에게 쪽지를 하나 전해주었다. 봉투도 없이 그냥 종이를 접은 것이었다.

솔로비예프가 받아든 쪽지 겉면에는 사르트 어로 "게오르게에게"라고 적혀 있었다. 그는 의아한 표정으로 쪽지를 내게 넘겼다. 쪽지를 펼친 순간 나는 거기에 적힌 필체를 단박에 알아보았다. 눈앞이 캄캄해지는 것 같았다. 너무나 뜻밖의 상황이었다. 쪽지에 적힌 필체는 내가 너무나 잘 알고 있는 사람, 내 삶에서 가장 중요한 사람인 루보베츠키 왕자의 글씨였다!

쪽지에는 러시아 어로 이렇게 적혀 있었다.

"나의 친애하는 어린 친구여. 자네가 이곳에 있다는 소식을 듣고 나는 심장이 멈춰버리는 줄 알았네! 당장이라도 달려가 자네를 부둥켜안고 싶지만 그럴 수 없다는 사실이 고통스러울 뿐이라네. 나는 자네가 직접 나를 찾아올 때까지 기다려야만 하네. 지금 나는 침대에 꼼짝없이 누워 있다네. 요즘은 단 한 번도 밖에 나가본 적이 없고, 아무하고도 이야기를 해본 적이 없는데, 지금 이 순간에야 자네가 이곳에 있다는 소식을 듣게 되었어. 아, 자네를 곧 만날 수 있다니 얼마나 기쁜지! 자네가 내 도움 없이, 우리가 함께 아는 어떤 친구의 도움—그랬다면 내가 이미 자네가 도착한 사실을 알고 있었겠지—도 없이 혼자 힘으로 여기까지 왔기에 나는 더더욱 기쁘다네. 이는 곧 그간 자네가 잠들지 않았음을 입증해 주는 것일 테니 말일세. 얼른 나를 만나러 오게나. 그때 많은 이야기 나누세! 자네가 한 친구와 함께 왔다는 말도 들었네. 그 사람이 누군지는 모르나 자네의 친구로서 그를 환영할 수 있게 되어 기쁘다네."

쪽지를 절반도 읽지 않은 채 나는 이미 달리고 있었다. 달리면서 쪽지를 마저 다 읽고, 솔로비예프에게 어서 오라고 손짓을 했다. 내가 어디로 달려가고 있는지는 나도 몰랐다. 내 뒤를 따라서 솔로비예프와 소년도 달렸다. 우리가 그때까지 머물던 곳에 도착하자 소년이 우리를 그 다음 안뜰이 있는 곳으로 데리고 가더니 왕자가 누워 있는 수도실을 알려주었다.

왕자와 기쁨에 찬 인사와 포옹을 나눈 뒤, 나는 왕자에게 어쩌다 병에 걸렸는지 물었다.

"이렇게 되기 전까지만 해도 아주 건강했지. 그런데 2주 전쯤, 목욕을 하고 나서 발톱을 깎았는데 무심결에 발톱 하나를 너무 짧게 깎았나봐. 그러곤 평상시처럼 맨발로 걸어 다녔는데 이 발톱이 갈라졌던지 통증이 느껴지기 시작하더군. 처음에는 이러다 괜찮아지겠거니 하고 크게 신경 쓰지 않았는데, 갈수록 악화가 돼 결국 곪기 시작하더군. 일주일 전부터 열이 오르더니 결국 침대에 누워 있는 신세가 되고 말았지. 고열로 의식을 잃기까지 했지 뭔가. 형제회 사람들 말로는 내가 패혈증 증세를 보였으나 이제 고비는 넘겼다더군. 지금은 괜찮아. 이제 내 이야기는 그만하세. 내 병은 그다지 심각한 게 아니니까. 조만간 회복할 거야. 이제 자네 이야기를 좀 해보게. 어떻게 이곳까지 왔나? 무슨 기적이 있었던 거야?"

나는 그에게 우리가 만나지 못했던 지난 2년간의 내 이야기를 간단하게 들려주었다. 우연히 만난 사람들, 데르비쉬 보가 에딘과의 친분, 그로 인해서 일어난 사건들, 그리고 어떻게 해서 내가 여기까지 오게 되었는지 등등. 그런 뒤 나는 그에게 왜 그렇게 갑자기 사라져 버렸는지, 왜 그동안 한 통의 소식도 보내오지 않았는지, 왜 나를 걱정하게 만들고 슬픔에 젖게 했는지, 그래서 결국 다시는 만날 수 없으리라 체념하게 만들었는지 물었다. 그리고 만에 하나라도 도움이 되었으면 하는 바람으로 교회에 비용은 상관없으니 그를 위한 추모 예배를—비록 내가 그 효험을 완전히 믿지는 않았지만—드려달라고 요청했던 이야기도 들려주었다. 그러고 나서 나는 그에게 어떻게 이곳에 오게 되었는지 물었다. 그는 다음과 같은 대답을 해주었다.

"우리가 콘스탄티노플에서 마지막 만났을 때부터 내 안에서는 이미 일종의 무력감 같은 것이 생기고 있었다네. 무관심 같은 거라고나 할까? 실론으로 가는 길에, 그리고 그 후 1년 반 동안 이런 무관심이 점점 커지더니 따분한 느낌이랄까 환멸감 같은 것이 내 안에 자리를 잡더군. 그러면서 일종의 공허함에 사로잡히고, 삶에 관해 일체의 흥미가 시들해지고 말았네.

실론에 도착해서 나는 유명한 불교 승려와 친분을 맺게 되었지. 우리는 자주 만나서 진지한 대화를 나누었는데, 그러다 원정대를 꾸려 갠지스 강을 탐사해 보기로 했어. 나도 그랬지만 그 승려도 그때까지 괴롭혀오던 의문들을 이번 탐사를 통해 마침내 해결할 수 있으리라는 기대가 있었네. 그런 기대 아래 우리는 치밀하게 계획을 세우고 탐사 코스도 자세히 짰다네.

내 개인적으로는 이번 모험이 내가 붙든 마지막 지푸라기와도 같았네. 그랬기에 이 여행 역시 또 한 번의 신기루 좇기에 불과했음이 분명해지는 순간, 마침내 모든 것이 내 안에서 죽어버렸다네. 더 이상은 한 걸음도 앞으로 나아가고 싶다는 생각이 들지 않더군.

탐사에서 돌아온 뒤 어쩌다 보니 다시 카불(아프가니스탄의 수도—옮긴이)에 가게 되었고, 그곳에서 나는 자신을 완전히 동양적인 무위無爲의 삶에 내맡기고 말았네. 아무런 목적도 없고 아무것에도 흥미를 느끼지 못한 채 과거에 알던 사람이나 새로 알게 된 사람들을 그냥 기계적으로 만나면서 살았지. 가끔 오랜 친구인 아아 칸Aga Khan을 찾아가곤 했는데, 그 사람처럼 모험을 많이 해본 친구가 있으면 카불에서의 무료한 생활도 나름대로 지낼 만해지니까.

그러던 어느 날 그 친구의 손님들 중에서 한 사람이 눈에 띄었네. 타밀(남인도 및 스리랑카에 사는 인종—옮긴이) 사람 복장을 하고 주빈석에 앉아 있었는데, 그 사람 차림이 아무리 봐도 집주인하고는 어울리지 않아 보였어. 나와 인사를 나누던 칸이 당황해하는 내 표정을 보더니 급히 내 귀에 대고 그러더군. 그 양반이 자기한테는 아주 특별한 친구이고, 자기가 큰 신세를 졌다고, 심지어 자기 목숨을 구해주기까지 했다고. 이 노인은 북쪽 어딘가에 살고 있는데, 가끔씩 친지들을 만난다거나 무슨 용무가 있을 때 카불로 온다고 하더군. 아아 칸이 카불에 있을 때는 꼭 그를 만나러 오는데, 그럴 때면 칸은 더할 나위 없이 기쁘다고 하더군. 그는 평생 그만한 사람은 본 적이 없다면서 나에게 노인과 대화를 나누어보라는 거야. 그러면서 덧붙이길, 이야기를 나누려거든 노인이 귀가 어두우니까 큰소리로 말하라더군.

내 등장으로 중단되었던 대화가 다시 시작되었는데, 들어보니 말horse에 관해 이야기를 하고 있더군. 노인도 함께 이야기를 했어. 가만 보니 그가 말에 대해 모르는 게 없을 뿐만 아니라 한때 말을 지극히 사랑했던 사람이란 걸 알 수 있었네. 그러다 대화가 정치 쪽으로 옮겨갔고, 러시아와 영국에 대한 이야기가 나오기 시작했어. 러시아 이야기가 나오자 아아 칸이 나를 가리키면서 농담조로 그러더군. '여러분, 러시아에 대해서랑 부디 나쁜 얘기는 하지 마세요. 자칫 여기 러시아 손님의 마음을 상하게 할 수도 있으니까.' 말은 익살스럽게 했지만, 나는 분명 러시아 인들에 대한 맹비난이 터져 나올 거라는 걸 알고 칸이 은근히 이를 막아보려고 했다는 걸 알 수 있었지. 그 당시 사람들 사이에 러시아 인과 영국인에 대한 증오심이 컸거든.

그러면서 공통의 대화가 끊기고 삼삼오오 짝을 지어 이야기들을 나누기 시작했네. 나는 노인과 이야기를 나누었는데, 내가 자꾸만 그 노인에게 끌리는 느낌을 떨칠 수가 없었어. 그는 그 지역 말로 나에게 어디에서 왔고 카불에는 얼마나 있었는지 묻더군. 그러다 갑자기 러시아 어로, 악센트가 좀 세기는 했지만 아주 정확하게 말을 하기 시작했어. 러시아에 가본 적이 있다고 하더군. 모스크바와 상트페테르부르크에도 갔었고, 부하라에서도 오랫동안 살았는데, 그곳에서 많은 러시아 인을 만나면서 러시아 어를 배우게 되었다고 해. 러시아 어를 다시 쓸 수 있어서 매우 기쁘다고, 써먹을 일이 없어서 거의 잊어버릴 뻔했다면서 말이야.

이런저런 이야기를 나누던 중 그가 나만 괜찮다면 둘이 찻집에 가차 한 잔 하면서 내 모국어로 좀 더 대화를 나누는 영광을 베풀어주면 어떻겠냐고 묻더군. 젊은 시절부터 찻집에 앉아서 시간 보내는 걸 좋아했고 지금도 그 버릇은 여전하다면서 말이야. 그래서 지금도 도시에 오면 찻집에서 한가히 시간을 보내고 싶은 유혹을 뿌리칠 수가 없다고 하더군. 사람들로 북적거리고 시끄럽지만 그곳보다 더 생각이 잘되는 곳도 없다면서 이렇게 덧붙이더군. '그처럼 깊게 생각에 몰입할 수 있는 이유가 바로 그곳의 소음과 부산함 때문 아니겠소?'

나는 아주 기쁜 마음으로 그의 제안을 받아들였네. 물론 러시아 어로 대화를 할 수 있어서라기보다는 내 자신도 설명할 수 없는 어떤 이유 때문이었지. 나 역시도 이미 나이가 들긴 했지만, 어쩐지 이 노인한테서는 마치 손자가 사랑하는 할아버지한테 느끼는 듯한 그런 감정이 들기 시작했거든.

이내 손님들이 하나둘씩 자리를 뜨고, 노인과 나도 함께 그곳을 나왔지. 가는 동안에도 우리는 이런저런 이야기를 나눴어. 찻집에 들어가서 우리는 바깥 테라스에 앉아 부하라 녹차를 주문했네. 그를 대하는 사람들 태도로 보아 그곳 사람들도 그를 잘 알고 또 존경한다는 걸 알 수 있었지.

우리는 타지키스탄 사람들 이야기를 하고 있었는데, 그가 녹차 첫 잔을 마시더니 갑자기 말을 끊고 이러더군. '우리가 지금 정말 하찮은 이야기를 하고 있구려. 중요한 건 이게 아닌데 말이오.' 그러고는 나를 뚫어져라 바라보다가 눈길을 돌리더니 입을 다물더군. 갑작스럽게 대화를 중단하는 것이나 뚫어질 듯 상대를 바라보는 것이나 모든 것이 나에게는 이상했다네. 나는 속으로 생각했지. '가여운 노인네, 나이가 들면서 벌써 사고 기능이 약해지기 시작한 게야. 정신이 오락가락해지는 게지.' 나는 정말로 이 노인네가 안됐다는 생각이 들어서 마음이 아팠다네.

노인에 대한 동정심이 점점 내 자신에게 향해지더군. 내 정신도 머잖아 산만해질 테고 스스로 생각을 통제하지 못할 때가 곧 오겠지 하는 식으로 말이야. 나는 잠깐이지만 이 생각에 너무 깊이 빠진 나머지 노인의 존재를 잊고 말았네. 그때 갑자기 노인의 목소리가 다시 들려왔어. 그 순간, 그가 던진 말은 나의 우울한 생각을 한방에 날려버렸어. 나를 뒤흔들어버렸지. 내가 느끼던 동정심은 일순간에 지금껏 한 번도 경험해 본 적이 없는 충격으로 바뀌었다네.

'여보게, 고고Gogo, 고고! 자네는 45년 동안이나 끊임없이 탐구하고 괴로워하고 또 애를 써왔지만, 단 한 번도 스스로 결정을 내려본 적이 없네. 아니면 어떻게 해야 머리로 바라는 것이 가슴으로 바라는 것이 되게 할 수 있는지 몰랐거나. 단 몇 달 동안만이라도 말일세. 만약 머리르 바라는 것을 가슴으로 바랄 수 있었다면, 지금 이 나이에 그처럼 고독하지는 않았을 텐데 말이네.'

그가 나를 '고고'라고 불렀을 때 나는 정말이지 깜짝 놀라지 않을 수 없었다네. 어떻게 중앙아시아에서 나를 처음 본 이 힌두교도가 60년 전 어린 시절에나 불렸던 내 별명을 알고 있다는 말인가? 그 이름은 어머니와 유코만 알았고, 그때 말고는 그렇게 불린 적도 없었는데 말이야.

내가 그 순간에 느꼈을 충격을 가늠이나 할 수 있겠나? 나는 곧 한 가지 기억을 떠올렸네. 아내가 죽은 뒤 모스크바로 나를 찾아온 노인 말일세. 그때 나는 아직 젊은 나이였지. 나는 생각했네. 혹시 이 사람이 그때 만난 그 신비의 인물이 아닐까? 아니, 그럴 수는 없었어. 우선 내가 젊었을 때 만난 사람은 키가 크고 외모도 이 사람하고는 달랐어. 또 그 사람은 이미 오래 전에 죽었을 게 틀림없네. 벌써 40년 전 일이요, 그때 이미 그는 나이가 꽤 됐으니까. 나는 내가 누구이며 내 내면이 어떤 상태인지를 어떻게 이 노인이 훤히 알고 있는지 설명할 길이 없었네. 속에서 온갖 생각들이 오가는 동안, 노인은 생각 속에 깊이 잠긴 듯 앉아 있었네. 내가 겨우 용기를 내 노인에게 물었지 '도대체 당신은 누구요? 어떻게 나를 그렇게 잘 아는 겁니까?' 그러자 노인은 나를 한 번 더 놀래더군.

'내가 누구이고 무엇을 하는 사람이든 지금 그대에게는 다 똑같지 않은가? 자네 안에는 아직도 호기심이 살아있는 건가? 자네가 평생을 고단하게 배회했지만 아무런 결과도 얻을 수 없었던 주된 이유가운데 하나가 바로 그 호기심 아니던가? 아직도 자네 안에는 호기심이 그토록 강한가? 지금 이 순간에도 내가 어떻게 자네를 그렇게 잘 아는지 분석하는 데 온 존재를 바치게 할 만큼 강력한가 말이네. 고작해야 내가 누구인지, 어떻게 자네를 알고 있는지 설명하기 위해서 말일세.'

노인의 꾸지람은 나의 가장 약한 부분을 사정없이 내려쳤다네. '네, 당신 말이 맞소이다. 외부에서 무슨 일이 어떻게 벌어지든 나에게는 모두 다 똑같지 않은가요? 나는 이 전에도 무수하게 많은 진짜 기적들을 목격했지만, 내가 그런 것들에서 얻은 이해가 도대체 뭔가요? 이제 와서 내가 알게 된 것은 내 안이 텅 비어 있다는 것뿐이오. 당신이 말한 것처럼 내 안의 적, 바로 그 호기심만 아니었다면 지금처럼 허망하지는 않았을 텐데 말입니다. 저 바깥에서 어떤 일들이 벌어지고 있는지 궁금해 하는 데 시간을 낭비하는 대신 이 내면의 적을 붙들고 씨름을 했더라면, 인생이 그렇게 허망하지는 않았을 텐데 말예요. 그래요, 이제는 너무 늦어버렸소이다. 나는 내 바깥에서 일어나는 모든 일에 무관심해야 돼요. 그러니 방금 전 당신에게 물어본 것을 알고 싶지도 않고, 더 이상 당신을 괴롭히고 싶지도 않소이다. 잠깐 동안이지만 당신에게 고통을 줘 진심으로 사과드리외다.'

그런 뒤 우리는 한참 동안 각자의 생각에 빠져 있었네. 그러다 마침내 그가 침묵을 깨고 말을 했지.

'아니, 그렇지 않네. 아직 그렇게 늦은 건 아닐세. 자네가 정말로 텅 비어 있다는 느낌을 온몸으로 느낀다면, 나는 자네에게 한 번 더 도전해 보라고 말해주고 싶네. 자네가 여태까지 들인 모든 노력이 신기루와 같았다고 진심으로 느끼고 또 생각한다면, 그리고 한 가지 조건에 동의해 준다면, 내가 자네를 도와주겠네. 한 가지 조건이란

이거네. 자네가 지금껏 살아온 삶을 의식적으로 버려야 한다는 것이네. 즉 외적인 삶, 자네가 관행처럼 해온 모든 일에서 지금 당장 벗어나서 내가 알려주는 곳으로 가야 한다는 것이네.'

솔직히 말해서 내가 더 이상 벗어나야 할 것이라곤 없었어. 몇몇 사람들과 맺고 있는 끈을 제외한다면 나는 바깥 세상에 더 이상 아무런 흥미도 없었기 때문에, 그건 뭐 조건이라고 할 만한 것도 아니었지. 그 몇 안 되는 사람들과의 끈이라는 것도 최근 이런저런 이유로 더 이상 생각할 거리이 없었고, 나는 당장이라도 어디든 갈 수 있다고 했네. 그가 자리에서 일어나더니 그러더군. 벌여놓은 모든 일을 정리하라고 말이야. 그러고는 더 이상 아무 말 없이 군중 속으로 사라져버렸어. 다음날 나는 모든 일을 정리하기 시작했지. 지시할 일은 지시를 내려놓고, 집에는 사업 성격의 편지를 썼네. 그리고 기다리기 시작했네.

사흘 뒤 젊은 타지키스탄 사람이 나를 찾아왔어. 아무런 설명도 없이 간단히 그러더군 '당신의 안내자로 선임된 사람입니다. 여정은 약 한 달 정도 걸릴 것이고, 준비는 모두 마쳐놓았습니다.' 그러더니 자신이 준비한 내용을 나열하기 시작하더군. '그 밖에 필요로 하는 것이나 언제 어디에서 출발하기를 바라는지 말씀해 주십시오.'

내가 더 필요로 하는 것은 없었네. 나는 필요하다면 내일 아침이라도 당장 떠나자고 말했지. 그리고 어디서 출발할지는 그 사람한테 알아서 정하라고 했네. 그러자 그 남자가 다음날 아침 6시에 도시 외곽에 있는 여행자 쉼터 칼마타스에서 만나자고, 역시나 제 할 말만 간단히 하고는 가버렸네. 다음날 우리는 대상隊商과 함께 길을 떠났고, 2주 만에 이곳에 도착했다네. 내가 이곳에서 본 것은 자네도 곧 보게 될 거야. 그럼 이제 우리가 알고 있는 친구들 이야기를 좀 들려주겠나?"

　길게 이야기하느라 내 옛 친구가 피곤해지는 것을 보고, 나는 나머지 이야기는 나중에 하자고 권했다. 나중에 모든 이야기를 기꺼이 들려줄 테니 지금은 쉬는 게 좋겠다고, 그래야 조금이라도 더 빨리 회복할 수 있지 않겠느냐고.

　루보베츠키 왕자가 침대에 누워 있는 동안에는 우리가 그를 만나러 그의 처소로 찾아갔지만, 그의 상태가 호전되어 거동이 가능해지면서는 그가 우리를 만나러 왔다. 우리는 매일 두세 시간씩 이야기를 나누었다. 그렇게 2주 정도 지난 뒤, 우리는 세 번째 안뜰이 있는 곳으로 오라는 부름을 받았다. 그곳에는 사원의 지도자가 있었다. 그는 통역사를 거쳐 우리에게 말을 했다. 그는 최고령 승려 가운데 한 명을 우리의 안내자로 임명했는데, 이 안내자는 마치 성화聖畵에 나오는 인물처럼 생긴 사람이었다. 다른 형제들 말에 의하면 그는 나이가 275세라고 했다.

　이때부터 우리의 사원 생활도 시작된 셈이었다. 우리는 거의 모든 곳을 출입할 수 있었고, 차츰 모든 것을 알아갔다. 세 번째 안뜰 중앙에는 신전처럼 생긴 큰 건물이 하나 있었는데, 그곳에서는 두 번째와 세 번째 안뜰에 살고 있는 사람들이 하루에 두 번씩 모여서 여사제들이 추는 신성무神聖舞를 보기도 하고 신성한 음악을 듣기도 했다. 몸이 완전히 회복된 뒤 왕자는 우리를 데리고 사원의 곳곳을 다니며 온갖 것들을 설명해 주었다. 그는 우리의 두 번째 안내자나 다름없었다.

　이 사원이 어떤 사원이고 어떤 일들이 어떤 식으로 이루어지는지 그 자세한 것들은 언젠가 다른 책에서 이야기할 수 있으리라. 하지만 내가 그곳에서 본 한 가지 아주 이상한 기구에 대해서는 설명을 하지 않을 수가 없다. 그 기구의 의의를 어느 정도 안 순간 나는 그 구조에 아주 특별한 인상을 받았다.

어느 날 루보베츠키 왕자가 네 번째 안뜰에 우리를 데리고 들어가도 좋다는 허가를 받아왔다. 우리를 위해 그가 일부러 허가를 받아온 것이었다. 그곳은 '여자들의 뜰'이라고 불렸는데, 앞서 말한 것처럼 매일 신성무를 공연하는 여사제 댄서들이 그곳 한쪽에서 학생들을 지도했다. 인간의 몸과 마음이 어떤 법칙에 따라 움직이는지에 내가 큰 관심을 가지고 있다는 것을 아는 왕자는 나에게 수업중 젊은 여사제 댄서 지원자들을 가르칠 때 사용하는 기구를 유심히 살펴보라고 일러주었다.

이 이상한 기구들은 첫눈에 보아도 아주 오래된 고대의 기술로 만들어진 것이라는 인상을 주었다. 이 기구들은 상아와 진주모珍珠母로 무늬를 새겨 넣은 흑단으로 만들어져 있었다. 사용하지 않을 때는 한데 모아서 세워두었는데, 그 모습은 마치 가지들이 모두 비슷하게 생긴 베사벨니안Vesanelnian 나무처럼 보였다. 가까이 다가가서 보니 각 기구에는 표면이 매끈하고 키가 사람 키보다 큰 기둥이 하나씩 있었고—이 기둥은 삼각대에 고정되어 있었다—이 기둥의 일곱 군데에 특별하게 설계된 가지들이 부착되어 있었다. 각 가지는 길이가 각기 다른 일곱 개의 마디로 나누어져 있었으며, 기둥에서 멀어질수록 마디의 길이와 너비도 그에 비례해 줄어들었다.

가지의 각 마디는 속이 비어 있는 두 개의 상아 공으로 연결되어 있었는데, 공 하나가 다른 공 속에 들어 있는 모양이었다. 바깥쪽 공이 안쪽 공을 완전히 감싸고 있지 않아서 가지의 어떤 마디든 한 쪽 끝을 안쪽 공에 고정시킬 수 있도록 되어 있었다. 그리고 인접한 마디의 끝을 바깥쪽 공에 연결할 수 있었다. 가지의 연결 부분들은 이렇게 사람의 어깨 관절처럼 연결되어 있어서, 일곱 개 마디 각각을 어느 방향으로든 원하는 대로 움직일 수 있었다. 안쪽 공에는 특정한 기호들이 새겨져 있었다.

 방 안에는 이와 같은 기구가 세 개 있었고, 각 기구 옆에는 네모난 금속 접시들로 채워진 작은 찬장이 있었는데, 이 접시들에도 특정한 기호가 새겨져 있었다. 루보베츠키 왕자는 이 접시들은 복제품이고 순금으로 만들어진 원본은 이 사원의 지도자가 따로 보관하고 있다고 말했다. 전문가들의 감정 결과 이 접시와 기구 들은 최소한 4,500년 전에 만들어진 것으로 밝혀졌다고 했다. 왕자는 또 안쪽 공에 새겨진 기호들을 접시에 새겨진 기호들에 맞춤으로써, 이 공들과 이 공들에 결합된 각 마디들이 일정한 위치에 놓이게 할 수 있다고 덧붙였다.

 모든 공들이 설계된 대로 배치되면 원래 의도된 자세대로 모양이나 크기가 완전히 드러나고, 그러면 어린 문하생들이 몇 시간이고 기구 앞에 서서 온몸으로 그 자세를 감지하고 기억하는 수업을 받았다. 사원에서는 오랜 수련을 거친 경험 있는 여사제들만이 춤을 출 수 있었다. 젊은, 미래의 여사제들이 사원에서 춤을 출 수 있기까지는 수년의 시간이 지나야 했다.

 사원에 있는 사람들은 모두 이 동작들의 알파벳을 알고 있었고, 저녁이면 사원의 중앙 홀에서 여사제들이 춤을 추면서 그날의 의식을 치렀다. 형제들은 그들의 춤을 보면서 수천 년 전의 사람들이 그 안에 새겨놓은 이런저런 진리를 읽어낼 수 있었다. 이 춤은 오늘날의 책에 해당하는 것이었다. 오늘날 종이 위에 정보가 기록되듯이 오래 전의 어떤 정보들이 이 춤 속에 기록되어 있는 것이다. 그리고 그 내용이 한 세기에서 다음 세기로 세대를 이어 전해져 내려오고 있었다. 이 춤들이 바로 '신성무 Sacred Dance'였다.

여사제가 될 사람들은 대개 어린 소녀일 때 정해졌는데, 부모의 서약이나 여타 다른 이유로 어린 시절부터 신을 섬기거나 이런저런 성자를 섬기는 데 삶이 바쳐졌다. 소녀들은 어린 시절에 사원에 맡겨져서 그곳에서 필요한 모든 것을 배우고 준비하였는데, 신성무도 그 중의 하나였다.

처음 이 수업을 보고 며칠 뒤, 진짜 여사제들의 공연을 보러 간 나는 너무나 놀라고 말았다. 춤 속에 담긴 의미 때문이 아니었다. 나는 아직 그 의미를 이해하지도 못한 상태였다. 그것은 여러 사람이 마치 한 사람이 춤을 추듯 움직이는 외적인 정확성과 정밀성 때문이었다. 유럽이든 어디든 내가 살면서 관심을 가지고 본 어떤 공연에서도 이곳에서 본 것처럼 정제된 동작으로 춤을 추는 모습은 볼 수 없었다.

우리는 이 사원에서 약 석 달을 지냈는데, 시간이 지나면서 사원의 여러 조건들에 점차 익숙해져 갔다. 그러던 어느 날 왕자가 슬픔에 찬 얼굴로 나를 찾아왔다. 그날 아침 그를 비롯해 나이든 형제 몇 명이 사원의 지도자로부터 부름을 받았다고 했다.

"사원의 지도자가 나한테 그러더군. 내가 살 날이 앞으로 3년밖에 남지 않았다고. 그러면서 나에게 남은 생애 동안 히말라야 북쪽 사면에 있는 올만 Olman 사원에서 보내는 게 어떻겠느냐고 했네. 거기에서 남은 3년을 보내는 것이 내가 평생 꿈꾸어 온 것을 위해 더 나을 거라면서 말이네. 내가 그곳으로 가길 원한다면 잘 안내해 주는 것은 물론이고, 그곳에서 시간을 유익하게 보낼 수 있도록 모든 것을 마련해 주겠다고 하더군. 나는 주저할 것도 없이 그의 제안에 동의했고, 사흘 안으로 몇몇 자질이 뛰어난 사람들과 함께 사원으로 떠나기로 했네. 그래서 며칠 남지 않은 이 시간만이라도 이번 생에서 나와 가장 가까운 사람인 자네와 함께 보내려고 하네."

이 뜻밖의 소식에 나는 너무나 충격을 받은 나머지 한동안 한 마디도 할 수가 없었다. 조금 정신을 차리고 난 뒤에 내가 겨우 한 말은 "그게 사실이에요?"였다.

"그렇다네." 왕자가 대답했다. "내게 남은 시간을 이보다 더 값지게 쓸 수 있는 길은 없을 거네. 어쩌면 지난날 그 많은 가능성의 시간들을 쓸모없이, 무의미하게 낭비했던 것을 만회할 수도 있을 것 같아. 이제 이 이야기는 더 이상 하지 않는 게 좋을 것 같군. 그 대신 이 며칠을 지금 이 순간에 더 중요한 일을 하는 데 써야 하지 않겠나? 그리고 자네는 내가 이미 오래 전에 죽었다고 생각하게나. 자네가 얼마 전 나를 위해서 추모 예배까지 드렸다고 하지 않았나? 그러면서 점점 나와 영영 헤어졌다는 생각을 받아들이게 되었다고도 했잖은가? 이제 우리가 우연한 계기로 다시 만났으니, 헤어질 때도 그렇게 슬퍼하는 일 없이 우연처럼 헤어지도록 하세."

어쩌면 왕자의 입장에서는 이 이야기를 그렇게 아무렇지도 않은 듯이 내뱉을 수도 있을 것이다. 하지만 나로서는 이 사람을, 이 세상 누구보다 귀한 이 사람을 영원히 잃게 된다는 사실을 받아들이기가 쉽지 않았다. 우리는 마지막 사흘을 함께 지내면서 온갖 이야기를 다 나누었다. 하지만 내내 내 가슴은 무거웠다. 특히 왕자가 웃음을 지을 때면 더 그랬다. 그의 미소를 보면 내 가슴이 갈가리 찢어지는 듯했다. 나에게 왕자의 미소는 그의 선함과 사랑 그리고 인내의 상징이었기 때문이다.

마침내 사흘이 지나고 나흘째 되는 날 아침, 그 아침은 나에게 비애의 시간이었다. 나는 이제 나에게서 영원히 그를 떼어갈 마차 위에 짐을 올리는 일을 거들었다. 그는 나에게 배웅을 나오지 말라고 당부했다. 잠시 후 마차 대열이 떠나기 시작했다. 대열이 산 뒤쪽을 지나갈 때쯤 왕자가 고개를 돌려 나를 바라보더니 세 번이나 축복의 인사를 해주었다.

평화가 당신의 영혼에 머물지니, 성스러운 사람, 그대 유리 루보베츠키 왕자여!

루보베츠키 왕자에게 바치는 이 장을 마치면서, 나는 솔로비예프의 비극적인 죽음에 대해서 잠시 이야기를 하고자 한다. 그의 죽음은 너무도 기이한 상황에서 발생했다.

솔로비예프의 죽음

사르뭉 형제회 본원에서 나온 직후, 솔로비예프는 나의 추천으로 '진리를 찾는 사람들Seekers of Truth'이라는 모임에 참여했다. 그는 이 모임의 정식 멤버가 되었고, 그때부터 성실하고 끈질긴 태도로 한편으로는 자신의 개인적 완성을 위해서 노력하면서, 동시에 모임의 평상시 활동은 물론 특별 목적을 위한 여러 원정에서도 중요한 역할을 맡았다.

그는 1898년 원정 여행 중 고비 사막(몽골 고원에 있는 사막 — 옮긴이)에서 야생 낙타에게 물려 사망했다. 나는 최대한 자세히 그때의 정황을 적어보고자 한다. 솔로비예프의 죽음도 기이한 것이지만, 우리가 사막을 횡단한 방식 또한 전례가 없던 것으로 그 자체로 매우 유익한 정보가 될 거라고 생각되기 때문이다.

우선 타슈켄트에서 샤락샨 강을 거쳐 여러 가의 산길을 넘어간 험난한 여정부터 이야기를 시작해 보자. 이 여정의 막바지에 우리는 고비 사막 가장자리에 있는 F라는 아주 작은 마을에 도착했다.
　우리는 사막을 건너기 전에 이 마을에서 몇 주 정도 머무르며 휴식을 취하기로 했다. 그리고 그곳에 머무르면서 우리는 개별적으로나 집단적으로 그 지역 사람들에게 고비 사막과 관련해 전해 내려오는 온갖 이야기들을 묻고 들었다. 그들에게 가장 많이 들은 이야기는 오늘날 사막으로 변해버린 이곳의 모래 속에 여러 마을이, 심지어 도시들 전체가 파묻혀 있다는 것이었다. 한때 번성했던 이 지역의 옛 주민들이 갖고 있던 수많은 소장품과 보물도 모래 속에 묻혀 있다고 했다. 이러한 물건들이 어디에 묻혀 있는지 알고 있는 사람들이 인근 마을에 살고 있고, 비밀을 지킨다는 맹세 아래 아버지에서 아들에게로 그 비밀이 전해진다고 했다. 비밀을 발설할 경우 그 중요도에 따라 처벌의 강도가 달라진다는 사실을 이미 많은 사람들이 알고 있었다.
　정보를 수집하다 보니 고비 사막의 특정 지역이 자주 언급되곤 했는데, 많은 사람들이 그곳에 거대한 도시가 묻혀 있다고 확신하는 것 같았다. 이러한 연관성에서 보면 그 가능성을 암시하는 증거들이 꽤 많았고, 그 내용도 서로 일관성이 있었다. 우리는 그에 대해서 커다란 흥미를 갖게 되었는데, 특히 고고학자로 우리 원정대의 일원이었던 스크리들로프 교수의 관심이 컸다.
　오랜 논의 끝에 우리는 고비 사막을 횡단하기로 결정을 내렸다. 우리가 들은 많은 이야기에 입각해서 도시가 묻혀 있다고 여겨지는 지역을 찾아보기로 한 것이다. 우리는 이 방면의 뛰어난 전문가로 경험 많은 스크리들로프 교수의 지시에 따라 탐사용 굴착기를 몇 대 가져가기로 했다. 그리고 그 계획에 따라 여행 경로를 짰다.

이 지역이 일반적으로 알려진 고비 사막 횡단로와 떨어져 있기는 했지만, 우리는 남들이 이미 다져놓은 길로는 가지 않는다는 오랜 원칙에 집착해 우리 앞에 주어질 온갖 난관을 가벼이 다루기도 했거니와, 우리들 각자의 가슴속에는 뭐랄까 일종의 득의만만함 같은 감정도 일어나 있었다. 이러한 감정이 어느 정도 가라앉고 나서야 우리는 계획을 세밀한 부분까지 꼼꼼히 점검할 수 있었다. 그러자 비로소 우리가 하려는 이 일이 보통 어려운 게 아니라는 사실이 드러났고, 과연 이 계획이 실제로 실행할 수 있는 것인지 의문이 일기 시작했다.

  문제는 우리가 계획한 대로 길을 나설 경우 여정이 굉장히 길어지기 때문에 보통의 방법으로는 이를 완수할 수 없다는 것이었다. 무엇보다도 큰 어려움은 충분한 물과 식량을 공급할 수 있느냐는 것이었다. 아무리 최소한으로 잡고 계산을 해도 전체 여정을 고려하면 가져가야 할 양이 엄청났다. 그렇게 많은 짐을 가져가기란 도저히 불가능했다. 게다가 동물을 이용해 짐을 운반한다는 것도 말이 안되었다. 과연 동물을 먹일 풀 한 포기, 물 한 방울이라도 얻을 수 있을지, 도중에 작은 오아시스라도 만날 수 있을지 장담할 수 없었다.

  이 모든 어려움에도 불구하고 우리는 계획을 포기할 수 없었다. 하지만 문제점을 알았으니 만큼 바로 여정을 시작하지 말고 한 달 동안 이 절망적인 상황을 해결할 수 있는 방법을 찾아보기로 의견을 모았다. 그러기 위해서 각자 하고 싶은 것을 하고 가보고 싶은 곳을 가볼 수 있도록 모든 편의를 제공했다. 선임자로서 우리 가운데서 가장 존경을 받았던 스크리들로프 교수에게는 이 일을 총괄하는 책임과 함께 전체 재정을 관리하는 일이 주어졌다. 따라서 모두 그에게서 일정액의 돈을 받아서 각자 계획에 따라 일부는 마을로 떠나기도 하고 일부는 그곳에 남기도 했다.

횡단을 시작할 사막 가장자리의 작은 마을에서 우리는 다시 모이기로 했다. 한 달 뒤에 우리는 약속 장소에 모였고, 스크리들로프 교수의 지시에 따라서 캠프를 세웠다. 그런 뒤 각자가 찾아낸 방법을 보고하기로 했다. 보고의 순서는 제비뽑기로 정했다. 맨 먼저 보고하기로 한 세 사람 중 첫 번째는 광산 기술자인 카르펜코Karpenko, 두 번째는 사리 오글리Sari-Ogli 박사, 그리고 세 번째는 언어학자인 옐로프Yelov였다. 세 사람의 관점이 저마다 새롭고 독창적이어서 굉장히 흥미로웠다. 그들의 표현 방식도 나에게 워낙 인상 깊어서, 지금이라도 그들이 쓴 단어들을 하나하나 거의 정확하게 떠올릴 수 있을 정도이다.

카르펜코는 이렇게 보고를 시작했다.

"여러분 가운데 유럽 과학자들의 접근법을 좋아하는 사람은 아무도 없다는 것을 잘 알고 있습니다. 그들은 요점을 바로 이야기하는 대신 길고 장황하게 이야기를 끌고 가다가 결국 아담이 살던 시대까지 거슬러 올라가기 일쑤죠. 그러나 이 경우에는, 그리고 문제의 심각성을 고려할 때 여러분에게 내 결론을 얘기하기 전에, 내가 어떻게 해서 오늘 이런 내용의 제안을 하게 되었는지 추론 과정을 말씀드릴 필요가 있을 것 같습니다."

그가 계속해서 말했다.

"과학자들의 주장에 따르면 고비 사막의 모래는 아주 최근에 형성되었습니다. 그 기원과 관련해 두 가지 가정이 있는데, 하나는 그것이 과거 해저의 모래였다는 주장입니다. 다른 하나는 텐샨 산맥, 힌두쿠시 산맥, 히말라야 산맥, 그리고 한때 이 사막의 북쪽에 존재했으나 수세기에 걸친 풍화 작용으로 지금은 사라진 산들의 암석층에서 이들 모래가 바람에 실려 왔다는 주장입니다.

그래서 사막을 횡단하는 전 기간 동안 무엇보다 중요한 것이 우리가 먹을 식량, 또 사정상 데리고 가야 할 동물들이 먹을 식량이라는 점을 고려해서 이 두 가지 가정에 대해 생각해 봤고, 모래 자체가 우리의 이번 목적에 뭔가 쓸모 있는 것이 되도록 할 수는 없는가 하는 점도 생각을 해봤습니다.

내 생각은 이렇습니다. 만약 이 사막이 과거에 해저였다면, 온갖 조개껍질로 이루어진 지층이나 지역이 분명 존재하겠죠. 그런데 조개껍질이란 게 유기체가 형성한 것이니까 결국 그것 자체가 유기 물질인 셈입니다. 따라서 우리는 단지 이것을 소화시킬 수 있는 물질로 전환시키는 방법을 찾기만 하면 됩니다. 그렇게만 할 수 있다면 생명 유지에 필요한 에너지를 얻을 수 있을 테니까요.

만약 이 사막의 모래가 바람에 날려 온 유사流砂라면, 그러니까 원래 바윗덩어리였다면 어떨까요? 투르키스탄에 있는 거대한 오아시스들과 이 사막 인접 지방의 토양 대부분은 원래 식물성 토양이고 고지대로부터 날려 와 쌓인 유기 물질로 이루어졌음에 틀림없습니다. 따라서 우리는 수세기 동안 그러한 유기 물질이 이 사막의 모래 속으로 흘러 들어와서 한데 섞이게 되었을 거라고 결론지을 수 있습니다. 여기서 한 단계 더 나아가, 모든 물질이나 요소는 중력의 법칙에 따라 언제나 무게가 비슷한 것끼리 한데 모이는 성질이 있습니다. 그러므로 여기 이 사막에 퇴적된 유기 물질, 바윗덩어리가 풍화되어 나온 모래보다 훨씬 더 가벼운 이 유기 물질은 점차 특정 지층이나 지역에 모여 있을 것으로 생각됩니다.

이러한 이론적인 결론을 실제로 검증하기 위해 나는 짧은 사막 원정을 다녀왔습니다. 사흘간의 여행을 하고 와서 본격적으로 조사를 시작했지요. 나는 곧 몇몇 장소에서 내 가설을 뒷받침할 수 있는 지층을 발견했어요. 물론 그곳을 덮고 있는 거대한 모래더미에서 그러한 지층을 구별해 내기가 쉽지는 않았지만, 표면 검사만으로도 그 기원이 다른 것을 분명히 알 수 있었습니다. 혼합되어 있는 이 물질을 쪼개서 현미경 검사와 화학적 분석을 해본 결과 나는 모래가 작은 유기체의 사체와 다양한 식물 조직으로 이루어졌음을 발견했지요. 나는 이 특별한 모래를 낙타 일곱 마리에 싣고 이곳으로 돌아와, 스크리들로프 교수님의 허락 아래 종류별로 구매한 동물들을 대상으로 실험을 해봤습니다.

나는 낙타 두 마리, 야크 두 마리, 말 두 마리, 노새 두 마리, 당나귀 두 마리와, 양 열 마리, 염소 열 마리, 개 열 마리, 고양이 열 마리를 산 뒤 최소한의 먹이만 주었습니다. 생존을 유지할 정도로만 먹이를 주었다는 뜻입니다. 그러다 내가 가져온 모래를 조금씩 사료에 섞어서 주었는데, 처음에는 어떤 동물도 이 혼합식을 먹으려 들지 않더군요. 그래서 처음과는 완전히 다른 방식으로 모래를 혼합해 다시 먹이를 주기 시작했죠. 일주일이 지나고부터 양과 염소가 이 사료를 아주 잘 먹기 시작하더군요.

그때부터 나는 모든 관심을 이 동물들에게 쏟았습니다. 이틀 후부터는 양과 염소가 다른 어떤 사료보다도 이 혼합식을 좋아한다는 사실을 확신할 수 있었어요. 이 혼합식은 모래 75퍼센트에 잘게 다진 양고기 20퍼센트, 그리고 일반 소금 5퍼센트를 섞은 것입니다. 처음에는 양과 염소를 포함해 모든 동물의 체중이 매일 0.5퍼센트에서 2.5퍼센트까지 줄더군요. 하지만 양과 염소가 이 혼합식을 먹기 시작한 날부터는 체중이 오히려 매일 30그램 내지 90그램씩 늘기 시작했습니다. 이 실험 결과 나는 이 모래가 염소와 양의 먹이로 적당하다는 강한 확신을 갖게 되었습니다. 단지 동류의 고기를 적정량 혼합하여 제공하기만 한다면요. 그러므로 나는 오늘 여러분에게 다음과 같은 내용을 제안하고자 합니다.

사막 횡단의 주된 난관을 해결하기 위해서는 수백 마리의 양과 염소를 구입해야 합니다. 그리고 필요에 따라 이것들을 잡아서 그 고기의 일부는 우리가 먹고 나머지는 앞에서 말한 혼합식을 만들어 남은 동물의 사료로 제공하는 겁니다. 모래가 부족할 일은 없을까 걱정할 필요는 없습니다. 내가 갖고 있는 자료를 보면 우리가 가는 길 곳곳에서 이런 모래를 발견할 수 있으니까요.

이제 물과 관련한 사항을 살펴보죠. 충분한 물 공급을 위해서 우리는 양과 염소의 방광 또는 위장을 다량— 원정에 데려갈 동물 수의 두 배 정도의— 확보하여 주머니를 만든 다음 거기에 물을 채워 넣어서 양이나 염소 한 마리당 두 개의 주머니를 운반하도록 하는 겁니다. 양 한 마리가 이 정도 양의 물을 무리 없이 운반할 수 있다는 사실도 이미 확인했습니다. 게다가 실험과 계산을 통해 이 정도의 물이면 우리 원정대를 비롯해 동물들이 필요한 양까지 충분히 해결할 수 있다는 걸 알았습니다. 처음 이삼 일 동안은 물을 절약해서 써야겠지만, 그러고 나면 우리가 도살한 양이 지금 간 물을 먹으며 무리 없이 원정을 마칠 수 있습니다."

카르펜코의 보고가 끝나자 사리 오글리 박사가 두 번째 보고를 시작했다. 나는 5년 전에 사리 오글리 박사를 만나 그와 친구가 되었다. 원래 페르시아 인이고 태어난 곳도 동부 페르시아이지만 교육은 프랑스에서 받은 사람이었다. 그 역시 아주 뛰어나고 놀라운 사람인 까닭에 언젠가 그에 관한 이야기를 상세하게 적을 때가 올 것이다.

사리 오글리 박사가 보고한 내용을 대략적으로 정리해 보면 다음과 같다.

"광산 기술자 카르펜코의 보고를 들은 뒤 나는 내 보고서의 첫 번째 부분과 관련해 '통과'라고 말하고 싶었소. 그가 제안한 것보다 더 나은 방법이 나올 수 없겠다는 생각이 들어서 말이에요. 그러나 내 보고서의 두 번째 요점, 그러니까 사막에서 모래 폭풍이 발생했을 때 이를 극복할 수 있는 방법에 관한 부분은 내 의견과 실험 결과를 알려드리고 싶소이다. 내가 도달한 결론과 실험에서 얻은 자료는 카르펜코의 제안을 보완하는 면이 아주 많습니다. 이제 그 내용을 말해보겠소이다.

이 사막에서는 바람과 폭풍을 자주 만나는데, 바람이 엄청난 모래를 들어 올려 소용돌이를 일으키면 사람이든 짐승이든 움직이기가 여간 힘든 게 아니오. 방금 전까지만 해도 아무것도 없던 자리에 커다란 모래 산들이 생기니까요.

모래 회오리바람이 불어 닥칠 때에는 한 걸음도 앞으로 나아갈 수 없어요. 그래서 나는 모래가 그 무게로 인해서 위로 더 이상 솟구칠 수 없는 어떤 한계선이 있지 않을까 생각하기 시작했소. 이에 나는 그 한계점을 찾아보기로 한 거지요.

이를 위해서 나는 이곳 마을에다 아주 높은 접이식 사다리를 주문했소. 그러곤 낙타 두 마리와 낙타 몰이꾼 한 명을 데리고 사막으로 갔지요. 꼬박 하루를 간 뒤 밤을 지새울 캠프를 세우고 있었는데 갑자기 바람이 일기 시작하더군요. 불과 한 시간 만에 폭풍이 거세게 몰아쳤고 몸을 가누기도 힘든 상태였지요. 물론 모래가 날려 숨쉬기도 힘들었고요.

가져온 사다리를 아주 힘겹게 세우기 시작했소. 낙타까지 이용해서 마침내 사다리를 세우고 그 위로 올라갔지요. 여러분은 그 순간 내가 느꼈을 놀라움을 상상이나 할 수 있겠소? 불과 7.5미터 정도 올라갔을 뿐인데, 그 위쪽으로는 모래라곤 단 한 알갱이도 날지 않더군요. 사다리는 총 길이가 18미터였는데, 사다리의 3분의 2도 올라가지 않아서 나는 그 지옥에서 벗어날 수 있었다오. 그 위로는 별빛과 달빛이 총총한 하늘이 아름답게 펼쳐져 있었소. 그곳에는 내 고향 동 페르시아에서도 보기 힘든 고요와 정적이 감돌고 있었는데, 그 아래쪽은 상상조차 할 수 없는 일이 벌어지고 있었던 거요. 나는 마치 해안의 높은 절벽 위에 서서 최악의 폭풍과 격변이 휘몰아치는 세상을 지켜보는 듯했소.

아름다운 밤을 찬미하면서 사다리에 서 있는 동안 폭풍이 점차 잦아들었고 나는 30분 후에 사다리를 내려왔소. 하지만 아래쪽에서는 재난이 나를 기다리고 있었다오. 바람도 처음에 비해 많이 약해졌고, 나와 함께 온 남자도 이런 폭풍 속에서는 당연히 그래야 하듯이 바람에서 멀리 떨어진 모래 둔덕을 따라 계속 걷고 있었지만, 그 뒤를 따르는 건 낙타 한 마리뿐이었소. 남자 말이, 낙타 한 마리는 내가 사다리 위로 올라가고 얼마 안 돼 도망을 쳤는데 어디로 가버렸는지 알 수 없다고 하더군요.

아침이 서서히 밝아올 무렵 우리는 잃어버린 낙타를 찾으러 나섰지요. 그다지 멀지 않은 곳에서 낙타를 찾았는데, 모래 둔덕 바깥으로 낙타 발굽이 삐져나와 있더군요. 우리는 낙타를 파내지 않고 그냥 두었소. 이미 죽은 게 분명했으니까요. 그 즉시 우리는 짐을 꾸려 되돌아왔소. 시간을 지체하지 않으려고 걸으면서 끼니를 때웠더니 저녁나절에는 마을에 도착할 수 있었소이다.

다음날 나는 길이가 각기 다른 대말(竹馬)을 여러 벌 주문했소. 사람들이 이상하게 생각할까봐 여러 곳에서 구입했지요. 식량과 몇 가지 생필품을 낙타 한 마리에 실은 뒤 나는 다시 사막으로 향했소이다. 사막에 가서 대말로 걷는 연습을 했지요. 처음에는 길이가 짧은 대말로 연습을 하다가 차츰 긴 것으로 바꿔가며 연습을 했소. 내가 고안한, 쇠붙이 밑창을 대말에 단단히 고정시킨 다음 그 위에 발을 딛고 올라서서 모래 위를 걸어보았는데 그다지 어렵지 않더군요. 이 역시나 사람들의 의심을 사지 않도록 대말을 구입한 곳과는 다른 데서 주문했다오.

사막에서 대말로 걷는 연습을 하는 동안 나는 두 번 더 폭풍을 만났소이다. 그 중 한 번은 폭풍의 강도가 다소 약했는데, 그럼에도 보통의 장비로는 그 속을 걸어 다니기 어려울 정도였지요. 하지만 대말을 이용해서 나는 두 번의 폭풍 속에서도 모래 위를 걸어 다닐 수 있었소. 마치 내 방 안에서처럼 자유자재로 방향을 바꿔가면서 말이오. 폭풍 때문에 모래 둔덕의 높낮이가 들쭉날쭉했던 터라 처음에는 좀 휘청거리기도 했지요. 하지만 나는 곧 모래로 가득한 공기 윗부분의 불규칙한 모습이 아래 모래 언덕의 불규칙한 모습과 정확하게 일치한다는 사실을 알아냈소. 그 공기 윗부분의 모래가 움직이는 모습을 보면서 대말을 움직였더니 대말 위에 서서 걷는 것이 별 문제가 안 되더군요. 아래의 모래 둔덕이 하나 끝나고 새로운 둔덕이 시작되는 곳마다 모래 공기 위쪽으로 마치 등고선 같은 것이 뚜렷하게 새겨졌으니까요."

사리 오글리 박사가 결론을 지었다.

"어떤 경우라도 모래로 가득한 공기 위쪽의 등고선은 아래 모래 언덕의 등고선과 일치한다오. 따라서 앞으로 펼쳐질 여정에서 이 점을 적극 활용할 필요가 있다고 생각하는 바이오."

세 번째 보고자는 언어학자 옐로프였다. 그는 자신의 성격을 그대로 반영하는 특유의 표현으로 이렇게 말했다.

"여러분, 만일 여러분이 허락하신다면 나는 존경하는 아이스쿨라피우스Aesculapius(그리스·로마 신화에 나오는 의약과 의술의 신 — 옮긴이)가 말한 것처럼 보고서의 앞부분은 그냥 '통과'시키고 싶습니다. 그리고 지난 한 달간 나름대로 숙고해 본 이런저런 일반적인 문제들도 그냥 '통과'하렵니다.

오늘 내가 여러분에게 전하고자 하는 것은 광산 기술자인 카르펜코와 내 친구 사리 오글리 박사 ─ 출신지를 바꿀 수 없는 것처럼 그가 박사 학위 소지자라는 것도 바꿀 수 없지요 ─ 가 낸 아이디어와 비교해 본다면 유치하기 짝이 없소이다. 그런데 앞의 두 사람 이야기를 듣는 동안 몇 가지 새로운 아이디어가 떠오르더군요. 어쩌면 우리의 여정에 도움이 되지 않을까도 싶습니다. 내용을 말하자면 이런 겁니다.

박사의 제안대로 하자면 우리는 모두 길이가 다른 대말을 가지고 걷기 연습을 해야 합니다. 그렇다면 사람마다 대말을 한 벌씩 지참해야 하는데, 그럴 경우 길이가 아무리 길어도 6미터를 넘어서는 안 됩니다. 거기에 카르펜코의 제안을 따른다면 우리는 꽤 많은 수의 양과 염소를 몰고 가게 되지요. 그래서 생각을 해봤는데, 대말을 쓸 일이 없을 때는 우리가 직접 대말을 지고 가기보다는 양과 염소가 운반하도록 하는 게 어떨까 하는 겁니다. 모두가 알고 있는 것처럼 양들은 맨 앞에 가는 우두머리 양을 따르는 습성이 있지요. 그러니까 대말을 등에 진 양들만 잘 이끌고 가면 나머지는 길게 줄을 지어 그 뒤를 따라오게 될 겁니다.

이렇게 하면 우리가 대말을 지고 가지 않아도 될 뿐더러 양떼가 우리를 싣고 가도록 만들 수도 있어요. 무슨 말이냐 하면, 6미터 길이의 대말을 평행하게 배치하면 그 사이에 한 줄에 세 마리씩 총 일곱 줄의 양떼를 집어넣을 수 있소. 그러면 모두 스물한 마리의 양이 대말 사이에 들어가게 되지요. 그 정도 숫자면 사람 한 명의 몸무게를 지탱하는 건 대단한 일도 아니오. 다만 양을 대말에 연결할 때 중앙에 길이 1.8미터, 폭 1미터 내외의 빈 공간을 남겨야겠죠. 그러면 그 자리에 아주 안락한 침상 같은 것을 놓을 수 있소이다. 그렇게만 한다면 우리가 대말을 지고 가느라 땀을 뻘뻘 흘리며 고생할 필요도 없어요. 마치 하렘(이슬람 사회에서 여성들만 거처하는 공간—옮긴이)에 앉아 있는 무흐타르 파샤Moukhtar Pasha처럼 나른하게 누워서 갈 수도 있고, 전용 마차를 타고 볼로뉴의 산책길을 지나는 부유한 귀족 나부랭이처럼 사막을 횡단할 수도 있지요. 심지어 그 시간에 미래의 원정에 필요한 언어들을 공부할 수도 있고요."

처음 두 사람의 보고와 마지막으로 나선 옐로프의 보고에 이어 더 이상의 제안은 필요 없었다. 방금 전 들은 보고 내용에 다들 놀라움을 금치 못했다. 고비 사막을 횡단하기가 어렵다고, 아니 불가능하다고 사람들이 그동안 의도적으로 과장한 게 아니었나 싶은 마음이 그 순간 들었을 정도였다.

이 제안들은 만장일치로 채택되었다. 다만 곧 사막—배고픔과 죽음 그리고 불확실성의 세계—으로 출발한다는 사실은 당분간 지역 주민들에게 숨기기로 했다. 이에 따라 우리는 스크리들로프 교수를 러시아 상인으로 위장시켰다. 러시아에서는 꽤 비싼 양을 이곳에서는 싸게 구입할 수 있었기 때문에, 이곳에서 양을 대량으로 구매해 러시아로 가져가는 것처럼 꾸민 것이다. 그는 또 튼튼하면서도 길고 가는 막대기들을 구입해 러시아 공장들에 수출하는 사람으로 행세하기도 했다. 그 막대기들은 옥양목을 펴는 틀로 가공될 것인데, 러시아에서는 그처럼 단단한 나무를 구하기가 어려운데다, 러시아 산 나무로 만든 틀은 기계의 움직임을 못 견디고 금방 닳기 때문에 이곳 막대기를 가져가면 큰돈을 벌 수 있다고 소문을 내기로 했다. 이런 이유들로 이 당찬 상인이 이처럼 위험천만한 사업을 하는 것으로 말이다.

이렇게 결정이 되자 우리는 모두 한번 도전해 볼 만하다는 생각들을 하게 되었고, 다들 다가올 여정에 대한 이야기꽃을 피우기 시작했다. 마치 이번 사닥 횡단이 파리의 콩코드 광장을 가로지르는 것이나 다를 게 없기라도 하듯이 말이다.

다음날 우리는 강둑으로 옮겨갔다. 그곳은 모래 속 어딘가로 강물이 사라지는 지점에서 가까운 곳이었다. 그곳에 러시아에서 가져온 텐트를 세웠다. 그곳은 마을에서 그다지 멀리 떨어진 곳이 아니었음에도 사람들이 살고 있지는 않았다. 그래서 마을 주민들이 이곳, 바로 지옥의 입구와도 같은 이 메마른 곳에 머리를 디밀 일은 없을 거라 여겼다. 우리 중에는 점원 행세를 하는 사람도 있었고, 별난 러시아 상인 이바노프의 하인 행세를 하는 사람도 있었다. 이들은 인근 지역의 상점들을 돌면서 다양한 길이의 장대와 양, 염소를 사 모으기 시작했다. 순식간에 우리의 야영지는 가축 떼로 가득해졌다.

그때부터 우리는 대말로 걷는 연습에 집중했다. 처음에는 짧은 것을 이용해 걷다가 점점 길이가 긴 대말로 걷는 연습을 했다.

열이틀이 지난 어느 아침, 우리 일행은 모래뿐인 황무지를 향해서 길을 나섰다. 매애매애 울어대는 양과 염소 주변에서는 개들이 짖어댔고, 만약의 경우를 대비해서 사들인 말과 당나귀 들도 따라가며 히힝히힝 울어대었다.

대열은 곧 길게 이어진 탈것들의 행렬로 이어졌다. 양과 대말을 이용해 만든 이 탈것들은 마치 고대의 왕이 이끄는 행렬처럼 장엄했다. 우리의 쾌활한 노랫소리가 울려 퍼지는 가운데 이 급조된 탈것들 여기저기서 큰소리로 떠드는 소리들이 들렸다. 탈것들은 서로 약간의 거리를 둔 채 이어졌다. 언제나 그렇듯 옐로프의 농담은 사방에서 큰 웃음을 터뜨렸다.

끔찍한 모래 폭풍을 두 번이나 만나기는 했지만, 우리는 며칠 뒤 사막의 심장부에 도착할 수 있었다. 심신이 그다지 지치지도 않았고, 모든 것이 만족스러운 상태였다. 심지어 필요한 외국어를 익히기까지 했다. 그렇게 원정의 목적지에 가까이 다가가고 있었다. 솔로비예프에게 일어난 사건만 아니었다면 모든 것이 계획대로 마무리되었을 것이다.

우리는 주로 밤에 이동했는데, 경험 많은 천문학자인 동료 다쉬타미로프Dashtamirov의 능력을 활용해 별의 위치로 방향을 잡아나갔다. 그러던 어느 날 새벽녘쯤 우리는 식사를 하기 위해서 행진을 잠시 멈췄다. 양들에게도 사료를 먹여야 했다. 아직 이른 시간이었고, 이제 막 해가 떠오르기 시작하던 무렵이었다. 우리는 자리를 잡고 앉아서 갓 잡은 양고기와 밥을 먹었다. 그때 갑자기 지평선에 낙타 떼가 나타났다. 야생 낙타 떼였다.

뛰어난 사냥꾼으로 명사수인 솔로비예프가 즉시 소총을 집어 들더니 낙타 떼의 윤곽이 어릿하게 보이는 방향으로 뛰어갔다. 우리는 사냥에 대한 솔로비예프의 열정에 웃음을 터뜨리면서, 이 보기 드문 환경에서 멋지게 차려낸 익힌 음식을 먹기 시작했다. 내가 '보기 드문 환경'이라고 표현한 이유는 사막 한가운데서 불을 피운다는 것은 상식적으로 도저히 불가능했기 때문이다. 그럴 수밖에 없는 것이 반경 수백 킬로미터 이내에는 조그만 관목 하나 찾을 수 없었기 때문이다. 하지만 우리는 하루에 최소한 두 번씩 불을 피워 식사와 커피, 차를 준비했다. 차도 그냥 보통 차가 아니라 도살한 양 뼈의 육수로 끓인 티베트 차였다. 이런 호사를 누릴 수 있었던 것은 순전히 포고시안이 만든 장치 덕분이었다. 그는 물을 담은 방광 주머니를 양이 실어 나를 수 있도록 특별한 나무 막대기로 된 안장을 개발했다. 그래서 우리는 양을 도살할 때마다 매일 불을 피우기에 충분한 나무를 얻을 수 있었다.

솔로비예프가 낙타를 쫓아간 지 한 시간 30분이 지났다. 우리는 이미 길을 떠날 준비를 마쳤건만 그에게서는 아무런 소식도 없었다. 다시 30분 정도를 더 기다렸다. 솔로비예프는 성격이 워낙 꼼꼼해서 결코 다른 사람들을 기다리게 할 리가 없었다. 사고가 발생했을지도 모른다는 두려움으로 나와 다른 대원 한 명이 총을 들고 그를 찾아 나섰다. 곧 우리는 저 멀리서 낙타 떼의 윤곽을 볼 수 있었다. 천천히 그쪽을 향해 걸음을 옮겼다. 우리가 가까이 다가서자 눈치를 챈 낙타 떼가 남쪽을 향해 도망치기 시작했다. 우리는 멈추지 않고 계속 걸어갔다.

솔로비예프가 사라진 지 네 시간이 지난 뒤였다. 몇백 걸음 앞에서 사람이 누워 있는 듯한 모습이 보였다. 가까이 다가가서 보니 다름 아닌 솔로비예프였다. 그는 목덜미가 반절이나 찢겨져 나간 채 죽어 있었다. 우리는 둘 다 가슴이 무너지는 슬픔으로 어찌할 바를 몰랐다. 세상에 둘도 없을 만큼 마음씨 좋은 사람, 솔로비예프가 죽은 것이다.

우리는 가지고 있던 총으로 들것을 만든 뒤 그 위에 솔로비예프의 시신을 얹어 야영지로 돌아왔다. 같은 날, 스크리들로프가 신부를 대신해 엄숙한 장례 의식을 치르고 솔로비예프를 사막 한가운데에 묻었다. 그런 다음 당장 그 저주받은 장소를 떠났다.

우리는 그 전설의 도시에 거의 근접해 갔지만, 모든 계획을 수정해 당장 사막을 떠나기로 결정했다. 서쪽으로 방향을 바꾸어 나아간 지 나흘 만에 우리는 케르야 오아시스에 도착했다. 거기서부터 다시 사람들이 사는 지역이 이어졌다. 우리는 그곳을 지나 서쪽으로 더 나아갔다. 하지만 우리 모두가 사랑했던 솔로비예프는 이제 없었다.
그대의 영혼에 평화를 기원하나니, 그대는 누구보다도 정직하고 모두에게 지극히 헌신적인 친구였다네!

8 에킴 베이

또 한 사람의 놀라운 사람, 에킴 베이Ekim Bey를 회상하며 이번 장을 그에게 바치고자 한다. 운명의 장난 때문인지 아니면 '그 스스로 발전시켜 온 개성' 때문인지 그의 인생 후반기 모습을 보면 정말 아주 사소한 것 하나까지도 내가 살아가는 방식과 판박이처럼 닮아 있다. 현재 이 친구는 일반적인 관점에서 본다면 아주 건강하게 지내고 있다. 하지만 내 론점에서 보자면, 그리고 나와 독자들 사이의 얘기지만, 그는 단지 육체만이 건강한 상태를 유지하고 있을 뿐이다.

두 민족이 수세기 동안 인종적 갈등을 겪어왔다면 서로 본능적인 적개심과 증오심을 품게 마련이지만, 에킴 베이와 나는 각기 다른 가족 전통과 종교 아래서 성장했음에도 불구하고 어린 시절 아주 특이한 환경에서 처음 만난 이후로 매우 절친한 친구가 되었다. 나중에 온갖 사소한 사건들을 통해서 우리는 마치 '동일한 근원에서 생겨난' 두 사람인 양 서로에게 내적으로 강한 끌림을 느꼈다. 서로에 대해서 갖고 있는 느낌은 꼭 형제간에 주고받는 느낌과 같았다.

이번 장에서 나는 보통 사람은 물론 그를 좀 아는 진지한 사람들까지 하나같이 위대한 마술사 혹은 마법사로 여기고 존경하는 에킴 베이 박사와의 우연한 첫 만남에 대해 이야기하려고 한다. 아울러 우리가 아시아와 아프리카의 내륙을 여행할 때 있었던 몇 가지 중요한 사건에 대해서도 이야기할 생각이다.

그는 과거의 공적으로 많은 훈장—이 훈장이 결코 덧없는 게 아니었음이 지금 입증되고 있는데—을 받았고, 그 보상으로 지금 여생을 이집트의 조그맣고 시시한 곳에서 위대한 터키의 파샤Pasha(오스만투르크의 고급 관료에게 주어지는 명예 칭호—옮긴이)라는 칭호를 받고 살게 되었다. 어디든 살고 싶은 데서 살 수 있고 온갖 안락함을 누릴 수 있는데도 그가 노년의 정착지로 그처럼 고독한 곳을 택한 이유는, 그를 귀찮게 따라붙는 게으른 작자들과 그들의 호기심—그것은 우리 시대 사람들 대다수가 물려받은 쓸모없는 유산이다—을 피하고 싶었기 때문이다.

처음 만났을 때 에킴 베이는 아직 젊은 청년으로 독일에 있는 군사 학교를 다니는 학생이었다. 그는 해마다 여름이면 아버지와 시간을 보내기 위해서 콘스탄티노플로 돌아왔다. 그와 나는 동갑이었다.

그를 만날 당시의 정황을 설명하기 전에, 데르비쉬들이 콘스탄티노플에서 수많은 이적異蹟을 시연할 예정이라는 소문에 이끌려 그곳을 찾게 되었다는 사실을 먼저 언급해야 할 것 같다. 그때는 에치미아진을 방문하기 전이요, 따라서 포고시안을 만나기 전이기도 했다. 앞에서 이야기한 것처럼 내 머릿속을 떠나지 않는 의문에 대한 답을 찾기 위해서 마치 두언가에 쫓기는 개처럼 온 사방을 쫓아다니던 시기이기도 했다. ─ 오늘날 사람들의 생각대로라면 나와 같은 사람은 정신병자로 취급되었을 것이다.

콘스탄티노플에 도착한 뒤 나는 페라(오늘날 터키 이스탄불의 내항인 골든 혼 북부─옮긴이) 지구에 머물면서 다양한 데르비쉬 교단의 사원들을 방문했다. 이들 '데르비쉬 열성파' 무리에 섞여 지내는 동안 나는 실제적인 문제들에 대해서는 완전히 손을 놓은 채 그저 온갖 종류의 데르비쉬 난센스들에만 매달려 지냈다. 어느 우중충한 날, 나는 이렇게 지내다가는 조만간 동전 한 푼 없는 신세가 되고 말 거라는 사실을 직시하게 되었다.

이 사실을 깨달은 뒤로도 한 이틀 동안은 '아무 걱정 없이' 지내보려고 무던히 애를 썼다. 그러나 두개골 안쪽에서는 이 시대 사람들의 인생에서 거의 유일한 자극제 역할을 하는 저 돈이라고 하는 경멸스러운 녀석의 덜미를 어떻게 하면 잡아챌 수 있을지 마치 스페인 당나귀의 주변을 맴도는 파리 떼처럼 온갖 생각들이 들끓고 있었다.

이런 걱정에 싸여 있던 어느 날 나는 페라와 스탐불(이스탄불의 가장 오래된 지역으로, 골든 혼 남부에 위치 ─ 옮긴이)을 잇는 커다란 다리 위에 서 있었다. 난간에 등을 기댄 채로 나는 계속해서 빙글빙글 도는 데르비쉬들의 동작 ─ 데르비쉬들이 빙빙 도는 모습을 처음 보면 마치 아무런 의식 없이 기계적으로 도는 것처럼 보인다 ─ 과 그 의미에 대해 곰곰이 생각하기 시작했다. 다리 밑으로는 증기선들이 쉴 새 없이 지나가고 있었고, 작은 보트들도 사방에서 왔다 갔다 하고 있었다.

다리에서 가까운 갈라타 해변에는 콘스탄티노플과 보스포루스의 반대편 해안을 오가는 증기선들을 위한 부잔교浮棧橋가 있었다. 부잔교 근처, 도착하는 배와 출발하는 배 주변에서 소년들이 수영을 했다. 소년들은 증기선 승객들이 던진 동전을 찾아 물속으로 다이빙을 하곤 했다. 그 모습이 몹시 흥미로웠다. 나는 좀 더 자세히 살펴볼 요량으로 가까이 다가갔다. 소년들은 승객들이 여기저기로 동전을 던지면 천천히 물속으로 들어가 아주 능숙하게 동전을 건졌다. 단 한 개의 동전도 놓치는 법이 없었다.

오랫동안 그 모습을 지켜보면서 나는 소년들이 전혀 어려워하는 것 없이 능란하게 동전을 주워 올리는 모습에 감탄했다. 여덟 살부터 열여덟 살까지, 소년들의 나이도 다양했다. 그때 갑자기 한 가지 생각이 머릿속에 떠올랐다. '나도 저 일로 돈을 벌면 어떨까? 또래인 내가 저 소년들보다 못할 게 없지 않은가?'

다음날 나는 다이빙 연습을 하기 위해서 해군 본부 건물 바로 아래쪽에 있는 골든 혼 해변으로 갔다. 다이빙 연습을 하는 중에 나는 우연찮게 한 그리스 인을 만났다. 수영을 하러 이쪽 해변을 자주 찾는다는 그는 다이빙 전문가였다. 그가 나에게 자신만의 '놀라운 지혜' 몇 가지를 가르쳐주었다. 나머지는 수영을 한 뒤 근처에 있는 그리스 카페에서 커피를 마시며 교활한 방법—이미 나에게 익숙한 방법—으로 그에게서 알아냈다. 물론 누가 커피 값을 냈는지에 관해 상세하게 적을 생각은 없다.

처음에는 다이빙이 상당히 어려웠다. 눈을 뜬 채 물속으로 뛰어들어야 하는데, 바닷물이 눈의 망막을 자극하여 예리한 통증을 유발했다. 특히 밤이 되면 통증이 더 심해졌다. 하지만 얼마 되지 않아 눈은 통증에 익숙해졌고, 물속에서도 물 바깥에서처럼 자유롭게 눈을 뜰 수 있게 되었다.

두 주 뒤 나는 그 지역 소년들처럼 증기선 주변에서 동전을 낚으며 생계비를 벌었다. 물론 처음에는 쉽지 않았으나 이내 단 한 개의 동전도 놓치지 않는 전문가가 되었다. 동전이 물속으로 던져지면 아주 빠른 속도로 가라앉기 시작한다. 하지만 물 표면에서 멀어질수록 가라앉는 속도가 느려진다. 따라서 물이 깊으면 동전이 바닥에 떨어지기까지 더 많은 시간이 걸리게 된다. 그럴 때는 다이빙을 하기 전에 동전이 떨어진 지점이 어디인지부터 잘 살펴봐야 한다. 물속에서 동전이 떨어지는 것을 보기는 그다지 어렵지 않기 때문에 그대로 동전을 따라가기만 하면 된다.

어느 날 승객 한 명이 생각에 잠긴 표정으로 배 한쪽에 기대어 동전 잡이들을 지켜보고 있었다. 그러다 무심결에 그의 손에서 묵주가 떨어졌다. 이 묵주는 많은 아시아 사람들에게 없어서는 안 될 물건으로, 그들은 이번 생에 주어진 의무를 다하지 못했다고 여길 때마다 그것을 손에 쥐고 굴렸다. 남자는 즉시 묵주를 찾아달라며 다이빙 소년들을 불렀다. 그러나 소년들이 아무리 물속을 헤집었어도 묵주를 찾지는 못했다. 그도 그럴 것이 소년들은 배에서 멀리 떨어진 곳에 있어서 묵주가 떨어지는 장면을 보지 못했던 것이다. 상당히 값비싼 묵주인 것 같았다. 그 승객은 묵주를 찾아오는 사람에게 25터키파운드를 지불하겠다고 약속했다.

증기선이 떠나고 난 뒤 모든 동전 잡이들이 그 일대를 샅샅이 뒤졌지만 아무도 그것을 찾지 못했다. 둘이 너무 깊은데다, 그들도 말했듯이, 밑바닥 전체를 다 뒤지기란 불가능한 일이었다. 수심이 깊은 곳은 바닥까지 내려가는 것 자체가 어려운 일이었다. 물은 살아있는 몸은 물 위에 쉽게 떠 있도록 도와주지만, 아래쪽으로 내려가려고 하면 강한 저항으로 맞서기 때문이다.

며칠 뒤 나는 같은 자리에서 동전을 찾아 다이빙을 하고 있었다. 승객 중 한 사람이 동전을 너무 멀리 던지는 바람에 그곳까지 수영을 해서 가기도 전에 동전이 이미 가라앉아 버렸다. 그날따라 제대로 동전을 주워보질 못했기 때문에 나는 무슨 일이 있어도 그 동전을 찾고야 말겠다고 작정했다.

막 동전이 떨어진 지점에 이르렀을 때였다. 묵주처럼 생긴 물건이 눈에 띄었다. 물 바깥으로 올라온 나는 묵주를 찾아오면 25파운드를 주겠다고 한 그 남자의 말이 떠올랐다. 그 지점을 확인한 뒤, 나는 아무에게도 말하지 않고 다시 물속으로 들어갔다. 하지만 그곳은 너무 깊어서 보통의 방식으로는 도저히 바닥까지 내려갈 수 없었다. 다음 날 나는 대장장이한테서 대형 해머를 몇 개 빌려서 그것을 들고 바닷가로 갔다. 그러고는 해머를 모두 몸에 묶고 그 무게를 이용해 바닥으로 내려갔다. 곧 묵주를 손에 넣을 수 있었다. 묵주는 작은 다이아몬드와 석류석이 박힌 호박 구슬로 만들어져 있었다.

같은 날 나는 묵주를 잃어버린 사람이 콘스탄티노플 인근 작은 지역의 기관장을 지낸 N 파샤라는 사람이며, 위스큐다르(보스푸르스 해협을 사이에 두고 이스탄불과 마주한 지역 — 옮긴이)에서 멀지 않은 보스포루스 해협의 반대편 해변에 산다는 것을 알았다. 최근 몸 상태도 썩 좋지 않은데다 점점 더 기운도 빠지던 참이라 나는 다음날 동전 줍기 대신 묵주를 주인에게 돌려주러 가기로 마음먹었다. 그리고 가는 길에 위스큐다르에 있는 묘지에도 찾아가 볼 생각이었다.

다음날 아침, 집을 나선 나는 쉽게 파샤의 집을 찾았다. 다행히 그는 집에 있었다. 동전 잡이가 찾아와 자신을 직접 만나고 싶어 한다는 말을 들은 그는 동전 잡이가 찾아온 이유를 금세 알아채고 직접 나를 맞으러 나왔다. 묵주를 건네주자 그는 진심으로 기뻐했다. 나를 대하는 태도에도 아무런 가식이 없었다. 그 모습에 감동한 나는 그가 주기로 한 보상금을 받지 않겠다고 했다.

그러자 그가 그러련 자기 집에서 점심이라도 함께 하자고 간청했다. 그 제안은 거절할 수가 없었다. 나는 점심식사를 마치자마자 마지막 증기선을 잡아타러 그 집을 나섰다. 하지만 증기선을 타러 가던 도중 몸이 몹시 불편해지면서 나는 어느 집 계단에 풀썩 주저앉고 말았다. 그러고는 의식을 잃어버렸다.

지나가던 사람들이 내가 쓰러지는 모습을 보았던 것 같다. 내가 의식을 잃은 곳이 파샤의 집에서 그리 멀지 않았는데, 한 소년이 아파서 갑자기 쓰러졌다는 소식이 순식간에 그 집까지 전해졌다. 게다가 그 소년이 묵주를 찾아다준 장본인이라는 사실을 알게 되자 파샤가 몸소 하인들을 데리고 달려왔다. 그는 당장 나를 자기 집으로 데려가라고 명령한 두 사람을 보내 군의관을 불렀다. 의식은 곧 돌아왔지만 내 몸 상태는 썩 좋지 않았다. 나는 전혀 움직일 수가 없었다. 할 수 없이 한동안 파샤의 집에 머무를 수밖에 없었다.

그날 밤, 온몸의 피부가 갈라지더니 견딜 수 없을 정도로 화끈거리기 시작했다. 오랫동안 바닷물에 몸을 담그고 살다시피 하면서 피부가 소금기를 견디지 못한 것이었다. 나는 그 집의 별채를 쓰게 되었고, 파트마 밧지라는 노파가 나를 돌보는 일을 맡았다. 독일 군사 학교를 다니던 파샤의 아들도 노파를 도와서 나를 돌봐주었다. 이 사람이 바로 훗날 나와 절친한 친구가 된 에킴 베이이다.

몸이 회복되는 동안 우리는 온갖 것들에 대해 이야기를 나누고 수다를 떨었다. 하지단 차츰 우리의 대화는 철학적인 주제로 옮겨가기 시작했고, 내 몸이 완전히 회복되고 나서는 그와 나는 둘도 없는 친구가 되어 헤어졌다. 그때부터 우리 사이에서는 서신 왕래가 끊이지 않고 이어졌다.

그해 그는 독일의 군사 학교를 그만두고 의과 대학에 들어갔다. 그의 내적 확신에 변화가 일어나면서 군 장교의 꿈을 포기하고 군의관이 되기로 한 것이다.

그로부터 4년 뒤, 내가 코카서스에서 머물고 있던 어느 날 그로부터 편지 한 통을 받았다. 내용인즉 자신이 이미 군의관이 되었으며 나를 만나고 싶다는 것이었다. 동시에 오랫동안 코카서스 지방에 관심이 많았는데 마침 이곳을 방문하고 싶으니 언제 어디서 우리가 만날 수 있는지 알려달라고 했다.

그해 여름 나는 수람(그루지아의 지명 — 옮긴이) 시내에 살면서 석고 물건을 만들고 있었다. 나는 그가 도착하기만을 손꼽아 기다리겠다는 내용으로 전보를 보냈다. 그리고 며칠 뒤 그가 왔다. 그해에는 마침 포고시안과 옐로프, 그리고 내 어린 시절의 친구 카르펜코도 여름을 보내기 위해 수람을 찾아와 있었다. 에킴 베이는 순식간에 나의 동무들과 친구가 되었다. 그들은 마치 오랫동안 서로 알고 지내온 사람들 같았다.

우리는 그해 여름 내내 수람에서 지냈다. 자주 짧은 여행을 가기도 했는데 주로는 도보 여행이었다. 수람 산자락을 오르기도 하고, 아직 현대 문명의 영향을 받지 않은 외딴 곳의 사람들을 만나보기 위해 보르조미(광천수와 휴양지로 유명한 그루지야 남부의 작은 도시 — 옮긴이)와 미하일로프 부근을 탐험하기도 했다. 한 번은 유식한 민속학자들의 분통을 터뜨리게 만든 적이 있는 그 유명한 헤브수르Khevsur 족을 방문하기도 했다.

에킴 베이, 몇 달간 우리—자신과 같은 또래로, 온갖 돈키호테적 열망으로 가득 차 있는 청년들—와 함께 생활했고 우리의 모든 논의에 참여해 의견을 나누었던 그는 싫든 좋든 우리의 '정신병자 모임'에 마음을 빼앗겼고, 우리와 마찬가지로 탐구의 대열에 나서고 싶은 열망으로 불타올랐다.

그 당시 우리 네 사람, 그러니까 포고시안, 옐로프, 카르펜코와 나는 바로 얼마 전 유리 루보베츠키 왕자가 제안한 내용을 가지고 벌써 여러 차례나 논의를 거듭하던 중이었다. 그와 친구들이 준비중인 대규모 도보 원정대에 참여하라는 제의였는데, 국경 도시 나히체반(아제르바이잔의 자치 공화국인 나히체반 자치 공화국의 수도—옮긴이)에서 출발해 페르시아를 거쳐 페르시아 만까지 이어지는 여정이었다.

우리의 이 논의에, 또 이런 여행을 통해서 새로운 눈을 뜨게 되리라는 사실에 에킴 베이는 큰 흥미를 보였고, 우리에게 자신도 원정대에 낄 수 있도록 왕자에게 잘 말해달라고 부탁했다. 그러면서 어떻게 하면 아버지의 허락을 받을 수 있고, 어떻게 해야 상관으로부터도 1년 정도 군에서 떠나 있어도 좋다는 허락을 받아낼 수 있을지 방법을 찾기 시작했다.

그 결과를 말하자면 이랬다. 그는 일부는 전브를 이용해서 처리하고, 일부는 집으로 돌아가는 길에 직접 처리하는 식으로 이 장기 여행에 필요한 모든 졸차를 마쳤다. 그런 다음 우리와 함께 다음해 1월 1일 나히체반에서 그의 첫 번째 원정을 시작했다.

원정대는 자정쯤 나히체반에서 출발했다. 그리고 아침이 밝아올 무렵 우리는 국경 수비대라 불리는, 우리의 소중한 행성에 살고 있는 두발 동물들의 '현명함' 시위에 노출되었다. 그들은 전 세계 어디에서나 그 총명함과 박식함을 표현하는 기술이 고도로 발달된 족속들이다.

원정대는 내가 이 책에서 여러 장에 걸쳐 소개하기로 마음먹은 내 친구와 동료들을 포함해 모두 스물세 명으로 이루어져 있었다. 그 가운데 세 사람이 포고시안과 옐로프, 그리고 루보베츠키 왕자로 이미 앞에서 이야기한 바 있다. 에킴 베이 박사에 관해서는 이번 장에서 독자들에게 소개할 것이고, 그 외에 기술자 카르펜코와 고고학자 스크리들로프 교수에 관해서는 뒤에 이어지는 장에서 다룰 예정이다.

타브리즈(이란 북서쪽의 도시 — 옮긴이)까지 가는 여정은 별다른 어려움 없이 열흘 뒤에 끝이 났다. 하지만 타브리즈를 떠난 지 얼마 되지 않아서 한 가지 사건이 발생했는데, 나는 여기서 이 일에 대해 아주 상세히 적어보고자 한다. 이유인즉 에킴 베이가 그 일에서 중요한 역할을 했고 또 꽤 깊은 관심을 보였기 때문이다. 아울러 그 일은 나의 인생관을 완전히 뒤집어놓은 것이기도 했다.

타브리즈에 머물 당시 우리는 한 페르시아 인 데르비쉬 이야기를 들었다. 그가 놀라운 기적을 행한다는 이야기였는데, 당연히 우리는 흥미가 일었다. 그리고 다시 여정을 시작한 지 얼마 안 돼 어느 아르메니아 인 사제로부터 그 사람 이야기를 또 들었다. 그가 살고 있다는 곳이 우리의 코스에서 꽤 벗어나 있었지만 우리는 그를 만나러 가기로 결정했다. 그가 누구이고 뭘 하는 사람인지 알아야만 할 것 같았다.

힘든 여정이 13일째로 접어들던 날, 마침내 그 데르비쉬가 살고 있는 마을에 들어섰다. 그곳에 도착하기까지 우리는 페르시아 인 양치기나 쿠르드 족 목동의 오두막에서 밤을 보내기도 했고 작은 촌락에서 잠을 청하기도 했다. 그의 집은 마을에서 제법 멀리 떨어진 곳에 있었다. 우리는 곧장 그곳으로 갔다. 그를 발견한 곳은 그의 집 근처에 있는 나무 그늘이었다. 그를 만나러 온 사람들과 이야기를 나누는 곳이라고 했다.

그는 제법 나이가 들어 보였고, 맨발에 누더기 같은 옷을 걸친 채 가부좌를 틀고 앉아 있었다. 그의 주변에는 꽤 많은 페르시아 청년들이 앉아 있었다. 나중에 그들이 그 데르비쉬의 제자라는 사실을 알았다. 우리는 그에게 가까이 다가가서 축복의 기도를 청한 뒤 반원으로 자리를 잡고 앉았다. 그리고 대화가 시작되었다.

우리가 질문을 던지면 그가 대답을 해주었고, 그의 차례가 되면 그가 우리에게 질문을 던졌다. 처음에 그는 우리를 꽤 쌀쌀맞게 맞았을 뿐만 아니라 우리와의 대화에도 별다른 관심이 없는 듯했다. 하지만 나중에 우리가 오로지 그와 대화를 나누고 싶어 꽤 먼 거리를 달려왔다는 사실을 알고 나서는 좀 더 다정다감하게 대해주었다. 그는 지극히 단순하고 세련되지 않은 언어로 자신을 표현했다. 다른 사람들은 어땠는지 몰라도 처음에 나는 그가 무식한 사람이라는 인상을 받았다. 유럽인의 언어 감각으로 보자면 그는 교양이 없는 사람이었다.

데르비쉬와의 대화는 페르시아 어로 이루어졌는데, 그가 쓰는 특유의 사투리 때문에 나와 사리 오글리 박사 그리고 그 뜻을 겨우 이해할 수 있는 정도의 다른 한 사람을 제외하고는 아무도 그의 말을 알아듣지 못했다. 결국 동료들을 위해서 사리 오글리 박사와 내가 질문과 대답을 즉석에서 통역해야만 했다.

때는 저녁 식사 시간이었다. 한 제자가 데르비쉬에게 박으로 만든 그릇에다 쌀밥을 담아가지고 왔다. 대화를 계속하면서 데르비쉬는 밥을 먹기 시작했다. 아침 일찍 일어나 여기까지 오는 동안 아무것도 먹지 못한 우리도 배낭에서 먹을 것을 꺼내 먹기 시작했다.

여기서 독자들의 기억을 되살려줘야 할 부분이 있다. 그 당시 나는 유명한 인도 요기ycgi들의 열렬한 추종자였기 때문에 하타Hatha 요가

(명상보다는 신체 단련을 주로 하는 요가—옮긴이)의 수행 지침들을 아주 정확하게 지키고 있었다. 그러다 보니 음식을 먹을 때도 가능한 한 꼭꼭 씹어 먹으려고 노력했다. 그래서 데르비쉬 노인을 포함한 모든 사람이 간단히 한 끼 식사를 끝낸 뒤에도 나 혼자서 음식을 천천히 씹고 있었다. 수행 지침에 따라서 단 한 알의 곡물도 그냥 삼키지 않으려고 애를 썼다.

이 모습을 본 데르비쉬가 나에게 물었다. "여보게, 젊은 이방인! 왜 그렇게 음식을 먹는 건가?" 나는 이 질문에 사뭇 놀라고 말았다. 나에게는 이 질문이 너무나 이상하게 여겨졌다. 그리고 이 질문 때문에도 나에게는 그가 별로 지식이 없는 사람으로 비쳐졌다. 나는 대답을 해주고 싶은 마음조차 들지 않았다. 진지하게 이야기를 나눌 만한 가치도 없는 사람을 만나기 위해서 이처럼 먼 길을 돌아왔다니, 헛수고를 한 것처럼 느껴졌다. 나는 그의 눈을 들여다보는데 측은한 마음과 함께 노인의 존재가 부끄럽다는 생각이 들었다. 나는 자신감에 찬 목소리로 음식을 꼭꼭 씹어야 내장에서 소화가 더 잘된다고 대답했다. 아울러 음식이 제대로 소화되어야 우리 몸이 충분한 칼로리를 섭취해서 제 기능을 다할 수 있다는 잘 알려진 학설까지 들먹였다. 그러면서 이와 관련해 내가 다양한 책에서 습득한 내용들을 일일이 나열했다.

노인은 머리를 좌우로 흔들더니 천천히, 그러나 확신에 찬 목소리로 페르시아 사람이라면 누구나 아는 다음의 격언을 언급했다.

"신이여, 자기도 모르면서 다른 사람들에게 신의 왕국으로 가는 길을 인도하려는 자에게 죽음을 내리소서."

그러자 사리 오글리가 데르비쉬에게 질문을 했고, 데르비쉬가 짧게 대답을 했다. 잠시 후 데르비쉬가 나에게 고개를 돌리더니 물었다. "여보게, 젊은 이장인! 아마 자네는 체조도 하고 있겠지?"

사실 나는 그 당시 상당히 열심히 체조를 하고 있었다. 인도 요기들이 추천하는 체조법도 모두 알고는 있었지만, 내가 하고 있던 체조는 스웨덴 사람 뮬러Mueller가 개발한 것이었다. 나는 데르비쉬에게 내가 체조를 하고 있다는 사실과 함께, 하루에 두 번 아침과 저녁으로 꼭 운동을 할 필요가 있다고 말했다. 그러면서 내가 하고 있는 체조에 대해서도 간략하게 설명했다.

노인이 말했다. "그건 단지 팔과 다리 같은 바깥 근육을 단련시켜 줄 뿐이지. 허나 자네한테는 내부 근육도 있네. 자네가 하는 기계적인 몸놀림으로는 아무 영향도 끼치지 못할 테지만 말이야."

"물론 그렇지요." 내가 대답했다.

"좋아. 그럼 다시 자네가 음식을 씹는 방법으로 돌아가 보세." 노인의 말이 이어졌다. "만약 자네가 건강이라든지 뭔가를 얻을 목적으로 음식을 그렇게 씹는 거라면, 내 이렇게 말해줌세. 자네가 내 솔직한 의견을 알고 싶어 한다면 말이지. 자네는 고를 수 있는 방법 중에서 가장 나쁜 방법을 고른 거라고 말이야. 음식을 그렇게 꼭꼭 씹어서 넘기면 위장이 할 일이 줄게 되네. 자, 자네는 아직 젊고 건강에 별 문제가 없어. 그런데도 위장이 아무것도 하지 않는 상태에 익숙해지도록 만들고 있네. 나이가 들어 젊을 때보다 활동량이 줄어들면 근육도 어느 정도 수축되게 마련인데, 자네가 계속해서 이런 식으로 음식을 씹는다면 위장은 더욱 수축이 될 걸세. 자네도 알다시피 인간의 근육과 몸은 나이가 들면 점점 더 약해지지. 노화로 인한 자연스런 약화에 더해, 위장이 아무 일도 하지 않는 데 익숙해지도록 만들어놨으니 자네 위장은 곱절로 약해질 게야. 그러면 어떻게 될지 상상할 수 있겠지?

자네의 생각과는 달리 음식을 꼭꼭 씹는 건 아무 쓸모도 없는 짓이네. 젊은 나이에는 아예 씹지 않고 뭉텅이째 꿀꺽 삼키는 게 더 나아. 가능하다면 뼈까지도 꿀꺽 삼키게나. 위장이 일을 할 수 있게 해주란 말이네. 자네에게 그렇게 씹는 연습을 하라고 충고한 사람들이나 그런 이야기를 책에 쓴 사람들이나 '소리가 어디에서 나오는지도 모르면서 종소리를 들었다'고 말하는 작자들일 게 뻔해."
　이 단순하면서도 명백한, 그리고 논리정연한 말에 노인에 대한 나의 첫 인상은 완전히 바뀌고 말았다. 그때까지만 해도 나는 그저 호기심에 몇 가지 질문을 던졌던 것인데, 그 순간 이후로 나는 그에게 진심으로 관심을 갖게 되었고, 그가 하는 모든 말에 최대한 주의를 기울여 듣기 시작했다.
　여태껏 손톱만큼도 의심하지 않고 절대적인 진리라고 여겼던 관념들이 실은 그릇된 것임을 나는 갑자기 그리고 온몸으로 깨닫게 되었다. 그 순간 지금까지 내가 사물을 한쪽으로만 보아왔다는 사실을 알게 된 것이다. 이제 많은 것들이 완전히 새로운 빛 속에서 모습을 드러냈다. 이와 관련해 내 마음속에서는 수백 가지의 의문이 일기 시작했다.
　데르비쉬와의 대화에 푹 빠져버린 나머지, 박사와 나는 다른 동료들의 존재를 까맣게 잊어버리고 대화 내용을 통역할 생각조차 하지 못했다. 우리가 대화에 깊이 빠져드는 모습을 본 동료들은 계속해서 "그가 방금 전에 뭐라고 했어?" "지금 뭐라고 하는 거야?"라고 물으며 우리의 대화에 끼어들었다. 그럴 때마다 우리는 나중에 하나도 빼놓지 않고 다 설명해 주겠다는 말로 대답을 미루었다.
　인위적으로 음식을 씹는 행위, 음식을 소화시킬 수 있는 여러 다른 방법, 그리고 소화된 음식이 자연의 법칙에 따라 우리 몸 안에서 자동으로 변형되는 과정 등에 대해 데르비쉬가 이야기를 마치자 내가 물었다.

"선생님, 이른바 인위적인 호흡법에 대해서도 어떻게 생각하시는지 말씀해 주신다면 고맙겠습니다. 저는 그 호흡법이 유용하다고 믿고, 그래서 요기들의 가르침대로 그것을 수행해 오고 있습니다. 그 호흡법은 숨을 들이쉰 다음 일정 시간 동안 멈추었다가 천천히 내뱉는 겁니다. 혹시 이 방법도 버려야 할까요?"

자신을 대하는 내 태도가 완전히 바뀐 것을 본 데르비쉬는 훨씬 인자한 목소리로 대답했다.

"자네가 음식을 씹던 방식이 이만큼의 해를 끼쳤다면, 이 호흡법은 그보다 천 배쯤은 더 큰 해를 끼친다고 봐야 할 거네. 책에 적혀 있는 호흡법들이나 오늘날의 비전秘傳 학교들에서 가르치는 호흡법은 하나같이 해를 끼치는 것밖에는 없어. 정신이 온건히 박힌 사람이라면 호흡 역시나 일종의 음식 섭취 과정이라는 걸 알아야 하네. 물론 그건 다른 종류의 음식이지. 우리가 먹는 음식처럼 공기도 우리 몸 안에 들어와서 소화 과정을 거친 뒤 여러 요소로 분해되는데, 이 요소들은 저희끼리 결합하기도 하고 이미 몸 안에 존재하고 있는 다른 물질 요소들과 결합하기도 하지. 이렇게 해서 꼭 필요한 새로운 물질들이 만들어지고, 다시 이 물질들이 소비되면서 인간이라는 유기체가 계속해서 다양한 생명 활동을 해나갈 수 있는 거라네.

자네가 알아야 할 것은 어떤 새로운 물질도 그것을 얻기 위해서는 그 구성 부분들이 양적으로 정확한 비율에 맞춰 배합되어야 한다는 사실이네. 아주 단순한 예를 하나 들어보세. 자네가 빵을 굽는다고 가정해 보세나. 그러자면 제일 먼저 반죽을 준비해야겠지. 하지만 반죽을 만들려면 밀가루와 물을 정확한 비율로 섞어야 해. 물이 적으면 반죽이 쉽게 부스러지겠지. 또 물을 너무 많이 섞으면 곤죽이 돼서 소 여물로밖에는 쓸 수가 없어. 물이 적거나 많거나 결과는 똑같아지는 거지. 어떤 경우든 자네는 빵 반죽을 얻지 못해.

유기체에 필요한 물질을 형성하는 과정에서도 이와 똑같은 일이 발생한다네. 이런 물질을 구성하는 부분들은 질적으로나 양적으로나 정확한 비율로 결합되지 않으면 안 돼. 보통의 방식으로 숨을 쉰다는 건 무의식적으로 숨을 쉰다는 거네. 자네가 끼어들지 않으면 자네 몸은 공기 중에서 필요한 양만큼의 물질을 들이쉬게 돼. 폐는 정해진 양의 공기를 가지고 일을 하도록 만들어져 있거든. 하지만 자네가 공기의 양을 늘리면 폐를 통해 들어가는 성분들이 달라지고, 그에 이어지는 혼합과 균형의 과정도 당연히 달라질 수밖에 없지.

호흡의 기본적인 법칙을 잘 알지도 못하면서 인위적인 호흡법을 수련한다면 지금 당장은 아니지만 분명 어느 땐가는 자신을 파괴하게 돼 있네. 공기 중에는 우리 몸에 필요한 물질 말고도 불필요한 것들, 심지어 해로운 것들도 포함돼 있다는 사실을 명심하게. 인위적인 호흡, 다시 말해 자연스러운 호흡이 아니라 억지스러운 호흡은 생명체에 해가 되는 수많은 물질을 몸 속으로 더 빨리 밀어 넣는 것이요, 따라서 유용한 물질들의 양적·질적 균형을 파괴할 뿐이네.

인위적인 호흡법은 또 공기로부터 얻는 음식과 우리가 여타의 모든 음식에서 얻는 것 사이의 비율도 흩뜨려놓는다네. 그러므로 들이마시는 공기가 늘거나 줄면 다른 종류의 음식 양도 늘거나 줄어야 해. 그러니 그 정확한 비율을 유지하려면 자네 몸에 대해 완벽히 알아야만 하네.

자, 여기서 한번 물어보세. 자네는 자기 자신에 대해서 그렇게 잘 알고 있나? 예를 들어서 위장이 음식을 필요로 하는 이유는 단지 영양분을 섭취하기 위해서만이 아니라 일정한 양의 음식을 취하는 데 익숙해져 있기 때문이라는 사실도 알고 있나? 우리가 음식을 먹는 것은 주로 미각을 충족시키기 위해서, 또 특정 양의 음식을 담고 있을 때 위장이 경험하는 그 익숙한 포만감을 얻기 위해서이네. 위벽에는 일명 유주遊走 신경(미주 신경)이라는 것이 있는데, 위에서 어떤 압력 같은 게 느껴지지 않을 때 이 신경들이 기능을 하기 시작하면서 우리가 배고픔이라고 부르는 감각을 유발한다는 거지. 이처럼 우리는 다른 종류의 배고픔을 가지고 있어. 이른바 육체의 허기 또는 물질적 허기라는 게 있고, 흔히 쓰는 표현은 아니겠지만 신경의 허기 또는 정신적 허기라는 게 있단 말이네.

우리의 모든 내장 기관은 무의식적으로 작동을 하는데, 내장 기관 각각의 본성과 습관 때문에 각자 자신만의 특정한 기능 속도를 만들어냈지. 모든 기관들의 기능 속도는 서로 일정한 관련을 맺고 있어. 그렇게 해서 우리 몸은 일정한 평형 상태를 유지하게 되는데, 이 말은 곧 한 기관은 다른 기관에 의존하고 있고, 그런 식으로 모두가 서로 연결되어 있다는 말이야.

인위적으로 호흡법을 바꿀 때 우리는 제일 먼저 폐 기능의 속도를 바꾸게 되네. 폐 활동은 특히 위장의 활동과 긴밀히 연결되어 있기 때문에 위장 기능의 속도에도 변화가 일어난다네. 처음에는 작게, 그러다 점점 변화의 폭이 커지지. 위장이 음식을 소화하는 데는 시간이 필요하네. 예컨대 한 시간 정도가 필요하다고 해보세. 그런데 위장의 기능 속도가 변하면, 음식이 위장을 통과하는 데 걸리는 시간도 따라서 변화하겠지. 음식이 너무 빨리 통과하게 된다면 위장은 해야 할 일의 일부부에는 못하게 될 걸세. 다른 내장 기관의 경우도 마찬가지지. 이게 바로 우리 몸에 아무것도 하지 않는 게 천 배는 더 낫다고 말한 이유라네. 어떻게 손봐야 할지도 모르면서 손을 보겠다고 덤비는 것보다 차라리 손상된 채로 내버려두는 게 훨씬 낫단 말일세.

다시 한 번 말하네만 인간의 몸은 매우 복잡한 장치라네. 서로 다른 속도와 욕구를 가진 많은 기관들로 이루어져 있지. 그러니 아예 다 바꾸거나 아무것도 바꾸지 않아야 하네. 그렇지 않으면 낫게 하기는커녕 해를 끼칠 테니까.

수많은 질병이 이런 인위적인 호흡법 때문에 발생하네. 많은 경우 인위적인 호흡법은 심장의 확장이나 호흡 기관의 협착, 또는 위와 간, 신장이나 신경 계통의 손상으로 끝나고 말지. 이런 인위적인 호흡법을 수행하는 사람들 치고 자신을 회복할 수 없을 정도로 망가뜨리지 않는 사람이 거의 없네. 자신을 망가뜨리지 않은 경우도 제때에 그런 호흡을 멈췄기 때문이지. 그러지 않고 오랫동안 그렇게 해 나가다가는 비참한 결과를 피할 길이 없네.

자네가 제 몸의 나사 하나, 못 하나까지 죄다 알고 있다면, 그때는 자네가 뭘 해야 할지 알게 될 거야. 하지만 겨우 요만큼 알면서 몸을 가지고 실험을 한다면 엄청난 위험을 초래하게 될 걸세. 이 몸이라고 하는 기계가 하도 복잡해서 말일세. 우리 몸에는 강한 충격을 받으면 쉽게 부서지는 작은 나사들이 엄청 많은데 이 나사들은 한번 부서지면 어디에서도 다시 구할 수가 없다네.

자네가 나에게 물었으니 말인데, 자네에게 해주고 싶은 충고는 이렇다네. 자네가 하고 있다는 그 호흡법을 그만두게."

데르비쉬와의 대화는 꽤 오래 계속되었다. 그곳을 떠나기 전에야 겨우 왕자와 이제 어떻게 할 것인지 이야기를 나눌 수 있었다. 데르비쉬에게 감사를 표한 뒤 나는 그에게 우리가 하루 이틀 더 이웃 마을에서 머무를 계획인데 괜찮다면 한 번 더 이야기를 나눌 수 있겠는지 물었다. 그는 좋다면서, 원한다면 내일 저녁 식사 뒤에 오라고 했다.

우리는 의도했던 것과 달리 이틀이 아닌 일주일을 더 머물렀다. 그리고 저녁마다 데르비쉬를 찾아가 대화를 나누었다. 그러고 나서는 사리 오글리와 내가 동료들에게 데르비쉬와 주고받았던 대화 내용을 처음부터 끝까지 밤늦도록 들려주었다.

마지막으로 데르비쉬를 만나러 간 날, 그에게 감사를 표한 뒤 막 자리를 떠나려던 순간이었다. 놀랍게도 에킴 베이가 갑자기 데르비쉬를 향해 돌아서더니 평상시와는 다른 아주 겸손한 목소리로 말을 했다. 페르시아어였다.

"자비로운 스승이여! 이 며칠 동안 저는 완전한 확신을 얻게 되었는데, 그건 그러니까 당신이……"

여기서 갑자기 말을 멈추더니 그가 다급히 사리 오글리와 나에게 자신의 말을 중단시키지 말라고 부탁을 했다. 다만 자신이 쓴 표현이 이 지역 방언에서 혹시라도 다른 의미로 해석될 수 있을 때만 정정해 달라고 했다. 그러고는 다시 말을 이어갔다.

"그러니까 제 말은 당신이야말로 제가 본능적으로 찾고 있던 바로 그 사람이라는 겁니다. 제 내적 세계의 길잡이로서 완전히 믿고 맡길 수 있는 그런 분이요. 당신은 최근 들어 제 안에서 갈등을 일으키고 있는, 두 가지 완전히 상반되는 노력을 조절하고 중화시켜 주실 수 있는 유일한 분이에요. 하지만 제가 처한 수많은 상황들은 제가 이곳에서 당신 곁에 머무르는 것을 허용하지 않습니다. 그래서 필요하면 언제든 찾아와서 제가 어떻게 살아야 할지 가르침과 조언을 청해서 듣고 싶습니다. 내 안의 이 고통스러운 갈등을 끝내고 가치 있는 존재로서 살아갈 수 있도록 말입니다. 그것이 제가 지금 저 같은 나이의 인간에게 다만 한두 가지라도 삶의 길잡이가 될 만한 원칙과 지침을 주십사 하고 간청하는 이유입니다. 부디 제 청을 거절하지 말아주십시오."

이 느닷없고 거창한 에킴 베이의 요청을 받고, 자비로운 페르시아인 데르비쉬는 아주 신중하고 꼼꼼하게 대답을 해주었다.

나는 시리즈의 이 두 번째 책에서는 데르비쉬가 대답한 내용을 적지 않을 생각이다. 독자들에게 그런 내용을 이야기하기는 좀 이르기도 하려니와, 내가 쓴 책들을 정확히 순차적으로 이해한다는 면에서는 오히려 해가 될 수도 있기 때문이다. 따라서 나는 그가 들려준 이야기의 정수를 나중에 내 세 번째 책에서 '인간의 육체, 법칙에 따른 육체의 필요성과 가능한 발현 모습The physical body of man, its needs according to law, and possibilities of manifestation'이라는 제목의 장에 자세히 정리해서 보여주기로 마음먹었다.

데르비쉬를 마지막으로 찾아갔던 그 다음날 이른 아침 우리는 여행을 재개했다. 동료인 카르펜코와 니제라쩨Nijeradze 왕자가 고열로 쓰러진 뒤 상태가 점점 악화되었던 까닭에 우리는 원래 예정했던 페르시아 만 쪽이 아닌 바그다드를 향해 서쪽으로 방향을 잡았다.

바그다드에서 우리는 약 한 달간 머문 뒤 헤어져 각기 다른 방향으로 길을 떠났다. 루보베츠키 왕자와 옐로프 그리고 에킴 베이는 콘스탄티노플로 가고, 카르펜코와 니제라쩨 그리고 포고시안은 유프라테스 강줄기를 따라 시원지까지 간 뒤 산을 넘어 러시아 국경을 건너기로 했다. 하지만 사리 오글리와 나 그리고 나머지는 호라산 쪽으로 되돌아갔다가 그곳에서 여행의 마지막을 어떻게 할지 결정하기로 했다.

에킴 베이 박사에 대한 기억을 적다 보니 그가 최면술에 지대한 관심을 가지고 있었다는 점을 빼놓을 수가 없다. 그는 오늘날의 최면 과학과는 구별되는, 순전히 '인간의 사고력'이 따른 현상과 그 연구에 특별한 관심을 가지고 있었다. 특히 그는 이 분야에서 전례 없는 성과를 얻기도 했다. 그는 생각의 힘이 실제로 어떻게 드러나는지 다각도로 보여주고자 사람들을 대상으로 여러 가지 실험을 했고, 그 덕분에 주변에서는 그를 마술사나 마법사로 부르기도 했다. 그가 친구나 지인을 대상으로 행한 실험들 때문에 그를 만나본 사람이나 그에 관한 이야기를 들은 사람 중에는 그에게 두려움을 느끼는 사람이 생겨나기도 했고 존경심이 지나친 나머지 그의 신발이라도 핥고 싶어 할 정도로 열렬히 추종하는 사람이 생겨나기도 했다.

사람들이 이처럼 그를 잘못 이해하게 된 까닭은 그 분야에 대한 그의 지식이 깊다거나 그가 꽤 높은 수준까지 내적인 힘을 발휘할 수 있어서가 아니었다. 그것은 단지 인간의 몸이 보이는 특성 중 한 가지―어느 정도는 인간이 타고난 노예 근성과 관련된―를 그가 잘 알고 있기 때문이었다.

모든 사람은 이런 특성을 태어날 때부터 가지고 있다. 어느 계층에 속해 있든, 연령대가 어찌 되든 상관없다. 그것은 바로 외부의 어떤 구체적인 존재를 생각하는 순간 사람의 근육이 즉각적으로 수축 반응을 보인다는 것이다. 즉 생각이 이끄는 방향으로 몸이 진동한다는 말이다. 예컨대 어떤 사람이 미국에 관해 생각하고 미국이 있다고 여기는 곳으로 생각을 향하면, 특정 근육들이, 특히 아주 섬세한 근육들이 그 방향을 향해 진동을 한다. 다시 말해 그 방향으로 근육들이 긴장하고 수축한다. 이와 마찬가지로 어떤 사람이 1층에 있으면서 생각은 2층을 향한다면, 특정 근육들이 수축하면서 위쪽으로 '들어 올려지는' 것이다. 한마디로 특정한 방향으로 생각이 움직이면 근육 또한 늘 똑같은 방향으로 긴장 반응을 보이는 것이다. 이 현상은 이미 그런 원리를 알고 아무리 피하려고 노력한다 해도 피할 수 없는 현상이다.

여러분은 어쩌면 극장이나 서커스 공연장, 여타 사람들이 많이 모여 있는 장소에서 이른바 인도의 파키르fakir(이슬람 세계나 인도 등의 고행 수행자. 이 책의 '피오트르 카르펜코' 장에서 이들 파키르와 관련한 더욱 자세한 이야기가 소개된다—옮긴이)나 마술사, 기적 행위자 들이 숨겨져 있는 물건을 찾아낸다든지 관객들이 이들 몰래 미리 정해놓은 어떤 행동을 해 보인다든지 해서 사람들을 놀라게 하는 광경을 본 적이 있을 것이다. 이런 기적 같은 일을 행하는 과정에서 마술사들은 관객 중 한 사람의 손을 맞잡는다. 물론 이 사람은 자신들이 정해놓은 행위—마술사는 알지 못하는—에 대해 계속 생각을 하고 있다. 이때 마술사는 맞잡은 관객의 손으로부터 무의식적인 신호나 동요를 감지하고, 관객들이 정한 그 행위를 '추측'해서 행동으로 옮긴다.

그들이 이렇게 할 수 있는 것은 그들에게 어떤 특별한 지식이 있어서가 아니다. 단지 앞에서 언급한 인간의 그런 특성을 잘 알고 있기 때문이다. 이 특성의 비밀만 알면 누구라도 약간의 연습을 통해서 똑같은 기적을 행할 수 있다. 붙잡고 있는 상대방의 손에 주의를 집중해서 그 미세한 움직임을 잡아낼 수만 있으면 된다. 인내심을 가지고 꾸준히 연습한다면 누구나 이들 마술사처럼 상대방이 생각하고 있는 것을 추측해 낼 수 있다.

예컨대 마술사가 탁자 위에 놓여 있는 모자를 집어 들어야 한다는 생각을 관객이 하고 있다고 하자. 이때 마술사가 어떤 방법으로 자신의 생각을 꿰뚫어보는지 이 관객이 알고 있고, 그래서 일부러 의자 밑에 놓인 신발에 생각을 집중하려고 노력한다고 하자. 그러나 그는 여전히 무의식적으로는 모자를 생각하고, 그의 근육은 모자 쪽을 향해서 긴장한다. 근육은 의식보다는 잠재 의식의 지배를 받아 움직이기 때문이다. 가술사는 관객의 근육이 긴장된 방향을 길잡이 삼아 그의 생각을 추측한다.

앞서 말한 것처럼 에킴 베이는 인간의 정신 세계를 더욱 깊이 이해해 최면이 어떻게 영향을 미치는지 규명하고자 친구들을 대상으로 이런 종류의 실험을 했던 것이다. 그가 한 실험은 지극히 창의적인 것이었는데, 그의 실험을 처음 본 사람들은 파키르들의 속임수를 볼 때보다 그의 실험에 훨씬 더 놀라워했다.

그의 실험은 이런 식으로 진행되었다. 먼저, 네모 칸들로 나누어진 종이 위에 알파벳을 처음부터 끝까지 순서대로 적는다. 그리고 맨 아래 줄에 1에서부터 9까지 숫자를 적은 다음 마지막으로 0을 적어 넣는다. 이런 종이를 여러 장 준비하는데, 각각의 종이마다 각기 다른 나라의 알파벳을 적어 넣는다.

탁자 앞에 앉아서 알파벳이 적힌 종이 한 장을 몸에서 조금 왼쪽에 놓고 오른손으로 연필을 집어 든다. 그리고 실험자―예컨대 자신의 운세를 궁금해 하는―를 알파벳을 마주보도록 해서 자기 왼편에 앉힌다. 그런 뒤 에킴 베이는 왼손으로 그 사람의 오른손을 잡고, "우선 내가 당신의 이름을 알아야 하니까……"라고 말한다. 그러고는 마치 혼잣말을 하듯이 천천히 "당신 이름의 첫 글자는……" 하고 읊조리면서 자기 운세를 알고 싶어 하는 그 사람의 손을 알파벳 위로 가져간다.

앞서 언급한 인간의 특성 때문에 그 사람은 알파벳 위로 손이 지나갈 때 자기 이름의 첫 글자 위에서 자신도 모르게 흠칫 손을 떨게 된다. 이러한 떨림이 뭘 의미하는지 알고 있는 에킴 베이는 한 번 더 "당신 이름의 첫 글자는……" 하면서 손의 떨림이 전해졌던 글자를 말하고 종이 위에 적는다. 이런 식으로 그는 이름에 사용된 글자 몇 개를 찾아낸다. 그렇게 하면 전체 이름을 대략 가늠할 수 있다. 예컨대 그가 찾아낸 글자들이 S와 T, E라면 그는 그 사람의 이름이 스테판Stephen임을 알 수 있다.

이때 그가 말한다. "당신 이름은 스테판이군요. 자, 이제 당신이 몇 살인지 알아봅시다." 그러고는 그 사람의 손을 잡고 숫자 위를 움직이기 시작한다. 그런 식으로 이 사람이 기혼인지 미혼인지 그리고 자녀들은 몇 명이고 아이들의 이름과 부인의 이름 그리고 그가 가장 싫어하는 사람이나 가장 좋아하는 친구의 이름은 무엇인지 등등 이 사람과 관련된 것들을 죄다 찾아낸다.

몇 차례 이러한 기적 같은 추측이 진행되고 나면, 실험자들은 너무나 놀란 나머지 에킴 베이에게 그들이 알고 싶어 하는 모든 것을 제 입으로 술술 털어놓기 시작한다. 이때 그는 잡았던 손을 놓고, 실험자들이 말한 내용을 한 번 더 반복해서 말해주기만 하면 된다. 이제 그가 실험자들의 운세와 관련해 어떤 기가 막힌 예언을 늘어놓더라도 그들은 추호의 의심 없이 믿게 되고 놀라움에 찬 감탄사를 쏟아놓게 된다.

에킴 베이의 실험에 참여했던 사람들은 집으로 돌아가 기회만 주어지면 입에 침이 마르도록 이 놀라운 경험에 대해 떠들어대기 시작한다. 물론 그가 보여준 것 이상으로 살을 붙여서 말하게 마련이어서, 듣는 사람은 머리카락이 쭈뼛 설 정도가 된다. 이처럼 그를 알고 있거나 그에 대한 이야기를 들은 사람들은 점점 마법사의 오라를 덧씌운 그의 이미지를 만들어냈고, 심지어는 두려운 나머지 그의 이름조차 큰소리로 말하지 못하는 사람이 생겨나기까지 했다.

터키 인은 물론이고 멀리 유럽인들까지도 그에게 온갖 부탁을 담은 편지를 보내고 졸라대기 시작했다. 편지에 쓰인 글씨체를 보고 미래를 점쳐달라는 사람이 있는가 하면, 짝사랑이 이뤄지게 해달라는 사람, 고질병을 원격 치유해 달라는 사람도 있었다. 그는 파샤, 장군, 장교, 물라mullah(이슬람교에 통달한 사람에 대한 존칭 — 옮긴이), 교사, 사제, 상인, 그 밖에 온갖 연령층의 여성들로부터 편지를 받았고, 특히 각국의 젊은 여성들에게서 온 편지가 많았다. 한마디로 각종 요구 사항이 적힌 편지들이 산더미처럼 쌓여갔다. 에킴 베이가 편지를 보낸 사람들 모두에게 별 내용 없는 답장이라도 보내려면 최소한 50명의 비서가 필요할 정도였다.

어느 날 내가 터키 보스포루스 해변의 위스퀴다르에 있는 그의 아버지 집으로 그를 찾아간 적이 있었다. 그는 나에게 이런 종류의 편지들을 잔뜩 보여주었다. 그 편지들을 보면서 함께 사람들의 단순함과 어리석음에 박장대소를 터뜨렸던 기억이 난다.

마침내 그는 그런 일들에 점점 싫증을 느끼게 되면서 자신이 그토록 사랑했던 의사직마저 버리고 자기 이름이 널리 퍼져 있던 그 지역을 떠나게 되었다.

한번은 최면과 일반인의 무의식에 대한 에킴 베이의 박식함이 여행 도중에 아주 유용하게 쓰이면서 몹시 곤란한 상황에서 우리를 구해준 일이 있었다. 에킴 베이와 나 그리고 여러 명의 친구들이 카슈가르(중국 신장웨이우얼新疆維吾爾 자치구 남서부의 도시 — 옮긴이)의 양기샤르에 머물러 있을 때였다. 그곳에서 우리는 힌두쿠시 산맥으로 넘어가기 전에 얼마간 휴식을 취하던 중이었다. 어느 날 에킴 베이는 터키에 살고 있는 삼촌으로부터 아버지가 위독해 얼마 더 살지 못할 것 같다는 소식을 전해 들었다. 이 소식에 에큄 베이는 결국 여행을 중단하고 최대한 빨리 터키로 돌아가기로 결정을 내렸다. 짧은 시간이나마 사랑하는 아버지와 보내기 위해서였다. 계속되는 여행으로 긴장이 끝없이 이어지던 생활에 지친 나도 집으로 돌아가 부모님을 뵙고 싶어져서 여행을 잠시 멈추고 에큄 베이와 함께 러시아로 돌아가기로 했다.

우리는 친구들과 헤어져 러시아로 향하던 중 이르케슈탐(키르기스스탄 남쪽의 중국 국경에 인접한 도시 — 옮긴이) 지역을 지나갔다. 카슈가르에서 오쉬(키르기스스탄의 남쪽에 있는 도시 — 옮긴이)를 향해 있는 통상의 길을 따르지 않는 바람에 우리는 수많은 모험과 고비를 겪고 간신히 페르가나(우즈베키스탄의 동쪽에 있는 커다란 분지 — 옮긴이) 지역에 있는 안디잔에 도착했다.

우리는 이 거대한 지역을 관통해서 가기로 의견을 모았다. 그곳 어딘가에 있을 몇몇 고대 도시의 유적지를 살필 수 있는 기회를 놓치고 싶지 않았기 때문이다. 우리는 이들 유적지에 대해서 굉장히 많은 이야기를 들었었고, 역사적 자료를 근거로 합리적인 추론을 해보면 그곳을 찾을 수 있을 거라 여겼다.

그러는 바람에 안디잔에서 가까운 간선 도로로 나오기까지는 꽤 먼 길을 돌아야 했다. 우리는 마르길란(우즈베키스탄 페르가나 분지에 있는 도시. 안디잔 남쪽에 위치 — 옮긴이)에서 크라스노봇스크(카스피 해 동해안 크라스노봇스크 만 북서부에 있는 투르크메니스탄의 항구 도시 — 옮긴이) 행 기차표를 끊었다. 기차를 타고 나서야 우리는 나머지 여정을 마칠 돈은커녕 내일 당장 먹을 빵을 살 돈조차 없다는 사실을 알았다. 게다가 입고 있던 옷이 거의 다 헤져서 차마 그 모습으로 길거리를 나다닐 수도 없을 지경이었다. 옷을 사기 위해서라도 돈이 필요했다.

그래서 우리는 크라스노봇스크까지 가지 말고 체르냐에프(카자흐스탄 남쪽의 도시로 오늘날의 쉼켄트 — 옮긴이)에서 기차를 갈아탄 뒤, 타슈켄트로 가서 돈을 보내달라고 전보를 쳐서 돈이 도착할 때까지 어떻게든 버텨보자는 결론을 내렸다.

우리는 계획대로 타슈켄트에 도착했다. 그리그 역에서 그다지 멀지 않은 곳에 있는 싸구려 호텔에 짐을 풀어놓고 전보를 치러 갔다. 전보를 치고 나니 가진 돈이 완전히 바닥나고 말았다. 할 수 없이 나머지 소지품들, 예컨대 총과 시계, 계토기, 나침반, 지도 등 돈이 될 만한 물건을 모두 짊어지고 시장으로 갔다.

저녁 무렵, 우리는 현재의 처지를 골똘히 생각하면서 길을 걷고 있었다. 우리가 전보를 친 사람들이 지금 어디에 있을지, 그들이 즉시 송금을 해줄지 등을 생각하느라 타슈켄트 구시가에 도착한 줄도 몰랐다. 우리는 사르트 족이 운영하는 찻집에 앉아서 만약 돈이 늦게 도착하면 어떻게 해야 할지 생각에 생각을 거듭했다. 한참 동안 이런저런 가능성들을 궁리한 끝에, 에킴 베이는 인도 인 파키르처럼 행세하기로 하고 나는 칼을 삼키고 독극물도 소화시킬 수 있는 사람 노릇을 하기로 의견을 모았다. 우리는 그와 관련된 우스갯소리들을 하면서 한참을 웃었다.

다음날 아침 우리는 제일 먼저 타슈켄트 신문사로 가서 광고와 포스터 제작 의뢰를 받는 부서를 찾아갔다. 그곳 사무원은 매우 친절한 유대인으로 최근 러시아에서 온 사람이었다. 그와 잠깐 이야기를 나눈 뒤 우리는 타슈켄트에서 발행하는 신문 세 곳에 광고지를 끼워 넣어달라고 요청하고, 인도 인 파키르가 도착했다는 내용의 포스터를 크게 제작해 달라고 주문했다. 그 당시 에킴 베이가 자기를 뭐라고 불렀는지는 잘 기억나지 않지만, 아마 가네즈Ganez 아니면 간진 Ganzin 둘 중 하나였던 것 같다. 포스터에는 다음날 저녁 한 클럽에서 인도 인 파키르가 조수인 살라칸과 함께 최면 시범을 비롯해 여러 가지 초자연적 현상을 공개적으로 시연해 보일 거라고 적었다.
 시내에 포스터를 붙이려면 경찰의 허락을 받아야 하는데 사무원은 그 일도 맡아서 처리해 주었다. 다음날, 전례 없는 기적 공연을 알리는 포스터가 타슈켄트의 신구 시가지에 살고 있는 주민들의 눈길을 사로잡았다.
 그때쯤 우리는 러시아 내륙에서 온 무직자 두 명을 찾아서 목욕탕에 보내 몸을 잘 씻도록 했다. 그런 다음 둘을 우리가 묵고 있는 숙소로 데려와서 최면 실험을 위한 준비를 시켰다. 그리고 그날 저녁, 우리는 그들을 최면 상태로 이끈 뒤 커다란 바늘을 그들의 가슴에 꽂는가 하면 입술을 꿰매기도 했다. 또 의자 두 개를 놓고 한쪽에는 머리를, 다른 한쪽에는 발을 걸쳐놓은 뒤 배 위에 굉장히 무거운 물건을 올려놓기도 했다. 그런 뒤 관객 중에서 원한다면 누구나 무대 위로 올라와 그들의 머리털을 잡아당겨 보도록 했다.
 하지만 의사나 법률가 같은 유식한 사람은 물론이고 여타 모든 사람들을 가장 놀라게 한 것은 앞서 이야기했던 식으로 에킴 베이가 관객들의 이름과 나이 따위를 알아맞혔을 때였다. 아무튼 첫 번째 최면 공개 시범이 끝나갈 무렵 돈 상자에는 현금이 넘쳐났고 수백 명의 사람들로부터 저녁 초대가 쇄도했다. 온갖 계층의 여성들이 우리에게 추파를 던졌는데, 뭐 이런 이야기까지 굳이 할 필요는 없을 것 같다.
 사흘 연속으로 우리는 공개 시범을 했고, 우리가 필요로 한 것보다 훨씬 많은 돈을 벌었다. 우리는 지체 없이 이들 부담스러운 팬을 피해 그곳을 떠났다.

 이 장을 쓰고 있노라니 아시아 곳곳으로 내달렸던 원정길, 방랑길에 대한 기억이 되살아나면서, 대부분의 유럽인들이 아시아 대륙을 뭔가 기이한 곳쯤으로 여기던 모습들이 떠오른다.

서양에서 15년간을 쭉 살아오면서, 그리고 다양한 국적의 사람들과 계속 접촉하면서, 나는 유럽에 살고 있는 사람 어느 누구도 아시아에 대해 제대로 알지 못한다는 결론에 이르렀다. 대다수 유럽인이나 미국인은 아시아가 유럽에 인접한 엄청 큰 대륙이며, 야만인 혹은 기껏해야 우연히 그곳에 정착한 뒤 거의 짐승이 다 되다시피 한 반야만인들이 그곳에 살고 있다고 여겼다.

대륙의 크기에 대해서도 아주 막연한 생각을 가지고 있었는데, 서양인들은 늘 자기들 나라와 비교해서 그 크기를 재려고 든다. 그들은 아시아가 유럽의 몇 배가 될 정도로 엄청나게 클 뿐더러, 그곳에는 유럽인은 물론 아시아인들조차도 결코 들어본 적이 없는 종족들까지 온갖 종족들이 살고 있다고 생각한다. 게다가 이 '야만인 집단' 안에서는 의학, 점성학, 자연 과학 같은 것들이 활달해 있으며, 이미 오래 전에 유럽 문명이 수백 년 후에나 도달할 정도로 뛰어난 단계에 이르렀다고 믿고 있다. 그럴듯한 설명도 없이 말이다.

피오트르 카르펜코

이번 장은 내 어린 시절의 친구 피오트르 카르펜코Piotr Karpenko에게 바치고자 한다. 그는 단지 졸업장 덕분이 아니라 스스로의 진정한 노력에 의해서 뛰어난 광산 기술자가 되었으나, 지금은 고인이 되어 세상에 없다. 부디 그가 천국에 이르렀기를!

이번 장은 우리가 맨 처음 서로 친밀감을 느꼈던 시기에 있었던 일부터 묘사하는 게 좋을 것 같다. 그런 다음 우리가 함께했던 한 원정길―그 원정에서 운명의 장난으로 불운이 닥치면서 그는 결국 이른 죽음을 맞고 말았다―에 일어난 몇몇 사건을 이야기할까 한다. 그렇게 할 때 피오트르 카르펜코라는 인간의 전모가 잘 드러날 수 있을 뿐 아니라, 내가 이 일련의 책을 쓰는 목적, 즉 독자들에게 유익하고 진정 도움이 될 만한 이야기를 들려주겠다는 목적도 충족될 것이라 생각한다.

그와 나 사이의 우정은 우리가 아직 어린 소년이었을 때 시작되었다. 최대한 자세히 그때 일을 묘사해 볼 텐데, 자세하면 자세할수록 어린 개구쟁이들—이들 중 일부는 나중에 비범한 사람으로 성장할 수 있다—의 정신 세계를 이해하는 데 도움이 될 것이다.

우리는 카르스 시내에 살고 있었는데, 그 당시 나는 육군 대성당에서 성가대원으로 활동하고 있었다. 나를 가르치던 보가체프스키가 카르스를 떠나고 없었고, 나의 첫 스승이었던 보르쉬 신부 역시 요양을 위해 먼 곳으로 떠나 있던 상태였다. 교사로서 진정한 권위를 갖고 있던 두 사람이 모두 나에게서 떠나버린 셈이었다. 가족들도 가까운 시일 안에 알렉산드로폴로 돌아가자는 이야기를 하고 있었다. 나는 더 이상 카르스에 머물고 싶지 않아서 티플리스로 갈까 어떨까 생각하기 시작했다. 나는 오랫동안 티플리스의 부주교 성가대 Archdeacon Choir에 합류하고 싶은 꿈을 품어왔고, 이미 그곳 성가대로부터 여러 차례 제안을 받기도 했다. 어린 소년들 사이에서 그런 제안은 어깨를 으쓱거리게 할 정도의 자랑거리였다.

아직 생각할 수 있는 능력이 그 정도 수준이었던 때라 그때는 그 꿈이 내게 무엇보다도 소중했다. 어느 날 아침 일찍 육군 대성당의 성가대원으로 군 서기 일을 하고 있는 사람이 나를 찾아왔다. 그는 나와 사이가 좋았는데, 이유인즉 내가 종종 질 좋은 담배를 그에게 갖다주었기 때문이다. 이제 와서 고백하건대 나는 큰아버지의 담배 케이스에서 몰래 담배를 훔쳐다가 그에게 주곤 했다. 그는 우연히 엿듣게 되었다는, 요새 사령관 파데프 장군과 군마 경찰대장 사이의 대화를 숨이 턱까지 찬 상태로 내게 전해주었다. 그들이 포병 사격장 사건에 연루된 사람들을 체포해 반대 심문을 하기로 했는데, 아마도 뭔가 착오가 있어서겠지만, 체포자 명단에 내 이름이 있었다는 것이다.

나는 깜짝 놀랐다. 왜냐하면 포병 사격장 사건과 관련해 양심에 걸리는 일이 있었기 때문이다. 난처한 상황을 피하고 싶었으므로 나는 더 지체할 것 없이 다음날 바로 카르스를 떠나기로 결심했다. 돌아보면 늘 양심의 가책을 느끼게 했던, 그리고 카르스를 서둘러 떠나게 했던 그 포병 사격장 사건은, 그러나 피오트르 카르펜코와 내가 가까워지는 계기가 되기도 했다.

그 무렵 나는 나보다 나이가 많은 친구들도 많았지만 또래 친구들도 많았다. 또래 친구들 중에는 보드카를 만드는 양조장집 아들로 성격이 몹시 쾌활한 아이가 있었다. 그의 이름은 리아우조프Riaouzov 아니면 리아이조프Riaïzov였던 것 같은데, 어느 쪽인지는 잘 기억나지 않는다. 그 친구는 나를 자주 집에 초대했고, 나 역시 아무 때나 그 친구 집에 들락거리곤 했다.

그의 부모님은 아들을 응석받이로 키워놓았다. 그 친구는 자기 방을 따로 가지고 있어서 우리는 편안하게 학교 수업을 준비할 수 있었다. 그 친구의 책상 위에는 늘 갓 구운 파이가 한 접시씩 놓여 있었다. 나는 껍질이 얇고 신선한 그 파이를 무척 좋아했다. 하지만 아마도 가장 중요한 것은 내가 그곳에 있을 때 자주 방을 들락거리곤 하던 열두세 살쯤 된 여동생이었을 것이다. 그 애와 나 사이에 친밀감이 싹트면서 어느새 나는 사랑에 빠지고 말았다. 그 여자애도 나에게 무관심한 것 같지 않았다. 한마디로 소리 없는 로맨스가 우리 둘 사이에서 시작된 것이다.

내 친구 가운데 아버지가 포병 장교로 있는 친구도 그 집을 자주 찾아오곤 했다. 우리처럼 그도 상급 학교 진학을 위해서 공부하고 있었다. 원래 그는 사관 후보생대에 지원했으나 한쪽 귀가 잘 들리지 않아 입학 허가를 받지 못했다. 그 친구가 바로 피오트르 카르펜코였다. 그도 나처럼 긔아우조프 집 딸과 사랑에 빠져 있었고, 그 여자애도 카르펜코를 좋아하는 게 분명했다. 그 여자애는 카르펜코에게 상냥하게 굴었는데, 아마도 카르펜크가 자주 단 과자와 꽃을 선물했기 때문인 것 같다. 나에게 잘 대해준 이유는 내가 기타를 잘 치고 손수건에 문양을 잘 그려 넣었기 때문이었다. 그 애는 수놓기를 좋아했고, 자기가 직접 수 문양을 했다고 자랑하곤 했다.

둘 다 이 소녀를 좋아하다 보니 나와 카르펜크 사이에는 점점 연적 사이의 질투심 같은 것이 일기 시작했다. 어느 날 내 심장에 화살을 쏜 그 소녀도 참석한 저녁 미사가 끝났을 때였다. 나는 성가대 지휘자에게 그럴듯한 핑계를 대고 조금 일찍 성당에서 나왔다. 소녀를 집까지 바래다줄 생각에서였다.

성당 입구에서 나는 내 연적과 정면으로 마주치고 말았다. 서로에 대한 증오심이 불타올랐음에도 우리는 마치 중세의 기사들처럼 '숙녀'를 정중하게 집까지 바래다주었다. 하지만 소녀가 집으로 들어가고 난 뒤 나는 더 이상 내 감정을 억제하지 못하고 이런저런 문제를 들추면서 그와 언쟁을 벌이기 시작했다. 그리고 녀석을 흠씬 두들겨 패고 말았다.

싸우고 난 다음날 저녁 나는 평상시처럼 친구들과 성당의 종탑으로 놀러 갔다. 그 당시 육군 대성당에는 진짜 종탑이 없어서 새로 종탑을 짓던 중이었다. 그래서 팔각 초소처럼 생긴 임시 목재 구조물의 높은 천정 아래 종이 매달려 있는 상태였다. 종이 매달려 있는 철재 가로대와 지붕 사이의 빈 공간은 또래 친구들이 거의 매일 만나던 우리만의 '클럽'이었다. 우리는 철재 가로대 위나 지붕 아래쪽 벽 주변의 비좁은 선반에 두 다리를 벌리고 앉아서 담배를 피우기도 하고 그날 있었던 일을 떠벌이기도 했다. 심지어 다음날 수업 준비를 하는 친구도 있었다. 나중에 돌로 된 종탑이 완성되고 그 안에 종이 설치되자 러시아 정부는 당시 새로 건립중이던 그리스 교회에 이 임시 종탑을 기증했다. 이후 이 임시 종탑은 오랫동안 그리스 교회의 종탑 역할을 했을 것이다.

그 자리에는 우리 클럽의 정식 멤버 외에도 알렉산드로폴에서 카르스로 놀러 온 내 친구 페티아Petia도 있었다. 그는 우편 전신 감독관으로 일하다 나중에 러일 전쟁에 장교로 참전해 전사한 케렌스키Kerensky라는 사람의 아들이었다. 그곳에는 또 카르스의 그리스 인 거주지에 살고 있는 코르하니디Korkhanidi도 있었다. 그는 페히Fekhi라는 별명으로 불렸는데, 나중에 수많은 교과서를 쓴 저자가 되었다. 그는 집에서 숙모가 우리 성가대원들을 위해 만들었다는 그리스 식 할바halva 과자(깨와 꿀로 만드는 터키 과자—옮긴이)를 가져왔다. 페히네 숙모가 우리의 노래에 깊은 감명을 받았기 때문이라고 했다.

우리는 자리에 앉아서 할바를 먹고 담배를 피우며 수다를 떨었다. 잠시 후 피오트르 카르펜코가 눈에 붕대를 붙인 모습으로 클럽 멤버가 아닌 러시아 소년 두 명을 데리고 나타났다. 그는 곧장 나에게로 오더니 어제 내가 무슨 이유로 자기한테 그런 모욕적인 행동을 했는지 해명하라고 요구했다. 수많은 시를 읽고 자신을 과장하기 좋아하는 사춘기 소년답게 그는 길게 장광설을 늘어놓더니 다음과 같은 선언으로 마지막 문장을 장식했다. "이 세상은 우리 둘이 함께 살아가기에는 너무 좁아. 그러니 우리 가운데 하나는 죽어야 해."

그의 허풍을 듣고 있는 동안 나는 그의 머리통에서 이 당찮은 소리들을 한 주먹에 날려버리고 싶었다. 하지만 쿠르드 족처럼 현대 문명의 혜택이라곤 받아보지 못한 사람들이나 그런 식으로 문제를 해결하지 그상한 사람들은 훨씬 문명화된 방식으로 문제를 해결한다는 말로 친구들이 나를 설득하기 시작했다. 친구들의 말에 내 자존심이 고개를 쳐들었다. 무식하다느니 비겁하다느니 하는 소리를 듣지 않기 위해서라도 나는 이 사건에 진지한 태도로 임할 필요가 있었다.

토론이라는 이름의 긴 소동이 끝나고 나자 그 자리에 있는 아이들 중 몇몇은 내 편이고 나머지 몇몇은 내 연적의 편임이 분명해졌다. 때로 토론은 무슨 말을 하는지 알아들을 수 없는 소음으로 이어지다가 마침내 서로를 종탑 꼭대기에서 밀어뜨리는 위험천만한 지경에 이르기도 했다. 결국 우리 두 사람은 결투를 벌이기로 했다.

이제 문제는 결투에 쓸 무기를 어디서 구할 것인가 하는 거였다. 그러나 총이나 칼을 구할 수 있는 방법이 없었기 때문에 상황은 아주 난감해졌다. 방금 전까지 흥분이 극에 다다랐던 소년들은 갑자기 조용해졌다. 온 신경이 오직 그 문제에만 집중되었다.

소년들 중에 투르차니노프Tourchanincv라는 친구도 있었는데, 목소리에서 깩깩하는 소리가 나서 모두들 그를 아주 웃기는 친구로 여겼다. 다들 묘책을 찾느라 몰두해 있는데 그가 갑자기 깩깩거리는 목소리로 이렇게 외쳤다. "총을 구하기는 어렵지만, 대포를 구하는 건 쉽잖아."

그러자 모두들 일제히 웃음을 터뜨렸다. 그가 무슨 말을 하든지 우리는 언제나 웃음을 터뜨렸다.

"왜 웃는 거야, 이 멍청이들아!"

피오트르 카르펜코

그가 깩깩거리는 목소리로 쏘아붙였다.

"너희 둘이 원하는 걸 위해서라면 대포면 어때? 딱 하나 문제가 있긴 하지. 너희는 둘 중 하나가 죽어야 한댔지만, 너희 둘 다 죽을 수도 있다는 거야. 그런 위험을 무릅쓸 준비만 되어 있다면, 내 제안이 이 세상에서 가장 쉬울 걸."

그의 제안은 이랬다. 우리 두 사람이 사격 연습이 벌어지는 포병 사격장으로 가서 대포와 과녁 사이에서 몸을 숨기고 누운 채로 운명의 순간을 기다린다는 거였다. 마구 쏘아대는 대포알에 누군가 맞는다면 그 사람이 죽을 운명을 타고 난 사람일 거라는 얘기였다.

포병 사격장이라면 우리는 누구나 잘 알고 있었다. 그곳은 시가지를 둘러싼 산 속 가까운 곳에 있었고, 면적도 가로 세로 폭이 대략 1킬로미터에서 1.5킬로미터 정도로 꽤 넓었다. 1년에 몇 차례 사격 연습을 하는 시기에는 일반인의 출입을 금지했는데, 그때는 사방의 경계가 아주 삼엄했다.

우리는 가끔씩 밤에 그곳을 찾아가곤 했다. 우리 중에서 제일 말발이 센 아이바조프Aivazov와 데니셴코Denisenko의 선동으로, 사방에 흩어져 있는 탄피를 주우러, 아니 솔직히 말해서 훔치러 간 것이다. 주워온 탄피는 비싼 값을 받고 팔 수 있었다. 탄피를 판매하는 것은 물론이고 수집하는 것조차 엄격하게 금지되어 있었으나, 우리는 달빛을 이용해서, 그리고 경계가 느슨한 틈을 이용해서 용케 탄피를 모을 수 있었다.

투르차니노프의 제안이 받아들여지면서 우리는 다음날 바로 이 계획을 실천에 옮기기로 전격 결정을 했다. '이진二陣'에 관한 조항에 따라서 케렌스키와 코르하니디가 내 편이 되고, 나의 연적이 데리고 온 낯선 소년들이 그의 편이 되어 우리는 다음날 사격이 시작되기 전 이른 아침에 포병대 사격장으로 가기로 했다. 그리고 과녁으로부터 약 90미터 정도 떨어진 지점의 포탄 구덩이에 두 사람이 들어가 거리를 두고 눕기로 했다. 사람들 눈에 띄지 않도록 하기 위해서였다. 그런 상태로 땅거미가 질 때까지 있어야 했다. 그때까지 살아남은 사람은 어디든 자신이 원하는 곳으로 갈 수 있었다.

이진들도 사격장 근처의 카르스 강 옆 둑에서 하루 종일 있기로 했다. 그러다 저녁에 우리가 누워 있는 구덩이를 찾아와 생존 여부를 가리기로 했다. 단일 둘 중 한 사람이나 둘 모두 부상을 당한 경우에는 이진들이 필요한 조처를 취하기로 했다. 우리가 죽은 것으로 확인되면, 그날 사격 연습이 있는 줄 모르고 탄피를 주우러 갔다가 포탄에 맞아 죽었다고 이진들이 소문을 내기로 했다.

다음날 아침, 날이 밝아올 무렵 우리는 먹을 것을 챙겨 카르스 강으로 향했다. 그곳에 도착하자 우리 두 라이벌은 식량을 분배받고 두 명의 이진에 이끌려 사격장 안으로 들어섰다. 그리고 두 개의 구덩이에 따로따로 누웠다. 이진들은 강가에서 기다리고 있는 나머지 아이들과 합류한 뒤 낚시를 하면서 시간을 보냈다.

그때까지는 모든 게 농담처럼 생각되었다. 그러나 정작 사격이 시작되면서부터는 전혀 농담이 아니었다. 나는 사격이 시작되고 나서 내 연적이 어떤 경험을 하고 있고 어떤 생각들이 그의 머릿속을 지나가고 있는지는 알지 못했지만, 내 안에서 어떤 일이 벌어지고 있는지는 분명하게 알 수 있었다. 포탄이 공중을 날아와 내 머리 위로 떨어질 때의 경험과 느낌은 지금도 마치 어제 일처럼 생생하게 기억 속에 남아 있다.

처음에 나는 너무나 놀란 나머지 완전히 넋을 잃고 말았다. 그러나 곧 온몸에 격렬한 느낌과 함께 이 상황에 맞서려는 논리적인 생각이

치고 올라왔다. 마치 1년 동안 생각하고 경험한 것보다 많은 생각과 경험을 한 순간 한 순간 하는 것 같았다.

이와 동시에 '나 자신에 대한 온전한 감각'이 생전처음 깨어났다. 그 감각은 점점 강렬해졌다. 생각이 사라지면서 나는 내 자신을 거의 자멸 상황으로 몰아갔다는 사실을 확연히 깨닫게 되었다. 그 순간 죽음을 피할 길은 없어 보였으니까 말이다.

이 피할 길 없는 죽음 앞에서 나는 본능적으로 두려움을 느꼈다. 그 두려움은 나를 통째로 집어삼켜 버렸고, 주변의 모든 것은 시야에서 사라져 보이지 않았다. 남은 것이라곤 오로지 그 정복되지 않는, 생생한 공포뿐이었다.

몸을 최대한 구부려 바닥의 돌출부 뒤에 숨으려 했던 기억이 난다. 그러고는 아무것도 듣지 않고 아무런 생각도 하지 않으려고 애썼다. 그러나 온몸이 어찌나 무섭게 떨리던지 마치 세포 하나하나가 제각각 진동해 대는 듯했다. 우르르쿵쾅 터지는 포탄 소리보다 내 심장 뛰는 소리가 더 크게 들렸다. 게다가 이빨이 얼마나 세차게 맞부딪치는지 어느 순간 이빨이 모두 쏟아져 내릴 것만 같았다.

여기에서 잠시 언급해야 할 것이 있다. 그것은 어린 시절 겪은 이 사건으로 인해서 내가 갖고 있던 특성의 한 면—이는 정상적인 교육을 받은 사람들이 나에게 의식적으로 끼친 여러 가지 영향 덕분에 훗날 명확한 형태를 띠게 되었다—이 처음으로 발로되었다는 것이다. 나의 이런 면 덕분에 나는 자칫 큰 손해를 입을 수도 있는 삶의 기로들에서 동요하지 않을 수 있었고, 어떤 일도 진정으로 두려워하지 않을 수 있었다. 오히려 두려움에 휩쓸리거나 기만당하는 일 없이 다른 사람의 두려움을 이해하고 그 사람의 입장에 서볼 수도 있었다.

그 상태로 얼마나 오랫동안 구덩이 안에 누워 있었는지 기억나지 않는다. 언제나 그리고 모든 일이 다 그렇지만 이 경우에도, 우리의 가장 위대하고 냉혹한 군주인 시간이 다행히도 제 권리를 주장한 덕분에 나는 대포가 작렬하고 포탄이 터지는 소리는 물론이고 내가 겪고 있는 시련에 대해서도 차츰 익숙해졌다. 조금씩 조금씩 나의 슬픈 종말에 대한 고통스러운 생각도 사라져갔다. 보통 때처럼 사격 중간중간 쉬는 시간이 있기는 했지만, 이 틈을 타 도망치기란 불가능했다. 보초병에게 붙잡힐 위험이 컸기 때문이었다.

아무 소리도 내지 않고 가만히 누워 있는 것 달고는 내가 할 수 있는 일이란 없었다. 점심을 먹고 난 뒤 나는 깜빡 잠에 들기까지 했다. 그처럼 엄청나게 긴장을 했던 터라 신경 체계가 잽싸게 휴식을 요구할 법도 했다. 얼마나 오래 잠을 잤는지 알 수 없지만, 잠에서 깨어났을 때는 이미 저녁 무렵이었고 사방이 고요했다.

완전히 정신을 차리고 나서야 나는 내가 왜 그곳에 그러고 있는지를 깨달았다. 무엇보다도 내 몸이 멀쩡하다는 사실이 매우 기뻤다. 잠시 후 이런 이기적인 기쁨이 사그라들자 비로소 친구 생각이 나면서 그가 불운 속에 누워 있지나 않은지 걱정되기 시작했다. 그래서 조용히 구덩이에서 기어 나와 주변을 살펴보았다. 그리고 그가 누워 있을 법한 곳으로 가보았다.

그는 구덩이에 미동도 없이 누워 있었다. 그 모습에 나는 덜컥 겁이 났다. 그가 단지 잠에 빠진 것처럼 보이기는 했지만, 마음이 진정되지 않았다. 더욱이나 그의 다리에서 피가 흐르는 모습을 보고는 머릿속이 하얗게 되고 말았다. 그 순간 어제 그에게 느꼈던 온갖 증오심이 동정심으로 바뀌었다. 불과 몇 시간 전에 내가 죽을까봐 느꼈던 그런 커다란 두려움이 다시 나를 덮쳤다. 나는 혹시라도 누구

눈에 띌까 싶어 본능적으로 바닥에 납작 몸을 웅크렸다.

이진들 네 명이 둔덕을 기어 올라올 때까지 나는 그 자세로 꼼짝도 하지 않고 있었다. 큰 대 자로 누워 있는 카르펜코를 이상한 눈으로 바라보고 있는 나를 발견한 그들은 이윽고 카르펜코의 다리에서 피가 흐르고 있다는 걸 깨닫고 무언가 끔찍한 일이 벌어졌음을 직감했다. 그들 역시 그 자리에 주저앉았고, 얼어붙은 상태로 카르펜코를 뚫어져라 쳐다보았다. 나중에 들은 바로는 그들 역시 카르펜코가 죽은 줄 알았다고 했다.

우리는 하나같이 마치 자기 최면에라도 걸린 듯 넋을 놓고 있었다. 우리가 우연찮게 정신을 차린 건 케렌스키 때문이었다. 그가 나중에 들려준 바에 의하면, 한 자세로 오랫동안 카르펜코를 뚫어져라 쳐다보고 있는데 어느 순간 발가락의 티눈이 콕콕 찔러대더라고 했다. 그래서 자세를 좀 바꿀 생각으로 몸을 살짝 앞쪽으로 기울였단다. 바로 그때 카르펜코의 코트 한쪽이 일정한 간격으로 들썩거리는 게 보였다고 했다. 카르펜코에게 가까이 다가가서 보자 그가 숨을 쉬고 있는 게 분명했고, 케렌스키는 이 사실을 우리에게 큰소리로 곧장 알린 거였다.

케렌스키의 외침을 듣자마자 우리는 즉각 정신을 차리고, 카르펜코가 꼼짝도 않고 누워 있는 구덩이를 향해 앞쪽으로 기어갔다. 그러고는 이제 어떻게 하면 좋을지 중구난방으로 이야기하기 시작했다. 그러다 갑자기 암묵적인 동의가 이루어졌다. 팔로 의자를 만들어 카르펜코를 태우고 강으로 가기로 한 것이다.

우리는 버려진 벽돌 공장 터에서 멈춰 섰다. 그리고 입고 있던 옷가지를 벗어서 급하게 들것을 만든 뒤 카르펜코를 그 위에 눕히고 상처를 살펴보았다. 포탄 파편이 스쳐 한쪽 다리의 피부가 까지긴 했지만 위험한 정도는 아니었다.

카르펜코가 여전히 의식이 없는데 아무도 뭘 어떻게 해야 할지 몰랐기 때문에, 우리 중 한 명이 시내에서 외과 조수로 일하는 친구를 부르러 달려갔다. 그 친구는 성가대의 일원이기도 했다. 그러는 사이 나머지 친구들은 카르펜코의 상처를 물로 씻어낸 뒤 붕대를 감아주었다.

얼마 안 있어 외과 조수로 있는 친구가 마차를 타고 도착하자 우리는 사격 연습이 있는 줄 모르고 탄피를 줍다가 사고가 났다고 둘러댔다. 상처를 살펴본 뒤 그는 그다지 위험한 상황은 아니며 카르펜코가 기절한 이유는 출혈 때문이라고 말했다. 그가 코 자극제를 갖다 대자 카르펜코가 즉시 의식을 되찾았다. 당연하지만, 우리는 그 친구에게 어쩌다 이런 일이 벌어졌는지 다른 사람한테는 절대 말하지 말라고 애걸했다. 사격 반경 내 출입이 엄존히 금지되어 있었기 때문에 이 사실이 알려지면 큰 화를 입을 게 뻔했다.

정신을 차리자마자 카르펜코는 주변에 서 있는 사람들을 하나씩 쭉 훑어보았다. 내 앞에 이르자 그의 눈은 다른 사람들보다 더 오랫동안 멈춰 섰다. 그가 나에게 미소를 지어보였다. 그 순간 무언가가 내 안에서 꿈틀대었고, 내 기분은 후회와 동정으로 뒤범벅이 되었다. 그 순간 이후로 나는 그에게 형제 같은 기분을 느끼게 되었다.

우리는 환자를 집으로 데리고 갔다. 그의 가족한테는 낚시하러 산골짜기를 지나가는데 갑자기 바윗돌이 삐걱대는 바람에 미끄러져 다치게 되었다고 설명했다. 그의 부모님은 우리 이야기를 그대로 믿었다. 나는 카르펜코의 부모님으로부터 그가 회복할 때까지 매일 밤 와서 함께 있어도 좋다는 허락을 받아냈다. 그가 회복될 때까지 나는 다정한 형제처럼 그를 돌보았고, 우리는 많은 이야기를 나누면서 우정을 키워가기 시작했다.

이 사건의 계기가 된 우리의 '숙녀'에 대한 연정은 나는 물론 카르펜코에게서도 순식간에 어디론가 사라지고 말았다. 그가 회복되고 얼마 안 돼 그의 부모님은 아들을 데리고 러시아로 갔다. 그곳에서 그는 시험에 통과해 기술전문학교에 입학했다.

이 사건 이후 몇 년 동안 나는 카르펜코를 만나지 못했다. 하지만 성인聖人의 날이나 내 생일이면 그로부터 장문의 편지가 오곤 했다. 편지는 대개 자기 생활의 안팎에 대해 시시콜콜 이야기하는 것으로 시작해, 자신이 관심을 갖고 있는 문제들을 죽 나열하면서 그에 대해 내가 어떻게 생각하는지 묻는 것으로 이어졌다. 대부분 종교적인 주제와 관련된 것들이었다. 우리의 공통된 주제에 그가 처음으로 크게 관심을 보인 것은 앞서 이야기한 결투가 있고 7년이 지난 다음이었다.

어느 여름, 그가 우편 마차를 타고 카르스로 휴가를 떠나던 중—그 당시에는 그 지역에 철도가 없었다—알렉산드로폴을 지나게 되었는데, 마침 내가 그곳에 있다는 소식을 듣고 나를 만나러 중간에 내리게 되었다. 내가 그때 알렉산드로폴에 간 것은 누구의 방해도 받지 않고 혼자서 어떤 실험을 해보고 싶어서였다. 그 실험은 그 당시 내 관심을 크게 끈 의문들을 풀기 위한 것이었는데, 말하자면 소리의 진동이 다른 생명체들은 물론이고 다양한 유형의 인간에게도 영향을 끼치는지 알아보기 위한 것이었다.

그가 도착하던 날 나는 함께 점심을 먹은 뒤 내가 실험실로 개조해 놓은 널찍한 마구간으로 그를 데리고 갔다. 이곳에서 나는 늘 오후 시간을 보내던 터였다. 그는 내가 그곳에 비치해 놓은 도구들을 하나하나 살펴보더니 내가 하고 있는 일에 꽤 깊은 관심을 보이기 시작했다. 부모님을 만나러 카르스로 떠나면서 그는 사흘 내로 다시 오겠다고 했다. 다시 돌아온 그는 거의 여름 내내 나와 함께 지냈고, 가끔 하루나 이틀 정도 가족을 만나러 카르스를 다녀오곤 했다.

여름이 끝나갈 무렵, 최근 구성된 '진리를 찾는 사람들' 모임의 멤버 몇 명이 고대 아르메니아의 수도 아니의 유적지에서 발굴 작업을 할 목적으로 알렉산드로폴에 있는 나를 찾아왔다. 이번 발굴에는 카르펜코도 우리와 처음으로 합류했다. 우리 모임의 멤버들과 몇 주 동안 작업을 함께하면서 그는 점차 우리의 관심 영역에 발을 들여놓기 시작했다.

탐사 작업이 끝난 뒤 그는 러시아로 돌아갔다. 그리고 얼마 후 광산 기술자 학위를 취득했다. 이후 나는 3년간 그를 만나지 못했다. 하지만 편지를 계속 주고받은 덕분에 교류의 끈은 끊이지 않았다. 이 시기에 카르펜코는 알렉산드로폴에서 친구가 된 '진리를 찾는 사람들'의 다른 멤버들과도 연락을 주고받았다. 이 3년이 끝나갈 무렵 그는 우리 모임의 정회원이 되었고, 그때부터 다시아와 아프리카에서 진행한 몇 차례의 힘든 원정에도 참여하게 되었다.

그가 때 이른 죽음을 맞은 것은 우리가 함께한 바로 이 원정 중 하나 때문이었다. 그때 우리는 파미르 지방에서 히말라야를 가로질러 인도로 넘어가려고 하고 있었다. 처음부터 우리는 커다란 난관에 부딪쳤다. 히갈라야의 북서쪽 경사면을 넘어가려면 가파른 산악 통로를 지나야 했는데, 눈사태가 일어나는 바람에 우리 모두 눈과 얼음 속에 파묻히고 말았다. 가까스로 눈 속을 빠져나온 우리 두 사람은 눈앞에 보이는 다른 두 사람을 구출하기 위해서 열심히 눈을 파냈지만 그들은 이미 동사한 뒤였다. 그때 숨진 사람 중 한 명은 열렬한 오컬트 연구가인 X 남작이었고, 다른 한 명은 안내인이었던 카라키르 하이누Karakir Khaïnu였다. 이 일로 인해 우리는 절친한 친구 한 사람과 그 지역에 대해 잘 아는 안내인을 동시에 잃고 말았다.

이 사고가 발생한, 힌두쿠시 산맥과 히말라야 산맥 사이의 전 지역은 비좁은 협곡들이 교차하는 미로와 같은 곳으로, 지구의 표면이 형성되던 대격변기에 솟아오른 지역 중에서도 가장 복잡한 곳이었다. 이 지역은 마치 단 한 명의 인간도 그곳을 지나가지 못하도록 높은 차원의 힘들Higher Powers에 의해 의도적으로 혼돈스럽고 복잡하게 만들어진 것 같았다.

자기네들 사이에서도 이곳 구석구석을 손바닥 보듯 훤히 아는 사람이라는 말을 들을 정도로 지리에 밝은 안내인을 잃어버린 후, 우리는 이 비정한 곳에서 벗어나기 위해 며칠을 헤매고 다녔다. "저들은 지도나 나침반도 하나 없었나?" 하고 독자들이 의문을 던질지 모르겠다. 왜 없었겠는가? 우리는 그 두 가지만이 아니라 그 이상의 장비를 갖추고 있었다. 하지만 사람이 살지 않는 지역을 표시한 지도 따위는 차라리 없는 게 나을 수 있다.

내 친구 옐로프가 종종 입에 올리곤 했듯이, 어떤 언어에서는 지도를 '지혜'를 뜻하는 '호르마누프카khormanoupka'라고 부른다. 그리고 그 언어에서 '지혜'는 이런 식으로 묘사된다. 즉 지혜란 "2 곱하기 2는 7.5가 되는데, 3하고 뭘 좀 더 빼면 된다는 것을 입증하면 된다"는 식으로 말이다. 내 생각에 지도를 이용하려면 다음과 같은 격언의 의미를 현실에서 한번 적용해 보면 퍽 도움이 될 것 같다. "어떤 일이든 성공하고자 한다면 먼저 여자에게 조언을 구하도록 하라. 그리고 행동으로 옮길 때는 그 반대로 하라."

이 경우도 똑같다. 제대로 된 길을 찾고자 한다면, 지도를 보고 난 뒤 그 반대 방향으로 가면 된다. 그러면 당신이 원하는 그곳에 반드시 도착할 거라고 장담할 수 있다. 이 지도라는 것은 어딘가를 찾아갈 시간도 없고 그럴 가능성도 없으면서 서재에 틀어박혀 온갖 종류의 여행과 모험에 관한 책을 쓰는 책상물림들한테나 딱 맞는 물건일지도 모르겠다. 사실 이것은 그런 사람들에게는 정말 좋은 것이다. 지도 덕분에 그들은 자신들의 기가 막힌 이야기를 지어낼 수 있는 시간을 더 많이 얻을 테니 말이다.

제대로 된 지역 정보를 담고 있는 훌륭한 지도가 있을 수도 있겠지만, 내가 보았던 지도들, 그러니까 고대 중국의 지도부터 여러 나라에서 제작된 군사용 특수 지도까지, 정말 도움이 필요할 때 쓸 만한 지도는 단 하나도 없었다. 간혹 인구가 많은 곳을 찾아가는 여행자에게는 그럭저럭 도움이 되는 지도도 있지만, 사람이 살지 않는 지역, 그러니까 정말로 지도의 도움이 필요한 경우에는 차라리 지도가 없는 편이 나을 때가 더 많다. 예컨대 앞서 말한 중앙아시아 같은 곳에서는 말이다. 지도에 표시된 사실들은 어처구니없을 정도로 왜곡되어 있다.

그런 지도는 여행자들에게 결코 달갑지 않은, 괴로움만 더하는 결과를 가져다준다. 예를 들어 지도에 표시된 대로 내일쯤 당신이 고도가 높은 지역을 지나가게 될 거라고 하자. 당연히 당신은 그곳이 추울 거라고 예상할 것이다. 밤에 짐을 챙기면서 당신은 두툼한 옷가지라든지 뭔가 추위에 몸을 보호해 줄 수 있는 물건을 챙기게 된다. 나머지 당장 필요 없는 물건은 배낭에 집어넣어 말이나 야크 같은 운반용 동물 위에 싣고, 방한용 물건들은 언제든 필요할 때 바로 꺼낼 수 있도록 짐 꾸러미 맨 위에 올려놓는다.

그런데 실제로는 다음날 지도의 표시와는 달리 계곡과 저지대 사이로 내려가는 경우가 태반이다. 거의 예외가 없다. 예상했던 추위는커녕 타는 듯한 열기 때문에 입고 있던 것마저도 모두 다 벗어던지고 싶어진다. 게다가 짐 꼭대기에 대충 올려둔 두툼한 옷가지들이 걸음을 뗄 때마다 흔들리면서 아래로 쏟아져 내린다. 그 때문에 짐을 싣고 가는 동물은 물론 여행자 자신도 지치고 힘이 든다. 여행 도중 짐을 다시 싸야만 한다는 것이 무엇을 의미하는지 여행자라면 잘 알고 있다. 다른 사람은 몰라도 그 일을 직접 해야 하는 여행자는, 비록 단 한 번일지라도, 길고 긴 산악 여행에서 짐을 다시 꾸린다는 게 어떤 의미인지를 잘 알고 있는 것이다.

물론 많은 예산이 책정된 공적인 업무나 어떤 정치적 목적을 위해 나선 여행이거나, 열렬한 신지학 추종자인 은행가의 미망인이 후원하는 여행이라면, 짐꾼을 여러 명 고용할 수 있을 테니 짐을 쌌다 풀었다 하는 것이 큰 문제가 되지 않을 수도 있다. 하지만 진짜 여행자는 이 모든 걸 혼자서 해야 한다. 설사 하인들을 거느리고 여행한다 하더라도 하인들을 도와 함께 짐을 쌀 게 틀림없다. 제정신을 가진 여행자라면 힘든 여행길 한복판에서 다른 사람들이 땀을 뻘뻘 흘리며 애쓰는 모습을 한가로이 지켜보고만 있지는 못할 테니 말이다.

현대 지도들이 이런 한계를 가질 수밖에 없는 이유는 지도 제작 방식에 문제가 있기 때문이다. 나는 그것을 직접 목격하기도 했다. '진리를 찾는 사람들' 멤버 몇 명과 함께 알렉산더 제3봉우리를 지나 파미르 고원을 여행하고 있을 때였다. 그때 투르키스탄 육군 지도국의 측량 본부가 이 봉우리 근처의 한 계곡에 자리를 잡고 있었다. 측량 책임자는 계급이 대령인 사람이었는데, 우리 일행 중 한 사람과 절친한 사이였다. 그런 이유로 우리는 그들의 캠프를 특별히 방문할 수 있었다.

　대령은 수하에 젊은 참모 장교를 몇 명 거느리고 있었다. 그들은 우리를 극진히 맞아주었다. 그럴 수밖에 없는 것이 그들은 반경 수백 킬로미터 안에 살아있는 영혼이라곤 단 하나도 없는 외딴 곳에서 몇 달 동안 지내오던 터였다. 우리는 그들의 텐트에서 푹 쉬면서 사흘 동안 그들과 함께 지냈다.

　사흘 뒤 우리가 막 떠나려던 참이었다. 한 젊은 장교가 우리가 가려는 방향으로 이틀 정도 거리에 있는 지역에서 지도를 만들어야 한다며 거기까지 우리와 동행하기를 원했다. 그는 사병 두 명을 데리고 왔다.

　한 계곡에서 우리는 유목 생활을 하는 카라 키르기스 족 캠프를 만나 그들과 이야기를 나누게 되었다. 함께 갔던 장교도 키르기스어를 할 줄 알았다. 유목민 중 한 사람은 나이가 제법 든 노인으로 겉보기에도 경험이 풍부한 사람 같아 보였다. 장교와 나, 그리고 내 친구 한 명이 이곳 여행에 필요한 정보도 얻을 겸 노인에게 식사를 함께 하자고 청했다.

　우리는 식사를 하면서 여러 이야기를 주고받았다. 우리는 양의 위로 만든 주머니를 가지고 있었는데, 주머니 안에는 맛이 기가 막힌 코부르마kovurma(고기, 야채, 국수를 넣고 국물 없이 볶은 요리—옮긴이)가 담겨 있었다. 장교도 타슈켄트에서 가져온 보드카를 갖고 있었는데 이는 카라 키르기스 족이 아주 좋아하는 술이었다. 특히나 자기가 뭘 마시는지 다른 사람들이 모를 때는 더 말할 나위가 없었다. 보드카를 마시면서 노인은 이 지역에 관해서 여러 가지 이야기를 들려주었고, 어디에 가면 뭐가 흥미로운지도 알려주었다. 1년 내내 눈으로 덮여 있는 산을 가리키면서 그가 말했다. "저기 저 산꼭대기가 보이슈? 바로 그 뒤에 이것도 있고…… 저것도 있는데…… 그 유명한 알렉산더 동굴도 거기 있다오." 장교는 이 모든 내용을 종이 위에 그렸다. 그는 제법 그림을 잘 그렸다.

식사가 끝나자 노인은 캠프로 돌아갔고, 나는 장교가 그린 그림을 보았다. 그런데 그는 노인이 알려준 모든 것을 산 뒤쪽이 아닌 산 앞쪽에 그려놓고 있었다. 나는 그에게 노인의 이야기와 차이가 나는 점들을 알려주었다. 그는 카라 키르기스 어에서 '앞쪽'과 '뒤쪽'을 나타내는 부티bou-ti와 푸티pou-ti를 혼동했던 것이다. 두 낱말의 발음이 거의 비슷해 말을 빨리 할 경우에는 구분하기가 어려웠다.

장교에게 그런 점을 지적하자, 그는 "이런, 빌어먹을!" 하고 내뱉더니 탁 소리가 나게 스케치북을 접어버렸다. 거의 두 시간 동안 그림을 그렸으니 이 모든 걸 처음부터 다시 그리고 싶지 않기도 했을 것이다. 게다가 우리는 다음 목적지를 향해 출발할 준비를 다 마친 상태였다.

장교가 그린 그림은 얼마 후 그대로 지도로 옮겨질 게 뻔했다. 이 지역에 한 번도 와본 적이 없는 지도 제작자는 산 저쪽에 속한 내용을 산 이쪽에다 표시할 테고, 당연히 우리 같은 여행자는 산 저쪽에 있는 것들을 이쪽에서 찾게 될 게 뻔하다. 소수의 예외가 있긴 하겠지만, 지도를 만드는 일이 대개 이런 식으로 진행된다. 그러므로 지도에서 당신이 지금 강 쪽으로 가고 있다고 가리키는데 막상 '히말라야의 멋진 딸들'과 만나게 되더라도 너무 놀라지는 말라.

아무튼 그래서 우리는 안내인도 없이 며칠 동안 되는대로 헤매고 다녔다. 유럽인이라면 특히나 더 가차 없이 대하는 산적떼 손에 잡히지 않기 위해서 신경을 바짝 곤두세우면서 말이다. 산적들은 유럽인을 붙잡으면 일단 엄숙한 의식을 치른 뒤 우리에 갇힌 가축으로 바꿔놓고 만다. 그리고 나중에 우리가 사랑하는 지구의 이쪽 지역에 사는 또 다른 부족에게 괜찮은 말 한 필이나 최신형 총 한 자루 혹은 역시 포로인 젊은 여자를 받고 넘겨버린다.

이곳저곳을 헤매고 다니다가 조그만 개울가에 도착한 우리는 그 개울을 따라가기로 결정했다. 개울을 따라가다 보면 분명 어딘가로 이어질 터였다. 그러나 우리가 당도한 곳이 마침 물줄기가 갈라지는 곳이었기 때문에 우리가 따라가기로 한 물줄기가 북쪽으로 이어질지 남쪽으로 이어질지 알 수 없었다.

처음에는 개울 옆 둔치를 따라 걸어갔지만, 이내 경사가 급해지면서 더 이상 걸을 수 없게 되자 우리는 아예 아래로 내려가 개울 바닥을 따라가기로 결정했다. 그러나 그렇게 몇 킬로미터도 못 가 수많은 지천들에서 흘러온 물이 합쳐지면서 더 이상 강바닥을 따라가는 것도 어려워졌다. 결국 우리는 걸음을 멈춘 채 이제 어떻게 할 것인지 머리를 맞대고 의논하지 않을 수 없었다.

긴 토론이 끝나고 우리는 짐 운반과 비상시 식량으로 쓰기 위해 데려온 염소를 잡기로 했다. 염소를 잡아 가죽을 벗겨낸 뒤 거기에 바람을 집어넣고 뗏목에 연결하면 강 하류까지 타고 갈 수 있겠다는 계산이었다. 염소를 잡고 뗏목을 만들기 위해 우리는 개울에서 가까운 안전한 곳으로 나와 텐트를 쳤다. 그날은 이미 날이 어두워서 일을 하기가 어려웠기 때문에 우리는 밥을 먹고 잠자리에 들었다. 늘 하던 대로 텐트 주변에 불을 피우고, 밤새 돌아가며 보초도 세웠다.

다음날 아침 눈을 뜨자마자 우리는 양심―이 시대 모든 사람들의 양심과 똑같이 타락한, 그리고 지옥의 요구에 정확하게 부합하는―의 동의 아래, 불과 이틀 전까지만 해도 우리의 성실한 친구요 동료라고 여겼던, 그 힘든 여정을 함께해 온 염소들을 모두 도살했다.

이 존경스러운 기독교적 이슬람 식 행위를 끝낸 뒤 한 사람이 고기를 잘게 썰었다. 구워서 자루 몇 개에 담아가기 위해서였다. 몇몇 사람은 뗏목에 매달기 위해 자루에 공기를 채우기 시작했다. 또 몇몇 사람은 창자를 꼬아 자루를 뗏목에 묶는 노끈으로 쓸 수 있도록 준비했다. 나를 포함해 나머지 사람들은 도끼를 들고 뗏목을 만들 튼튼한 나무를 찾으러 나섰다.

나무를 찾다 보니 우리는 캠프에서 꽤 먼 곳까지 가게 되었다. 우리가 찾는 나무는 버즘나무나 자작나무였다. 근처에서 자라는 나무 중에 오직 이 두 수종만이, 좁고 물살이 센 협곡의 바위들에 부딪혀도 견뎌낼 수 있을 거라 생각했기 때문이다.

캠프 가까운 곳에는 무화과나무나 그 비슷한 수종들이 많았지만, 뗏목을 만들기 위해서는 더 단단한 나무가 필요했다. 나무를 살피면서 주위를 배회하던 중 바닥에 앉아 있는 그 지역 원주민 한 명을 발견했다. 잠시 상의한 뒤 우리는 그에게 어디로 가면 우리가 찾는 나무가 있는지 물어보기로 했다. 가까이 가서 보니 그는 누더기를 걸치고 있었고, 얼굴을 보아하니 영혼의 구원을 위해 혼자 수행하는 '에즈–에주나부란ez-ezounavouran'임이 틀림없었다. 바로 유럽인들이 파키르fakir라고 부르는 사람들이었다.

어쩌다 '파키르'라는 단어가 나오게 되었는데, 이야기가 조금 곁길로 새더라도 잠시 이 유명한 단어에 대해 설명을 해볼까 한다. 이 단어는 그 의미가 잘못 해석됨으로 해서 공허한 말로 변질되어 버린 수많은 낱말 중 하나이다. 특히 오늘날 이 낱말은 유럽인에게 즉각적인 반응을 불러일으키며, 진보적인 사람들의 사고 능력을 감소시키는 주요 원인이 되고 있다.

유럽인들이 '파키르'라는 낱말에 어떤 의미를 붙여놓았는지 아시아 사람들은 잘 모르지만, 그럼에도 이와 똑같은 낱말이 아시아 거의 전역에서 쓰이고 있다. 파키르, 더 정확하게 표현해서 '파흐르 fakhr'는 '거지'라는 뜻을 가진 말로 그 어원은 투르크멘 어에서 유래한다. 아시아 대륙에 살고 있는 사람들로 고대 투르크멘 어에서 유래한 언어를 쓰는 사람들에게는 오늘날 이 낱말이 '협잡꾼'이나 '사기꾼'이라는 의미로 전해지고 있다.

실제로 '협잡꾼'이나 '사기꾼'이라는 의미로 이들은 두 개의 다른 낱말을 사용하는데, 둘 다 고대 투르크멘 어에서 나온 말이다. 그 중 하나가 '파키르'이고, 다른 하나는 '루리lourie'이다. 파키르는 간교한 속임수로 사람들의 독실한 종교심을 건드려 자신의 이익을 취하는 협잡꾼이나 사기꾼을 일컫고, 루리는 단순히 상대의 아둔함을 이용해 먹는 사람을 가리킨다. 개인이건 집단 전체건 모든 집시들도 이 루리라는 이름으로 불린다.

일반적으로 말해서 유목 생활을 하는 사회에는 어디에나 집시가 있다. 집시들은 주로 말을 거래하는 일이나 땜장이 일, 잔치 때 노래 부르기, 사주 보기 등의 일을 한다. 그들은 대개 사람들이 많이 모여 사는 곳 부근에서 야영을 하면서 온갖 잔꾀로 지역의 순박한 사람들을 속이면서 살아간다. 결국 집시를 가리키는 이 루리라는 말은 오래 전부터 아시아에서 종족과 무관하게 사기꾼이나 협잡꾼을 가리키는 말로 사용되었다.

유럽인들이 '파키르'라는 낱말을 잘못된 의미로 전하는 바람에 아시아 사람들 사이에서 몇 가지 낱말이 쓰이게 되었는데, 그 중 가장 널리 사용되는 말이 투르크멘 어에서 유래한 예즈-에주나부란이란 단어이다. 이 단어의 뜻은 '자기 자신을 이겨낸 사람'이다.

나는 이른바 파키르에 관한 유럽인들의 생각을 글로도 읽고 말로도 많이 들었다. 아시아에서는 일반적으로 누구나 그들이 부리는 재주가 비양심적인 협잡꾼이나 사기꾼의 고도의 속임수에 불과하다고 생각하는 데 반해, 유럽인들은 하나같이 파키르의 재주가 초자연적이고 기적적인 것이라고 확언했다.

이 낱말의 잘못된 사용으로 유럽인들 사이에 어떤 혼동이 일어났는지 다음 얘기만 들어도 충분할 것이다. 파키르들이 산다는 나라는 거의 모두 다녀보았지만, 나는 유럽인들이 상상하는 그런 파키르는 단 한 명도 본 적이 없다. 그러나 최근에 나는 운 좋게도 진짜 '파흐르'를 만났다. 그는 아시아 사람들이 생각하는 바로 그 파흐르였는데, 내가 그를 본 곳은 흔히 유럽인들이 생각하듯 인도와 같은 나라가 아닌 유럽의 심장부인 베를린에서였다.

어느 날 쿠어퓌어스텐담 시가지를 따라 동물원 정문 쪽으로 걸어가던 중이었다. 잘 포장한 도로 위에서 두 다리를 잃은 장애인이 손수레 위에 구닥다리 오르골을 올려놓고 음악을 켜고 있었다. 현대 문명의 상징과도 같은 여타 거대 도시들에서처럼 독일의 수도인 베를린에서도 직접적으로 자선을 요구하는 행위는 금지되어 있었다. 하지만 손풍금을 연주한다든지 빈 성냥갑이나 음란한 그림이 있는 엽서 또는 잡지를 팔면서 구걸하는 건 경찰의 제지를 받지 않았다.

독일 군인 차림을 한 이 거지는 음들이 절반밖에 없는 오르골을 돌리고 있었다. 나는 그에게 동전 몇 개를 던져주었다. 그러면서 생각 없이 그를 쳐다보았는데 어쩐지 얼굴이 낯익었다. 지금도 그렇지만 그 당시에도 나는 어설픈 독일어로 낯선 사람과 대화하고 싶지 않아서 그에게 질문을 던지지 않았다. 그 대신 어디에서 그를 봤는지 생각을 더듬기 시작했다.

일을 마친 뒤 나는 다시 같은 길로 돌아가게 되었다. 거지는 여전히 그 자리에 있었다. 왜 그렇게 낯익은지 알아볼 양으로 나는 그에게 천천히 다가가면서 얼굴을 찬찬히 뜯어보았다. 하지만 그 순간에는 그가 누구인지 기억해 낼 수 없었다. 그러다 근처 카페에 도착해서야 불현듯 그 남자가 몇 년 전 콘스탄티노플에 있을 때 내 친구의 소개로 나를 찾아왔던 한 여성의 남편이라는 게 기억났다. 친구가 써준 소개장에는 그녀를 치료해 달라는 내용이 적혀 있었다. 그녀의 남편은 전직 러시아 장교로 브란겔Wrangel 장군(제정 러시아 백위군의 장군. 러시아 혁명 후 영국과 프랑스의 원조를 받아 크리미아에서 혁명군과 싸웠으나 패하고 벨기에로 망명하였다 ─ 옮긴이)의 군대와 함께 러시아에서 콘스탄티노플로 피난을 온 것 같았다.

그때 그 젊은 여성이 어떤 모습으로 나를 찾아왔는지도 기억이 났다. 어깨뼈는 탈구된 상태였고, 온몸은 시퍼렇게 멍이 들어 있었다. 내가 팔을 만지는 동안, 그녀는 남편이 자신을 이 지경이 되도록 때렸다는 이야기를 했다. 이유인즉 남편이 자기를 한 스페인 계 유대인에게 큰돈을 받고 팔려고 했는데 그 말을 듣지 않았기 때문이라고 했다. 두 명의 의사 빅토로프Victorov와 막시모비치Maximovitch의 도움을 받아 나는 그녀의 어깨뼈를 맞춰주었고, 치료가 끝나자 그녀는 떠났다.

두세 주쯤 후에 나는 '흑장미'라는 이름의 한 러시아 식당에 앉아 있었다. 그때 그 여성이 나에게 다가왔다. 그녀가 같은 탁자에 앉아 있던 남자 쪽으로 고개를 까딱거리면서 말했다. "저 사람이에요, 제 남편." 그러더니 다음과 같이 덧붙였다. "남편과 다시 화해했어요. 가끔씩 성질을 이기지 못할 때가 있지만 그래도 좋은 사람이에요." 그러고는 재빨리 자리를 떠났다. 그때 비로소 나는 그녀가 어떤 종류

피오트르 카르펜코　*321*

의 여성인가 이해할 수 있었다. 이처럼 드문 유형의 사람에게 흥미를 느낀 나는 한참 동안 그 장교의 얼굴을 찬찬히 뜯어보았다.

그리고 지금 여기에서 그 사람을 다시 만나게 된 것이다. 다리 없는 불구자로, 독일 군복을 입고 오르골을 돌리면서 독일 동전을 구걸하는 그를 말이다. 이 불행한 전쟁 희생자 앞에는 그날 내내 마음씨 따듯한 사람들이 지나가다 던져준 꽤 많은 동전이 쌓여 있었다.

나는 이 사람이야말로 아시아 사람들이 이해하고 있는 의미의 진짜 파키르라고 생각한다. 신은 내 것 못지않게 튼튼하고 멀쩡한 다리를 그에게 주었다. 단지 손수레 뒤에 얌전히 포개진 채 긴 군복 상의와 헐렁거리는 바짓단 속에 감추어져 있을 뿐이었다.

자, 이 이야기는 충분히 한 것 같고, 이제 앞에서 하던 이야기로 다시 돌아가 보자.

아무튼 그래서 우리는 이 에즈-에주나부란에게 다가갔고, 그와 인사를 나눈 뒤 그 옆에 자리를 잡고 앉았다. 우리가 찾는 나무가 있는 곳을 아는지 묻기 전에 먼저 그에게 격식을 지키면서 이런저런 이야기를 나누었다. 그런 격식을 차리는 것이 이들에겐 습관처럼 되어 있었다.

이 지역 사람들의 사고방식은 유럽인들의 그것과는 사뭇 다르다. 유럽인들의 경우에는 머릿속에 있는 생각이 바로 혀끝으로 표현되지만, 아시아 사람들은 다르다. 아시아 사람들의 사고방식은 상당히 이중적이다. 이 지역 사람이라면 누구나 속으로는 당신을 싫어하고 당신에게 상처를 줄 온갖 방법을 생각하더라도 겉으로는 지극히 친절하고 공손하다.

특히 이런 점을 이해하지 못하고 수십 년간 아시아 사람들 속에서 살아오는 유럽인들은 자신들의 기준으로 그들을 판단함으로 해서 많은 것을 잃기도 하고 얼마든지 피할 수 있는 오해들을 빚기도 한다. 이들 아시아인들은 자존심과 자기애로 가득하다. 신분이 높거나 낮거나 상관없이 그들은 자신을 하나의 인간으로서 일정한 태도를 갖추고 대해주길 요구한다.

그들은 본론을 먼저 말하는 법이 없다. 정작 하고 싶은 이야기는 격식을 차리는 말을 무성하게 나누다 말이 나온 김에 꺼내는 이야기인 것처럼 해야 한다. 그렇지 않으면 당신이 진짜 가야 할 길은 왼쪽인데 그들로부터 오른쪽으로 가라는 답변밖에 얻지 못한다. 그 반면 그들이 요구하는 바를 충족시켜 주면, 그들은 정확한 방향을 알려줄 뿐만 아니라 직접 도와주겠다며 나설 수도 있다. 심지어 당신을 목적지까지 데려다줄 수도 있다.

그러기에 그 사람한테 우리는 우리가 알고 싶어 하는 것부터 먼저 묻지 않았다. 필요한 관습적 절차를 밟지 않고 필요한 것부터 캐내는 것은 금물이었다. 그 사람 옆에 앉은 뒤 우리는 풍경의 아름다움에 대해 늘어놓기 시작했다. 그리고 이곳이 초행이라며 이곳이 살기에 좋은지 물어보았다. 그리고 한참 후에야 마치 지나가는 말처럼 "우리가 어떤 일로 이러저러한 나무를 찾고 있는데 이 근처 어디에도 그런 나무가 없더라"고 말을 흘렸다.

그는 자기가 이쪽에 온 지 얼마 안 돼 어디에 그런 나무가 있는지 알지 못해 정말 유감이라며, 어쩌면 자신의 노스승은 알지 모르겠다고 대답했다. 스승은 산 뒤편 동굴에서 오래 살았으니 이 지역에 대해 속속들이 알 거라고 했다. 그러더니 자리에서 일어나 길을 안내해 주려고 했다. 사토 오글리 박사가 그를 말리며 우리가 직접 스승을 찾아가서 그런 나무에 대해 물어봐도 되겠느냐고 물었다. 그러자 남자가 대답했다. "물론이죠. 함께 갑시다. 스승님은 성인이나 진배

없는 분이라 언제든 기꺼이 사람들을 도와주십니다."

얼마나 갔을까 멀리 나무 밑 풀밭에 한 사람이 앉아 있는 모습이 보였다. 그러자 우리의 안내자가 한걸음에 달려가 그에게 뭐라고 말을 하더니 우리에게 얼른 오라고 손짓을 했다. 관습에 따라 인사를 주고받은 뒤 우리는 그 옆에 자리를 잡고 앉았다. 그때 그 지역 사람 하나가 나타나더니 우리 옆에 앉았다. 나중에 알았지만 이 사람도 이 덕망 높은 에즈-에주나부란의 제자라고 했다.

이 노인의 얼굴은 자애로웠고 결코 평범해 보이지가 않았다. 그래서 우리는 굳이 서론을 늘어놓거나 속내를 감추는 대신, 지금까지 우리에게 일어난 일이며 어떤 방법으로 이곳에서 빠져나가려고 하는지까지 모두 이야기를 했다. 또 왜 그를 찾아왔는지도.

그는 귀를 기울여 우리 이야기를 들었다. 잠시 생각을 하더니 그는 우리가 멈춰 있는 물줄기는 치트랄 강(파키스탄 서쪽에 있는 강— 옮긴이)의 지류로 카불 강으로 흘러들어 가며, 나중에 인더스 강으로 합쳐진다고 말했다. 그에 따르면 이곳에서 나갈 수 있는 길은 여러 갈래가 있지만 모두 아주 길고 험하다고 했다. 만약 우리가 계획한 대로 여행을 하면서 낯선 이에게 적대적인 강가 마을들을 피해갈 수만 있다면, 우리의 계획은 아마 최상의 방법이 될 거라고 했다. 그러면서 우리가 찾고 있는 나무는 뗏목용으로 별로 적합하지가 않고, 우리 목적에 가장 좋은 나무는 산수유나무로 방금 전 지나온 길 왼쪽으로 가면 그 나무들이 군락을 이루고 있을 거라고 했다.

그때 갑자기 어디선가 이상한 소리가 들렸다. 사람을 머리부터 발끝까지 벌벌 떨게 만드는 그런 소리였다. 노인이 태연하게 고개를 돌리더니 연륜 있는 목소리로 뭐라고 말을 했다. 그러자 덤불 밖으로 잘생기고 힘 있게 생긴 거대한 회색 곰 한 마리가 입에 뭔가를 문

채 나타났다. 곰이 우리에게 가까이 다가오자 노인이 다시 곰을 불렀다. 곰이 반짝거리는 눈으로 우리를 쳐다보다가 천천히 노인에게로 다가갔다. 그러더니 입에 물고 있던 것을 노인 앞에 내려놓고는 돌아서서 천천히 덤불 속으로 사라졌다. 우리는 망연자실해서 아무 말도 할 수 없었다. 온몸이 사시나무 떨듯 떨리고 이빨까지 딱딱 맞부딪쳤다.

노인이 부드러운 목소리로 말하길 곰은 자신의 친구로 중가리 djungari(이 지역에서 자라는 옥수수의 일종으로 밀 대용으로 먹는다)를 가져다주곤 한다고 했다. 그리고 방금 전 곰이 물어다준 게 바로 중가리라고 했다. 우리를 안심시키는 노인의 설명에도 불구하고 우리는 쉽게 마음이 가라앉지 않았다. 당황스런 표정으로 아무 말 없이 서로를 바라볼 뿐이었다. 의자에서 무겁게 몸을 일으킨 노인이 넋을 빼앗긴 채 있는 우리를 깨운 뒤, 지금이 자신의 산책 시간이라며 원한다면 산수유나무가 있는 계곡으로 우리를 안내해 주겠다고 했다.

그는 기도를 암송한 뒤 앞장을 섰다. 그의 제자들과 우리는 다 같이 노인의 뒤를 따랐다. 계곡에 이르자 정말로 수많은 산수유나무들이 군락을 이루고 있는 게 보였다. 노인을 포함해 모두가 큰 나무들만 골라 자르기 시작했다.

나무 두 짐을 만들고 난 뒤 이거면 충분하다고 여긴 우리는 노인에게 우리 야영지가 그다지 멀지 않으니 함께 가지 않겠느냐고 물었다. 그러면서 우리 친구들 중 한 사람이 그의 초상화를 그릴 수 있게 허락해 달라고 요청했다. 그 친구가 가진 특수 기계를 이용하면 단시간에 초상화를 완성할 수 있다면서 말이다. 처음에 노인은 이 제안을 거절했으나 제자들이 그를 설득해 주었다. 그렇게 해서 우리는 나뭇짐을 가지고 동료들이 있는 강둑으로 향했다. 캠프에 도착한 뒤 우리는 여태까지 있었던 일을 재빨리 동료들에게 설명했다. 스크리들로프 교수가 사진기로 노인의 사진을 찍은 뒤 바로 현상 작업에 들어갔다.

그가 현상을 하는 동안 나머지 사람들은 노인이 앉아 있는 무화과나무 그늘 주변으로 모여들었다. 그 중에는 비트비츠카이아도 있었는데, 몇 달째 목의 통증으로 고생하던 그녀는 목을 천으로 감싸고 있었다. 이 질환은 산악 지대에서 흔히 나타나는 증상으로 일종의 갑상선종이었다.

목에 붕대를 두른 모습을 본 노인이 문제가 뭐냐고 물었다. 설명을 해주자 노인이 그녀에게 가까이 와보라고 했다. 목의 붓기를 자세히 살펴보더니 비트비츠카이아에게 등을 바닥에 대고 누우라고 했다. 그러고는 뭐라고 속삭이면서 부어 있는 목 부위를 마사지하기 시작했다. 20분 정도 마사지를 하고 났는데, 크게 부어 있던 비트비츠카이아의 목이 우리가 보는 앞에서 가라앉기 시작했다. 다시 20분 정도가 지나자 붓기가 완전히 사라져버렸다. 이 모습을 본 사람들은 모두 놀라서 입을 다물지 못했다.

바로 그때 스크리들로프 교수가 노인의 사진 현상을 마치고 인화지를 들고 왔다. 그 역시 비트비츠카이아의 목이 싹 가라앉은 것을 보고 너무나 놀란 나머지 노인 앞에 몸을 낮추고 큰 절을 했다. 그러더니 노인에게 고질병으로 특히 지난 며칠간 격심한 통증을 느끼고 있던 신장병에서 좀 벗어나게 해달라고 간청했다.

에즈-에주나부란은 그에게 자세한 증상을 묻더니 즉시 제자 한 사람을 어딘가로 보냈다. 잠시 후 제자가 어떤 관목의 뿌리를 가지고 돌아왔다. 이 뿌리를 교수에게 주면서 노인이 말했다. "무화과나무 껍질 두 쪽과 이 뿌리 한 쪽을 복용하도록 하시오. 이 두 가지는 어디나 흔하다오. 두 가지를 함께 넣고 끓여서 이틀에 한 번씩 두 달 동안 잠자리에 들기 전 한 잔 가득 들이키시오."

그런 뒤 노인과 제자들은 교수가 들고 온 사진을 보았다. 그들은 모두 놀라움을 감추지 못했다. 특히 제자들이 몹시 놀라워했다. 우리는 노인에게 신선한 염소 고기로 만든 코부르마와 포한드pokhand(볶은 보리 가루로 만든 빵) 케이크를 내놓았고 노인도 사양하지 않았다.

대화를 나누면서 우리는 그가 현재 아프가니스탄 왕의 할아버지가 왕으로 있던 시절, 그의 기마 사령관 및 포대 사령관이었다는 사실을 알게 되었다. 60세 때 어떤 유럽 세력에 맞서 아프간 족과 발루치Baluchis 족이 반란을 일으켰을 때 부상을 입고 고향 호라산으로 돌아왔는데, 쿠샹에서 완전히 회복되고 나서도 원래의 직위로 복귀하지 않고 남은 생을 자신의 영혼을 구원하는 데 바치기로 결심했다고 했다.

고향으로 돌아온 그는 맨 먼저 페르시아 인 데르비쉬들을 만났다. 그 후 잠시이기는 하지만 침례교도가 되기도 했다. 나중에는 아프가니스탄으로 돌아가 카불의 한 수도원에 들어갔다. 자신에게 필요한 것들을 모두 섭렵하고 더 이상 사람들을 만날 필요가 없겠다는 확신이 들자 그는 인간 세상에서 멀리 떨어진 외딴 곳을 찾기 시작했다. 그래서 찾아낸 곳이 이곳이었고, 그의 가르침을 따라서 함께 살고 싶어 하는 사람들 몇 명과 이곳에 정착했다. 그는 이미 98세의 나이로, 이제 죽음을 기다리고 있었다. 백 살에 가까운 사람은 오늘날에도 찾기 어렵다.

노인이 떠나려는데 옐로프가 노인에게 자신의 눈병에 대해서도 도움이 될 만한 얘기가 있으면 좀 해달라고 부탁했다. 몇 년 전 그는 트랜스카스피아 지역에서 트라코마에 걸렸었는데 아무리 치료를 해도 낫지 않고 만성병이 되어버린 상태였다. 옐로프가 말했다. "하루 종일 그런 건 아니지만, 아침이면 눈에서 분비물이 나와 눈을 뜰 수가 없습니다. 거기에 기후가 안 좋거나 모래 폭풍을 만날 때면 눈이 너무나 쓰리고 아픕니다."

늙은 에즈-에주나부란은 그에게, 황산구리를 아주 곱게 가루를 내서 매일 밤 잠들기 전 침을 바른 바늘에 황산구리 가루를 묻혀서 눈꺼풀 사이에 줄을 긋듯 바르라고 했다. 그러면서 한동안은 계속 그렇게 바르라고 당부했다. 옐로프에게 그렇게 처방한 뒤 노인은 자리에서 일어났다. 그는 우리들 한 사람 한 사람에게 그 지역 식으로 축복을 비는 몸짓을 한 뒤 떠났다. 우리는 모두, 심지어 우리가 데리고 있던 개까지도 따라 나가 그를 배웅했다.

따라 걸으면서 우리는 노인과 좀 더 이야기를 나눴다. 그때 갑자기 카르펜코가 아무하고도 상의 없이 우즈베크 어로 노인에게 이렇게 말했다. "성자시여! 운명의 인도로 저희가 이처럼 비상한 환경에서 당신처럼 지식이 많고 경험이 풍부할 뿐만 아니라 죽음 이후를 스스로 준비할 정도로 높은 경지에 이른 분을 만나게 되었습니다. 우리는 한 치의 의심도 없이 당신께서, 물론 그것이 가능하다는 전제하에, 저희가 어떻게 살아야 할 것인지, 어떤 이상을 가져야 하는지 우리에게 귀한 가르침을 주시기를 원합니다. 그리하여 저희가 신의 뜻대로, 가치 있는 사람으로 살아갈 수 있도록 말입니다."

카르펜코의 이 이상한 질문에 대답하기 전 노인이 마치 무언가를 찾는 것처럼 주변을 두리번거리기 시작했다. 그러더니 바닥에 쓰러져 있는 통나무로 다가갔다. 그가 통나무 위에 앉자, 우리도 주변에 자리를 잡고 앉았다. 나무에 앉은 사람도 있고, 그냥 바닥에 주저앉은 사람도 있었다. 그가 우리를 바라보더니 천천히 말을 꺼내기 시작했다. 그의 답은 짧긴, 그러나 매우 흥미롭고 중요한 내용이 담긴 연설로 발전했다.

이 나이든 에즈-어주나부란이 그때 들려준 이야기 역시 나는 책에 쓸 예정이나, 그것은 시리즈의 세 번째 책에서 '인간의 아스트랄체astral body(마음의 층. 중정체라고도 한다 — 옮긴이), 법칙에 따른 아스트랄체의 필요성과 가능한 발현 모습The astral body of man, its needs and possibilities of manifestation according to law'이라는 제목으로 다루게 될 것이다. 여기서는 다만 이 노인이 해준 치유의 결과 — 여러 해에 걸쳐 검증된 — 에 대해서만 간단하게 언급하고자 한다.

그날 이후 비트비츠카이아의 병은 재발하지 않았다. 아니 그 징후조차 다시는 나타나지 않았다. 스크리들로프 교수는 자신을 치료해 준 이 노인에게 어떻게 해야 감사의 마음을 전할 수 있을지 몰라 했다. 12년 동안이나 앓아온 고질병 — 어쩌면 평생 고통을 겪었을지도 모르는 — 이 노인 덕분에 완치되었기 때문이다 옐로프는 한 달 뒤 병의 흔적이 완전히 사라져버렸다.

우리 모두에게 대단히 의미심장했던 이 일이 있고 난 뒤로 우리는 그곳에서 사흘을 더 머물렀다. 그동안 나무를 자르고 뗏목을 만들며 계획한 대로 모든 것을 준비했다. 나흘째 되는 날 이른 아침, 완성된 뗏목을 강물에 띄운 뒤 하류를 향해서 나아가기 시작했다. 처음에는 뗏목이 물살을 잘 타지 못했다. 그래서 때론 밀고 가기도 하고, 때론 아예 지고 가기도 했다. 하지만 점점 강이 깊어지면서 뗏목이 물살을 제대로 타기 시작했다. 어떤 때는 많은 사람이 타고 있음에도 마치 뭔가에 홀려 날아가듯 움직이기도 했다.

우리가 아주 편안했다거나 안전했다고 말할 수는 없다. 특히 뗏목이 협곡을 지나가거나 바위에 부딪칠 때는 불안하기 그지없었다. 하지만 기술자인 삼사노프Samsanov가 고안한 장치 덕분에 뗏목이 매우 힘차면서도 부드럽게 움직인다는 것을 확신하게 되면서 차츰 마음이 편안해지고 뗏목 위에서 농담도 주고받을 정도가 되었다. 삼사노프가 계발한 기발한 장치란 앞서 얘기한, 바람을 집어넣은 염소 가죽 주머니를 뗏목 앞과 옆에 단 것으로, 바위에 부딪칠 때마다 일종의 완충 장치 역할을 해주었다.

강을 따라 내려가던 이틀째 날, 우리는 강둑에서 살아가는 듯한 원주민 무리와 총격전을 벌이게 되었다. 이 총격전에서 피오트르 카르펜코가 중상을 입었고, 결국 2년 뒤에 사망하고 말았다. 죽음을 맞기엔 너무도 젊은 나이의 카르펜코는 사망 당시 중앙러시아의 한 도시에 살고 있었다.

참 귀하고 성실한 친구여, 평화 속에 잠들게!

10 스크리들로프 교수

내가 스스로 삶을 책임지고 살아가기 시작할 무렵 내 인생에서 만난 아주 중요한 친구가 한 명 더 있는데, 그가 바로 스크리들로프 Skridlov이다. 그는 나보다 나이가 꽤 많았다. 고고학 교수였던 그는 러시아 인의 정신에 일대 격변이 일어나던 때 아무런 흔적도 남기지 않고 사라져버렸다.

처음 스크리들로프 교수를 만나게 된 상황은 앞의 유리 루보베츠키 왕자에 대해 이야기한 장에서 이미 설명한 바 있다. 그때 그는 나를 카이로 일대의 여행 안내자로 고용했었다. 그 뒤로 얼마 되지 않아서 나는 고대 그리스의 테베 유적지에서 그를 다시 만났다. 그곳은 내가 유리 루보베츠키 왕자와 첫 번째 여행을 마친 지점이자, 스크리들로프가 발굴 작업을 하기 위해서 우리를 불러 모은 곳이기도 했다. 우리는 그곳 무덤들 중 한 곳에서 거의 3주를 함께 지냈다. 일손을 놓고 잠시 쉬는 시간이면 우리는 온갖 추상적인 주제들을 놓고 이야기를 나누었다. 나이차에도 불구하고 시간이 지날수록 그와 나 사이에는 친밀감과 돈독한 우정이 생겨났고, 유리 루보베츠키 왕자가 러시아로 떠났을 때에도 우리 두 사람은 헤어지지 않고 함께 긴 여행길에 올랐다.

우리는 테베에서 나일 강의 원류까지 갔다가 아비시니아(에티오피아의 옛 이름—옮긴이) 쪽으로 나와 그곳에서 약 석 달 정도 머물렀다. 그 후에는 홍해를 지나 시리아로, 다시 바빌론의 유적지로 갔다. 그곳에서는 넉 달을 지냈다. 그 뒤 스크리들로프 교수는 발굴을 계속하기 위해 그곳에 남았고, 나는 바빌론 인근의 작은 마을에서 우연히 알게 된 두 명의 페르시아 인과 함께 메셰드(이란 호라산 주의 주도. 마슈하드Mashhad라고도 한다. 이슬람교 시아파의 성지—옮긴이)를 지나 이스파한(이란 중서부의 도시로 테헤란, 메셰드에 이어 세 번째로 큰 도시—옮긴이)까지 가게 되었다. 그들은 양탄자 상인들이었는데, 나 역시 오래된 양탄자에 관심이 있던 터라 그들과 순식간에 친해졌다.

2년 뒤 그가 유리 루보베츠키 왕자와 함께 오렌부르크(러시아 우랄 강 상류의 공업 도시—옮긴이)에 왔을 때 나는 그를 다시 만났다. 앞서 몇 차례 언급한 바 있는 '진리를 찾는 사람들'이라는 모임에서 계획한 시베리아 횡단 원정을 그 도시에서 시작할 예정이었다. 시베리아 여행 이후 우리는 오랜 기간 동안 자주 만났고 아시아와 아프리카 등지의 오지 여행도 여러 차례 함께 했다. 물론 여행이 아니더라도 필요할 때면 만나서 짧게 의견을 나누기도 했다. 우연히 만나는 경우도 많았다.

이 시점에서 나는 우리가 우연히 만났던 이야기와 함께 연이은 긴 여행 이야기를 좀 자세히 적어보고자 한다. 이 여행을 기점으로 스크리들로프 교수는 내적 세계에 일대 전환이 일어났고, 그때부터 그는 단지 이성적인 생각만이 아니라 느낌과 직감에 따라서도 행동하기 시작했다. 아니, 느낌과 직감을 좇는 경우가 훨씬 많아졌다.

이러한 전환은 내가 그를 러시아에서 우연히 만난 시점으로 거슬러 올라간다. 콘스탄티노플에서 루보베츠키 왕자와 만나고 얼마 안 돼 트랜스코카서스로 가던 중이었다. 어느 기차역의 간이 식당에서 말고기로 만든 비프커틀릿을 급하게 먹고 있을 때였다. 제법 유명한 이 음식은 카잔Kazan(볼가 강 중류 지역의 러시아 도시 — 옮긴이) 지역의 타타르족이 러시아 철도의 간이 식당들에 공급하는 것이었다. 서둘러 음식을 먹고 있는데 누군가 갑자기 내 뒤에서 두 팔로 나를 껴안았다. 돌아서 보니 내 오랜 친구 스크리들로프였다.

그는 나와 같은 기차를 타고 퍄티고르스크의 휴양지에 있는 딸을 만나러 가는 중이었다. 우리는 정말 기뻤다. 남은 여정을 나란히 앉아서 가기로 하고, 교수는 기꺼이 이등칸에서 내가 타고 있던 삼등칸으로 자리를 옮겨왔다. 가는 내내 우리는 쉬지 않고 이야기를 나누었다.

그는 바빌론 유적지를 떠난 뒤 어떻게 테베로 돌아갔고 그곳에서 어떤 발굴 작업들을 더 했는지 들려주었다. 지난 2년 동안 그는 흥미진진하고 귀중한 발견들을 많이 했는데, 문득 고향 러시아와 자식들이 몹시 보고 싶어 당분간 일을 쉬고 돌아다니는 중이라고 했다. 러시아에 돌아와 그는 먼저 상트페테르부르크로 갔고, 그곳에서 큰딸을 만나러 야로슬라블(모스크바에서 북동쪽 볼가 강의 지류인 코스트로마 강 연안의 항구 도시─옮긴이)로 갔다. 그리고 지금은 막내딸을 만나러 가는 중이었다. 그가 없는 사이 막내딸은 두 명의 손자를 '준비해' 놓았단다. 얼마나 더 러시아에 머물지, 다음에 무엇을 할 것인지는 아직 정해진 게 없다고 했다.

이번에는 내가 지난 2년을 어떻게 보냈는지 들려주었다. 우리가 헤어진 직후 나는 이슬람교에 점점 더 깊은 관심을 갖게 되었다. 이 종교의 비밀스런 심장부에 직접 들어갈 수 있으리라는 희망과 내가 본질적인 의문으로 품고 있던 질문에 대한 답을 찾을 수 있으리라는 기대로, 온갖 어려움을 무릅쓰고 메카(사우디아라비아 서남부 홍해 연안의 이슬람 성지. 이슬람교의 창시자인 마호메트가 태어난 곳─옮긴이)와 메디나(마호메트가 622년에 메카에서 쫓겨나 옮겨간 곳으로, 그의 무덤도 이곳에 있다─옮긴이)로 향했다. 교활한 수를 내어 나는 마침내 기독교인의 출입이 금지된 메카와 메디나에 들어갈 수 있었다.

하지만 이런 노력도 허사가 되고 말았으니, 나는 그곳에서 아무것도 찾을 수가 없었다. 분명해진 것이 있다면, 이 종교에서 뭔가 얻을 것이 있다면, 그걸 찾을 수 있는 곳은 여기가 아니라 모든 사람들이 믿고 또 말하는 것처럼 부하라일 거라는 사실이었다. 부하라에는 초기부터 이슬람의 비전적秘傳的 지혜가 집중된 곳이었고, 그런 까닭에 이곳이 이슬람교의 중심이자 비전적 가르침의 원천이 되었던 것이다. 아무것도 찾지 못했지만 나는 관심과 희망을 버리지 않았다. 그래서 메카와 메디나로 순례 여행을 왔다가 돌아가는 사르트 족 사람들과 함께 부하라로 가기로 마음을 먹고, 그들에게 의도적으로 접근해 친밀한 관계를 맺었었다.

덧붙여 나는 내가 왜 곧장 부하라로 가지 못했는지에 대해서도 그에게 이야기했다. 콘스탄티노플에 도착해서 루보베츠키 왕자를 만났던 일, 그가 나에게 어떤 사람을 자기 여동생이 살고 있는 탐보프 지방까지 데려가 달라고 부탁한 이야기, 그리고 지금 막 탐보프에서 떠나오는 중이라는 이야기를 했다. 아울러 부하라로 떠나기 전에 트랜스코카서스에 들러 부모님을 잠깐 뵙고 다시 길을 되짚어 부하라 쪽으로 가려고 한다는 이야기도 들려주었다. 그러자 그가 "그리고 지금 자네는 오랜 친구인 스크리들로프와 함께 가고 있군"이라며 내 이야기를 대신 마무리 지었다.

그는 지난 3년 동안 타메를란Tamerlane(1336~1405년에 중앙아시아를 지배하던 티무르 왕조의 황제인 티무르의 별칭 — 옮긴이)과 관련된 자료를 확인하기 위해 부하라와 거기에서 가까운 사마르칸트에 가는 꿈을 꾸어왔다고 말했다. 그 일은 그가 지대한 관심을 가지고 있는 고고학적 문제를 해명하는 데 반드시 필요하다고 덧붙였다. 최근에 와서야 다시 이 문제를 생각하기 시작하기는 했지만 혼자서 여행을 떠날 엄두가 나지 않았다고 했다. 그러다 내가 그곳으로 간다는 말을 들으니 내가 반대하지 않는다면 기꺼이 함께 가고 싶다고 했다.

두 달 후 우리는 약속대로 티플리스에서 다시 만났다. 거기서 트랜스카스피안 지방으로 갔다가 부하라로 가기로 했다. 하지만 옛 메르브(투르크메니스탄 동남부의 옛 도시 — 옮긴이)의 폐허에 도착한 뒤 우리는 그곳에서 거의 1년을 보내게 되었다. 왜 그런 일이 벌어졌는지 설명하자면 시간을 좀 거슬러 올라갈 필요가 있는데, 우리가 부하라로 가기로 결정하기 오래 전 스크리들로프 교수와 내가 여러 가지 이야기를 나누던 중 카피리스탄(아프가니스탄 북동부에 위치한 지역. 주민들이 이슬람교로 개종한 후, 이단자의 땅이라는 카피리스탄에서 광명의 땅이라는 누리스탄으로 개칭되었다 — 옮긴이)에 한번 가보자는 대화를 나눈 적이 있었다. 그때간 해도 이곳은 유럽인에게 자유로운 출입을 허락하지 않았다.

우리가 그처럼 그곳을 가고 싶어 했던 이유는, 다양한 사람들로부터 들은 바를 종합할 때 그곳이야말로 심리학적으로나 고고학적으로나 우리의 관심을 끄는 수많은 의문들에 대한 답을 줄 수 있을 거라는 결론을 내렸었기 때문이다.

티플리스에서 우리는 소개장을 포함해 부하라 여행에 필요한 모든 것을 준비했다. 그러다 우연히 부하라에 대해 안다는 다양한 사람들을 만나 이야기를 나누게 되었다. 이들과 대화 후 유럽인의 출입을 허용하지 않는 카피리스탄에 가보고 싶다는 마음이 더욱 커졌고, 결국 우리는 논의 끝에 부하라 방문 뒤 곧바로 가능한 모든 방법을 동원하여 그곳에 가보기로 결정했다.

그 전에 우리가 가졌던 다른 모든 관심은 사라져버린 듯했다. 투르키스탄까지 가는 내내 우리는 오로지 어떻게 하면 이 무모한 계획을 실행에 옮길 수 있을까 하는 것만 생각하고 또 이야기를 나눴다. 하지만 카피리스탄에 들어간다는 계획은 다음과 같은 상황 속에서 우연히 그 모습이 분명하게 드러나게 되었다.

우리가 탄 기차가 중앙아시아 철로의 신新 메르브 역에 도착하자 나는 차를 우릴 뜨거운 물을 얻기 위해서 간이 식당으로 갔다. 물을 얻어 다시 열차로 돌아가는데 갑자기 테키 인 복색을 한 남자가 나를 덥석 껴안았다. 가만 보니 그는 내 오랜 친구로 재단사로 일하는 그리스 인 바실리아키Vasiliaki였다. 그는 메르브 시에서 산 지 오래되었다고 했다. 부하라로 가는 길이라고 하자, 그는 부하라는 다음날 기차를 타고 가고 오늘은 자기 집에 가서 집안 행사에 참석해 달라고 간청했다. 그날 저녁 첫아이의 세례식이 있다는 것이었다.

그가 하도 간청을 하는 바람에 차마 거절할 수가 없었다. 그에게 잠깐만 기다리라고 하고 기차를 향해서 달렸다. 기차가 출발할 시간이 다 된데다 교수의 의향도 물어야 했기 때문에 전속력으로 뛰어가지 않으면 안 되었다. 뜨거운 물을 사방에 엎지르면서 말이다.

열차 안으로 올라서는 사람들과 빠져나가는 사람들 사이를 간신히 뚫고 들어오는 나를 보고 교수가 손을 흔들면서 소리쳤다. "내가 벌써 짐을 챙겼으니 얼른 뒤돌아 나가게나. 창문으로 짐을 던질 테니 나가서 받아." 방금 전 내가 우연히 누군가를 만나는 걸 보면서 상황을 추측한 게 분명했다. 급한 마음이 가시면서 천천히 승강장으로 나간 나는 교수가 창밖으로 건네주는 물건을 하나씩 받았다. 나중에 알고 보니 그렇게 서두를 필요가 하나도 없었다. 쿠쉬카 선에서 오는 연결편이 지연되는 통에 기차가 그곳에서 두 시간 넘게 머물러 있었기 때문이다.

세례식이 끝난 뒤 이어진 저녁 식사 때 나이든 투르크멘 유목민이 내 옆에 자리를 잡고 앉았다. 그는 이 집 주인의 친구로 카라쿨 종種(우즈베키스탄 보카라 지방의 양 종류로 모피는 고급종에 속한다 — 옮긴이) 양떼를 대규모로 치고 있는 재산가이기도 했다. 중앙아시아의 여러 부족들 이야기, 유목민들이 일반적으로 살아가는 모습 등에 관해 이야기하던 중 우리는 카피리스탄 지역에 사는 몇몇 독립 부족들에 대해서도 이야기를 나누게 되었다.

이야기는 저녁 식사가 끝난 뒤에도 계속되었다. 러시아 산 보드카가 아낌없이 제공되는 가운데 이 노인은 스크리들로프 교수와 내가 귀담아들을 만한 이야기를 마치 혼잣말처럼 내뱉곤 했다. 그의 말을 들으면서 교수와 나는 우리의 계획을 더욱 명확히 세울 수 있었다. 그가 말하길, 그 지역 사람들은 태생적으로 외지 사람들에 대해 굉장한 거부감을 가지고 있기는 하지만, 만약 신에게 헌신하는 사람이라면, 그가 어느 인종의 사람이든 상관없이 존경심, 아니 거의 사랑에 가까운 감정이 그들 안에서 자연스럽게 일어난다는 것이었다.

아마도 러시아 산 보드카 덕분이겠지만 우연히 만난 이 유목민으로부터 그런 이야기를 듣고 우리는, 그날 밤은 물론 그 다음날까지도 온통 새로운 계획을 짜는 데 바쳤다. 그 지역에 들어갈 때 일반인 차림이 아니라 그곳 사람들로부터 특별히 존경을 받을 만한 행색을 하고 가야 한다, 사람들의 의심을 사지 않고 어디든 자유롭게 돌아다닐 수 있는 모습을 하고 가야 한다는 전제 위에서 우리는 계획을 짜고 또 짰다.

다음날 저녁, 여전히 생각의 안개 속에 갇힌 상태에서 우리는 신 메르브의 한 찻집에 앉아 있었다. 그곳에는 투르크멘 난봉꾼들이 두 패로 나뉘어 바치batchi와 함께 대마초를 피우고 있었다. 바치란 소년 무동舞童들로서 그들이 주로 하는 일—지역 법에서도 인가를 받았을 뿐 아니라 이 지역의 보호국 역할을 해오고 있는 러시아 제국의 법령에 의해서도 권장되고 있는—은 유럽에서 황색 티켓을 켠 여자들이 합법적으로 하고 있는 일과 같은 것이었다. 그리고 이런 분위기 속에서 우리는 명확히 깨달았다. 스크리들로프 교수는 덕망 있는 페르시아 인 데르비쉬로 변장하고 나는 모하메드의 직계 후손으로, 말하자면 세이드Seïd로 행세해야 한다는 것을 말이다.

우리를 이렇게 위장하기까지는 긴 시간이 필요했다. 동시에 사람들과 떨어진 조용한 곳에 있을 필요가 있었다. 그것이 바로 우리가 구 메르브의 폐허 안에 머물기로 한 이유였다. 그곳이라면 이런 요소가 충족되기도 했거니와 머리를 식히고 싶을 때면 발굴 작업도 가능한 곳이었으니 우리로선 일석이조였다.

우리는 페르시아 성가라든지 옛날의 격언들을 많이 알아둘 필요가 있었다. 또 그 지방 사람들이 이상하게 생각하지 않게끔 머리를 길게 기를 필요도 있었다. 화장술도 필수적이었다. 이런 식으로 1년을 살고 나자, 마침내 외모라든지 종교적 시구와 성가를 외우는 정도라든지 하는 것이 만족스러울 정도가 되었다.

그러던 어느 날 아주 이른 아침 우리는 어느새 고향 같은 곳이 되어버린 옛 메르브의 폐허를 떠나 중앙아시아 철도의 바이람 알리 역까지 걸어갔다. 그곳에서 차르조우(투르크메니스탄 동북부에 있는 도시 — 옮긴이) 행 기차를 탔고, 다시 배를 타고 아무다리야 강 상류로 향했다. 고대에는 옥서스Oxus라고 불리며 중앙아시아 민족들이 신격시했던 이곳 아무다리야 강 유역은 현대 문명의 싹이 지구상에 맨 처음 나타난 곳이었다.

스크리들로프 교수와 함께 강의 상류를 향해 가는 동안 한 가지 사건 — 유럽인에게는 기이하겠지만, 현대 문명의 영향을 받지 않은 이 지방의 가부장적 도덕 관념에서는 전혀 문제가 아닌 — 이 발생했다. 이 사건의 희생자는 더없이 선량한 늙은 사르트였다. 이 사건을 떠올릴 때면 내 마음속에서는 양심의 가책 같은 것이 느껴지곤 한다. 이 착한 노인이 돈을 잃어버린 건 — 어쩌면 영원히 되찾지 못할지도 모르는데 — 바로 우리 탓이기 때문이었다. 그런 연유에서 나는 당시 유럽인에게는 접근이 허용되지 않았던 카피리스탄 여정 중에서도 이 부분에 대한 이야기를 최대한 자세히 기술하고자 한다. 그리고 이왕이면 내가 젊은 시절 문학 수업 때 배웠던 글쓰기 스타일로 그때 일을 묘사해 볼까 한다. 마치 우리가 지금 이 거대한 강가에 와 있는 듯한 착각이 들도록 말이다. 이러한 스타일은 '단어가 아닌 이미지들을 이용한 글쓰기'라고도 부를 수 있을 것이다.

아무다리야 강, 이 강의 상류 쪽은 푼지 강(타지키스탄과 아프가니스탄 사이로 흐른다 — 옮긴이)이라고 불리는데, 이 강은 힌두쿠시 산맥에서 발원해서 아랄 해로 흘러들어 간다. 그러나 역사 자료를 살펴보면 과거에는 이 강이 카스피 해로 흘러들어 갔다고 한다. 현재의 이야기와 관련이 있던 시기만 해도 이 강은 수많은 나라들―과거의 러시아와 히바 한국汗國, 부하라 한국汗國, 아프가니스탄, 카피리스탄, 영국령 인도 등등―의 국경을 씻고 내려갔다. 과거에는 특별한 뗏목을 이용하여 항해했으나, 그 유역이 러시아에 점령되고 난 뒤부터는 군사적 목적 외에도 아랄 해와 강 상류 간에 승객과 화물을 수송하기 위해서 바닥이 납작한 증기선이 항해하게 되었다.

자, 그러니 앞에서 언급한 것처럼 고대 문학 수업에서 배운 글쓰기 스타일로 짐짓 현학적인 투로 이야기를 시작해 보자. 물론 이렇게 하는 건 좀 쉬어 가자는 목적도 있다.

아무다리야 강…… 맑게 갠 이른 아침. 아직도 얼굴을 완전히 드러내지 않은 태양의 빛줄기가 산봉우리 위에 미끄러지듯 퍼져나가고 있다. 밤의 침묵과 강물의 단조로운 속삭임은 이제 막 잠에서 깨어난 새들과 동물들의 울음소리, 사람들의 목소리, 그리고 증기선의 타륜舵輪이 달그락거리는 소리에 그 자리를 내주기 시작한다.

양쪽 강둑에서는 밤새 다 타버린 모닥불에 다시 불이 붙고, 숨통을 막을 정도로 축축한 삭술saksaul(아시아 대초원에서 자라는 잎 없는 떨기나무―옮긴이) 연기가 사방으로 퍼지기 시작한다. 그러다 증기선 부엌 쪽으로 난 굴뚝에서 피어오르는 나선형의 소용돌이와 뒤섞여 높은 곳으로 올라가기 시작한다.

밤새 배는 조금도 움직이지 않았지만 양쪽 강둑은 눈에 확 들어올 정도로 달라져 있었다. 차르조우에서 케르키로 향한 지 9일째 되는 날이었다. 처음 이틀 동안 배는 비록 아주 느릿느릿 움직이긴 했지만, 멈춘 적은 없었다. 하지만 사흘째 되는 날 배는 모래톱에 걸려 멈춰버렸고, 낮과 밤을 꼬박 그 상태로 보내야 했다. 그러다 아무다리야 강이 물살의 힘으로 모래톱을 쓸어버리고 나서야 비로소 배가 움직이기 시작했다. 서른여섯 시간 뒤 똑같은 일이 다시 벌어졌고, 배가 꼼짝도 못하고 멈춰 선 게 어느새 또 사흘째가 되었다. 승객들과 선원들은 이 고집스러운 강이 자비심을 베풀어 길을 열어주기를 참을성 있게 기다리고 있었다.

이 강에서 이런 일은 늘상 있는 일이었다. 아무다리야 강은 처음부터 끝까지 거의 대부분 모래바닥으로 이루어져 있었다. 이 강은 물살이 아주 세고 수량도 일정하지가 않아서 불안정한 양 둑을 쓸어내리기도 하고 혹은 둑 쪽으로 모래를 쓸어 붙이기도 했다. 그래서 소용돌이가 칠 정도로 골이 깊게 패여 있던 자리에 어느 날 모래톱이 솟아 있는 등 강바닥의 모습이 끊임없이 변했다.

상류로 가는 배들은 아주 느리게 움직인다. 해마다 특정 시기가 되면 특히 더 그렇다. 하지만 하류로 내려갈 때는 마치 엔진이라도 단 것처럼 날듯이 미끄러져 간다. 그런 까닭에 어디에서 어디까지 얼마나 걸릴 거라고 누구도 섣불리 말하지 못한다. 추측조차 불가능하다. 이것을 알기에 상류 쪽으로 가는 사람들은 혹시라도 생길 수 있는 사태에 대비해 몇 달은 먹을 수 있는 음식을 준비한다.

우리가 아무다리야 강 상류로 거슬러 올라가던 때는 강물의 수량이 적어 여행의 적기는 아니었다. 우기가 끝나고 겨울이 다가오고 있었고, 강물이 발원하는 산들에서는 더 이상 눈이 녹지 않았다. 더욱이나 이 계절에는 짐이건 사람이건 배마다 가득 찼으니 이 또한 여행하는 데는 좋지 않았다. 전 지역에서 목화 수확이 끝났고, 비옥한 오아시스에서 자란 과일과 채소도 모두 수확과 건조를 마쳤으며,

카라쿨 양들도 선별 작업이 다 끝난 상태였다. 게다가 아무다리야 강줄기가 지나가는 유역의 주민들이 죄다 이 배로 여행하는 계절이기도 했다. 개중에는 고향 마을로 돌아가는 사람들도 있고, 짧은 겨울을 나는 데 필요한 생필품과 맞바꾸려 자신들이 직접 생산한 치즈를 들고 시장에 나가는 사람들도 있다. 그런가 하면 순례 여행을 가는 사람도 있고, 친지를 찾아가는 사람도 있다.

배에 올랐을 때 승객들로 발 디딜 틈조차 없었던 건 바로 이런 이유 때문이었다. 승객들 중에는 부하라 사람, 히바 사람, 테키 사람, 페르시아 사람, 아프간 사람이 뒤섞여 있고, 그 밖에도 여러 다른 아시아 민족들이 있다.

사람들로 바글대는 이 한 폭의 풍경 속에서 숫자가 가장 많은 사람들은 상인인데, 그 중에는 팔 물건을 가져가는 사람도 있고 상류 지역으로 치즈를 구하러 가는 사람도 있다. 또 마른 과일을 팔러 가는 페르시아 상인도 있고, 현장에서 키르기스 양탄자를 사려는 아르메니아 인, 포스난스키 공장에 납품할 목화를 구매하러 가는 폴란드인 중개상, 카라쿨 양피를 구매하려는 러시아 계 유대인, 지점토로 만든 액자 견본이라든지 인공 색소를 입힌 돌에 금도금을 한 갖가지 장신구를 들고 팔러 다니는 리투아니아 인 행상도 있다.

공무원들, 국경수비대 장교들, 휴가를 마치고 귀대중이거나 다른 부대로 전출 가는 트랜스코카시안 연대 소속 공병들과 보병들도 많이 있다. 아기에게 젖을 물리고 있는 한 군인의 아내는 추가 복무를 하게 된 남편 소식을 듣고 그를 만나러 가는 중이다. 저기 가톨릭 신부는 가톨릭 군인들의 고해성사를 들으러 부대를 순회중이다.

배에는 여인네들도 있다. 비쩍 말라 흐느적대는 딸을 데리고 배에 탄 여인은 대령의 아내로, 군사 교련단에서 사관생도로 공부하게 된

아들을 오렌부르크까지 배웅하러 갔다가 타슈켄트의 집으로 돌아가는 중이다. 국경수비대 내 기갑부대장의 아내도 있으니, 그녀는 드레스를 맞추러 메르브의 재봉사에게 다녀오는 길이다. 그 옆에 사병의 호위를 받고 있는 여인은 군의관의 아내로 아슈하바트(투르크메니스탄의 수도—옮긴이)를 떠나 남편을 만나러 가는 중이다. 남편은 지금 혼자 고독하게 생활하고 있으니, 이유인즉 장모가 '사교계'를 떠나서는 살 수 없는 사람인데 그가 복무하는 지역에는 바로 그게 빠져 있기 때문이다.

여기 몸매가 제법 통통한 여인도 있다. 얹은머리를 엄청 크게 하고 있는데, 의식할 여지없이 가발임에 틀림없다. 손가락마다 반지를 끼고, 가슴에는 주먹만한 브로치를 달고 있으며, 제법 인물이 반지르르한 젊은 아가씨 두 명을 옆에 데리고 있다. 그들은 여인을 '이모'라고 부르지만, 그 두 아가씨가 조카가 아니라는 건 누가 봐도 뻔하다.

여기 또 많은 러시아 전직 그리고 차기의 아무개들이 있으니, 그들이 어디로 가고 왜 가고 있는지 오직 신만이 알 일이다. 그 가운데는 바이올린과 더블베이스를 든 유랑 악단 무리도 있다.

차르조우를 떠나던 첫날부터 이 배에 탄 사람들은 각자들 알아서 무리를 짓고 있었으니, 소위 지식인들, 부르주아지들, 그리고 농부들이 끼리끼리 모여 있었고, 자기들 간에 통성명을 하면서 마치 오랜 친구 사이처럼 서로 순식간에 친근감을 느끼기 시작했다. 그러나 다른 무리에 속한 사람들에게는 건방을 떨거나 업신여기기도 했고, 거꾸로 몸을 사리거나 환심을 사려고 아양을 떨기도 했다. 그래도 각자가 원하는 곳에 자기 편한 대로 물건을 놔둬도 뭐라고 하지는 않았다. 사람들은 조금씩 조금씩 환경에 익숙해져 갔다. 마치 다른 방식으로는 한 번도 살아본 적이 없는 사람들처럼 말이다.

증기선이 꼼짝 못하고 묶여 있다는 사실이나 배 안이 사람들로 미어터진다는 사실은 이들에게 아무 문제가 되지 않았다. 오히려 그들 모두 워낙 잘 적응했기 때문인지 여행 전체가 마치 연일 계속되는 소풍 같았다.

증기선이 바닥에 닻을 완전히 내렸음이 분명해지면 승객들은 하나둘씩 강변으로 내려갔다. 해가 질 무렵이면 강둑 양편은 손에 잡히는 것이면 무엇이나 가져다가 급조한 텐트들로 뒤덮였다. 여기저기 피운 모닥불마다 연기가 피어올랐다. 노래와 음악으로 저녁나절을 흥겹게 보낸 승객들은 대부분 강가에서 밤을 보냈다.

아침이 되면 승객들은 다시 전날의 리듬을 되찾는다. 어떤 사람들은 불을 피워서 커피를 끓이고, 어떤 사람들은 녹차 물을 끓인다. 아직도 삭술 가지들을 찾으러 다니는 사람들도 있고, 낚시 준비를 하는 사람들도 있으며, 증기선에 갔다가 작은 보트로 돌아오는 사람들도 있고, 증기선과 강변 사이를 왔다 갔다 하는 사람, 이쪽 강둑에서 저쪽 강둑으로 건너가는 사람도 있다. 모든 것은 고요하고 느긋하게 진행된다. 그건 배가 출발하게 되면 증기선에 매달린 큰 종이 한 시간 전에 울릴 것이고, 한 시간이면 배로 돌아갈 시간은 충분하다는 걸 모두 알고 있기 때문이다.

우리가 자리를 잡은 곳 옆에는 한 늙은 사르트 족 남자가 앉아 있었다. 그가 부자라는 사실은 장님이라도 알 수 있을 정도였는데, 그건 그가 가진 물건 중에 수많은 돈 자루가 섞여 있었기 때문이다. 지금은 어떤지 모르겠지만 그 당시에는 부하라나 인근 나라에는 값나가는 동전이 없었다. 예컨대 부하라에서 좀 값나간다는 동전은 티안가tianga라고 불리는 것뿐이었는데, 그나마도 프랑스 프랑의 절반이나 될까 말까한 은 조각을 대중없이 잘라놓은 것이었다. 그러니까

50프랑이 넘는 금액은 특별 제작한 자루에 넣어가지고 다녔는데, 여행자들에게는 매우 불편한 일이었다.

어떤 사람이 동전 수천 개를 가지고 여행을 할 경우, 돈을 운반하기 위해서는 말 그대로 여러 마리의 낙타나 말이 필요했다. 아주 드문 경우지만 이런 방식도 있다. 먼저, 가져가려는 액수의 티안가를 부하라에 사는 유대인에게 준다. 그러면 이 유대인은 그 돈의 주인에게 그가 가려는 지역에 살고 있는 다른 유대인 친구 앞으로 쓴 증서를 준다. 목적지에 도착하면 그 사람은 증서를 그곳의 유대인 친구에게 보여주고 수수료를 뗀 나머지 티안가를 되돌려 받는다.

어쨌거나 증기선으로 갈 수 있는 곳은 케르키까지였고, 그곳에 도착한 뒤 우리는 코브지르kobzir(뗏목의 일종으로, 염소 가죽에 바람을 집어넣은 뒤 널빤지에 연결해 만들었다)를 빌려 여행을 계속했다.

케르키에서 꽤 멀리 떨어진 테르메즈까지 왔을 때 우리는 잠깐 쉬어가기로 했다. 스크리들로프 교수가 사르트 족 일꾼들 몇 명과 근처 마을로 먹을 것을 구하러 간 사이, 사르트 족 다섯 명이 탄 또 다른 코브지트가 우리 코브지르로 다가오더니 한다디 말도 없이 자신들의 코브지르에서 티안가가 가득 든 커다란 돈 자루 스물다섯 개를 우리 코브지르에 옮겨 싣기 시작했다.

처음에 나는 그들이 왜 그러는지 이해할 수가 없었다. 자루를 다 옮기고 난 뒤에야, 그 중 나이가 제일 많아 보이는 사르트 족으로부터 자초지종을 듣게 되었다. 그들은 우리와 같은 증기선을 타고 온 사람들이었다. 우리가 배에서 내린 뒤에 보니까 우리가 앉아 있던 자리에 이 티안가 자루들이 있더라는 것이었다. 당연히 그들은 우리가 돈 자루를 잊고 내렸다고 생각했고, 우리가 간 곳을 알아내 여기까지 서둘러 뒤쫓아 왔던 것이다. 사람들이 북적대는 통에 깜빡 잊고 내린 돈을 되찾아주려고 말이다.

그가 말했다. "당신들을 뒤쫓아 오기로 한 건 나도 똑같이 이런 일을 겪어봤기 때문이라오. 티안가 자루를 놓고 낯선 곳에 내렸을 때 얼마나 곤혹스러운지 내가 잘 알고 있소이다. 나야 뭐 한 일주일 뒤 집에 당도한들 별 차이가 없소. 그냥 뭐 증기선이 더 늦어진 탓이라 생각하면 되니까 말이오."

나는 이 기이한 노인에게 뭐라고 말해야 할지 알 수 없었다. 너무도 뜻밖의 상황인지라 내가 할 수 있는 일이란 기껏 사르트 어를 잘 알아듣지 못하는 사람처럼 굴면서 교수를 기다리는 것뿐이었다. 그 사이 나는 그들에게 보드카를 권했다.

마침내 스크리들로프가 돌아오는 게 보였다. 나는 식량 나르는 일을 도와주러 가는 척 재빨리 교수에게 가 상황을 설명했다. 우리는 일단 돈을 거절하지 않고 받기로 했다. 하지만 이 순수한 인간의 주소는 알아놓기로 했다. 그래야 그 수고로움에 대한 감사의 표현으로 사례금이라도 보낼 수 있을 테니까. 그런 뒤 우리는 이 티안가 자루들을 가장 가까운 러시아 국경 초소에 맡기기로 했다. 물론 그 안에 우리가 타고 온 배의 이름, 배가 목적지에 도착한 날짜, 그리고 진짜로 돈 자루를 잊어버리고 배를 내린 우리의 가엾은 동료 여행자, 그 사르트 인을 부디 찾아낼 수 있도록 최대한 자세히 쓴 편지를 동봉하기로 했다.

오늘날 유럽 같은 곳에서는 결코 벌어질 수 없는 이 사건이 있고 얼마 되지 않아서, 우리는 마케도니아의 왕 알렉산더의 이름과 관련된 유명한 지역에 도착했다. 이곳은 지금은 흔히 볼 수 있는 아프간 요새 이상도 이하도 아니다. 이곳에서 우리는 강가로 나가 이미 생각해 놓은 역할들을 다시 한 번 연습했다. 이후부터는 걸어서 여행을 계속했다.

계곡을 하나하나 지나는 동안 수많은 부족들을 만났고, 마침내 카피리스탄의 심장부라 여겨지는, 아프리디Afridi 족이 모여 사는 곳에 도착했다. 그곳까지 가는 내내 우리는 데르비쉬와 세이드라면 해야 할 모든 것을 했다. 이 말은 곧 나는 페르시아 어로 종교적인 시구들을 노래하고, 교수는 복색을 갖춰 입고 탬버린을 치면서 사람들이 적선해 주는 것들을 받았다는 말이다.

여기서는 나머지 여정이나 여정중에 있었던 놀라운 모험담 같은 것은 적지 않을 생각이다. 그 대신 방금 언급한 아프리디 족 정착지에서 그리 멀지 않은 곳에서 우연히 만난 사람 이야기를 해볼까 한다. 이 만남으로 우리의 내적 세계는 전혀 다른 길로 접어들게 되었고, 우리가 앞날에 대해 갖고 있던 온갖 기대와 의도 그리고 계획 자체까지도 완전히 달라지게 되었다.

치트랄 강 쪽으로 가기 위해 우리는 아프리디 족의 정착지를 떠났다. 첫 번째로 만난 마을은 규모가 제법 컸는데, 그곳 시장에서 토속 복장을 한 늙은 남자가 나에게 다가와 말을 걸었다. 남자는 완벽한 그리스 어를 구사했고, 목소리는 부드러웠다. "부디 놀라지 마시길. 나는 우연히 당신이 그리스 사람이란 걸 알게 되었소. 당신이 누구이고 왜 이곳에 와 있는지 알고 싶지는 않소이다. 다만 당신과 이야기를 할 수 있다면 정말로 기쁘겠소. 그저 내 동포는 어떻게 숨을 쉬는지 보고 싶을 뿐이라오. 내가 태어난 땅에서 태어난 사람을 만난 게 벌써 50년이나 되었으니 말이오."

노인의 목소리와 눈빛 때문인지 나는 강한 인상을 받았고, 내 가슴은 순식간에 그에 대한 완벽한 신뢰감으로 채워졌다. 아버지에게서 느꼈던 것과 같은 그런 신뢰감이었다. 나 역시 그리스 어로 대답했다. "여기서 이야기를 나누는 건 아주 이상해 보일 것 같네요. 적어도 저에겐 몹시 위험한 일이 될 수 있습니다. 그러니까 사람들 신경 쓸 일 없이 자유롭게 이야기할 수 있는 곳을 찾아봐야 할 것 같군요. 당신이든 저든 뭐 좋은 방법이나 장소를 찾아낼 수 있을 것 같은데요. 그나저나 이런 기회가 생기다니 저도 정말 기쁘네요. 저 역시 벌써 몇 달째 낯선 피가 흐르는 사람들을 상대하느라 지칠 대로 지쳤으니까요."

노인은 내 말에 아무런 대꾸 없이 제 갈 길을 가버렸다. 교수와 나도 다시 하던 일을 계속했다. 다음날, 이번에는 중앙아시아에서 제법 알려진 한 수도회 복장을 한 남자가 찾아와 내 손에 자선금 대신 쪽지를 한 장 주고 갔다.

나는 점심을 먹으러 들어간 식당에서 쪽지를 꺼내 보았다. 쪽지는 그리스 어로 씌어 있었다. 내용을 보니, 어제 만난 노인 역시 이 수도회 소속으로 일명 '자아를 벗어난 self-freed' 수도자 중 한 사람이며, 우리가 자기네 수도원을 방문해도 좋다면서 그곳에서는 세상 모든 민족과 인종에게 유일하신 신, 창조주께 나아가고자 노력하는 사람이라면 국적과 상관없이 누구나 존경을 받는다고 적혀 있었다.

다음날 교수와 나는 그 수도원을 찾아갔다. 수도사 몇 명이 우리를 맞아주었다. 그들 중에는 이틀 전에 만난 노인도 있었다. 관습적인 인사를 마치자 그가 우리를 수도원에서 좀 떨어진 언덕으로 데리고 갔다. 우리 세 사람은 조그만 물줄기 옆 비탈진 곳에 앉았다. 그리고 그가 가져온 음식을 먹었다. 그가 말을 꺼냈다. "이곳이라면 듣는 귀도 없고 보는 눈도 없으니 우리의 가슴이 나누고자 하는 것은 무엇이든 마음대로 꺼내놓을 수 있다오."

이야기를 들어보니 그는 그리스 사람이 아니라 이탈리아 사람인

데, 그리스 인인 어머니의 주장 때문에 어린 시절 내내 거의 그리스어만 써왔다는 사실을 알게 되었다. 그 전에 그는 기독교 선교사로 오랫동안 인도에서 살았다고 했다. 그러다 아프가니스탄으로 선교 임무를 맡아 가게 되었는데, 어떤 곳을 지나다 아프리디 부족에게 붙잡혔다. 그때부터 그는 노예 신세가 되어 이곳저곳으로 끌려 다니다가 이 지역의 여러 원주민들 손아귀에 떨어지게 되었고, 마침내 어떤 사람의 노예가 돼 이곳까지 오게 되었다.

이처럼 오랫동안 이들 고립된 지역에 살면서, 그는 수세기에 걸쳐서 형성된 토착민들의 생활 조건을 겸손한 태도로 받아들이고 따르는 공명정대한 사람이라는 평판을 얻게 되었다. 그런데다 그가 여러 가지 중요한 일들을 대신 처리해 주기도 했던 그 마지막 주인이 힘을 써줘 마침내 자유인이 되었고, 이 지역의 힘 있는 주민들처럼 그가 원하는 곳은 어디든 가도 좋다는 약속까지 받았다. 하지만 그때쯤 그는 '세계 형제회World Brotherhood'에서 일하는 사람들과 알게 되었는데, 이들은 자신이 평생 동안 꿈꾸어 오던 바로 그 일을 하는 사람들이었다. 이 형제회에 받아들여지면서 그는 더 이상 다른 어딘가로 가고 싶은 마음이 사라졌고, 그때 이후로 쭉 이곳 수도원에서 지내오고 있었다.

그의 이야기를 들으면서 이 형제, 지오바니Giovanni 신부 — 대화를 통해서 우리는 그가 한때 가톨릭 신부였으며 모국에서는 이 이름으로 불렸다는 사실을 알고, 그때부터 그를 그렇게 불렀다 — 에 대한 우리의 신뢰감은 더욱 커졌다. 이제 우리도 우리가 진짜 누구이고 왜 변장을 했는지 알려줄 필요가 있겠다는 생각이 들었다.

그는 우리의 이야기를 깊이 이해하면서 우리의 노력을 격려해 주고 싶어 했다. 잠깐 생각에 잠기더니 그가 정말 잊을 수 없는 자애로운 미소를 지으면서 말했다. "정말 좋군요. 당신들의 탐구 결과가 내 동포들에게도 이득이 되었으면 좋겠소. 그런 마음에서 나도 당신들이 목적한 바를 이룰 수 있도록 모든 지원을 아끼지 않으리다."

그의 약속은 그날 당장 이루어졌다. 그는 적절한 절차를 거쳐서 우리가 그 수도원에 머물 수 있도록 해주었다. 우리는 그곳에 머물면서 앞으로 이 지역에서 무엇을 어떻게 할 것인지 차근차근 계획을 세울 수 있게 되었다. 다음날 우리는 수도원 내 거주 구역으로 옮겼고, 그곳에서 제일 먼저 한 일은 휴식을 취하는 것이었다. 긴장 속에서 몇 달을 보내고 난 우리에게 가장 절실한 것은 다름 아닌 충분한 휴식이었다.

우리는 그곳에서 자유롭게 생활할 수 있었고, 최고 셰이크sheik(이슬람교의 지도자 — 옮긴이)가 있는 건물만 제외하고는 사원의 모든 곳을 마음대로 출입할 수 있었다. 그 건물은 해탈의 경지에 다다른 최고 수도자들에게만 매일 저녁 출입이 허용되었다. 우리는 거의 매일 지오바니 신부와 함께 우리가 맨 처음 찾았던 언덕바지로 가 오랫동안 이야기를 나누곤 했다.

그는 그곳 사람들의 내적인 삶과 이러한 내적 수행을 위한 매일의 수칙들에 관해 많은 이야기를 들려주었다. 한번은 과거 아시아에서 결성된 수많은 형제회에 관해 이야기하던 중 이 '세계 형제회'에 관해서도 좀 더 자세한 것을 말해주었다. 그에 따르면 이 형제회에는 전에 어떤 종교를 가졌느냐에 상관없이 누구나 들어올 수 있었다. 나중에 알게 되었지만, 이곳 수도자들 가운데는 과거 기독교인, 유대교인, 모하메드교인, 불교도, 라마교도, 심지어 샤머니즘 신봉자도 있었다. 수도원의 형제들은 각기 다른 종교 전통으로 인한 차이와 특성에도 불구하고 서로 아주 화목하게 지냈다. 그러다 보니 스크리들로프 교수나 나는 어느 형제가 과거 어떤 종교에 속해 있었는지 알 수가 없었다.

지오바니 신부는 이들 모든 형제회들의 신앙과 목표에 대해서도 우리에게 많은 이야기를 들려주었다. 그는 매우 분명하고 설득력 있는 목소리와 놀라운 언변으로, 진리와 믿음 그리고 개개인의 믿음의 변화 가능성에 관해 이야기했다. 스크리들로프 교수는 어찌나 감동했는지 더 이상 자신을 억제하지 못하고 놀라움에 찬 목소리로 이렇게 외치기까지 했다. "지오바니 신부님! 나는 어떻게 당신이 유럽으로 아니, 최소한 당신의 조국인 이탈리아로 돌아가지 않고 여기 이곳에 가만히 머무를 수 있는지 도저히 이해가 안 됩니다. 그곳으로 가 지금 저를 깨치신 이 일이관지—以貫之의 믿음 가운데 천분의 1이라도 그곳 사람들에게 베풀어야 하는 것 아닙니까?"

그러자 지오바니 신부가 대답했다. "여보시게! 고고학에 대해서는 많이 아는 것 같지만 인간의 심리에 대해서는 잘 모르나 보구려. 믿음이란 누군가에게 줄 수 있는 물건이 아니라오. 믿음은 높이나 너비, 굵기, 모양 그리고 무게를 확인해 본다고 해서, 또는 보거나 듣거나 만지거나 냄새 맡거나 맛을 본다고 해서 저절로 얻어지는 그런 것이 아니오. 그건 사람의 내면에서 생겨나 행동을 통해 성장하는 것이라오. 그건 그런 식으로 지각해서 아는 것이 아니라 내면으로 이해하는 것이오.

이해understanding란 알고자 하는 강한 의도를 갖고 습득한 정보와 개인적으로 체험한 온갖 종류의 경험을 통해서 획득하는 거라오. 예컨대 내가 사랑하는 형제가 지금 나에게 와서 내 이해의 10분의 1이라도 자기한테 급히 좀 달라고 간청한다고 해봅시다. 나 역시 전심전력으로 그렇게 하고 싶어 한다고 해요. 하지만 그건 절대 불가능한 일이오. 아무리 내가 그러고 싶어도 내가 가진 이해의 천분의 1도 그에게 줄 수가 없소. 그건 내가 평생을 살아오면서 아주 우연한 계기들로 얻은 앎이나 경험이 그한테는 없기 때문이오.

친구여, 성경에서 말한 '낙타가 바늘구멍에 들어간다'는 것이 누군가 자신 안에 형성된 이해를 다른 사람에게 전해주는 것보다 백 배는 더 쉬운 일이라오. 나도 옛날에는 당신처럼 생각을 했소. 그래서 사람들로 하여금 그리스도를 믿게 하려고 자원해서 선교 활동을 했던 거요. 내가 예수 그리스도의 가르침을 믿으면서 행복해진 것처럼 다른 사람들도 그렇게 행복하게 만들고 싶었소. 하지만 언어로 믿음을 전하겠다는 바람은 단지 누군가를 바라보는 것만으로 그의 배가 빵으로 채워지길 바라는 것이나 하등 다를 바 없는 짓이라오.

이미 말했듯이 이해란 순전히 알고자 하는 의도를 갖고 습득한 정보와 개인적인 경험을 통해서만 얻어지는 것이오. 그에 반해 지식이란 단지 일정하게 배열된 낱말들을 기계적으로 암기한 것에 불과하오. 삶의 과정에서 형성된 자신의 내적 이해를 다른 사람에게 주고 싶다는 욕구가 아무리 강해도 그건 불가능하오. 내가 최근 우리 수도원의 몇몇 형제들과 함께 찾아낸 법칙이 하나 있소이다. 그건 어떤 사람이 '직접적 경험'을 통해서 인식하게 된 내용을 다른 사람에게 전달한다고 할 때—그것이 그의 지식에 관련한 것이든 이해에 관련한 것이든 상관없이—그 의미가 제대로 전달될 수 있느냐 아니냐의 여부는 말하는 사람 내면에 형성되어 있는 자질에 따라 달라진다는 거요.

이해하기 쉽도록 예를 하나 들어보리다. 실은 그 일로 인해 나와 몇 사람이 왜 그런 일이 생기는지 알아보고 싶은 마음이 들었고, 결국 이와 같은 법칙이 존재한다는 사실을 발견하게 된 거지요.

우리 형제회 안에 아주 나이가 많은 두 사람이 있소이다. 한 사람은 아홀Ahl 형제라 부르고 다른 사람은 세즈Sez 형제라고 부른다오. 이 두 형제는 우리 형제회 산하의 수도원들을 정기적으로 방문해서 신성의 본질이 발현되는 여러 측면들을 설명해 주는 일을 자발적으로 해오고 있소.

  우리 형제회에는 수도원이 넷 있는데 그 중 하나가 여기 이곳이고, 두 번째 수도원은 파미르 계곡에, 세 번째 수도원은 티베트에, 그리고 네 번째 수도원은 인도에 있다오. 그래서 이 두 형제 아홀과 세즈 형제는 이 수도원에서 저 수도원으로 계속 옮겨 다니면서 강론을 펼치고 있지요. 일년에 한두 차례씩 이곳에 오는데, 그 두 사람의 방문은 우리에게 아주 특별한 행사로 여겨진다오. 그 둘 중 한 사람이라도 이곳에 머무르는 동안은 이곳 수도원 사람 모두의 영혼이 천국의 순수한 기쁨과 사랑을 경험하게 되니까 말이오.

  이 두 사람 다 거의 성인의 경지에 이른 분들로 똑같은 진리를 이야기한다고 봐야 할 거요. 그런데 이상하게도 그 두 분의 강론이 우리 형제들에게 끼치는 영향은 사뭇 다르다오. 특히 나에게는 더더욱 그렇소. 세즈 형제가 강론을 할 때면, 그의 말은 마치 낙원에서 새들이 부르는 노래와 같아서 그의 말을 듣는 사람은 거기에 완전히 녹아들고 만다오. 다시 말해 황홀경에 빠지게 되는 거지요. 그의 강론 내용은 '진주'와 같고 언변 또한 아주 유창하오. 그러다 보니 그의 말을 듣고 있노라면 더 이상 삶에서 바라는 게 없어지고 그저 세즈 형제의 목소리에 귀를 기울이고만 싶어진다오. 하지만 아홀 형제의 설교는 그와는 거의 정반대 결과를 낳지요. 말주변도 없고, 나이 때문이겠지만 발음도 명확하지가 않다오. 그가 몇 살인지 아는 사람은 아무도 없소. 세즈 형제 역시 아주 나이가 많지만―300살이라는 말도 있소—아홉 형제가 기력이 떨어지는 것이 겉으로 고스란히 드러나는 데 반해 세즈 형제는 아직도 정정하다오.

그런데 놀라운 것은 세즈 형제가 하는 말은 듣는 순간 강한 인상을 남기는 것만큼이나 빨리 사라져버린다는 거요. 궁극적으로는 설교를 들은 사람에게 하나도 남는 게 없게 되는 거지요. 하지만 아홉 형제의 경우엔 처음에는 그가 한 말이 거의 아무런 인상도 남기지 않는 것 같은데 나중에는 이야기의 핵심이 하루가 다르게 더욱더 뚜렷한 형태를 띠어가면서 전체가 그 이야기를 들은 사람의 가슴속에 스며들어 영원히 남게 된다는 거요.

이런 사실을 깨닫고 왜 그런지 이유를 찾아보기 시작한 건데, 모두가 도달한 결론은 세즈 형제의 강론은 그의 머리mind에서 비롯되었기 때문에 역시 우리의 머리에만 작용한 데 반해, 아홉 형제의 강론은 그의 존재being에서 기인했기 때문에 고스란히 우리의 존재 위에 작용하게 되었다는 것이었소.

그렇소이다, 교수. 지식과 이해는 아주 다르다오. 오직 이해만이 우리를 존재로 이끌어줄 수 있소. 지식은 그저 잠깐 존재를 스쳐 지나가는 것에 불과하다오. 새로운 지식은 오래된 지식을 대신하지만, 그건 결국 밑 없는 항아리에 물 붓기에 불과하다오. 그러니 우리는 '진정한 이해'에 도달하고자 노력해야 하오. 진정한 이해만이 우리를 신에게로 인도해 줄 수 있소이다.

법칙에 따르는 것이든 아니든 우리 주변에서 일어나는 자연 현상을 이해할 수 있으려면 다음 두 가지 노력이 필수적이라오. 우선 객관적 진리와 지난날 지구에서 발생한 실제 사건들에 관한 방대한 정보를 의식적으로 접하고 완전히 소화해야 하오. 그리고 두 번째로 자발적인 것이든 비자발적인 것이든 온갖 경험에서 얻은 결과들을 자기 안에 고스란히 간직하고 있어야 하오."

우리는 지오바니 신부로부터 이와 같은 결코 잊어버릴 수 없는 가르침을 이 외에도 여러 차례 더 들었다. 현대인들의 머리로는 결코 용납되지 않을 기이한 질문들이 우리 안에서 생겨났고, 오늘날 같은 세상에서 거의 만나기 어려운 진귀한 인물 지오바니 신부에 의해서 그 답을 들을 수 있었다. 수도원을 떠나기 이틀 전 스크리들로프 교수가 던진 질문에 지오바니 신부가 해준 설명 중 하나도 그랬다. 그 설명에 담겨 있는 사고의 깊이와 상징성 덕분에 스스로 책임질 나이쯤 된 현대인이라면 누구나 이 설명에 커다란 흥미를 느낄 것이다.

스크리들로프 교수가 그 질문을 하기 전 지오바니 신부는 이런 이야기를 했었다. "더 높은 힘들의 영향 아래 들어가기를 진정으로 원한다면 그 전에 반드시 영혼을 가져야만 하오. 이때 영혼을 얻는 길은 자발적이거나 비자발적으로 하게 된 경험들과 과거에 일어난 실제 사건들에 관해 의도적으로 습득한 정보를 통해서만 가능하지요. 불필요하고 불합리한 목적에 대자연으로부터 받은 확고한 자질을 낭비하기 전인 청년기에만 영혼을 가질 수가 있소. 이러한 불필요하고 불합리한 목적이 진실인 것처럼 보이는 것은 사람들이 비정상적으로 형성해 온 삶의 조건들 때문이라오."

이때 가만히 지오바니 신부의 말을 듣고 있던 스크리들로프 교수의 존재 깊숙한 곳으로부터 찢어지듯 질문이 터져 나왔다. 스크리들로프 교수가 한숨을 길게 내쉬면서 절망에 찬 목소리로 외쳤다. "그럼 우리더러 어쩌라는 겁니까? 우리가 어떻게 계속 살아가야 하는 겁니까?"

스크리들로프의 뇌마디 같은 질문에 잠시 침묵하던 지오바니 신부가 실로 놀라운 대답을 들려주었다. 그가 말한 것들은, 가능한 한 하나도 빠뜨리지 않고 기록해 두는 것이 좋겠다는 생각이 든다.

그래서 나는 인간이라는 존재를 독립적으로 구성하는 세 번째 부분인 영혼soul에 관한 문제를, 이 시리즈의 세 번째 책에서 '인간의 신성체, 법칙에 따른 신성체의 필요성과 가능한 발현 모습The divine body of man, and its needs and possible manifestations according to law'이라는 제목으로 별도의 장을 마련해 다룰 예정이다. 세 번째 책에서 이 장은 내가 이미 쓰기로 마음먹고 또 약속도 한 같은 책의 다른 두 장을 완성해 주는 역할을 할 것이다. 이미 말했듯이 그 두 장 가운데 하나는 존경스런 페르시아 인 데르비쉬가 몸, 즉 인간이라는 존재를 독립적으로 구성하는 첫 번째 부분에 대해 이야기한 내용이고, 다른 하나는 역시 인간을 독립적으로 구성하는 두 번째 부분, 즉 마음spirit 과 관련해 에즈-에주나부란이 이야기한 내용이다.

이 수도원에 머무르는 동안 우리는 지오바니 신부 외에 형제회의 다른 수도자들과도 자주 대화를 나누었다. 우리를 자식처럼 지켜주고 돌봐준 지오바니 신부를 통해 우리는 그들과도 친구가 되었다.

우리는 이 수도원에서 여섯 달 정도 머문 뒤에 떠났다. 더 이상 그곳에 머무를 수 없었다거나 더 이상 있고 싶지 않아서 떠난 게 아니었다. 이미 너무도 많은 인상들로 우리 자신이 포화 상태가 되어버리고 말았기에, 여기서 조금이라도 더 뭔가를 얻게 된다면 정신을 잃어버리고 말 것만 같았기에 떠난 것이었다.

수도원에 체류하면서 우리는 관심을 가지고 있던 여러 가지 심리학적 문제와 고고학적 문제에 대해서도 많은 답을 얻었다. 이제는 더 이상 물을 게 없다고 여겨질 정도였다. 적어도 한동안은 찾을 필요가 없을 것 같았다. 그래서 우리는 더 이상의 여정을 포기하고, 왔을 때와 거의 같은 방식으로 러시아로 돌아왔다.

티플리스에 도착한 뒤 교수와 나는 헤어졌다. 교수는 그루지야의 군로(軍路)를 이용해 퍄티고르스크의 큰딸을 보러 갔고, 나는 가족이 살고 있는 알렉산드로폴로 향했다. 이후 꽤 오랫동안 스크리들로프 교수를 만나지 못했다. 하지만 연락은 자주 했다. 내가 그를 마지막으로 본 것은 제1차 세계대전이 일어난 다음해로 그가 딸을 만나기 위해 퍄티고르스크에 가 있을 때였다.

　베초우 산 정상에서 그와 마지막으로 주고받았던 대화는 지금도 잊을 수가 없다. 그때 나는 에센투키(러시아 서남부, 코카서스 지방에 있는 도시. 러시아 혁명 당시 구르지예프는 이곳에 머물며 제자들과 함께 임시 공동체를 꾸렸다 ― 옮긴이)에 살고 있었는데, 어느 날 키슬로보츠크에서 만났을 때 그가 옛 추억을 기념하는 의미로 퍄티고르스크에서 가까운 베초우 산을 함께 오르지 않겠냐고 했다. 그로부터 2주 후 어느 화창한 아침, 우리는 먹을 것을 챙겨 들고 퍄티고르스크에서 베초우 산을 향해 걸었다. 유명한 사원이 있는 산기슭에서부터는 험준한 바위를 타고 오르기 시작했다.

　이 등산로는 아주 난코스로 알려져 있었는데, 실제로 가보니 정말 만만치 않았다. 하지만 중앙아시아의 황야를 수없이 여행하면서 무수하게 오르내렸던 산들에 비한다면 그것은 말 그대로 어린애 장난에 불과했다. 그렇긴 하나 우리는 산을 오르면서 굉장한 희열을 느꼈다. 도시에서 단조롭게 생활하던 때라 그랬는지 예전의 익숙한 삶으로 다시 돌아간 듯한 느낌을 받았다.

　산이 높지는 않았으나 정상에서 보니 주변으로 이어진 시골 풍경이 정말 아름다운 파노라마처럼 펼쳐졌다. 멀리 남쪽으로는 눈 덮인 엘브루스 산 정상이 장엄하게 솟아 있었고, 그 양쪽으로는 거대한 코카서스 산맥이 윤곽을 드러내고 있었다. 우리 아래로는 이 일대

광천수 지역의 수많은 인가와 마을이 장난감처럼 펼쳐져 있었고, 북쪽으로는 젤레즈노보츠크 시내의 여러 구역들이 한눈에 들어왔다.

침묵이 온 사방에 가득했다. 산에는 아무도 없었고, 아무도 올라올 것 같지 않았다. 북쪽에서 위쪽으로 이어지는 평탄한 길은 몇 킬로미터 밖에서도 손바닥처럼 훤히 보였지만 그 길로 올라가는 사람은 아무도 없었다. 우리가 올라온 남쪽 길은 너무 험준해서 감히 누구도 올라올 엄두를 내지 못했다.

산꼭대기에는 맥주와 차를 파는 작은 오두막이 하나 있었으나, 그곳에도 그날은 아무도 없었다. 우리는 바위에 앉아서 챙겨온 음식을 먹었다. 그리고 눈앞에 펼쳐진 장엄한 경치에 넋을 잃고 아무 말 없이 자신만의 생각에 빠져들었다. 그러다 갑자기 내 시선이 스크리들로프 교수에게 가서 박혔다. 그의 두 눈에서 눈물이 흘러내리고 있었다.

"무슨 일인가요?" 내가 물었다.

"아무것도 아니네." 그가 눈물을 훔치면서 말했다. 그러더니 곧 다시 입을 열었다.

"최근 2, 3년 사이 난 잠재 의식과 본능이 나도 모르게 표출돼도 그것을 제어할 수가 없네. 요즘에는 거의 히스테릭한 여자처럼 돼가는 것 같아. 방금 일도 그래. 최근 들어 자주 일어나는 현상이지. 이건 정말 우리 창조주께서 보이시는 기적이다 싶은 어떤 장엄한 것을 보거나 들으면 그렇게 된다네. 그런 순간에는 언제나 나도 모르게 눈물이 흘러내려. 내가 운다는 말은 무언가가 내 안에서 운다고 해야 맞는 말일 것 같아. 슬퍼서 우는 게 아니라 내 마음이 예민해져서 운다고나 할까? 자네도 카피리스탄에서 만났던 지오바니 신부를 기억하고 있겠지? 그와 만나고 난 뒤부터 이렇게 되었다네. 세속적으로 보면 그와의 만남이 불운인 셈이지.

지오바니 신부와 만난 뒤로 내 안팎으로 모든 세계가 완전히 달라져버렸네. 살아오면서 내 안에 깊이 뿌리를 내리게 된 가치관이나 확신들에 대해 일종의 재평가 작업이 저절로 일어난 셈이지. 그와 만나기 전에 나라는 인간은 오로지 내 자신과 내 아이들의 이익이나 즐거움에만 관심을 갖고 살던 사람이었네. 내 머릿속에는 늘 어떻게 하면 나나 내 아이들이 원하는 것을 최고로 충족시킬 수 있을까 하는 생각뿐이었어.

지난날 내가 순전히 이기적인 인간으로 살아왔다고 말해도 되겠지. 내가 보여준 행동이나 경험한 일들은 모두 이런 헛된 자만심에서 나왔던 거야. 그런데 지오바니 신부와의 만남이 이 모든 것에 끝장을 내버린 거지. 그때 이후로 내 안에 '무언가'가 조금씩 자라나기 시작했어. 결국은 그것이 나에게 결코 흔들리지 않을 확신을 가져다주었지. 바로 인생의 무상함과는 다른 '어떤 것', 즉 생각할 줄 아는 사람이면 누구나 생각할 수 있는 인생의 목적이나 이상이 반드시 존재한다는 믿음, 그리고 인간을 진정으로 행복하게 해주고 인간에게 진정한 가치를 가져다주는 것은 사람들이 일상의 삶 속에서 늘 함께하며 하나에서 열까지 가득히 채우고 살아가는 환상의 '재물'이 아니라 바로 그런 목적이나 이상이라는 믿음 말이네.

물질적인 질문*
'인간의 조화로운 계발을 위한 학교'의 재정 문제

1924년 4월 8일, '인간의 조화로운 계발을 위한 학교Institute for the Harmonious Development of Man' 뉴욕 지부가 발족한 날, 뉴욕의 한 러시아 식당에서 구르지예프에게 경의를 표하기 위한 저녁식사 자리가 그의 친구들과 프랑스 지부의 몇몇 제자들에 의해서 마련되었다.

저녁식사가 끝난 뒤 그 자리에 참석한 대부분의 사람들이 구르지예프와 함께 49번가에 있는 R 여사의 아파트로 갔다. 이곳에서 쾌활한 안주인이 내놓은 커피와 어찌어찌하여 B 박사가 갖고 있던 포도주를 마시면서 다음날 아침까지 대화가 이어졌다. 구르지예프의 말은 주로 릴리안트Lilyants 씨와 베르실로프스키Versilovsky 부인을 통해서 통역되었다. 그는 사람들이 꺼내놓은 온갖 종류의 질문에 답변을 했는데, 질문은 철학적인 성격을 띠는 것들이 많았다.

그 당시에는 뉴욕에서도 구하기 힘든 부에노스아이레스 산產 수박을 먹느라 잠깐 대화가 중단된 사이, 제법 큰 규모에 현대적 시설까지 갖춘 요양원을 운영하는, 현실적인 사람이라는 평판을 받고 있는

---

*이 장은 구르지예프가 쓴 최초의 원고에는 없었으나, 1960년 프랑스에서 이 책이 출간되면서 삽입된 것이다. '돈'이라는 물질적인 문제에 대한 구르지예프의 입장과 태도는 물론, 온갖 난관과 재정적 압박에도 불구하고 '인간의 조화로운 계발을 위한 학교'를 설립하고 유지해 나아가기 위해 구르지예프가 얼마나 고심하고 노력했는지 잘 드러나 있다.—옮긴이.

B 박사가 갑자기 구르지예프에게 다음과 같은 질문을 던졌다. "선생님, 실례지만 학교가 존립할 수 있는 재정적 기반이 무엇인지, 연간 예산은 대략 얼마나 되는지 말씀해 주실 수 있나요?"

놀랍게도 구르지예프는 이 질문에 아주 긴 대답을 들려주었다. 그가 평생 겪어온 갈등의 예상치 못한 측면이 그날 그의 답변 속에 잘 드러나 있는 까닭에, 나는 들은 대로 최대한 정확히 그 내용을 옮겨 적고자 한다. 나는 나처럼 관심을 갖고 주의 깊게 그날 이야기에 귀를 기울였던 다른 제자들에게도 자문을 구했는데, 그들 역시 나처럼 이야기를 세세하게 기억하고 있었다. 그래서 내가 옮겨 쓴 내용을 F씨의 기록과 비교해 보면서 내용을 확인했다. F씨는 속기사로 미국에서 구르지예프의 대화와 강의를 모두 기록하는 일을 하는 사람이었다. 속기를 해두는 이유는 구르지예프에게 질문을 하려는 사람들로 하여금 앞서 동일한 주제에 대해 구르지예프가 어떤 대답을 했는지 읽어보게 하면 시간을 절약할 수 있기 때문이었다.

구르지예프가 이날 들려준 이야기는 다음과 같다.

"존경하는 B 박사님, 당신의 질문은 나를 아는 사람들 대다수가 관심을 갖고 있는 문제일 겁니다. 하지만 지금까지는 이런 개인적인 문제까지 다른 사람들이 알아야 할 필요를 느끼지 못했고, 그래서 아무런 대답도 하지 않거나 그저 농담으로 대충 넘어가곤 했지요.

이 문제와 관련해 온갖 우스꽝스러운 이야기들이 나돌기까지 하는데, 들어보면 하나같이 그런 이야기를 지어낸 자들이 얼마나 어리석은지 보여줄 뿐입니다. 게다가 그런 이야기가 남자든 여자든 온갖 기생충과 놈팡이들—다름 아닌 바보들이지요—사이를 떠돌면서 점점 더 환상적인 내용으로 부풀려지게 마련이지요. 예컨대 내가 인도에 있는 어느 오컬트 센터로부터 돈을 받고 있다고도 하고, 우리 학교가 흑마술(하급 마술 또는 인간에게 해를 끼치는 악마의 마술―옮긴이) 단체에 의해서 유지된다고도 해요. 또 그루지야의 전설적인 인물 무크란스키 Mukransky 왕자가 돈을 대주고 있다고도 하고, 내가 철학자의 돌에 대한 비밀을 알고 있어서 연금술로 원하는 만큼 돈을 만들어낼 수 있다는 소문도 있소이다. 요즘 많은 사람들이 떠들어대는 것 중에는 볼셰비키가 기금을 댄다는 이야기도 있습디다.

솔직히 말하자면 나와 아주 가까운 사람들조차 내가 수년 동안 감당해 온 엄청난 경비가 다 어디서 나오는지 정확히 모릅니다. 나는 이 질문, 학교 존립의 물적 측면과 관련해서 진지하게 대답할 필요를 느끼지 못했는데, 이유인즉 내 자신 외부로부터 어떤 도움을 받을 수 있을 거란 환상 자체가 없었고, 따라서 그 문제를 대화의 주제로 삼는 것 자체가 시간 낭비라고 여겼기 때문이오. 그런 건 빈 통에서 빈 통으로 뭔가를 따르는 것이나 다르지 않다고 생각한 겁니다.

하지만 그동안 너무도 많이 들어 더 이상 시달리고 싶지 않은 이 질문을 오늘 다시 받고 보니 이유가 어떻든 말을 해야겠다는 생각이 드는구려. 결코 농담 식으로가 아니라 좀 진지하게 말입니다. 오늘 내가 진지하게 대답하고자 하는 건 어쩌면 운명의 장난으로―아니 러시아에 있는 권력자들의 어리석음 때문이라고나 해야 할까―교회의 쥐만큼이나 가난하게 살아온 내가 이 '달러 재배 국가'를 찾아오는 모험을 감행했다는 사실, 그리고 능란한 솜씨로 달러를 뿌리고 수확하는 사람들의 파장으로 가득한 이 나라의 공기를 들이마시면서 내가 마치 순종 사냥개처럼 뭔가 확실하고 큰 사업의 냄새를 맡고 있다는 사실 때문이오. 그러니 이 기회가 그냥 지나가게 내버려두지 않을 거요.

지금 이른바 달러 지방질로 인해 뚱뚱해진 당신들 속에 함께 앉아 있다 보니 고맙게도 나 역시 이 자애로운 발산물을 자동으로 흡수하게 돼 기분이 고무됩니다. 그러니 내 대답으로 당신들에게도 조금이나마 도움을 주고 싶은 마음이 드는구려.

요즘 세상에서는 보기 힘든 이런 귀한 환대를 안주인에게 받고 모두들 유쾌한 기분인데, 나는 이 기회를 이용해 내 '축음기'의 용량은 물론 두뇌 활동도 극대화해 보겠소. 그래서 오늘 다시 받은 이 질문에 답을 하는데, 내 말을 듣다 보면 여러분은 내 주머니가 정말로 달러 씨앗을 뿌리기에 딱 좋은 토양이 아닐까, 내 주머니에서 달러가 싹을 틔우면 이 씨앗을 뿌린 자들에게 객관적인 의미에서 진정한 행복이 될 수 있는 그런 자산을 얻게 되는 건 아닐까 하는 생각들을 하게 될 거외다.

자, 그러니 적어도 이 시간만큼은 존경받아 마땅한, 내 친애하는 달러 소유자들이여! 나의 생각들을 '인간의 조화로운 계발을 위한 학교'라는 형태로 현실화하기 훨씬 전부터, 그러니까 내가 처음 이 계획을 다각도로 고려하던 때부터, 나는 그 물질적인 측면을 아주 면밀히 생각했다는 말씀을 드립니다. 비록 부차적인 것이긴 하지만 어쨌거나 미우 중요한 부분이니까요.

그때 난 오늘날 같은 시대엔 보기 드문 이 학고의 설립 배경이 될 심리 사상들을 삶 속으로 가져오는 과정에서 수많은 난관에 부딪히게 될 거라 예상했고, 그래서 학교가 독립성을 갖지 않으면 안 된다는 생각을 하게 되었소. 최소한 물질적인 면에서라도 말이오. 더군다나 이런 종류의 일을 지원하는 데 부자들은 전혀 관심이 없고, 관심이나 열망이 큰 사람들은 재정적인 면에서 별로 기여할 게 없다는 걸 경험을 통해서 이미 알고 있었소이다. 특히나 이처럼 거액의 돈이 필요한 일에는 말이오.

그게 바로 내가 계획한 일을 온전히 구현하려면 정신적인 부분을 실천에 옮기기 전에 먼저 이 문제부터 해결해야 한다고 생각한 이유올시다. 그래서 이 목적에 필요한 자본을 일정 기간 안에 조달하기 위해 나는 전보다 훨씬 더 많은 시간을 돈 버는 데 쏟아야 했던 거요.

방금 이 말은 오늘날 세계 곳곳에서 탁월한 사업가로 통하는 여러분 미국인들에게는 아주 혼란스럽게 들릴 게 틀림없소. 당신들은 지금 속으로 의아해할 게요. 모르긴 해도 액수가 상당할 텐데 무슨 재주로 그렇게 큰 돈을 쉽게 벌 수 있나 하고 말이오. 틀림없이 내가 허풍을 떨고 있다고 생각할 테지요. 하지만 이 말은 모두 사실이라오. 여러분한테는 아주 이상한 말처럼 들리겠지만!

내가 왜 그렇게 하고 또 어떻게 그렇게 할 수 있었는지, 도대체 어디에서 그런 자신감을 얻었는지 대충이라도 이해를 시키려면, 먼저 내가 여기 오기 전에 온갖 사업을 벌여서 돈을 벌었다는 사실, 이쪽 분야에서 나와 관계를 가져본 사람이면 누구나 나를 아주 교활한 사업가로 인정한다는 사실부터 설명해 줄 필요가 있을 것 같구려.

더 나아가 어린 시절 내가 집에서 받은 교육에 대해서도 좀 이야기해야 할 것 같소. 경험적인 시각에서 볼 때, 어려서 내가 받은 교육은 내가 아는 교육의 이상형에 가장 가까운 것이오. 그때 받은 교육 덕분에 나는 당시 어떤 사업가들보다도 사업을 잘 해냈고, 지금도 필요하다면 당신네 미국인 사업가들보다 훨씬 잘할 수 있소이다.

여러분에게 내가 어린 시절 받은 교육에 대해 특히 더 자세히 이야기해야겠다고 생각한 것은, 우리가 오늘 올바르고 조화로운 인간 교육을 기본 목적으로 하는 기관의 개설을 축하하기 위해 모였기 때문이에요. 이 기관이 내가 오랜 기간에 걸쳐 축적하고 철저하게 검중한 실험 자료들을 바탕으로 해서 만들어졌기 때문에 더 그런 면도 있을 겁니다. 더욱이 나는 오늘날 골칫거리가 되어버린 교육 문제에 내 인생을 거의 다 바쳐 연구해 왔고, 양심이 온전한 사람들 손에서 자란 덕분에 어떤 환경에서도 공정함을 잃지 않는 능력을 습득할 수 있었소이다.

나에게 가장 큰 영향을 끼친 사람은 아버지인데, 그분은 자신만의 방식으로 교육이란 어때야 하는지를 아주 잘 이해하신 분이셨소. 나는 언젠가는 아버지만의 독창적인 견해에서 비롯한 직간접적인 교육 방법들을 모두 정리해 한 권의 책으로 낼까도 생각하고 있소.

내가 뭘 좀 알아듣겠구나 싶자 아버지는 나에게 갖가지 기이한 이야기들을 들려주기 시작하셨다오. 이야기는 항상 무스타파Mustapha라는 절름발이 목수 이야기로 끝을 맺곤 했는데, 이 무스타파라는 목수는 무엇이든 만들 줄 아는 사람이었어요. 심지어 하늘을 나는 의자도 만들었을 정도지요. 이런 식의 이야기라든지 뭔가 '집요한 과정'을 통해서 아버지는 내 안에 이런 전문 목수 같은 사람이 되고 싶다는 욕구, 늘 뭔가 새로운 것을 만들고 싶다는 열망이 자라나게 해주셨소. 내가 모든 걸 보통의 방식으로가 아니라 아주 특별한 방식으로 하는 사람이라는 상상 덕분에 어린 시절에 내가 한 놀이는 모두, 아무리 평범한 것까지도, 훨씬 풍요로운 놀이가 되었지요.

어린 시절 아버지가 간접적인 방식으로 내 본질 속에 심어준 이러한 성향은, 그때는 명확하게 나타나지 않았지만, 나중에 청소년기에 접어들어서는 훨씬 뚜렷이 드러났다오. 그건 내 첫 번째 스승이 갖고 있던 교육관이 어떤 면들에서 아버지의 그것과 아주 가까웠기 때문이었소. 그래서 학과 공부를 하면서도 다른 한편으로 스승의 특별한 지도 아래 다양한 손기술을 익히고 기량을 쌓을 수 있었던 거요.

나의 첫 스승의 교육 방식 중에서도 가장 특이한 것은 내가 특정 기술을 익히고 좋아하기 시작하면 그 즉시 그걸 접고 다른 기술을 익히게 만들었다는 점이오. 훨씬 나중에 이해한 것이지만, 그분의 목적은 내가 온갖 기술을 터득하는 게 아니었소. 그보다는 새로운 일을 시작하노라면 부딪치게 마련인 온갖 어려움을 극복해 나아갈 수 있도록 힘을 키워주려는 것이었지요. 정말로 그때부터는 어떤 일도 일 자체의 특성 때문이 아니라 내가 그 일에 대해서나 그 일을 하는 방법을 잘 모를 때에만 내게 의미가 있었고 또 관심을 끌었소.

한마디로, 내가 스스로를 책임질 나이가 되기 전 의식적으로든 무의식적으로든—이 경우 어느 쪽이든 크게 상관은 없지만—나를 준비시키는 역할을 떠맡았던 두 분의 독창적인 교육관 덕분에, 다른 사람한테는 없는 나만의 특성이 내 본성 속에 생겨나게 되었고, 이는 시간이 지나면서 점점 더 자라 마침내 직업을 자주 바꾸고 싶어 하는 충동으로 굳어지게 되었소. 그 결과 나는 손으로 물건을 만드는 일이나 상업적인 거래와 관련된 일이나 어떤 것이건 그에 필요한 이론과 실제적인 능력을 두루 갖추게 되었다오. 다양한 지식을 익히면서 내 지평이 넓어짐에 따라 나의 이해력 또한 점차 커져갔고요.

덧붙여 내가 오늘날 수많은 분야의 참된 지식을 알고 있는 사람으로 뭇 나라 사람들에게 인정받고 있다면, 그것은 부분적으로는 어린 시절에 받은 교육 덕분이라고 말할 수 있을 거요.

올바른 교육으로 내 안에 많은 지식이 쌓이고 시야가 넓어지고 무엇보다도 상식이 자라난 덕분에, 나는 의도적이든 우연히든 살아오면서 모은 온갖 정보들 중에서도 각 배움의 갈래들에 꼭 필요한 정수만을 간취할 수 있었소. 그런 교육이 아니었다면 오늘날 횡행하는 암기식 교육 방법으로 배운 사람들처럼 공허한 쓰레기만 잔뜩 쌓아

두고 말았을 게요.

 그래서 나는 어린 나이 때부터 그때그때 필요한 것들을 충족시키기에 충분한 돈을 벌 수 있었던 거라오. 하지만 아주 어렸을 때부터 나는 삶의 의미와 목적을 깨우쳐줄 추상적인 문제들에 관심을 가지고 있었고, 그래서 내 모든 시간과 관심을 이러한 문제들에 쏟아 부었소이다. 비정상적인 교육 때문에 오늘날의 사람들, 특히 당신네 미국인들이 '의식적'으로건 본능적으로건 온갖 노력을 집중하는, 자급자족의 삶을 위한 돈벌이에 내 능력을 쓰지는 않았다는 말이오. 이따금씩 돈을 벌기도 했지만 그건 삶을 꾸려나가는 데 꼭 필요할 때, 또 내가 세운 목적을 이루는 데 필요한 것들을 얻기 위해서만 그랬을 뿐이오.

 가난한 가정에서 태어나 물질적으로 안정되지 않았기 때문에, 나는 어쩔 수 없이 필요한 것들을 충족하기 위해서 이 야비하고 유해하기 짝이 없는 돈에 의존하게 되었던 것뿐이오. 하지만 돈을 버는 일로 해서 그다지 많은 시간을 빼앗기지는 않았으니, 그건 올바른 교육으로 내 안에 풍부한 지식과 상식이 쌓인 덕분에 인생의 이런 잡다한 일들을 해결해 나아가는 데 있어서는 내가 이미 노련하고 교활한 전문가였기 때문이오.

 이런 쪽으로 내가 가진 능력을 아주 잘 보여주는 에피소드 하나를 들어보리다. 어느 날 조그마한 내기 때문에 준비도 없이 아주 이색적인 수리점 하나를 열게 되었던 얘기요. 이 에피소드를 자세히 말하자면 이야기가 다소 길어질 것 같기도 한데, 허나 이 기막히게 좋은 술―기막히다는 건 이 술이 지구상 어디서나 똑같은 조건에서 만들어진 게 아니라 미국 앞바다의 낡은 바지선 위에서 만들어졌기 때문일 게요―덕분에 그렇게 길거나 지루하게 느껴지진 않을 거요.

자, 그러면 이야기를 시작해 봅시다. 그때는 우리가 '진리를 찾는 사람들의 공동체'라는 이름으로 만든 모임 — 나는 초창기부터 그 모임의 멤버였소 — 에서 마지막으로 주선했던 파미르 및 인도 대원정이 시작되기 얼마 전이었소이다. 이 원정을 떠나기 약 2년 전 우리 모임 멤버들은 트랜스카스피아 지역에 있는 차르조우에서 나중에 집결하기로 했소. 그러니까 1900년 1월 2일에 그곳에서 모이기로 한 거지요. 거기에서 출발해 아무다리야 강을 따라 상류 쪽으로 올라갈 계획이었어요.

집결일까지는 꽤 긴 시간이 남아 있었으나 먼 여행을 가기에는 충분치도 않아서 나는 알렉산드로폴에 있는 가족에게 잠시 가 있었소. 시간이 날 때면 한 번씩 가족들을 찾아가 함께 지내곤 했는데, 그런 식으로 잠깐 갔던 거지요. 하지만 이번에는 가족들과 시간을 보내고 난 뒤에도 예전처럼 멀리 가지 않고 코카서스에서 머물러 있었소. 주로 알렉산드로폴과 바쿠에서 시간을 보내면서 말이죠.

나는 종종 바쿠를 찾아가곤 했는데, 그 이유는 고대의 마법을 공부하는 페르시아 인들이 만든 공동체가 그곳에 있었기 때문이오. 나는 오랫동안 그 모임의 멤버로 활동하기도 했지요. 지금 내가 여러분에게 들려주려는 에피소드도 바로 이곳 바쿠에서 발생한 일이오.

어느 일요일 시장엘 나갔다오. 한 가지 미리 말하자면 나는 동양의 시장통 주변을 돌아다니기를 아주 좋아했소. 머물고 있는 곳에 시장이 있으면 예외 없이 찾아가서 잡동사니 물건들을 뒤지고 다녔어요. 그런 물건들을 뒤지다 뭔가 특별한 걸 발견할지도 모른다는 기대를 가지고 말이지요.

그날 낡은 자수 공예품을 사들고 헌옷 시장을 빠져나오던 길이었어요. 그때 마침 옷은 잘 차려입었는데 표정이 아주 슬퍼 보이는 젊은 여성이 뭔가를 팔고 있는 모습이 눈에 띄더군요. 어느 모로 보나 일반 행상은 아니었고, 어쩔 수 없이 나와서 물건을 팔고 있는 것 같았소. 가까이 가서 보니까 팔려고 가지고 나온 물건이 에디슨 축음기입니다.

슬픈 여인의 눈을 보자 동정심을 일더군요. 가진 돈이 별로 없었지만 나는 두 번 생각하지도 않고 당장 그 쓸모없는 물건과 부속품들을 몽땅 사버리고 말았소. 그러고는 그 짐 덩어리를 짊어지고 묵고 있던 숙소로 돌아왔지요. 상자를 열어보니 여러 롤의 테이프가 들어 있는데 대부분은 손상된 상태였소. 손상되지 않은 테이프 중 몇 개는 이미 녹음이 되어 있었고 나머지는 공 테이프였다오.

나는 바쿠에서 며칠을 더 머물렀소. 가진 돈이 거의 바닥날 즈음 돈을 구할 방법을 찾아봐야 했지요. 구름이 잔뜩 낀 어느 날 아침, 나는 옷도 걸치지 않고 침대에 앉은 채로 어떻게 하면 빈 주머니를 채울 수 있을까 곰곰이 생각하고 있었는데, 그러던 중 시선이 문득 축음기로 가게 되었소. 그 순간 이 물건을 써먹어 보자는 생각이 떠오르더군요. 나는 즉시 계획을 짰다오.

그곳에서의 일을 모두 정리한 뒤 나는 그날 바로 첫 배를 타고 트랜스카스피아 지방으로 떠났소. 닷새 뒤 나는 크라스노봇스크 시내에서 돈을 벌기 위해 축음기를 펼쳐놓았지요. 당시만 해도 이 지방에서는 축음기가 생소했기 때문에 사람들은 그날 처음으로 이 놀라운 물건을 보았을 거요. 이미 말한 것처럼 축음기에 공 테이프도 딸려 있었는데 나는 재빨리 떠돌이 악사를 찾아내 이 지방 사람들이 좋아하는 노래 몇 곡을 부르면서 연주를 하게 했소. 그리고 공 테이프에 내가 직접 투르크멘 어로 재미난 이야기들을 녹음했다오.

그러고 나서 기계에 붙어 있는 4개의 이어튜브―당신들도 기억하겠지만 최초의 에디슨 축음기에는 이어튜브가 붙어 있었소ㅡ외에 두 개의 이어튜브를 더 만들어 붙인 뒤, 그걸 가지고 시장으로 가서 그곳에 유일무이한 가게를 하나 열었소이다. 나는 이어튜브 하나당 5코펙을 받고 듣게 했다오. 가게를 열고 있는 하루 종일 이어튜브가 쉬는 때는 단 한 순간도 없었소. 특히 장날에는 말이오. 그러니 그 결과가 어땠을지 여러분도 상상할 수 있을 게요. 매일 문을 닫을 때면 내가 벌어들인 5코펙짜리 동전 수가 모르긴 몰라도 그곳에서 가장 큰 가게보다도 적지 않았을 겁니다.

나는 다시 크라스노봇스크를 떠나 크즐 아르바트로 갔소. 그곳에 있는 동안 나는 여러 차례 이웃 여러 마을의 부유한 투르크멘 사람들에게 초대를 받아 가곤 했소. 축음기를 들고 말이오. 이 '출장 공연'으로 꽤 큰 액수의 티안가를 받았고, 한 번은 아주 좋은 테키 카펫을 두 장이나 받은 적도 있지요.

이곳에서도 제법 돈을 벌고 나서 나는 아슈하바트에서 이 일을 더 해볼 생각으로 기차를 탔소. 그런데 기차에서 우연히 우리 모임의 멤버 한 사람을 만나게 되었소이다. 그와 내기를 했는데, 그 내기 덕분에 내 축음기 사업은 막을 내리게 되었지요.

내가 만난 동료는 누구도 따라할 수 없을 정도로 독창적이고 담대한 여성 비트비츠카이아였소. 그녀는 항상 남자 복장을 하고 다녔는데, 아시아와 아프리카는 물론 호주와 그 주변 섬 등 오지들로 이어진 위험한 원정에 한 번도 빠지지 않고 참여했던 여성이지요. 그녀도 다가올 원정에 참여하기로 되어 있었는데, 아직 몇 달간의 여유가 있어서 바르샤바에서 출발해 안디잔으로 가던 중이었소. 그곳에 포즈난스키 직물 공장의 대리인과 결혼한 언니가 살고 있었지요. 그녀는 차르조우에서 집결할 때까지 그곳에 머물면서 휴식을 취할 계획이라고 했소.

기차 안에서 우리는 많은 이야기를 나누었는데, 나는 그녀에게 최근 내가 하고 있는 사업 얘기도 해주었소. 어쩌다가 왜 우리 사이에 논쟁이 시작되었는지는 기억나지 않지만, 논쟁은 내기로 끝이 났다오. 그 결과 나는 정해진 날짜까지 매우 엄격한 조건 아래서 일정액의 돈을 벌어야 했소. 비트비츠카이아도 이 내기에 흥미가 동해, 나와 함께 있으면서 내가 어떻게 내기를 지키는지 보겠다며 일정까지 바꿨고, 심지어는 나를 돕겠다고까지 했소. 그래서 그녀는 안디잔으로 가는 대신 나와 함께 아슈하바트 역에서 내리게 되었지요.

이 우연찮게 시작된 일은 해내기가 결코 쉽지 않긴 했지만, 나로선 상당히 흥미로운 일인지라 결말이야 어떻게 나든 한번 끝까지 해보자는 열정이 타올랐소. 심지어는 목표치를 초과하고 말겠다는 결의까지 들었지요. 기차가 역에 도착하기 전부터 나는 앞으로의 행동 계획을 짜기 시작했소. 그리고 그 첫 단계로 다음과 같은 광고 문구를 작성하게 되었소이다.

만능 순회 기술자
순회 도중 이 지역에 잠시 체류 예정

- 서둘러 수리 주문하세요! 고쳐야 할 물건이나 개조해야 할 것은 모두 가져오십시오!
- 재봉틀, 타자기, 자전거, 축음기, 뮤직 박스, 전기 기기, 사진기, 의료 기기와 그 외 장비, 가스 및 오일 램프, 시계, 모든 종류의 악기—아코디언, 기타, 바이올린, 타리스 등 수리 가능.
- 자물쇠와 무기류 일체 수리 가능.

- 모든 가구의 수리, 개조, 마감질 가능. 출장 수리 가능.
- 업라이트 피아노 및 그랜드 피아노, 하모늄 수리, 도색, 조율 가능.
- 전구, 초인종, 전화 설치 및 수리 가능.
- 우산 수선 및 복원 가능.
- 어린아이들 장난감과 인형, 고무 제품 일체 수리 가능.
- 카펫, 숄, 융단, 모피 등 세탁과 청소 및 수선 가능.
- 모든 종류의 얼룩 제거.
- 그림, 도자기와 모든 골동품 복원 가능.
- 금·은·니켈 도금, 청동 처리 및 산화를 위한 전기판 장비 완비.
- 백합금을 덧댄 모든 물건 24시간 내 니켈 도금 처리 가능.
- 구슬, 깃털, 플러시 천 등을 사용한 각종 자수—십자수, 감침질, 장식용 뜨개질—주문 환영.
- 나무, 가죽, 천 등에 고객이 원하는 모양을 새겨드림.
- 작은 조각품, 가축이나 야생 동물, 과일 등의 석고 모형 및 죽은 사람의 얼굴 석고 모형 제작 가능.
- 빵, 납과 벨벳 그리고 색종이를 이용하여 화환과 꽃다발, 부인용 모자 장식 및 예식 안내인의 주머니에 꽂을 장식용 꽃 주문 환영.
- 명함, 축하 인사장, 기념 카드 및 초대장 필사 및 인쇄와 장식 해드림.
- 코르셋과 부인용 허리띠 제작 및 개조 주문받음.
- 최신 파리 스타일의 부인용 모자 제조.
- 이 외에도 원하시는 모든 것을 해드립니다.

아슈하바트에 내리자마자 숙소를 정하고 경찰서에 가서 광고지 인쇄 및 배포 허가를 받았소. 다음날 시내 중심가에 수리점으로 쓸 공간을 임대했는데, 그곳은 길가 쪽으로 열린 넓은 방 하나가 있고 그 뒤편으로 작은 방 두 개가 딸려 있었지요. 거기에 조그만 마당과 창고도 하나 있었다오.

작업 장비를 구입하고, 수제 분젠 전지도 서둘러 장만하고, 낡은 세면대 몇 개는 전기 도금용 수조로 개조한 뒤, 흰 천에 붉은 글씨로 다음과 같은 내용을 적은 현수막을 출입구에 내걸었소.

미국식 이동 수리점
이 지역에 단기간 개설
모든 물건의 제작, 개조 및 수리 가능

다음날 광고 전단지가 준비되자 나는 동네의 한 부랑아를 시켜 거리의 벽마다 수없이 붙이고 나머지는 일일이 사람들에게 나누어주었소. 그리고 곧 재미 있는 놀이가 시작되었지요.

첫날부터 수리할 물건을 든 사람들 행렬이 이어지기 시작했소. 신이여! 그들이 가져오지 않은 물건이 세상에 또 있던가요! 그들이 들고 온 물건 중에는 내가 이전에 보도 듣도 못한 물건도 꽤 많았다오. 세상에 이런 게 있었나 싶은 물건도 있었는데, 예를 들면 흰머리 뽑개, 잼용 체리 씨앗 추출기, 땀띠 난 부위에 뿌리기 위한 황산구리 분쇄기, 가발 다림질용 다리미 등 다양하기가 이를 데 없었지요.

그날의 풍경을 조금이라도 잘 상상해 볼 수 있도록 그 지역의 상황에 대해 약간은 설명하는 게 좋겠소이다. 트란스카스피아의 이 지역과 여기에서 가까운 투르키스탄 지역에 외국인들이 거주하기 시작한 건 불과 몇십 년 전이고, 이들로 인해 새로 형성된 도시들은 대부분 구시가지 외곽에 자리를 잡았다오. 그 결과 이 지역의 도시들은 하나같이 구도시인 아시아 인 지역과 신도시인 러시아 인 지역으

물질적인 질문

로 이루어지게 되었고, 이 두 구역 사람들은 각기 독립적인 삶을 살아오게 되었다오.

이들 신도시의 주민은 아르메니아 인, 유대인, 그루지야 인, 페르시아 인 등도 있었지만 주로는 러시아 인이었소. 러시아 인 대부분은 공무원 아니면 이 지역에서 병역 의무를 마친 제대 군인들이었지요. 풍부한 자연 자원과 아직 현대 문명에 때 묻지 않은 지역 주민들의 정직함 덕분에 이 새로운 이주민들은 급속도로 부를 축적했지만, 어쩌다 그들의 상전이 된 무지한 공무원들로부터 어떤 문화적 영향도 받지 못하는 가운데 이들 이주민들은 이주 전과 똑같이 문맹 상태로 남게 되었소. 그래서 상업의 발달로 물질적 부를 축적하긴 했지만 지적인 면이나 기술적인 면은 전혀 발전하지 못했던 거요.

온 세상으로 급속히 퍼져 나가던 유럽 문명도 이 지역 사람들에게는 거의 전파되지 않았고, 그나마 신문이나 잡지를 통해 쥐꼬리만큼이나 들은 이야기도 기자들의 말도 안 되는 과장 덕분에 완전히 왜곡된 것들이었소. 그 당시 특히 러시아에서 그러한 왜곡이 심하게 벌어졌는데, 이른바 기자라고 하는 작자들이 자신들이 쓰고 있는 대상의 진정한 본질을 전혀 이해하지 못했기 때문이지요.

모든 졸부들이 그렇듯이 이들 신흥 부자들도 '교양 있고' '세련된' 것들을 따라 하기 바빴는데, 특히나 유럽적인 것이라면 가리지 않고 흉내를 냈소. 하지만 이런 데 무지한 사람들이 엮어놓은 러시아 신문과 잡지를 통해 겨우 이 문화와 유행에 관한 정보를 얻다 보니 공정한 관찰자의 눈에는 그 모습이 우스꽝스럽다 못해 슬픈 만화처럼 보일 수밖에요.

물질적으로는 몹시 풍요로우나 기본적인 문화라곤 하나도 없는 이곳 주민들의 행태는 문명인 흉내를 내는 어린애들 같다고나 할까요? 그처럼 모든 사람이 유행의 뒷자락을 바짝 좇으면서 시대에 뒤떨어질까봐 노심초사하는 곳은 이 세상 어디에도 없을 게요. 게다가 그들은 온갖 신발명품과 '교양 있는 신사'에게 적합해 보이는 물건이라면 무엇이든 가리지 않고 사들이고 우편으로 구매를 했다오. 물론 신문 광고를 통해서 알게 된 것들만이지만.

그들의 이런 약점을 알고 있는 외국인 장사치들, 특히 독일인들은 쓸모없는 수많은 상품들, 조만간 못쓰게 되거나 닳아 없어질 물건들을 그들 앞에 펼쳐놓았소. 이 코미디가 얼마나 웃겼느냐 하면, 신문 광고 중에 일반 성냥을 그어 불이 붙도록 해주는 특별 기계에 관한 광고가 났을 정도였다오. 그들이 가져온 물건이라는 게 대부분 처음부터 쓸모가 없는 것이거나 한 번 쓰고 나면 거의 망가지는 것들이었지만, 그 지역에는 그것들을 고칠 만한 가게가 하나도 없어서 집집마다 망가진 물건들이 산더미같이 쌓여갈 수밖에 없었지요.

하고많은 물건들이 하나같이 수선할 필요가 있었던 데에는 또 다른 이유도 있었소. 그 당시만 해도 동양에서는 또 아시아권 러시아에서는 일단 손에 들어온 물건은 결코 팔아서는 안 된다는 관습이 있었어요. 설사 그 물건이 더 이상 필요 없거나 부서졌다 해도 말이오. 물건을 팔고 싶어도 사려는 사람도 없었지만서도. 거기에 누군가에 대한 추억이나 뭔가를 기념하는 물건은 꼭 보관해야 한다는 생각이 그들 뇌리에 너무도 깊게 박혀 있었다오. 그러다 보니 어느 집이나 다락방이나 헛간에 쓸모없는 물건들이 가득 차 있고, 심지어는 아버지에게서 아들로 대물림되기까지 했다오.

그러니 어떤 물건이건 수리할 수 있는 곳이 생겼다는 소식을 접하게 된 사람들은 오랫동안 집안에 쓸모없이 틀어박혀 있던 물건들을 되살려 쓸 수 있을지도 모른다는 희망을 갖고 내게로 이끌리듯 찾아온 거지요. 할아버지가 쓰던 안락의자, 할머니가 쓰던 안경, 증조할아버지가 쓰던 발랄라이카balalaika(우크라이나의 민속 악기로 삼각형 몸통에 줄이 서너 개 있는 기타 모습이다—옮긴이), 증조할머니가 쓰던 시계, 대부代父로부터 선물로 받은 화장 도구 가방, 주교가 방문했을 때 그가 덮고 잤던 담요, 페르시아의 샤Shar로부터 아버지가 받은 별 훈장 등 각양각색의 물건들을 가지고 말이오.

나는 그 모든 걸 죄다 고쳐주었소. 단 한 번도 수리를 거절하거나 수리를 못해서 돌려보낸 경우는 없었소. 설사 물건을 고치는 데 걸린 시간에 비해서 수고비가 보잘것없더라도 처음 보는 물건을 가지고 손에 익지 않은 일을 한다는 게 재미있어서 군말 없이 수리해 준 거지요. 사람들이 가지고 온 물건 중에는 망가져서 정말로 쓸 수 없게 된 것도 있었지만 전혀 파손되지 않은 신상품도 있었는데, 이유인즉 그것들을 어떻게 작동시켜야 하는지 가장 기본적인 기술적 지식조차 없기 때문이었소. 그러니까 한마디로 그런 물건들에 대해 깜깜무식했던 겁니다.

그 당시엔 재봉틀이나 자전거, 타자기 같은 최신 발명품들이 사방에서 급속도로 판매되고 있었소. 사람들이 이런 물건을 열광적으로 주문하고 구매했는데, 문제는 이미 말한 것처럼 아주 기초적인 기술적 지식도 없고, 지역에 수리점이나 기술자도 없는 실정이라 바늘 하나만 부러져도 더 이상 쓰지 못하고 버려둔 거지요.

그들이 얼마나 무지하고 순진했는지 아주 잘 보여주는 사례를 몇 가지 들어볼 텐데, 솔직히 말하자면 나는 그때 그들의 무지와 순진함을 의도적으로 이용하기도 했었소. 물론 양심의 가책이니 뭐니 하는 것 없이 말이오.

어느 날 어떤 부유한 뚱보 아르메니아 사람 하나가 땀을 비 오듯

흘리면서 나를 찾아온 일이 기억이 납니다. 재봉틀을 고쳐달라며 딸과 함께 끌고 왔습디다. 그 부자가 니즈니 노브그로드(볼가 강과 오카 강 합류 지점에 있는 러시아 제3의 도시. 과거 고리키로 불림—옮긴이)에 있을 때 딸의 혼숫감으로 산 물건이었다오. 처음에는 그 재봉틀을 보물처럼 여겼다고 합니다. 아무리 찬사를 퍼부어도 부족할 정도로 말이오. 정말 깔끔하고 재빠르게 바느질을 해치워주었으니 그럴 만도 했을 게요. 그런데 이 신통방통한 물건이 어느 날 갑자기 무슨 영문인지 거꾸로 돌기 시작하더랍니다. 분통이 터질 노릇이었지요.

하지만 살펴보니 재봉틀은 멀쩡하기만 했소. 여러분도 잘 아시겠지만, 어떤 재봉틀은 뜸새를 조절하는 레버 옆에 실의 방향을 바꾸는 레버가 하나 더 달려 있는데, 이 레버를 조정해서 천이 움직이는 방향을 바꿀 수 있는 거죠. 누군가 모르고 이 레버를 움직이기라도 하면 천이 앞쪽으로 밀려가는 게 아니라 뒤로 당겨지게 되지요.

나는 보자마자 레버만 제 위치로 돌려놓으면 된다는 걸 알았고, 그 자리에서 바로 해줄 수도 있었소. 하지만 보아하니 영감쟁이가 아주 교활한 인간인데다, 말을 들어보니 카라쿨 양 가죽을 거래하는 상인이더군요. 그런 부류의 인간들을 많이 봐와서 알지만, 대개 이들은 어린애처럼 사람을 쉽게 믿는 데키나 부하라 사람들을 속여서 제 주머니를 채웠을 게 뻔했소. 나는 이 영감쟁이가 제값을 치르게 하자고 마음을 먹었지요. 그래서 재봉틀에 어떤 문제가 있는지 장황하게 설명을 하면서, 기계가 다시 잘 돌아가게 하려면 톱니바퀴 몇 개를 갈아야 한다고 했지요. 그러면서 요즘의 야비한 제조업자들을 있는 욕 없는 욕 다 끌어다 비난을 해댔소이다.

아무튼 나는 기계를 사흘 내로 고쳐놓겠다는 약속과 함께 영감쟁이한테서 자그마치 12루블 50코펙을 벗겨먹은 거요. 물론 영감쟁이가 문을 나서기도 전에 '수리'는 끝나 수리 완료 딱지를 붙여서 한쪽에 치웠음은 두말할 것도 없고 말이오.

기억에 뚜렷한 일이 또 있소. 한 군인 장교가 수리점에 들어서더니 사뭇 엄중한 목소리로 말을 하더군요. '지방 사령관 사무실에 가서 그곳 서기에게 내가 지시한—그 당시 러시아 장교들은 지시 외에는 아무 말도 하지 않는다오—타자기들을 보여달라고 하시오. 일단 그것들을 살펴보고 난 뒤 뭐가 잘못되었는지 내게 보고하도록 하시오.' 그러고는 돌아서서 왔던 길로 가버렸소.

그의 퉁명스럽고 고압적인 목소리에 나는 한편으로 놀라기도 하고 한편으로 화가 나기도 했소. 그래서 그가 말한 사무실에 내 필히 가보리라 마음먹었지요. 도대체 이 장교가 어떤 '작자'인지 알아낼 셈으로 말이오. 물론 그 작자를 어떤 식으로 속여먹을까 방법을 찾아보려는 속셈도 있었소. 나는 늘 이런 상황을 즐겼는데, 그건 내가 천진무구한 표정으로 그런 무례한 인간을 보기 좋게 혼내줄 수 있는 방법을 알고 있었기 때문이오.

그날 당장 나는 그 사무실을 찾아가 서기에게 내가 찾아온 까닭을 설명했소. 나는 나를 찾아왔던 사람이 그곳 부관이라는 사실을 알게 되었소. 내가 타자기들—그곳엔 타자기가 세 대 있었소—을 살펴보는 동안, 담배 한 개비와 장교 생활의 짜릿한 일화 한 편으로 이미 내 친구로 만들어버린 그 수다쟁이 서기가 다음과 같이 설명을 하기 시작하더군요. '이 기계들은 상트페테르부르크에서 얼마 전에 왔는데요, 처음에는 잘 작동했거든요. 그런데 얼마 안 있어 한 대가 고장이 나더니 곧 또 한 대가, 또 한 대가 차례로 다 고장이 나버렸어요. 셋 다 같은 문제인데요, 그게 타자기 리본이 더 이상 풀리질 않는 거예요. 병참 장교인 부관이랑 여러 사람이 고쳐보려고 애를 썼지만 못

고쳤죠. 결국 지난 사흘 동안은 모든 문서 작업을 예전처럼 손으로 작성하고 있어요.'

서기의 설명을 들으면서 나는 타자기들을 살펴보았고 뭐가 문제인지 바로 알아냈소이다. 여러분 중에도 기억하는 사람들이 있을 텐데, 옛날에 만든 타자기 제품 중에는 리본을 감는 실패가 기계 뒤쪽 깊숙한 부분의 특수 상자 안에 설치된 스프링의 압력에 의해서 풀리도록 만들어진 것들이 있었소. 리본이 천천히 움직이기 때문에 제법 긴 스프링이 완전히 풀릴 때까지는 시간이 꽤 걸리게 되어 있었는데, 그렇더라도 가끔 한 번씩 다시 감아줄 필요가 있었지요.

이 경우도 타자기가 배달되던 당시에는 스프링이 꽉 감긴 상태였다가 시간이 지나면서 다 풀리게 된 거지요. 그러니 스프링만 다시 감아주면 해결될 일이었던 겁니다. 하지만 기계에 열쇠도 손잡이도 없다 보니 사용법을 듣지 못했거나 지극히 단순하지만 기술 쪽으로 머리가 돌아가지 않는 사람들한테는 이 단순한 일조차 어려울 수밖에.

물론 나는 이런 이야기를 그곳 서기한테는 한 마디도 하지 않았소. 하지만 식사를 같이하자고 하길래 정부에서 나온 맛있는 양배추 수프와 카샤kasha(굵게 탄 메밀가루 등으로 쑨 죽—옮긴이) 요리를 잘 대접받고, 타이어만 성한 내 구닥다리 자전거를 타고서 집으로 돌아왔소이다. 그날 저녁 부관이 다시 수리점에 찾아와서는 아주 거만한 목소리로 '그래, 어떻소? 그 신제품 타자기들이 작동하지 않는 이유를 알아냈소?'라고 묻더군요.

이 일이 있기 꽤 오래 전부터 나는 역할 연기에 노련한 사람이었소. 그래서 진짜 배우들이 '존경심이 담긴 소심함과 수줍음이 담긴 존경심respectful timidity and bashful deference'이라고 부르는 표현 연기를 했다오. 그리고 다양한 러시아 어 기술 서적들에서 빌린 특수 용어들, 유식해 보이는 용어들을 들먹이며 이 제품이 한 가지 면을 제외하곤 모든 면에서 완벽에 가깝다고 극찬을 해댔소. 안타깝지만 바로 그 부분만 바꿔야 한다고 하면서, 다만 그걸 바꾸기가 좀 복잡하고 어렵다고 엄살을 떨었지요. 그 작업을 하는 데 비용이 타자기 구입비의 약 4분의 1 정도 된다고 했어요.

다음날 엄숙한 분위기 속에서 이들 아무 문제도 없는 타자기들이 수리점 안으로 옮겨졌소. 부관의 지휘로 그곳 파견대 소속 군인들 거의 대다수가 그것들을 운반해서 말이오. 나는 즉시 그것들을 접수하고, 아주 진지한 표정으로 아무래도 열흘 이내에 수리를 마치기는 어려울 것 같다고 말해주었지요. 부관이 난감한 얼굴이 되어 지금 사무실 업무가 거의 마비 상태니 최대한 빨리 수리를 마쳐달라고 애걸하더군요.

한참 협상을 한 끝에 나는 날밤을 새워서라도 이틀 내에 기계 한 대를 고쳐주겠노라고 약속을 했소. 그 대신 부관에게 군인들을 시켜 먹고 남은 음식을 좀 가져다 젖먹이 돼지 세 마리가 먹을 수 있도록 해달라고 부탁했지요. 얼마 전 그것들을 사다가 작업장에 딸린 작은 마당에서 키우고 있었다오.

이틀 뒤 흠 하나 없이 완벽하게 기계 한 대가 '수리'되었고, 나머지 두 대는 약속한 대로 일주일 뒤에 배달해 주기로 했소. 기계 한 대를 고칠 때마다 고맙다는 인사와 함께 18루블씩을 받은 것 외에도, 군인들은 매일 젖먹이 돼지들이 먹을 음식을 가져왔다오. 내가 아슈하바트에 머물렀던 3개월 내내 그런 식으로 돼지들을 돌봐주었지요. 그 사이에 내 젖먹이 돼지들은 아주 살찐 비육돈으로 자라나게 되었고 말이오. 물론 나는 서기에게 스프링이 다 풀어지면 그 다음에 어떻게 해야 하는지 알려주었소. 하지만 내가 어떻게 '수리'했는지는 그들이 절대 모르지요.

　메르브로 수리점을 옮긴 뒤에도 똑같은 상황이 여러 차례 발생했다오. 그곳에서도 나는 같은 일을 두 달간 더 했소. 어느 날인가는 그 지역 한 사립 초등학교―학교 이름은 생각나지 않는구려―의 장학관이 찾아와 물리 실험에 쓸 전기 장치를 고쳐달라고 합디다.

　이 물건은 원반을 돌리면 불꽃이 일어나는 흔한 정전기 발생 장치였는데, 그 당시―지금도 그런 것 같기는 한데―에는 모든 학교가 이 장치를 비치하도록 되어 있었지요. 이 장치를 이용해 그 이름도 거창한 물리 수업 시간에 선생들이 젠체하면서 마치 신성한 의식이라도 거행하듯이 실험을 해보이는 거요. 그래봤자 기계의 원반을 돌리면서 아이들로 하여금 한 명씩 레이던병(전기를 모으는 축전기의 일종―옮긴이)의 작은 금속 꼭지를 만지게 하는 게 전부인데 말이오. 금속 꼭지를 만질 때 아이들의 찡그린 표정은 언제나 요란한 웃음을 자아내곤 했는데, 이 선생이라는 작자들은 웃음이란 "음식물 소화에 특효가 있다"는 말로 물리 수업을 끝마치곤 했지요.

　이 장학관이 상트페테르부르크에 있는 지멘스 & 할스케라는 독일 회사에 조립식 정전기 발생기를 주문해서 물건이 도착했는데, 이 장학관은 물론이고 교사들까지 나서서 설명서에 적힌 대로 조립을 해봤는데도 불꽃이 발생하지 않는다는 거예요. 그래서 결국 장학관이 나를 찾아온 거였지요.

　나는 모든 게 다 제대로 되어 있고 단지 기계의 주요 부분인 원반 두 장이 제 위치에서 조금 벗어나 있다는 걸 한눈에 보고 알 수 있었소. 축에 달린 나사를 풀어서 원반 하나를 조금만 움직여주면 되는 거였소. 1분이면 할 수 있는 일이었지요. 나는 자기도 잘 모르는 걸 남에게 가르치는 이 존경받는 선생으로 하여금 기계 수리 명목으로

네 번이나 더 나를 찾아오게 만들었지요. 그리고 충전이 필요 없는 레이던병을 충전한다는 명목으로 10루블 75코펙을 받아냈소이다.

수리점을 운영하는 동안 이런 일은 거의 매일 일어났다오. 가난한 사람들을 상대로는 중간쯤에서 타협점을 찾아 일을 했지만, 우연히 그것도 부당하게 얻은 지위로 지역의 유지가 된 사람들, 진정한 지성이라는 저울에 놓고 볼 때 자신들이 부리는 일반 대중보다 훨씬 수준이 낮은 자들의 경우에는 그들의 어리석음을 이용해 돈을 버는 것이 죄라고 여기지 않았소이다.

하지만 가장 독창적이면서 최대의 이익을 가져다준 일은 다름 아닌 코르셋(허리가 잘록해 보이게 하는 여성용 속옷—옮긴이) 사업이었다오. 그해 파리에서는 코르셋 패션이 크게 변했는데, 지금까지 가슴을 높게 받쳐주는 코르셋을 착용하던 여성들이 갑자기 높이가 낮은 것을 착용하기 시작했던 거요. 이 갑작스러운 유행의 변화가 패션 잡지를 통해 이 지방에도 알려지기는 했지만, 이곳이 유행의 중심지에서 워낙 떨어진 곳이다 보니 새로운 코르셋 자체가 아직 유통되지 않았던 겁니다. 그래서 많은 여성들이 구식 코르셋을 들고 내 작업장을 찾아와 최신 유행에 맞게 고쳐줄 수 있는지 알고 싶어 합디다. 이 코르셋 사업 덕분에 나는 말 그대로 '팔자가 늘어지게' 되었다오.

말하자면 이런 식이었소. 한 번은 어느 통통한 유대인 여성으로부터 코르셋을 짧고 넓게 고쳐달라는 부탁을 받았소. 그 여자의 허리 사이즈가 계속 늘어났기 때문인데, 아무튼 그 작업을 하기 위해 고래수염(과거에 옷을 빳빳하게 만들 때 씀—옮긴이)을 사러 나가야 했다오. 한참을 돌아다녔지만 구하지 못했는데, 한 상점 점원이 자기네도 고래수염 재고는 없는데 그러지 말고 예전 코르셋을 사가는 게 어떠냐고 제안하더군요. 자기네 가게 주인이 아마도 거의 고래수염 가격에 구식 코르셋을 팔 거라면서 말이오.

  나는 바로 주인을 만나 물건 값을 흥정하기 시작했소. 그러다 문득 새로운 생각이 머릿속에 떠오른 겁니다. 나는 코르셋 한 장이 아니라 상점에 있는 구식 코르셋을 몽땅 사버렸소. 예순다섯 개나 되는 코르셋을 말이오. 보통 장당 4~5루블 하던 것을 한 장에 20코펙씩에 말이외다. 그러곤 당장 아슈하바트에 있는 모든 상점을 뒤져서 코르셋을 있는 대로 죄다 사들였소. 그것도 처음보다 더 낮은 가격에. 이제 쓸모없게 된 물건의 재고를 치워버릴 수 있게 되었으니 상점 주인들도 좋아라 하며 헐값에 넘겼던 거지요.

  나는 여기서 멈추지 않았소. 그 다음날 내가 고용한 두 소년의 아버지인 늙은 유대인을 시켜 중앙아시아 철도를 따라 있는 모든 지역의 상점을 다 뒤져 코르셋을 있는 대로 사오라그 심부름을 보냈소. 그러는 사이 나는 펜치와 가위를 들고 최신 유행의 코르셋 만들기에 돌입했지요.

  이 일은 아주 간단했소. 먼저 코르셋에서 잘라낼 부분에 연필로 선을 그어요. 윗부분을 많이 쳐내고 밑은 조금만 쳐내는 식으로 말이오. 이제 이 선에 맞게 고래수염도 양끝을 펜치로 자르고, 천도 가위로 잘라냅니다. 그런 뒤 비트비츠카이아의 지시에 따라 소녀들이 가두리에 붙어 있던 테이프를 떼어내 짧아진 코르셋에 다시 꿰매 넣는 거요. 그리고 나서 원래 코르셋에 붙어 있던 레이스 반절을 실로 꿰매 붙이면 최신 유행의 파리 패션 코르셋이 탄생하는 거요. 우리는 이런 식으로 하루에 백 개 정도의 코르셋을 만들어냈소.

  가장 재미있었던 것은 바로 자신들의 구식 코르셋이 신상품으로 탈바꿈한 사실을 알게 된 상점 주인들이 엄청난 수요를 예상하고 나에게서 다시 그것들을 사가야만 했다는 사실이오. 10코펙, 20코펙에

물질적인 질문

팔았던 물건을 장당 3.5루블씩에 되사야 했으니, 이를 부득부득 갈 수밖에요.

이 사업의 결과가 어땠을 것 같소? 한마디로 말하자면 내가 크라스노봇스크와 크즐 아르바트, 아슈하바트와 메르브, 차르조우, 부하라, 사마르칸트와 타슈켄트에서 사고 판 코르셋이 자그마치 6천 장이 넘었소이다.

사업의 규모에 비해서 물질적으로 큰 이익을 낸 이유는 단지 지역 주민들이 무지하고 순진했기 때문만도, 또 내가 그때그때 상황들을 정확히 파악하고 기민하게 대응했기 때문만도 아니었소. 오히려 나도 마찬가지이고 사람이라면 누구나 가지고 있는 나약함에 대해 인정사정없이 대한 나의 태도 덕분이었소. 이런 나약함은 그냥 내버려 두면 우리 안에서 게으름이라는 형태로 자리를 굳히게 되지요.

이 시기에 나의 신체적인 기능에 변화가 일어났다는 이야기도 흥미로울 것 같군요. 그건 보통의 과학적 관점으로는 설명할 수 없는 일이오. 내 평생 살면서 이런 현상을 몇 차례나 겪었다오. 그 변화란 에너지가 들어오고 나가는 템포가 정상을 벗어난 거였는데, 그로 인해서 나는 몇 주 내내, 심한 경우에는 몇 달 내내 한 잠도 자지 않고 버틸 수가 있었다오. 그렇다고 해서 활동력이 줄었느냐 하면 오히려 반대로 평소보다 훨씬 더 강해졌다오.

마지막으로 이런 경험을 하고 난 다음에는 이 현상에 상당한 흥미를 느끼게 되었소이다. 이 현상은, 적어도 내가 인지하는 부분에 있어서는, 오래 전 내게서 일어났던 몇몇 의문들과 그 이후 내 인생의 목적이자 의미가 되어버린, 그 의문에 대한 해답에 버금가는 중요한 문제가 되었지요.

학교의 기본 계획과 관련된 문제들을 처리하고 나서 다시금 내 시간의 절반을 개인적 관심사에 쏟을 수 있게 되면, 그땐 이 문제를 해명하는 것을 최우선으로 삼을 생각이오. 내 몸의 일반 기능 가운데 이처럼 아직도 이해할 수 없는 세밀한 부분은 내가 이제 이야기하려는 시기에 있었던 일을 통해서 아주 분명하게 보게 될 거외다.

물줄기처럼 이어지는 손님들의 행렬은 하루 종일 계속되었소. 수리해 달라며 망가진 물건을 가져오는 사람들과 이미 수리된 물건을 찾으러 오는 사람들로 시끌벅적한 가운데 내 하루의 대부분은 그런 물건을 받고 되돌려주는 데 소비되었소. 어쩌다 손님이 없을 때조차도 새로운 부품을 구입하거나 계속해서 필요한 여러 재료들을 조달하기에도 시간이 빠듯할 지경이었다오. 이런 상황이다 보니 밤에도 일을 해야만 했지요. 수리점을 운영하는 동안 나는 낮에는 손님을 맞고 밤에는 물건을 수리하는 식으로 시간을 나누어 써야만 했소.

이 모든 일을 하는 데 비트비츠카이아의 도움이 아주 컸다는 사실을 말씀드리지 않을 수 없구려. 그녀는 우산에 천을 씌우는 일이나 코르셋 개조, 여성용 모자 수선, 특히 조화造花를 만드는 일에 순식간에 거의 전문가 수준이 되었지요. 그녀 외에도 두 명의 소년이 수리점을 열던 초기부터 나를 도와주었소. 그 아이들은 늙은 유대인의 자식들이었는데, 형은 도금할 금속을 말끔히 닦아서 준비해 놓고 도금이 끝나면 광택을 내는 일을 했고, 동생은 심부름을 하거나 화로에 불을 피우고 풀무질을 하거나 했소. 막바지에 가서는 여섯 명의 소녀에게 도움을 받기도 했는데 모두 그 지방 유지들의 자식들이었다오. 나의 만능 작업장에서 바느질을 잘 익혀 '완벽한 교육'을 받기를 바라는 마음에 부모들이 보낸 아이들이었지요. 아이들의 바느질 솜씨는 어디에 내놔도 손색이 없을 정도였소.

초창기에 겨우 네 명이 일을 하던 때에도 우리가 해낸 작업양은 정말 대단했다오. '일반인 출입 엄금'이라고 푯말을 붙여놓은 문 뒤의 뒷방에서 적어도 수십 명의 전문 기술자들이 일을 하고 있을 거라는 인상을 사람들에게 주었을 정도로 말이오.

아슈하바트에서는 우리 수리점이 석 달 반 정도 문을 열었는데, 그 시기에만 나는 5만 루블을 벌었소. 그 당시 그 정도의 돈이면 가치가 얼마나 되는지 아시오? 비교를 해드리리다. 먼저 그 당시 러시아 공무원의 한 달 평균 월급이 33루블 33코펙이었고, 이 돈이면 독신 남성은 물론이고 아이들이 주렁주렁 딸린 가족도 그럭저럭 살림을 꾸릴 정도였다는 사실을 기억해 둘 필요가 있소. 고급 장교들도 월급이 45루블에서 50루블 사이였으니 5만 루블이면 꽤 큰 돈이었소. 당시 고기가 1파운드에 6코펙이었고, 빵은 2~3코펙, 질 좋은 포도가 2코펙이었는데, 100코펙이 1루블에 해당하는 돈이었소. 그러니 5만 루블이라면 엄청난 거금이라고 할 수밖에!

수리점을 하는 동안 부업으로 다른 사업체를 꾸려 큰돈을 벌 수 있는 기회가 자주 있었다오. 하지만 내기의 조건 중 하나가 손기술만을 이용하고 그런 소규모 상거래를 통해서만 돈을 벌어야 한다는 것이었기 때문에 나는 한 번도 이 유혹에 넘어간 적이 없었소. 아슈하바트에 머무는 동안 이미 이 내기는 내 승리로 끝났고, 번 돈은 약정한 액수의 네 배가 넘었다오. 그럼에도 이미 말한 것처럼 나는 다른 도시에서 똑같은 일을 하기로 결심했소. 대부분의 것들을 정리하고 나서, 비트비츠카이아는 언니를 만나러 떠났고, 나 역시 사흘 뒤 메르브를 향해 떠나기로 했소.

여태까지 들려준 내용 정도면 이 이야기를 통해 내가 여러분께 말하고자 하는 바가 무엇인지 충분히 짐작했으리라 생각되오. 즉 당신네 미국인들이 상업 체질이라 하여 이상적 인간의 면모로 여기는 특징은 다른 대륙 사람들한테도 똑같이 있다는 말이오. 아니 당신네들보다 훨씬 더 발달되어 있지요. 게다가 그들은 미국인들한테는 없는 다른 체질들까지 갖추고 있소. 하지만 이 점을 더 설명하고 당시 내가 한 일들을 더 큰 그림으로 보여주기 위해서는, 아슈하바트를 떠나기 직전 내가 쓴 상업적 속임수를 한 가지 더 들려줘야겠소.

  수리점을 열고 바로 나는 사람들한테 온갖 종류의 물건들을 다 사겠다고 했다는 얘기부터 해야겠군요. 두 가지 이유 때문이었는데, 첫째는 쓸모가 있을 만한 물건들을 가게나 시장에서 싹 사버린다면 물건 수리에 필요한 부품들을 구하기 쉬울 거라 확신했기 때문이오. 둘째는 사람들이 가져오거나 집에 와서 봐달라고 하는 오래된 물건들 속에서 진귀한 것을 발견할지도 모른다고—실제로 이런 일이 가끔씩 일어났지요—여겨졌기 때문이고요. 한마디로 말해서 나는 골동품 상인이기도 했던 거지요.

  아슈하바트를 떠나기 며칠 전 시장에서 티플리스 부근에서 알고 지냈던 한 그루지야 사람을 만났소. 그 사람은 그때 트랜스코카서스 철도역 가운데 한 군데서 간이식당을 운영했었지요. 지금은 군대에 식량 납품 일을 한다는 그가 낡은 철제 침대가 많다며 사지 않겠느냐고 묻더군요.

  그날 저녁 나는 그의 집을 찾아갔고, 우리는 침대를 보러 지하 창고로 내려갔소. 그런데 지하 창고에서 얼마나 역겨운 냄새가 나는지 도저히 그곳에 더 있질 못하겠더군요. 급하게 침대만 살펴보고 얼른 빠져나와 길 위에서 그와 흥정을 시작했소. 그 친구의 말로는 청어 스무 통을 지하 창고에 보관해 놓았는데 거기에서 악취가 난다고 하더군요. 그 청어는 지역의 군 식당에 납품하려고 아스트라한(러시아 볼가 강 하구에 있는 도시—옮긴이)에서 사온 거라고 합디다. 그런데 군 식당에서 처음 배달된 두 통을 열어보고 청어 상태가 좋지 않다며 납품을 거절했대요. 혹시라도 나쁜 평판을 듣게 될까봐 어디에도 내다팔지 못하고 잠시 창고에 넣어뒀던 건데 그러고선 잊어버리고 있었다는 거요. 석 달이 지난 지금에서야 온 집안에 썩는 냄새가 진동하는 이 애물단지를 어떻게든 빨리 치워야 생각을 하고 있었답니다.

청어를 구입하는 데도 돈이 들어갔거니와 이제는 쓰레기장까지 싣고 갈 운반비까지 치를 생각을 하면 화가 치민다고 그러더군요. 만약 위생국에서 이 사실을 알게 되는 날에는 벌금을 물어야 했거든요. 그의 이야기를 듣는 동안 이 시기에 형성된 습관대로 내 머리가 작동하기 시작했소. 나는 이런 경우에조차도 어떻게 머리를 잘 쓰면 거기에서 이익을 낼 방도가 있지 않을까 스스로에게 물었던 거지요. 그 즉시 머릿속에서 이렇게 계산을 시작했다오. '이 사람은 이미 내다버렸어야 할 썩은 청어 스무 통을 가지고 있다. 하지만 통 자체만 해도 최소한 1루블은 할 거다. 돈을 들이지 않고 통을 비울 수 있는 방법이 없을까? 안 그러면 운반해서 갖다 버리는 데 드는 비용이나 통 값이나 비슷할 텐데.'

그 순간 갑자기 이 청어들—특히 썩은 놈들—이면 훌륭한 거름이 되겠구나 하는 생각이 들었소. 정원사라면 이런 좋은 거름을 공짜로 얻는 대가로 통을 비우고 씻어서 내 수리점까지 가져다주는 일쯤이야 얼마든지 하려고 하지 않겠나 싶더군요. 나야 연기로 통을 그을린 다음 시장에 내다팔면 되는 거였고. 그 당시엔 통에 대한 수요가 워낙 많아서 이렇게 하면 한 시간도 안 돼 20루블은 벌 수 있었소. 아무도 손해 보는 사람 없고, 오히려 이 일로 모두가 이득을 얻게 되는 셈이었소. 물건 값을 손해 보게 된 그루지야 상인도 적어도 쓰레기 처리 비용은 아낄 수 있으니 말이오.

이쯤 생각이 돌아가자 내가 그루지야 인에게 말했소. '만약 침대 값을 좀 깎아주면 이 통들을 공짜로 버릴 수 있는 방법을 찾아보리다.' 그는 내 제안에 동의했고, 나는 다음날 아침 이 전염병의 온상지를 말끔히 치워주겠다고 약속했소이다.

침대 값을 치른 뒤 물건을 수레에 실었소. 그리고 정원사에게 보여줄 청어 한 통도 실어서 수리점으로 돌아온 뒤 물건을 모두 풀어서 헛간에 부렸소. 바로 그때 그 늙은 유대인, 그러니까 내 밑에서 일하던 두 사내아이의 아버지가 수리점 안으로 들어서더군요. 저녁때면 보통 두 아들과 노닥거리기 위해서 작업장에 들르곤 했는데 어떤 때는 두 아들의 일을 도와주기도 했지요.

나는 비좁은 뒷마당에 앉아서 담배를 피우고 있었소. 그러다 갑자기 청어를 내 돼지들에게 주면 어떨까 하는 생각이 떠올랐다오. 어쩌면 돼지들이 청어를 먹을 수도 있겠다는 생각에 노인에게는 아무런 설명도 없이 통을 여는 걸 좀 도와달라고 부탁했지요. 뚜껑이 열리자 그 늙은 유대인이 허리를 굽혀 냄새를 맡더니 갑자기 얼굴이 환해지면서 소리를 지르지 뭡니까. '이런 게 바로 청어라는 거요. 이런 청어는 정말 오랜만에 봅니다. 이 빌어먹을 나라에 오고 난 뒤에는 한 번도 보질 못했는데 말이오!'

나는 어리둥절해졌지요. 내가 오래 살았던 아시아에서는 청어를 먹지 않았기 때문에, 내가 어쩌다 맛본다 해도 그게 좋은 건지 나쁜 건지 구분할 수가 없었다오. 나에게는 신선한 놈이나 썩은 놈이나 냄새가 고약하기는 마찬가지였으니까 말이오. 그러니 이 늙은 유대인의 강한 말투에 어느 정도 신빙성이 있다고 간주할 수밖에 없었소. 게다가 그는 러시아의 로스토프(모스크바 북동쪽 네로 호 연안에 있는 도시—옮긴이)에 살 때 정육점을 운영하면서 생선도 팔아본 적이 있었으니

더욱 신뢰가 갔지요.

그렇기는 하나 완전히 확신할 수는 없어서 그에게 혹시 뭘 잘못 착각한 건 아닌지 물었소. 그랬더니 노인이 불쾌함을 감추지 못하고 이렇게 대답하더군요. '지금 무슨 말을 하시는 게요? 이건 진짜 청어란 말이오. 소금에 제대로 절여진 ○○○ 청어란 말입니다요!' 그 청어를 뭐라고 불렀는지는 잘 기억나지 않소이다.

하지만 여전히 의심이 남아서 이렇게 슬쩍 말했지요. '우연히 이런 청어를 통째로 사들이게 되었는데, 우리 같은 장사꾼들 사이에서는, 장사를 개시하자마자 그 자리에서 누가 다만 얼마라도 사간다면 장사가 잘될 거라는 조짐으로 받아들인다오. 그러니 내일 아침까지 기다릴 게 아니라 지금 당장 나가서 청어를 몇 마리라도 팔아봐야 하지 않겠소?' 하고 말이오. 그러면서 노인에게 즉시 청어를 내다 팔아보자고 재촉했지요. 이렇게라도 해서 이 노인의 말이 사실인지 아닌지 확인해 보고 그에 따라서 다음 행동을 결정할 생각이었다오.

내 수리점 근처에는 유대인들이 많이 살고 있었는데 대부분이 자영업자들이었소. 이미 저녁때였던지라 상점들은 거의 문을 닫은 뒤였지요. 우리 수리점 맞은편에 프리드만이라는 시계 기술자가 살고 있었는데, 제일 먼저 불려온 그가 물건을 보자마자 값을 깎자는 소리도 없이 두 마리에 15코펙 하는 청어를 열두 마리나 사갔다오. 두 번째 구매자는 모퉁이에 있는 약국 주인이었는데 그는 한꺼번에 쉰 마리나 사들고 갔고요.

사람들이 좋아라 하는 걸로 보아 노인의 말이 맞았다는 것을 알 수 있었소. 다음날 아침 동이 틀 무렵 나는 수레를 빌려서 이미 뚜껑을 열어본 두 개를 제외하고 나머지 것들을 모두 운반해 왔소. 뚜껑이 따진 두 개의 통에서는 심한 악취가 진동했기 때문에 당장 쓰레기장으로 보내버렸지요.

나머지 청어 열여덟 통은 상태가 좋은 정도가 아니라 최상품이었소. 분명한 것은 군 식당의 구매 담당자도 그렇고 티플리스에서 자란 그루지야 상인도 그렇고 청어를 먹어본 적이 없어서 청어에 대해서 나 이상으로 아는 바가 없었다는 거요. 그러니까 청어에 대해 아무것도 몰랐던 거지요. 그래서 양쪽 다 청어 특유의 냄새를 맡아보곤 그것들이 몽땅 쐈 었다고 생각했던 겁니다. 그루지야 친구는 아무 말도 못한 채 손해만 보고 말았고 말이요.

사흘 만에 늙은 유대인의 도움으로 청어 열여덟 통이 동이 나버렸소. 나는 노인에게 청어 한 마리에 반 코펙씩을 쳐주었지요. 노인은 뭐 더할 나위 없이 좋아했소.

그곳에서 모든 일을 끝낸 나는 떠나기 전날 저녁 그곳에서 알고 지내던 사람들과의 송별회 자리에 그 그루지야 인도 초대했소. 그 자리에서 나는 이 청어 장사가 얼마나 멋졌는지 들려준 다음 주머니에서 돈을 꺼내 그에게 이익금을 절반씩 나누자고 말했지요. 하지만 트랜스코카서스와 트랜스카스피아 지방에서 예부터 내려오던 상도의를 철저하게 고수하던 그는 절대 돈을 받으려 들지 않더군요. 나에게 물건을 넘겨주던 날 자신은 이미 그 물건이 쓸모없는 거라고 확신하고 있었고, 비록 그것이 잘못된 생각으로 드러났다고 해도 그건 그저 나에게는 행운이요 자신에게는 불운일 뿐이라고 말했소. 그러면서 나의 친절함으로 자기가 이득을 취하는 것은 옳지 않다고 하더군요. 그런데 말이오, 놀랍게도 다음날 메르비를 향해 떠나려던 나는 짐 속에서 그루지야 인이 보낸 포도주 한 병을 발견했다오. 포도주는 염소 가죽에 싸여 바구니에 담겨 있더군요.

이 특이한 수리점 에피소드 이후 나는 내 인생의 근본적인 목적을 성취하는 데 필요한 제반 조건들을 준비하면서 몇 년 동안 탐구 작업에 쉬지 않고 매진했다오. 그러는 가운데에도 돈을 벌기 위해 이런저런 일들을 하지 않으면 안 되었지요. 이 몇 년 동안 내가 겪은 수많은 모험들, 예기치 않은 사건들이 어쩌면 여러분에게 정신적인 면에서건 실질적인 면에서건 커다란 흥미를 불러일으킬지는 모르겠지만, 오늘 저녁 제기된 질문에서 벗어나고 싶지 않으니 지금은 그런 이야기를 하지 않을 생각이오. 어차피 내 인생에서 그 몇 년간의 일들은 별도의 책으로 쓸 계획이기도 하고 말이외다.

다만 일정한 액수의 자본금을 만들어내기로 계획을 세울 무렵 나는 이미 많은 경험과 함께 자신감도 충만했다는 사실만은 말해두고 싶소이다. 그러기에 내가 이 목적에 필요한 돈을 모으기 위해서 내 모든 능력을 발휘했을 때—비록 이런 쪽으로 인간이 쏟는 노력이 나에게는 단 한 번도 관심의 대상이 되어본 적이 없지만—나는 미국 최고의 달러 사업 전문가조차 부러워할 만큼 놀라운 결과를 얻어낼 수 있었던 거요.

나는 굉장히 다양한 사업을 했고, 때론 아주 큰 사업에 손을 대기도 했소. 예컨대 철도와 도로 공급 및 건설 사업에 개인적으로 또 정부 자격으로 계약을 따서 일한 적도 있고, 수많은 가게와 식당, 영화관을 개업했다가 사업이 궤도에 오르면 팔아넘기기도 했소. 지방에서 여러 종류의 사업을 벌이기도 했고, 카슈가르를 비롯한 여러 나라에서 러시아로 가축 떼를 몰고 들어간 적도 있소. 유정油井과 어장에 뛰어든 적도 있고, 어떤 때는 이런 사업체 여러 개를 동시에 경영하기도 했고요. 하지만 이 모든 사업 중에서 내가 가장 좋아했던 건 카펫과 골동품 매매였다오. 이 두 가지를 좋아했던 이유는 거기에 많은 시간을 쏟아 부을 필요도 없고 굳이 정해진 거주지에 머물 필요도 없었기 때문이오. 무엇보다도 큰 이득을 남길 수 있었고 말이오.

4~5년을 매우 열성적으로 보내고 나서 나는 마침내 모든 사업을 정리했어요. 그러곤 1913년 말경에 모스크바로 갔지요. 내 스스로 성스러운 과업이라고 여겨오던 바로 그 일을 구체화하기 위해서였지요. 그때 내 수중에는 100만 루블이 있었고 값을 매길 수 없을 만큼 귀한 수집품 두 점이 있었소이다. 하나는 오래되고 진귀한 카펫이었고, 다른 하나는 중국 칠보七寶 도자기였소.

그때는 그 정도의 돈이면 더 이상 재정적인 문제는 걱정할 필요 없이, 나의 머리 안에서 이미 구체화된 생각들, 즉 학교 설립의 기초를 이루고 있는 생각들을 자유롭게 실천에 옮길 수 있을 것 같았소. 나는 인간이 자신의 의식 그리고 그 본성의 자동적인 발현 사이에서 불가피한 마찰을 통해 자기 존재의 의미와 목적을 끊임없이 상기시킬 수 있는 환경을 내 주변에 만들고 싶었소이다. 그것이 바로 제1차 세계대전이 발발하기 1년 전의 일이었소.

처음에는 모스크바에서, 다음에는 상트페테르부르크에서 나는 수많은 지식인들, 과학자들을 매료시킨 일련의 강의를 진행했소. 그리고 이내 나의 사상에 관심을 갖는 사람들이 모여 모임을 결성했고, 점점 그 규모가 커져갔소. 그 다음 단계로 나는 학교 설립을 향해 발걸음을 내딛기 시작했소. 내 계획을 이루는 데 필요한 모든 것을 하나씩하나씩 준비해 가기 시작했지요. 우선 부지를 구하고, 러시아에서 구할 수 없는 것은 유럽의 여러 나라에 주문을 하고, 기구나 기타 필요한 장비들도 구입을 했소. 내 자신만의 신문도 발행할 준비를 했고 말이오.

그렇게 학교 설립과 관련한 일이 한창 진행되던 와중에 전쟁이 발발한 겁니다. 나는 정치적 상황이 안정되는 대로 일을 재개할 수 있으리라는 희망 아래 모든 준비를 잠정 중단했소. 그때까지 이미 내가 모아둔 자본의 절반 정도가 학교 설립 준비에 들어간 상태였지요. 전쟁은 갈수록 치열해졌고, 곧 평화가 찾아올 거라는 희망은 점점 더 희미해져갔소. 나는 모스크바를 떠나야만 했고, 결국 코카서스에서 전쟁이 끝나길 기다리게 되었던 겁니다.

정치적 사건들이 사람들의 마음을 가득 채웠음에도 불구하고 내 작업에 관심을 가진 사람들의 모임은 와해되지 않고 점점 커져갔소. 내 사상에 관심을 가진 사람들이 내가 머물고 있던 에센투키로 모여들었소. 그들 가운데는 인근에서 온 사람들도 있었지만 상트페테르부르크와 모스코바처럼 제법 먼 곳에서 온 사람들도 많았소. 이렇게 상황은 모스크바로 돌아갈 날을 기다리지 않고 바로 학교를 설립하는 쪽으로 돌아갔다오.

하지만 이곳에서도 상황이 급변하면서 탐구 작업은 물론 생존 자체가 어려워져 누구도 내일 당장 무슨 일이 벌어질지 알 수 없게 되었소. 우리가 살고 있던 광천수 지역이 내전의 중심지가 되면서 말 그대로 두 개의 불기둥 사이에 갇히고 말았던 거요. 도시의 주인이 매일매일 바뀌었소. 오늘은 볼셰비키가, 다음날은 코사크가, 그 다음날은 백군白軍(반혁명 세력인 제정 러시아군—옮긴이)이, 또 어느 날은 새로 조직된 어느 정당이 주인 노릇을 했지요. 아침이면 오늘 하루 어떤 정부 밑에서 하루를 보내게 될지 알 수가 없었소. 길거리로 나가본 뒤에야 어떤 정치 세력이 주인 노릇을 하는지 알 수 있었다오.

내 개인적으로는 러시아에서 지낸 기간 가운데 이때가 정신적으로 가장 긴장을 많이 하고 살던 때였던 것 같소. 당장 생존에 필요한 물품들을 어떻게 마련할지 날마다 고민하고 걱정해야 했지요. 생필품을 구하기가 하늘의 별 따기만큼 어려운 일이었으니까요. 게다가 내가 돌봐줘야 할 목숨이 수백 명이나 되어 잠시도 마음을 놓을 수가 없었소.

그 중에서도 나를 가장 근심하게 만든 것은 병역을 치를 만한 나이인 스무 명의 제자들―그들은 스스로를 '제자'라고 부르기 시작했소―이었다오. 젊은이는 물론 중년의 남자들조차 오늘은 볼셰비키, 내일은 백군, 그 다음날은 또 어떤 세력에 의해 징집이 되는 판국이었으니 말이오. 이런 긴장 상태로는 계속 버티기가 어려워 설령 비싼 값을 치르는 한이 있더라도 돌파구를 찾지 않으면 안 되었소.

다른 날보다 유난히 총성이 잦던 어느 날 밤, 옆방에서 들려오는 동료들의 걱정스런 대화를 들으면서 나는 아주 심각하게 상황을 짚어보기 시작했소. 이 어려운 상황에서 어떻게 하면 벗어날 수 있을까 계속 궁리하는데 갑자기 현자賢者 물라 나스루딘의 한마디가 떠올랐지요. 실은 오래 전부터 내가 깊이 명심해 오던 말이기도 했었소. 그 말인즉 '어떤 환경에 놓여 있건 그대의 쓸모 있음이 사람들이 환영하는 것이 되도록 늘 노력하라'는 것이오.

여기서 내가 수년간 고고학적 문제에 커다란 관심을 가지고 있었고, 세부적인 사항들을 명확히 밝히기 위해서는 고인돌 유적지―고대에 만들어진 이 유적지는 오늘날에도 세계 어느 대륙에서나 특정 장소에 가면 발견할 수 있소―가 어디에 어떤 식으로 배치되어 있는지 가능한 한 자세히 조사할 필요가 있었다는 사실을 언급해야 할 것 같소. 나는 그런 고인돌들이 코카서스 곳곳에 산재해 있다는 확실한 정보를 갖고 있었고, 그 가운데 일부는 몇몇 공식적인 문헌을 통해서 거의 정확한 위치까지 알고 있었다오. 그 장소들을 여유를 갖고 체계적으로 탐사할 기회는 없었지만, 코카서스와 트랜스코카서스의 산들을 수없이 넘나드는 과정에서 나의 근본 목적을 추구하는 데 크게 지장이 없는 한 꼭 그런 유적지를 찾아가 보곤 했었지요.

그렇게 해서 내가 알아낸 바에 따르면, 흑해의 동쪽 해안과 코카서스 산맥 사이에, 특히 내가 아직 넘어본 적이 없는 산악로 주변으로 내 관심을 아주 크게 끌 만한 고인돌들이 어떤 것은 단독으로 또 어떤 것들은 몇 개씩 무리를 이뤄 서 있을 게 확실했소. 정치적 상황으로 인해 모든 활동이 정지되고 세상과 단절된 채로 있던 나는 이 시간을 그곳의 고인돌을 탐사하는 데 쓰기로 결심했소. 그러나 여기에는 고인돌 탐사라는 목적만 있었던 건 아니오. 내 자신은 물론 내 보살핌을 받고 있는 사람들을 안전한 곳으로 이동시킨다는 목적도 있었던 거지요.

다음날 아침 나는 가진 재산을 모두 내놓고, 의식적으로든 무의식적으로든 나를 위해 헌신적으로 일하는 몇몇 사람들, 또 그 당시 어떤 형태로든 권력층과 관계를 맺고 있던 사람들의 도움을 받아, 코카서스 산맥으로 과학 원정대를 꾸려 보내도 좋다는 공식적인 허가를 받아내고자 뛰어다니기 시작했소. 허가를 받아낸 뒤에는 원정에 필요한 온갖 장비들을 구했지요. 그런 다음 제자들 중에서 그 지역에 남아 있다간 큰 위험에 처할 수 있는 사람들을 골라냈소. 남아 있는 사람들을 위한 대책까지 다 세우고 나서야, 우리는 원정대를 둘로 나누어 어느 지점에서 만나기로 하고 길을 떠났소이다.

이 과학 원정대의 1조는 퍄티고르스크에서 출발했는데 모두 열두 명이었소. 에센투키에서 출발한 2조는 총 스물한 명으로 나도 여기에 포함되어 있었지요. 대외적으로는 이 두 원정대가 서로 전혀 무관하고 어떤 공통점도 없는 것으로 되어 있었소. 그 당시 이 나라의 정치적 상황을 잘 알지 못하고서는 그런 시절에 과학 원정대를, 그것도 정부의 인가를 받아 꾸린다는 게 어떤 의미인지 대충이라도 파악하려면 굉장한 상상력을 동원해야만 할 거요.

나는 우선 에센투키를 떠나 투압세(흑해 연안에 있는 러시아의 항구 도시 — 옮긴이)에서 멀지 않은 인두르 산의 인가 지역을 통과한 뒤, 흑해 연안에서 40킬로미터 내지 100킬로미터 정도 떨어진 지대를 따라 남동쪽으로 탐사를 시작할 작정이었소. 여정 초반에 굉장한 어려움을 겪었지만 다행히도 당시 권력을 쥐고 있던 볼셰비키 정부로부터 철도 화물차 두 칸을 빌릴 수 있었다오. 그때는 군부대가 끊임없이 이동하던 때라 짐 하나 없는 맨몸으로도 철도를 이용하기가 어려운 상황이었소.

총 스물한 명의 원정 대원과 말과 노새 각각 두 마리, 이륜마차 세 대를 비롯해 텐트와 식량 등 온갖 장비와 무기로 화물칸이 발 디딜 틈 하나 없이 빼곡한 상태로 기차가 역을 출발했소. 우리는 그런 식으로 마이코프까지 갔소. 하지만 자칭 '녹색군'이라는 새로운 반란군 무리가 그 전날 마이코프 이후의 철도 노반을 거의 다 파괴해 버렸기 때문에 거기서부터는 어쩔 수 없이 마차를 끌고 걸어서 갈 수밖에 없었소. 그것도 원래 가려고 했던 투압세 방향이 아니라 백강 고개the White River Pass라고 알려진 곳으로 말이오.

사람이 살지 않는 지역까지 가기 위해서 우리는 인구가 밀집된 지역들을 통과해야 했고, 특히 볼셰비키와 백군 사이의 전선을 무려 다섯 번도 넘게 지나가야만 했소이다. 말로 다 표현할 수 없는 그때의 고초들을 회상할 때마다, 모든 게 다 끝나고 이제 과거의 기억으로밖에는 남지 않았음에도, 내 안에서는 그 어려움들을 잘 극복해 냈다는 만족감이 가득 차오른다오. 생각해 보면 그때는 시종 우리에게 기적이 일어났던 게 아니었나 싶소이다.

광신과 증오의 전염병이 우리 주변의 모든 사람들을 휩쓸어갔지만 우리 중에서는 누구 한 사람의 손끝 하나 건드리지 못했소. 그러니 누군가는 나와 내 동료들이 초자연적인 힘의 보호를 받았다고 말할지도 모르겠소. 마치 이 세상에 속하지 않은 사람들처럼 우리는 어느 쪽이건 공평하게 대했고, 그들 역시 우리에게 같은 태도를 보여주었소. 그들은 우리가 지극히 중립적인 사람들이라고 여겼고, 실제로도 그러했소.

별것도 아닌 전리품을 얻기 위해 서로를 갈가리 찢어발기려 드는, 인간의 탈을 쓴 성난 짐승들에 둘러싸인 채, 나는 무엇을 감출 것도 없고 속일 것도 없이 공공연하게 그리고 대담하게 이 혼돈 속을 뚫고 지나갔소이다. 게다가 '징발'이라는 이름의 약탈이 극심했음에도 우리는 아무것도 빼앗기지 않았다오. 심각한 물자 부족 상태에서 누구나 부러워했던 술통 두 개도 빼앗기지 않았고 말이오.

지금 여러분에게 이 이야기를 하는데 일종의 정의감a feeling of justice — 다시 말해 그와 같은 사건에 휘말려 있는 사람들의 정신 상태를 이해하는 데서 나오는 — 이 나로 하여금, 지금은 대부분 살아있지 않을 그들 볼셰비키와 백군 의용병들의 정의감 앞에 헌사를 바치도록 부추기는구려. 왜냐하면 내 활동에 대한 그들의 선의가, 물론 무의식적이고 순전히 본능적인 것이었지만, 어쨌거나 나의 이 위험천만한 계획이 무사히 끝날 수 있도록 일조를 했으니 말이오.

솔직히 문자 그대로 지옥이라고밖에는 할 수 없는 곳에서 내가 무사할 수 있었던 것은 이런 종류의 정신병을 앓고 있는 사람들이 정신적으로 취약한 상태에서 보이는 조그만 변화들을 감지하고 활용한 나의 숙달된 능력 때문만은 아니라오. 상황이 이런 지경일 때는 아무리 밤낮으로 조심을 하고 경계를 하더라도 모든 일을 다 예견하기도 어렵거니와 그때마다 적절한 조처를 취하기도 쉽지 않으니까 말이오.

우리가 그 지옥을 구사히 빠져나올 수 있었던 것은 이러한 사람들 안에―비록 마지막 한 조각의 이성조차 사라질 정도로 정신이 나간 상태의 사람들이었음에도―객관적인 의미에서 선과 악을 구분할 수 있는 능력, 즉 사람이면 누구나 선천적으로 타고난 본능이 남아 있었기 때문이라 여겨지오. 그러므로 내 활동들을 보면서 인류에게 진정한 행복을 가져다줄 수 있는 신성한 자극의 싹이 그 안에 있음을 본능적으로 감지한 그들이, 내가 전쟁이 일어나기 오래 전부터 해온 일을 더욱 진척시킬 수 있도록 어떤 식으로든 후원해 주었던 거요. 우리는 볼셰비키든 백군 의용군이든 그들과 마주칠 때마다 단 한 번도 탈출구를 찾지 못한 적이 없었소.

그나저나 여기서 한 가지 덧붙이고 싶은 것이 있소이다. 언젠가 사람들의 삶이 정상으로 돌아가고, 그때 러시아에서 일어났던 것과 유사한 사태를 연구하는 전문가들이 나타난다면, 내가 갖고 있는 다양한 문서들이 그와 같은 집단적 정신 이상 시기에 일어날 수 있는 기이한 일들을 해명하는 유익한 증거 자료가 될 거요. 그 문서들이란 나의 이해 관계와 소유물을 보호해 줄 목적으로, 서로에게 총부리를 겨누던 양측이 내게 발행해 준 것이오. (아래에서 보듯이 한 문서의 앞면은 볼셰비키가, 뒷면은 백군이 동일한 내용을 보증해 주는 증명서를 발부해 준 것을 가리킴 ― 옮긴이)

예컨대 이런 식으로 작성된 수많은 문서들 가운데 한쪽에 다음과 같은 내용이 적힌 문서가 한 장 있소.

> 본 증명서의 소지자인 시민 구르지예프는 권총을 소지한 채 어디든 갈 수 있는 권리를 갖는다.

총 구경: ○ ○ ○
제조 번호: ○ ○ ○
이상의 사항을 서명 날인으로 증명함.

국방장관: 샨다로프스키
노동자 의회 대표: 루하쩨
발행지: 에센투키
발행연월일: ○ ○ ○

그리고 이 문서의 뒷면에는 다음과 같이 적혀 있소이다.

구르지예프라는 사람이 서류 이면에 기재된 제조 번호의 권총 1정을 휴대할 수 있는 권한을 지녔음을 인정함.
이상의 사항을 서명 날인으로 증명함.

데니킨 장군 대리: 헤이만 장군
참모장: 다비도비치 나친스키 장군
마이코프에서 발행.
발행일: ○ ○ ○

예기치 못했던 수많은 장애물들을 어렵게 어렵게 극복한 뒤 우리는 황폐한 코사크 족 마을들을 지나 마침내 코카서스 산맥의 황무지로 들어서기 전 마지막 민간인 지역인 쿠미츠키에 도착하게 되었소. 여기서부터는 길다운 길이란 없었소.
쿠미츠키에서 우리는 구할 수 있는 대로 식량을 구한 다음 수레를 버리고 말과 노새 그리고 우리의 등에 짐을 나누어 지고서 끝도 없이 이어지는 산들을 오르기 시작했소. 첫 번째 고개를 넘고 나서야 우리는 드디어 커다란 위험에서 벗어났다는 안도감에 큰 숨을 내쉴 수가 있었소. 하지만 본격적인 어려움은 그때부터 시작이었다오.

원정의 바로 이 부분, 그러니까 쿠미츠키에서 코카서스 산맥의 황무지를 지나 백강, 소치(배후에 코카서스 산맥을 끼고 있는 흑해 북동 해안의 러시아 도시―옮긴이)로 이어지는 약 2개월에 걸친 원정길은 그야말로 기이한 모험들로 가득한 여정이었다오. 하지만 여기서는 그에 대해서 언급하지 않겠소. 왜냐하면 통행이 거의 불가능한 이 산악 지대를 뚫고 '지옥의 한가운데서 그 가장자리'로 탈출한 여정을 다룬 이야기가 곧 정리되어 책으로 출간될 거라는 소식을 들었기 때문이오. 이 책에는 그동안 알려지지 않은 이 지역의 풍요로움과 고인돌 탐사 이야기도 담길 예정이라고 들었소. 이 책은 우리의 이 사상 유례 없는 과학 원정대에 함께 참여했던 멤버들로서 나중에 러시아로 돌아갔다가 지금은 다른 세상과는 단절돼 살고 있는 몇몇 사람이 썼는데, 초고가 벌써 완성되었다니 곧 출판물을 보게 되리라 확신하오.

이 여정을 나와 함께했던 사람들은 전혀 예상치 않은 일이었지만 하나같이 원정의 목적에 잘 부합하는 이들이었소. 다양한 분야의 교육을 받은 사람들이라 고인돌과 관련한 문제를 푸는 데 아주 큰 도움이 되었지요. 그들 중에는 고고학, 천문학, 동물학, 의학 등 다양한 분야의 지식을 섭렵한 전문가도 있었고 광산 기술자 같은 뛰어난 기술자도 있었소.

여기서는 여행 도중 받은 인상 중 쿠미츠키와 소치 사이에 펼쳐진 경치, 특히 고갯마루에서 바라본 바다 풍경이 정말 아름다웠다는 얘기만 덧붙이고 싶군요. 이른바 지식인이라는 사람들이 코카서스의 다른 지역들에 갖다 붙이곤 하는 '지상 낙원'이라는 명칭을 그곳에 붙여줘도 전혀 과장이 아닐 거요. 이 일대가 농업과 온천 도시로서 모든 조건을 갖추고 있고 인구 밀집 지역에서 과히 멀지도 않은 데다, 이런 땅을 찾는 사람들이 점점 늘고 있는 추세인데도, 무슨 까닭인지 아직 이 지역은 사람이 살지 않는 미개척지로 남아 있다오.

이곳은 과거 체르케스 족이 살았으나 40~50년 전 이들이 터키로 이주해 간 뒤에는 버려진 채 사람의 발길이 전혀 닿지 않는 곳이 되어버렸소. 여행 도중 과거에 경작이 되었던 땅들이나 멋진 과수원들을 지나곤 했는데, 비록 그런 곳들이 잡초가 무성하고 황량해 보이긴 했어도 수천 명을 먹이고도 남을 만큼 많은 과일들이 주렁주렁 매달린 것을 볼 수 있었다오.

어쨌거나 대략 두 달이 지나서야 우리는 몸도 지치고 식량도 거의 바닥이 난 상태에서 흑해 해안가에 있는 도시, 소치에 도착할 수 있었다오. '골고다(예수가 십자가에 못 박혀 죽은, 예루살렘 교외의 언덕 —옮긴이)의 길'이라고도 불릴 만한 힘든 구간이긴 했지만 대원 중 몇몇이 그 과정을 견뎌내지 못하고 우리의 높은 목적에 어긋나는 행동을 해서 나는 그들과 헤어지기로 결심하고 나머지 대원들을 챙겨서 여행을 계속했소. 거기서부터 우리는 일반 도로를 따라 티플리스로 갔지요. 티플리스는 그루지야 국적의 멘셰비키 민주주의자들이 장악하고 있었는데, 그와 같은 격동의 시기에도 나름대로 질서를 유지하고 있습디다.

모스크바에서 학교 설립을 위해 준비하기 시작해서 티플리스에 도착하기까지 4년의 시간이 흘렀소. 시간과 함께 돈도 사라져버렸는데, 이 시기 막바지로 갈수록 돈이 소비되는 속도는 훨씬 더 빨라졌다오. 그럴 수밖에 없는 게 학교 일 외에도 애당초 계산에 들어 있지도 않던 곁가지 일들이 엄청 늘어났으니까 말이오.

문제는 러시아의 격변과 제1차 세계대전, 내전으로 사람들의 일상생활이 뿌리째 흔들리고, 모든 것이 완전히 뒤죽박죽이고 엎어지면서 어제까지 부와 안정을 누리던 사람들이 오늘은 극빈곤층으로 곤두박질하게 되었다는 겁니다. 이것은 모든 것을 버리고 나의 사상을 따르던 많은 사람들의 상황이기도 했소. 그럼에도 그들은 신실함을 잃지 않았고, 이는 그들과 나를 피붙이에 버금가는 관계로 맺어주었소. 그러다보니 나는 이제 근 200명에 달하는 사람들이 먹고살 수 있는 방도를 강구해야만 했소.
　상당수의 내 친척들은 이들보다도 열악한 상황에 놓여 있었는데, 이런 점 때문에 나의 어려움은 훨씬 가중되었지요. 내 친척들 대부분이 내전으로 또 터키인들 손에 완전히 짓밟히고 약탈당하던 트랜스코카서스 곳곳에 살고 있었기 때문에, 나는 그들한테도 경제적인 도움과 함께 피난처를 마련해 줘야 했소이다.
　그 당시 일반적으로 만연해 있던 공포가 어느 정도였는지 설명하기 위해서 내가 직접 목격한 광경 하나를 들려주리다. 이 일은 내가 에센투키에 머물던 때의 일이오. 그곳에 있을 당시만 해도 생활은 그래도 평온한 편이었소. 나는 친척들과 내 사상을 따르는 사람들을 위해서 '공동체 가옥' 두 채를 보유하고 있었소. 하나는 에센투키에 있는 85명의 사람들을 위한 것이고, 다른 하나는 퍄티고르스크에 있는 60명의 사람을 위한 것이었소. 그러나 그때 이미 물가가 하루가 다르게 오르기 시작해서 돈이 아무리 많아도 두 집에 필요한 음식을 대기란 갈수록 힘든 일이 되었어요. 결국 두 집 사람들이 연명하기조차 힘들 정도가 됐지요.
　비가 내리던 어느 날이었는데, 창가에 앉아서 바깥을 보며 어떻게 하면 이러저러한 것들을 조달할 수 있을지 고민을 하던 참이었소. 그때 이상하게 생긴 마차 두 대가 내 집 문 앞에 와서 멈추는 게 보입디다. 그러더니 그 안에서 검은 그림자들이 천천히 모습을 드러내더군요. 처음에는 그게 뭔지 알아보기조차 힘들었는데, 놀란 마음이 가라앉자 그 거뭇거뭇한 것들이 사람이라는 걸 알 수 있었소. 더 정확하게 표현하자면 누더기와 넝마를 걸친 해골바가지들이었지요. 벌거벗은 발은 상처와 염증 투성이였소. 그들에게서 살아있는 건 활활 타오르는 두 눈뿐이었다오. 모두 스물여덟 명이었는데, 그들 중에는 한 살에서 아홉 살짜리 아이들도 열한 명이나 섞여 있었소.

알고 보니 그들은 모두 내 친척들이었는데, 그 중에는 내 누이와 누이의 여섯 아이도 있었지요. 그들은 알렉산드로폴에 살고 있었는데 두 달 전 다른 지역들처럼 터키 군의 공격을 받았다고 하더군요. 우편물도 전보도 다 두절되었기 때문에 마을과 마을 사이의 소통은 완전히 차단된 상태였소. 그랬기 때문에 알렉산드로폴 주민들은 터키 군이 시내에서 불과 4.8킬로미터 떨어진 부근까지 왔을 때야 비로소 곧 공격을 받을 거라는 사실을 알게 되었답니다. 이 소식은 이루 형언할 수 없는 공포를 사람들 마음속에 불러일으켰지요.

사람들이 지칠 대로 지친데다 극도의 심리적 압박까지 받고 있는 상태에서 자신들보다 훨씬 강력하고 뛰어난 무기로 무장한 적들이 곧 도시에 들어와 남녀노소를 가리지 않고 무자비하게 학살할 거라는 소식을 접하게 되었을 때 그들이 느끼는 충격이 어느 정도일지 여러분도 한번 상상해 보시구려. 그래서 다른 사람들과 똑같이 내 친척들도 겨우 한 시간 전에 터키 군이 접근해 오고 있다는 소식을 듣고 공포에 사로잡혀 무엇 하나 챙기지도 못하고 간신히 몸만 빠져나오게 되었던 거요.

놀라고 당황한 나머지 내 친척들은 처음에 엉뚱한 방향으로 도망을 쳤다고 해요. 너무나 지쳐서 더는 움직일 수 없게 되었을 때야 비로소 정신이 조금 들면서 자신들이 지금 엉뚱한 방향으로 가고 있다는 걸 알고 티플리스로 방향을 돌렸다더군요. 굶주림과 추위 속에서 길도 없는 산 속을, 더론 두 손과 무릎으로 기기도 하면서, 헤치고 다니기를 20일, 그 긴 고통 끝에 겨우 목숨만 붙은 상태로 티플리스에 도착을 했던 겁니다.

내가 에센투키에 살고 있고 아직 그곳으로 이어지는 길이 끊어지지 않았다는 사실을 알고 친척들은 친구들의 도움으로 지붕이 달린 마차 두 대를 어렵사리 빌리게 되었다오. 그러곤 이른바 그루지야 군용 도로를 따라 어찌어찌 와서 마침내 내 집 앞에 당도하게 된 거요. 방금 전 말한 것처럼 그들의 상태는 누가 누구인지 알아볼 수도 없을 정도였소.

그런 광경을 바라볼 때 사람의 심정이 어떨지 상상해 보시오. 자신의 상황도 최악인데, 그렇게 찾아온 사람들에게 머물 곳과 입을 옷을 마련해 주고 돌봐줄 수 있는 사람, 그들이 제 발로 설 수 있도록 도와줄 수 있는 사람이 자기 하나밖에 없을 때 그 사람의 심정이 어떨지 말이오.

원정에 필요한 경비와 광천수 지역에 남아 있는 사람들의 생활비, 그 밖에 예상치 못한 온갖 비용으로 인해 사람들을 이끌고 티플리스에 도착했을 때는 저축해 둔 돈도 거의 바닥나 버리고 말았소이다. 돈만 바닥난 게 아니오. 계속해서 돌아다니는 과정에서 아내와 내가 갖고 다니던 귀중품들까지 사라져버렸소. 수년간에 걸쳐 수집했던 다른 귀중품들은, 큰 도시에서 살다가 나중에 가족과 함께 에센투키로 나를 찾아와 가깝게 지내게 된 제자들이 러시아에서 그 혼돈스러운 사건들이 막 발발할 무렵에 처분했고, 앞서 언급했던 골동품 두

점을 포함한 나머지 귀중품들은 페트로그라드와 모스크바에 남겨두었는데 그 다음에 어떻게 되었는지는 전혀 알 수가 없소.

티플리스에 도착한 다음날, 나는 주머니에 동전 한 푼 남지 않은 아주 심각한 상황에 처했소. 나는 함께 있던 한 사람의 부인에게 끼고 있던 마지막 반지를 빌려달라고, 아니 그냥 좀 달라고 간청하지 않을 수 없었소. 1캐럿 반 정도 되는 다이아몬드가 박힌 반지였는데, 그것을 판 돈으로 그날 저녁 사람들이 허기를 면할 수 있었다오.

하지만 코카서스 산맥을 넘는 과정에서 극심한 일교차로 인해 내가 병을 얻었고, 그 때문에 상황은 더욱 힘들어졌다오. 몸 상태는 점점 더 악화되었지만, 그렇다고 침대에서 누워 있을 처지도 아니라서 나는 40도가 넘는 고열에도 어떻게든 이 난국을 해결해 보려고 온 시내를 뛰어다녀야 했지요.

나는 지방에서 어떤 사업이 어떤 식으로 굴러가는지 잘 알고 있었소이다. 그런데 가만 보니 트랜스코카서스 전역이 불황임에도 불구하고 신품이든 구품이든 동양 카펫 거래만큼은 여전히 활발하더군요. 나는 당장 이 일에 뛰어들기로 결심했다오. 나와 함께 그곳까지 온 사람들과 그곳에 오래 산 적이 있는 친척들 중에서 자질이 있는 몇 사람을 뽑아 어떻게 나를 도와야 할지 가르친 뒤 곧바로 카펫 사업에 착수했지요.

첫 번째 팀이 티플리스와 인근 도시들을 돌면서 온갖 종류의 카펫을 사오면, 두 번째 팀이 그것들을 세탁하고 깨끗하게 손질을 했다오. 그러면 세 번째 팀이 수선 작업을 했지요. 그렇게 해서 완성된 카펫을 분류해 어떤 것은 소매로 어떤 것은 도매로 팔았다오. 현지에서 바로 판매하기도 하고, 콘스탄티노폴로 수출하기도 했소.

카펫 장사를 한 지 3주쯤 되자 우리 모두의 생계를 꾸려나갈 수 있는 생활비 정도가 아니라 상당한 액수의 수입이 발생하게 되었소. 이 사업이 수익도 괜찮고 앞으로도 더 번창할 것 같다는 생각이 들자 내 마음속에는 평화가 찾아와, 모스크바로 돌아갈 날을 기다릴 게 아니라 아예 이곳을 임시 근거지로 삼아서 여기에 학교를 설립하자는 욕구가 일더군요. 그러잖아도 나는 전부터 티플리스에 학교의 지부를 세우자는 생각을 품어오던 터였소.

그래서 카펫 사업을 계속하는 한편으로 학교 설립을 위한 준비도 하기 시작했소. 하지만 그 당시 티플리스가 주택난이 심해 내 목적에 맞는 건물을 얻기가 불가능하다는 사실을 곧 알게 되었고, 나는 그루지야 정부에 협조를 요청하게 되었다오.

그루지야 정부는 내 요청을 받아들였고, 이처럼 '일반 대중에게 의미 있고 중요한 시설 설립에 걸맞은' 건물을 찾도록 물심양면으로 도와주고 건물의 용도는 전적으로 나에게 맡기라고 티플리스 시장에게 지시를 내렸지요. 시장은 물론이고 내 일에 관심이 있는 몇몇 시의원들까지 나서서 정말 열심으로 건물을 찾았소. 하지만 그런 호의에도 불구하고 적당한 건물은 찾을 수가 없었지요. 결국 영구적으로 쓸 수 있는 적합한 장소를 찾아 조단간 옮길 수 있도록 해주겠다는 약속을 받고 그들이 제공한 임시 막사를 쓰게 되었소.

이렇게 해서 나는 세 번째로 학교 조직에 착수했소. 처음에는 필요한 가구와 장비를 갖추는 똑같은 일을 한 번 더 반복하지 않을 수 없었지요. 이곳 티플리스의 많은 주민들이 생활 조건의 변화에 크게 휘둘리며 살아왔기 때문인지 뭔가 다른 종류의 가치들을 찾고 싶어 했던 것 같소. 학교를 열고 일주일도 안 돼 임시 막사에서 시작한 특별 클래스들이 모두 만원이 되었고, 더 큰 건물이 구해지는 대로 시작하려고 모은 클래스에도 정원의 세 배가 넘는 대기자가 모여들었다오. 모든 면에서 부족한 이 임시 막사에서 그리고 극도로 힘든 조건 속에서 마침내 '자기 자신을 찾아가는 작업'이 탄생하게 된 거요. 사람들을 여러 그룹으로 나누어 오전반, 오후반, 저녁반, 심야반에 각각 배정한 뒤 몇 달에 걸쳐 수업을 진행했어요.

하지만 정부는 건물을 제공하겠다던 약속을 매번 연기했고, 시간이 지날수록 이런 막사에서 작업을 계속하기가 어려워져갔소. 그런데다 볼셰비키가 그루지야로 진격해 오면서 하루하루 살아가는 일조차 더 힘들어졌고, 그루지야 정부 자체도 위태로운 지경에 놓이게 되었지요. 결국 나는 주변 상황과 싸우느라 시간과 에너지를 더 이상 소진하지 않기로 했소. 나는 티플리스에서의 일을 모두 정리하는 것은 물론, 그때까지도 나를 러시아에 매여놓던 일들도 모두 끊어버리기로 결심했소. 그리고 국경을 넘어 다른 나라로 가서 그곳에 학교를 설립하기로 마음을 먹었지요.

티플리스에서 학교를 꾸리기 위해 장만했던 모든 것을 헐값에 팔아넘기고 뒤에 남을 사람들을 위한 대책을 세운 뒤, 나는 서른 명의 사람들과 함께 어려움 속에서 콘스탄티노플로 떠나게 되었소. 티플리스에서 떠나던 당시, 카펫 장사로 벌어들인 돈은 액수가 꽤 되었어요. 계산을 해보니 뒤에 남아 있을 사람들을 위한 생활비와 여행에 필요한 경비를 제외하고도 콘스탄티노플에 도착해서 한동안 살아가는 데 무리가 없을 만큼 충분한 돈입니다.

하지만 안타깝게도 우리는 그게 그루지야 화폐라는 걸 계산에 넣지 않았던 거요! 그 덕분에 우리가 이마에 흐른 땀을 식힐 틈도 없이 고생하여 번 돈이 아무짝에도 쓸모가 없게 되어버렸다오. 그럴 수밖에 없었던 게 그 당시 그루지야 화폐는 이 나라를 떠나서는 아무런 가치도 없어서 어디에서도 교환해 쓸 수가 없었던 거요. 그래서 외국으로 나가는 사람들은 화폐 대신에 다이아몬드나 융단을 챙겨가곤 했지요. 나도 그들처럼 돈 대신에 약간의 보석과 진귀한 카펫 스무 장을 가져가기로 했소. 물건 반출에 필요한 수속을 마친 뒤 나는 동료들에게 그것들을 골고루 나누어주었소.

그러나 바투미(흑해 남동 연안의 항만 도시로 그루지야의 수도 — 옮긴이)를 떠날 때, 우리가 관세 및 모든 세금을 지불했다는 증명서를 소지하고 있었음에도, 그루지야 특수 파견대인지 뭔지 하는 곳에서 이런저런 트집을 잡더니 임시 보관이라는 명목 하에 동료들이 가지고 있던 카펫을 죄다 불법적으로 압수해 버렸소. 나중에 콘스탄티노플에서 카펫을 되찾는 수속을 밟을 때는 바투미가 이미 볼셰비키 손에 넘어가 그 못된 파견대 놈들이 뿔뿔이 흩어져버린 뒤라 카펫의 행방을 찾을 수가 없었스. 스무 장 중에서 건진 건 핀란드 영사가 우리 학교의 핀란드인 멤버에게 맡긴 외교 가방에 넣어서 온 두 장뿐이었소.

결국 콘스탄티노플에서의 내 처지는 티플리스에 막 도착했을 때와 별 차이가 없었다오. 내 수중에 있는 거라곤 작은 다이아몬드 두 개와 카펫 두 장뿐이었소. 아무리 좋은 가격에 이 물건들을 판다 하더라도 이만한 숫자가 오래 버틸 만한 돈이 되기는 어려웠지요. 게다가 우리는 당장 입을 옷부터 마련해야 했다오. 티플리스에 살 때는 옷을 구하기 어려워서 다들 거의 누더기 차림으로 다녔는데, 사람들의 생활이 그래도 안정되어 있는 이 도시에서 그런 몰골로 나돌아 다닐 수는 없었소

하지만 행운은 우리의 편이었다오. 운 좋게도 곧바로 몇 차례 상거래를 해서 적잖은 돈을 벌었으니 말이오. 그 중에서도 옛 고향 친구와 함께 한 대규모 캐비아 전매 사업과 어떤 선박의 매매로 다시 한 번 큰돈을 벌었다오.

티플리스에 머물 때 나는 러시아를 내가 설립하고자 하는 학교 활동의 영구적 중심지로 삼겠다는 생각을 완전히 접었지만, 당시 나는 러시아가 아니면 어디에 자리를 잡으면 좋을지 분명한 계획을 세울 정도로 유럽 상황을 잘 알지는 못했소. 이 문제를 계속 생각하던 중 독일은 어떨까 하는 생각이 들더군요. 그곳은 지리적으로도 유럽 한가운데이자, 문화적 수준도 내 이상을 펼치기에 딱 좋을 거라는 말을 자주 들었기 때문이었소.

하지만 영원한 숙제인 돈 때문에, 미국에 삼촌이라도 하나 있으면 모를까 그렇지 않은 사람이면 누구나 고통을 받는 그 돈 때문에 말이오, 나는 한 걸음 더 내딛는 데 필요한 현금을 마련할 때까지 몇 달이고 콘스탄티노플에 머물면서 온갖 사업에 뛰어들 수밖에 없었다오. 하지만 그 동안에도 나를 따라 이곳까지 온 사람들이 앞서 말한 '작업'을 계속 할 수 있도록 나는 주로 유럽인들이 살고 있는 콘스탄티노플의 페라 지역에서 큰 건물을 하나 임대했소. 그리고 돈 버는 일을 하는 틈틈이 짬을 내 티플리스에서 시작했던 무브먼트—신성무—클래스를 만들어 지도했어요. 그리고 학생들이 낯선 사람들 앞에서도 당황하는 일 없이 신성무를 출 수 있도록 매주 토요일마다 공개 시연회도 가졌지요.

시연회를 보려고 그 지역 터키 인과 그리스 인 들이 모여들곤 했는데, 이들은 장차 독일에 세울 학교 일을 준비하는 사람들이 하고 있던 다양한 활동은 물론 무브먼트와 이 무브먼트를 위해 내가 직접 작곡한 음악에 지대한 관심을 보였소. 그래서 우리 일에 참여하고 싶다는 방문객들이 계속 늘어났지요. 그러나 동시에 불안정한 유럽 정세가 지속되면서 내 모든 계획도 어찌 될지 모르는 상황이 이어졌소. 정부들 간의 불신 때문에 외국 입국 비자 받기도 매우 어려워진

데다, 환율마저 하루하루 아주 심하게 요동을 쳤으니까요.

 그런 까닭에 나는 콘스탄티노플에서 내 활동 폭을 더 넓혀보기로 마음을 먹었지요. 나의 기본 사상을 다양한 측면에서 전달하는 대중 강의도 꾸리고, 인간이 자신을 표현하는 세 분야, 곧 객관적인 과학과 관련성이 있다고 간주되는 무브먼트(동작), 음악 그리고 미술을 공부하는 강좌를 개설한 겁니다.

 나는 콘스탄티노플에서는 물론이고 보스포루스 해협 건너편에 있는 카드쾨이에도 거의 매일 배를 타고 오가면서 돈이 될 만한 일이면 뭐든 열심히 해대기 시작했소. 남은 시간은 이들 수업에 다 쏟아부었고 말이오. 이때는 이미 새로운 사람들이 무더기로 무브먼트 클래스에 참여하는 상태였소. 그러다 보니 일부 특별 수련을 마친 제자들에게 따로 읽힐 강의 초고들은 이동중인 배나 전차 안에서밖에는 쓸 시간이 없었다오.

 나는 오래도록 기다려온 비자가 도착할 때까지 1년 동안 그렇게 정신없이 생활을 했지요. 그때쯤에는 주머니에 구멍이라도 뚫려 있는 듯 물처럼 줄줄 새나가던 돈이 비로소 주머니 솔기 부분까지 차곡차곡 쌓여가기 시작하던 시점이기도 했소. 그러나 그 당시는 청년투르크당Young Turks(오스만투르크제국의 압둘하미드 2세의 전제 정치에 반대하고, 입헌 정치의 부활과 행정 개혁을 주창하던 혁신파. 장교·교사·학생 등 수많은 지식인들이 참여했으며, 점차 제국 말기의 정치적 사조뿐만 아니라 지적·예술적·과학적 사조의 기반을 형성했다―옮긴이)이 이름을 떨치며 혁명의 냄새를 풍길 때였소. 나는 사람들과 함께 한시라도 빨리 무사하게 빠져나가야겠다는 결심―혈기왕성한 말이 날뛰기 시작하면 곧이어 발생하게 마련인 온갖 기막힌 꼴을 당할 때까지 기다릴 필요 없이―을 굳혔다오. 그래서 클래스를 카드쾨이로 부리나케 옮긴 다음, 새로운 제자들 가운데 자질이 가장 뛰어난 몇

몇을 지도자로 앉히고 나는 독일로 떠났소.

베를린에 도착한 뒤 함께 온 일행을 여러 호텔에 나누어 투숙시키고, 나는 중단된 작업을 계속하기 위해 시내의 슈마겐도르프라는 곳에다 큰 홀을 빌렸소. 그러고는 바로 독일의 여기저기를 여행하기 시작했지요. 지인들이 학교의 건물로 쓸 만하다고 찾아놓은 곳들을 돌아보기 위한 것이었소. 몇몇 곳을 보고 나서 나는 마침내 드레스덴(독일 남동부의 엘베 강에 임한 도시 — 옮긴이) 근처의 헬라우에 있는 집을 골랐지요. 그곳은 최근 달크로즈Dalcroze 체제(달크로즈는 스위스의 음악가로, 음악의 박자나 리듬의 흐름을 몸의 움직임으로 표현하는 '리듬 체조'를 고안했다. 1911년 이곳 헬라우에 처음으로 댄스와 체조를 위한 학교를 세우고 그 보급에 힘썼다 — 옮긴이)라고 해서 많이들 이야기하는 새로운 문화 운동을 펼치기 위해 특별히 디자인해서 만든 큰 저택이었소. 이 집과 시설을 장차 학교 본부로 쓰면 좋겠다 싶어 나는 이곳을 얻기로 결심했지요.

하지만 그 집 소유주와 협상을 하는 와중에 나의 사상에 관심을 갖고 있던 한 영국인 모임으로부터 학교 본부를 런던에 두면 어떻겠느냐는 제안을 받게 되었다오. 그렇게 해준다면 학교 설립에 들어가는 모든 비용과 문제를 자신들이 떠맡겠다는 거였소. 위기가 계속되면서 어느 나라라고 할 것 없이 재정적으로 위태로운 상태에 있었고, 내 자신은 물론 나와 거래가 있던 사람들도 그로 인해 영향을 받고 있었던 까닭에, 나는 이 제안에 마음이 끌렸다오. 그래서 런던으로 직접 건너가 내 눈으로 현지 상황을 확인해 보기로 했지요.

내 지도 아래 베를린에서 진행하던 작업은 내게 매우 중요한 일이었기 때문에 너무 오래 그곳을 비울 수는 없었다오. 그렇다고 영국쪽 제안에 따른 문제들을 단시간에 해결할 수도 없었지요. 해서 나는 2주나 3주에 한 번씩 런던으로 가서 며칠씩 묵고 오기로 했소. 영국에 갈 때는 다른 으럽 나라들에 익숙해지기 의해서 매번 다른 경로를 이용했지요.

여러 차례 여행을 하면서 관찰한 결과, 나는 학교의 기반을 다지기에 가장 적합한 장소는 독일도 아니고 영국도 아닌 프랑스라는 명확한 결론에 도달하게 되었소. 당시 프랑스는 정치적으로나 경제적으로 다른 나라들보다 훨씬 안정되어 있다는 인상을 주었고, 독일에 비해서 지리적으로 유럽의 중심부는 아니나 수도 파리가 세계의 수도로 간주되고 있었기 때문에, 프랑스가 모든 인종과 국가의 교차로가 될 만하다고 여겼던 거요. 결론적으로 내 눈에는 프랑스가 내가 가진 사상을 보급하는 데 가장 알맞은 기지가 될 거로 보였소.

영국은 섬나라여서 이런 쪽으로 발전해 나아가기가 어려워 보였지요. 그곳에 학교를 세워봤자 지역의 한 연구소 정도로 폭이 좁혀질 수밖에 없을 것 같았소. 그래서 나중에 런던을 방문했을 때 그곳에 본부를 세우자는 제안을 딱 잘라 거절해 버렸소. 그 대신 나의 특별 지도를 받은 지도자들과 학생들을 보내 학교의 영국 지부가 개설될 때까지 그곳에 머물게 하겠다고 약속했지요.

결국 우리는 1922년 여름에 프랑스에 도착했소. 여행에 들어간 경비를 모두 지불하고 나자 수중에 남은 돈은 겨우 10만 프랑밖에 안 되더군요. 제자들이 머물 임시 거처를 파리에 마련해 준 뒤, 나는 작업을 계속할 임시 공간으로 달크로즈 학교를 임대했소. 그런 뒤 학교 설립에 필요한 집과 자금을 구하기 시작했소이다.

오랫동안 찾아본 끝에 가장 적합한 곳으로 파리 근처에 있는 샤또 프리외르Château du Prieuré라는 대저택이 마땅해 보였소. 이곳은 그 유명한 퐁텐블로 성에서 그다지 멀지 않은 곳에 있었지요. 이 집의 주인은 한 유명한 변호사로부터 이곳을 상속받았는데, 엄청난 유지비 때문에 하루라도 빨리 이 집을 처분하고 싶어 했소. 그것도 임대가 아니라 매매로 말이오. 이 집을 사려는 사람들이 좀 있었던 모양인지 주인 여자는 나와의 협상을 질질 끌면서 요즈음 기상학자들처럼 '눈이 오거나 비가 내릴 수도 있고 어쩌면 뭐 다른 게 올 수도 있는 날씨입니다'라는 식으로 은근슬쩍 말을 돌리면서 내 의향을 뜨더군요. 여러분도 아시다시피 당시 우리 쪽 재정 사정이 좋지 않아서 그 대저택을 구입한다는 건 불가능한 일이었소.

한참이나 말을 돌리고 갖은 단서들을 뗐다 붙였다 한 다음에야 집주인은 1년 동안 집을 팔지 않고 임대해 주는 대신 나에게 6만 5천 프랑을 임대료로 내고 앞으로 6개월 안에 집을 살지 말지 결정을 하라고 하더군요. 6개월 후에는 다른 사람에게 집을 팔 수 있으며 만약 매각이 되면 나는 지체 없이 건물을 비워줘야 한다는 조건이었소. 이런 조건으로 샤또 프리외르 대저택을 임대한 뒤, 나는 다음날 바로 50명의 제자들과 함께 이사를 했소이다. 그날이 1922년 10월 1일이었소. 그날부터 나로서는 생소하기 짝이 없는 유럽 생활이 시작된 것인데, 내 인생에서 가장 미치광이 같았던 시기 가운데 하나가 그렇게 시작된 거지요.

샤또 프리외르의 대문 사이를 걸어 들어갈 때 늙은 문지기의 바로 뒤에서 마치 '심각한 문제 여사'가 나를 맞이해 주는 것 같았소이다. 가지고 있던 10만 프랑 중 일부는 임대료로, 나머지는 사람들이 석 달 동안 파리에서 생활하는 데 경비로 써버린 터라 돈은 바람에 날려가 버린 것처럼 순식간에 사라졌고, 수중에는 동전 한 닢이 겨우 남아 있을 정도였다오. 이제 대식구의 생계를 꾸려나가는 것 외에 이들이 함께 생활하는 데 필요한 가구와 살림살이도 장만해야 해서 다시 큰돈을 쏟아 부어야 할 상황이었지요. 게다가 런던 지부가 아직 개설되지 않아서 더 많은 사람들이 영국에서 올 예정이었소. 더욱 난감했던 것은 파리에 도착했을 당시 내가 서부 유럽의 언어를 전혀 구사할 수 없는 처지였다는 거요.

바투미를 떠날 때부터 이 언어 문제가 나를 괴롭히기 시작했지요. 콘스탄티노플에서는 걱정할 게 하나도 없었어요. 거기서는 터키 어와 그리스 어, 아르메니아 어가 다 쓰였고, 나는 이 세 가지 언어를 자유롭게 구사할 수 있었으니까요. 그러나 콘스탄티노플을 떠나 베를린에 도착하자마자 바로 이 언어 문제가 심각하다는 걸 알게 됐소. 그리고 이제 그 엄청난 비용을 감당할 수단을 찾지 않으면 안 되는 이곳 파리에서 나는 그 어느 때보다도 유럽 언어를 알아야 할 필요가 커졌소. 그렇지만 거기에 투자할 시간이 나에게는 전혀 없었지요.

통역사를 끼고 사업을 한다는 건 거의 불가능에 가까운 일이죠. 특히나 상거래의 경우엔 상대방의 기분을 파악해서 적절하게 대처하고, 그들의 정신 수준에 맞춰 대화의 높낮이를 조절해야 하지요. 따라서 아무리 훌륭한 통역사를 끼고 일을 한다 하더라도 통역하느라 지체하는 적지 않은 시간 때문에 거래 노력은 수포로 돌아가기 일쑤이지요. 그런 거래에서 정말 중요한 억양을 옮길 수 없다는 건 더 말할 필요도 없을 게요.

게다가 나에게는 쓸 만한 통역사도 없었어요. 통역을 돕겠다고 나선 사람들이 있었지만 죄다 다른 나라 출신인데다 그들이 구사하는 프랑스 어 수준도 관광객이 쓰는 수준에 불과했지요. 예컨대 러시아 사람 몇이 이른바 응접실 대화 수준으로 프랑스 어를 구사했는데, 내가 필요로 했던 건 그런 정도의 프랑스 어가 아니라 진지한 상거래에 필요한 완벽한 프랑스 어를 구사하는 사람이었던 거요. 프랑스에서의 첫 두 해 동안 내가 소비한 정신적 에너지는, 그러니까 내가 방금 전 한 말이 정확하게 통역되지 않았다고 느껴질 때마다 나한테서 빠져나간 에너지의 양은 뉴욕 증권 거래소의 신출내기 브로커 백 명이 쓴 에너지 소모량에 맞먹을 거요.

샤또 프리외르로 입주하면서 살림살이들을 구입하기 위해 상당한 금액이 필요했으나 당장 구할 형편이 못 돼 나는 우선 급한 것들만이라도 장만하기로 하고 돈을 어디서 빌릴 수 없을지 알아보기 시작했소. 당분간은 학교 일 반, 돈 버는 일 반으로 시간을 나눠 쓰기로 하고 빌린 돈은 버는 대로 조금씩 갚아나가기로 계획을 세웠지요.

나는 그 돈을 런던에 있는, 학교 일에 관심을 가진 여러 사람들을 통해 빌릴 수 있었소. 이게 내가 15년 전에 스스로 정한 원칙을 어긴 첫 번째 사례였지요. 나는 그때까지 외부 사람한테는 물질적으로 어떤 도움도 받지 않고 순전히 내 힘으로 내가 하고자 하는 작업을 해낸다는 원칙을 고수하고 있었소이다. 막대한 비용이 들어가고, 내 잘못도 아닌 정치적·경제적 상황으로 인해 실패와 손실을 겪게 된 것임에도 불구하고, 나는 한 번도 다른 사람에게 동전 한 푼 빌려본 적이 없었소. 그때까지 모든 일은 순전히 내 자신의 노동의 결과로 이뤄낸 것이었지요. 친구들, 또 내 작업에 관심이 있거나 공감하는 사람들이 나에게 금전적 지원을 해주겠다고 한 적이 많았지만, 나는 그때마다 그 제안을 거절했소. 아무리 어려운 순간에도 내 원칙을 저버리기보다 스스로의 노력으로 그 어려움을 극복하는 쪽을 택해 왔다는 말이오.

어쨌든 빌린 돈으로 프리외르에서 직면한 당장의 어려움이 완화되자, 나는 그야말로 맹렬한 기세로 일에 매진하기 시작했소. 이 시기에 나의 과제는 그야말로 초인이 되는 거였소. 하루 24시간 내내 일을 해야만 할 때도 많았소. 밤에는 꼬박 퐁텐블로에서 일을 하고,

낮에는 하루 종일 프리에 가서 일을 했지요. 아니면 그 반대이거나. 심지어 기차로 오가는 시간에도 편지를 쓰거나 협상과 관련한 문건을 다루어야만 했어요.

  일은 순조롭게 진행되었으나, 8년에 걸친 쉼 없는 노동에 이어 이 몇 달간의 과도한 압박과 과로로 나는 건강이 크게 위협받을 정도가 되고 말았소. 내 모든 열망과 노력에도 불구하고 나는 더 이상 똑같은 강도로 일을 해나갈 수가 없었다오. 내 일을 가로막고 제한하는 장애물들―쇠약해진 건강, 언어를 모르면서 사람들과 거래를 해나가야 하는 어려움, 그리고 옛말에도 있듯 친구가 늘면 그만큼 늘어나는 적들―에도 불구하고 나는 처음 6개월 안에 내가 계획했던 일을 대부분 해내고 말았다오.

  여러분 미국인들 대다수, 특히 현대를 살아가는 사람들의 머리 회전을 자극하는 유일한 것이 어쩌면 대차대조표라는 친숙한 이미지일 텐데, 여기서 잠깐 샤토 프리외르에 들어갔을 때부터 여기 미국으로 올 때까지의 준비 내역을 아주 간단하게 열거해 볼까 하오. 아래 내용이 내가 돈을 쓴 대략적인 지출 내역이오.

- 대저택 매입비로 비용의 절반이 들고, 거기에 딸린 작은 토지 매입비로 상당액이 듦.
- 학교의 초기 준비 및 설비 비용: 수리, 개조, 구조 변경, 잡다한 재료와 도구, 농기구 구입, 의료 기계 및 장치 등의 구입.
- 가축 구입: 말, 젖소, 양, 돼지, 가금류 외 기타.
- 그 밖에, 무브먼트 작업과 그 시연회를 목적으로 건물을 짓고, 장비를 갖추고, 내장 공사를 하는 데 상당액이 추가로 들어감―일부 사람들은 이 건물을 학습관 또는 극장이라 부름.

- 이 시기 방문객과 학교의 학생들이 필요로 하는 것들을 충당하는 데 들어간 비용과, 빌린 돈을 갚는 데 든 일부 비용.

이 몇 달 동안 최대 수입원 중의 하나는 알코올 중독과 약물 중독으로 힘들어하는 사람들을 대상으로 한 심리 치료였소이다. 나는 이 분야에서 최고의 전문가로 인정을 받았고, 이 불운한 사람들의 가족들은 내가 환자를 위해서 쓴 시간을 보상해 주기 위해서 꽤 큰 액수의 사례금을 내놓기도 했소. 그 중에 기억나는 사람으로 치유가 어렵다고 진단받았던 아들을 맡긴 부유한 미국인 부부가 있었는데, 이들은 아들이 완치되자 나에게 감사의 뜻으로 치료비의 두 배나 되는 돈을 지불했지요.

그 밖에도 나는 몇몇 사업가와 손을 잡고 금융 투기도 꽤 했소이다. 예컨대 석유 주식을 몽땅 사들인 뒤 아주 좋은 가격에 되팔아 높은 이익을 남기는 식이었죠. 또 동업자와 몽마르트르에 음식점 두 곳을 연달아 개업한 다음, 사업이 궤도에 오르면 곧바로 팔아넘기는 식으로 이익을 챙기기도 했소.

그 시기에 내가 기울인 노력의 결과를 지금 이처럼 쉽게 열거할 수 있다니 좀 이상하게 여겨지는구려. 그 당시에는 정신적으로도 몹시 괴롭고, 체력적으로도 엄청나게 힘들었는데 말이오. 이 몇 달 동안 나는 아침 8시에 일을 시작해서 밤 10시나 11시가 되어야 겨우 일을 마칠 수 있었소. 그러고 나서는 음식점 사업도 챙겨야 했지만 한 알코올 중독자를 치료하기 위해서라도 나는 다시 몽마르트르로 가야 했다오. 그 사람은 허구한 날 술에 취해 있었는데, 치료를 받지 않으려고 해서 얼마나 힘들었는지 모릅니다.

밤마다 몽마르트르에서 시간을 보내던 시절의 내 모습에 대해서 언급할 필요가 있을 것 같소. 이때의 내 모습은 나를 알고 있는 사람, 나를 본 적 있거나 나에 대해 들어본 적 있는 사람들에게는 많은 이야깃거리를 던져주었지요. 어떤 사람들은 왁자지껄하게 흥청댈 수 있어 좋겠다며 내 처지를 부러워했고, 어떤 사람들은 그런 나를 비난했소. 나라면 설사 세상에서 가장 미운 원수라도 그렇게 흥청거리며 살라고 권하지는 않을 사람인데 말이오.

한마디로 프리외르의 재정 문제를 해결해 줄 확실한 기반을 찾아야 한다는 다급함, 내 자신이 이 만성적인 물질 문제로부터 자유로워졌으면 좋겠다는 희망, 그리고 내가 진정으로 하고자 하는 일, 즉 학교의 토대를 이루고 있는 사상과 방법론을 가르치는 데 내 자신을 온전히 바칠 수 있기를—그러나 내가 어찌할 수 없는 주변 환경 때문에 한 해 한 해 뒤로 미뤄왔지요—바라는 마음, 이 모든 것이 나로 하여금 초인적인 노력을 발휘하도록 이끌었던 겁니다. 그런 노력 때문에 내가 처참한 결과를 맞더라도 상관없이 말입니다.

하지만 중도에서 일을 멈추지 않으려는 내 의지와 달리 나는 또다시 모든 것을 중단하지 않을 수 없는 상황이 되고 말았다오. 이제 몇 가지 조건만 갖추면 학교 설립의 기본 요건을 다 갖출 수 있었는데 말이오.

이 무렵 마지막 몇 달 사이 나는 건강이 몹시 악화돼 결국 일하는 시간을 줄이지 않을 수가 없었소. 그러다가 살면서 한 번도 걸려본 적이 없는 질병까지 걸리게 되었다오. 솔직히 걱정이 좀 되더군요. 그래서 정신적으로나 육체적으로나 해오던 모든 활동을 중단하기로 결정했다오. 하지만 심한 오한으로 싫든 좋든 아무것도 할 수 없는 지경이 되기까지는 이런 결정조차도 계속 미룰 수밖에 없었다오. 그때의 상황을 얘기해 보는 것도 좋을 것 같소.

어느 날 저녁 나는 파리에서의 일을 평소보다 이른 밤 10시쯤에 마쳤다오. 내가 지으려는 특수 한증탕의 설계도와 견적서를 가지고 기술자가 프리외르로 찾아오기로 되어 있어서, 다음날 아침에는 무슨 일이 있어도 프리외르에 있어야 했소. 그래서 바로 프리외르로 가서 푹 좀 자두기로 했지요. 나는 파리 시내에 있는 내 아파트도 들르지 않고 바로 퐁텐블로로 향했소.

날씨가 눅눅해서 자동차의 창문을 모두 닫고 달리는데, 그러는 사이 기분이 나아져 진작부터 학교 안에 페르시아 스타일로 짓고 싶었던 도자기 가마를 어떤 식으로 만들까 마음속으로 구상하기까지 했다오. 퐁텐블로 숲에 다다를 즈음이었는데, 눅눅한 날이면 늦은 밤까지 안개가 걷히지 않는 지역을 곧 지나가겠구나 하는 생각이 들었소. 시계를 보니 어느새 11시 15분을 지나고 있었소. 나는 이 축축한 지역을 좀 더 빨리 빠져나갈 생각으로 헤드라이트도 큰 것을 켜고 속도도 높이기 시작했소.

그 다음부터는 기억나는 게 아무것도 없소. 어떻게 운전을 했는지도 기억나지 않고 무슨 일이 있었는지도 기억이 없어요. 다시 정신이 돌아왔을 때 내가 본 풍경은 이랬소. 나는 차 안에 앉아 있었고, 자동차는 도로변에 멈춰 있었다오. 주변으로 숲이 펼쳐져 있는데, 태양이 환하게 빛나고 있었고요. 그리고 건초를 실은 큰 마차 한 대가 차 앞에 서 있었고, 마부가 자동차 옆에 서서 채찍으로 창문을 두드리고 있었소. 바로 그 소리에 내가 깬 거지요.

아마도 시계를 본 뒤 1킬로미터쯤 달리다가 내 의지와 상관없이 잠에 떨어져버린 게 아닌가 싶어요. 이런 일은 생전에 한 번도 없던 일이지요. 나는 아침 10시까지 잠에 떨어져 있었던 거요. 다행히도 차는 프랑스의 교통법규에 걸리지 않을 만한 지점에 멈춰선 상태였죠. 그래서 아침에 출근하는 차들이 내 잠을 방해하지 않고 옆으로 지나갔던 것 같소. 하지만 이 마차는 워낙 커서 마부가 나를 깨워야 했던 거지요. 이런 어처구니없는 상황에서 깊이 잠을 자기는 했으나, 그날 밤 내 살 속으로 파고든 추위가 얼마나 지독했는지 지금도 그때의 한기를 느낄 수 있을 정도라오.

그때부터는 내 몸에 무리한 일을 강요하는 게 불가능해졌소. 원하든 원하지 않든 나는 하던 일을 모두 중단해야 했소. 그러자 학교의 상황은 다시 극단의 위기로 곤두박질쳤지요. 꼭 해결해야 할 일도 끝맺지 못하고 이미 끝낸 일들마저 파탄의 위협 앞에 놓이게 되었던 거요. 그도 그럴 것이 청구서 지불일이 되어도 내 위치에서 내가 하듯이 그런 일을 처리할 사람이 아무도 없었으니까 말이오. 그러니 무슨 수라도 내야 할 상황이었소.

어느 날 외국인들 사이에 유명한 그랑 카페Grand Cafe의 테라스에 앉아서 여러 가지 현황과 그런 것들이 내 건강 상태에 따라 어떻게 영향을 받는지 곰곰이 생각해 보기 시작했다오. 그리고 내린 결론이 이런 거요.

'현재 내 상태로는 이처럼 엄청난 일을 하기에 역부족이다. 아니, 최소한 당분간만이라도 그렇게 힘을 들여 일을 해서는 안 된다. 아니, 그게 아니라 일시적으로라도 일을 완전히 놓고 쉬어야 한다. 그렇다면 미국에 가려던 내 계획을 지금 당장 실행에 옮기지 못할 게 뭔가? 여행 준비가 다 될 때까지 기다릴 게 뭐 있는가? 미국의 여러 주를 계속 돌아다니면서 지금과는 다른 새로운 환경을 접하다 보면 계속해서 새로운 것들을 보고 들을 테고, 그러다 보면 완전한 휴식을 위해 필요한 조건이—나의 확고한 주관에 맞게—주어지지 않겠는가! 무엇보다도 현재 내 관심이 집중되어 있는 곳에서 멀리 떠나 있기 때문에 나 자신의 성격적 특성—비문명권의 나라들을 자주 여행하면서 반복적으로 경험했고, 그래서 너무나도 잘 알고 있는—으로부터도 한동안 자유로워지지 않겠는가? 네 발 짐승이든 두 발 짐승이든 신의 피조물들이 보여주는 '친절한 행동'에 시달릴 때마다, 그리고 그런 행동 때문에 내가 아무리 심한 타격을 입었을 때라도, 나는 이런 성격 때문에 상태가 조금만 나아지면 어떻게든 두 발로 일어서고자 악전고투했고 당장 일을 벌여 그 속으로 뛰어들곤 했다.'

미국 여행 준비가 끝날 때까지 기다릴 게 없다는 말이 무슨 뜻인지 여러분이 이해할 수 있으려면, 프랑스에 학교가 처음 조직되던 당시 내가 어떤 일을 했는지 들려주어야 할 것 같구려. 그때 나는 학교의 기본 사상 및 그것을 심리학, 의학, 고고학, 예술, 건축, 나아가 이른바 초자연적 현상 같은 다양한 영역에 접목한 내용을 대중에게 전달하기 위해 일련의 강의 자료들을 준비하기 시작했소. 나아가 유럽과 미국을 순회하면서 무대 위에 올릴 시연회를 위해서 학생들을 준비시키는 작업도 함께 했지요. 나의 목적은 이런 식으로 사람들의 일상 속에 이 사상들—내가 보통 사람들로서는 접근하기 어려운 아시아 여러 지역에서 수집한 자료들을 바탕으로 나온—의 의미를 소개하고, 이러한 사상을 통해서 일궈낼 수 있는 실제적인 결과들이 어떠한지를 보여주자는 것이었소.

그랑 카페의 테라스에서 그런 생각을 하고 나서, 나는 이미 준비되어 있는 자료들만 들고 지금 당장 미국으로 떠나자고 마음먹었소. 그에 따른 위험 부담까지 함께 안고 말이오. 나 자신에게 프랑스를 떠나는 순간부터 다시 돌아올 때까지는 어떤 심각한 일도 하지 않기로, 그저 잘 먹고 잘 자고, 물라 나스루딘 이야기들 속의 정신과 주인공에 버금가는 내용이나 스타일로 된 책만 읽기로 다짐을 하면서.

이 모험을 감행할 수 있었던 것은 내가 관여하지 않더라도 이제는 제자들이 미국에서 다양한 강의와 시연회를 자체적으로 조직할 만한 능력이 된다고 생각하게 되었기 때문이오.

내 자신의 건강 회복과 학교―내가 잉태하여 온갖 어려움 끝에 세상에 태어난, 이제 막 독립적인 삶을 살기 시작한 어린아이와도 같은―의 재정 조달이라는 두 가지 목적하에 이런 결정을 했지만, 이렇게 갑작스런 결정을 내리다 보니 위험 부담도 적지 않소이다. 그중 하나가 이번 여행에 최소한 마흔여섯 명이 넘는 사람들을 함께 데리고 다녀야 한다는 것이오. 프랑스에서처럼 여기에서도 이들의 생계는 내가 책임을 져야 하오. 골치 아픈 물질적 문제를 해결하는 길이 이것밖에 없긴 했지만, 만약 이번 여행이 실패로 끝날 경우 상황은 더욱 악화돼 완전히 파국을 맞을 수도 있다는 가능성을 염두에 두지 않을 수 없었소.

마흔여섯 명을 동반한 미국 여행이라는 게 지정적으로 어떤 의미인지 여러분들, 이 대륙에서 유럽으로 자주 여행을 다닐 정도로 열정이 있는 여러분이라면 따로 토론을 하지 않아도 쉽게 이해할 수 있을 겁니다. 게다가 여러분이 여행을 할 때는 달러를 프랑으로 바꾸지만, 나는 반대로 프랑을 달러로 바꿔야 한다는 단순한 사실에 주의한다면, 이 무모한 시도의 무게를 가늠하기가 더 쉬울 게요.

미국행을 결심하던 당시 내 수중에 있던 돈이라고는, 2월 15일 샤또 프리외르의 매입 계약서에 최종 서명할 때 지불하려고 모아둔 30만 프랑이 전부였소. 그럼에도 나는 위험을 감수하면서라도 이 돈을 여행 경비로 쓰기로 결심하고, 곧바로 출발 준비를 서둘렀소이다.

이런 규모의 원정 공연에 필요한 준비를 하는 과정, 그러니까 표를 사고 비자를 발급받고 옷을 구입하고 무대 공연용 의상을 준비하는 과정에서도 나는 모든 관심을 무브먼트 클래스에 집중하고 새로 완공된 학습관에서 진행되는 리허설 횟수를 늘렸소. 참가자들이 낯선 사람들 앞에서 얼마나 당황스러워하는지 다시 한 번 보면서, 나는 배를 타기 전 파리의 샹젤리제 극장에서 몇 차례 대중 공연을 올리기로 했다오.

이 막판 준비에 비용이 꽤 들 거라는 건 알았지만, 총액이 그 정도로 터무니없이 많이 나올 거라고는 상상도 못했지요. 사실, 파리에서의 공연비와 증기선 배 삯, 긴급 청구서들의 지불, 유럽에 남아 있을 사람들을 위한 돈, 그리고 슬금슬금 빠져나간 예상외의 경비까지 생기다 보니 여행을 떠나기도 전에 30만 프랑이 흔적도 없이 사라져버리고 말았소.

아무튼 그래서 마지막 순간에 더 이상 뭐라고 말할 수 없이 절묘한 희비극적인 상황이 벌어졌소. 출발 준비가 모두 끝났지만 배를 탈 상황이 못 되었으니 그만한 비극이 또 어디 있겠소? 그렇게 많은 사람들과 그처럼 긴 여행을 떠나는데 비상시에 쓸 돈 한 푼 없다는 건 정말 상상도 할 수 없는 일이니 말이오.

희극이라 할 그 일은 배가 출항하기 사흘 전에 정말 멋지게 그 모습을 드러냈다오. 그때, 내 인생의 결정적 순간들에 일어났던 일이, 이번에도 전혀 예상치 않았던 순간에 일어난 거요. 의식 있는 사람들은 ― 우리 시대에도 그렇지만 과거에는 특히 더 그랬듯이 ― 이러한 현상을 '더 높은 힘들the Higher Powers'의 섭리를 보여주는 징표라고 여겨왔지요. 나는 이것이 자신의 명확한 목적을 이루기 위해 스스로 부과한 원칙에서 어긋나지 않고자 한사코 노력해 온 사람이라면 누구나 받게 되는 당연한 결과라고 말하고 싶소이다.

이 일의 전모는 이렇소. 나는 프리외르의 내 방에 앉아서 이 믿기 힘든 상황을 어떻게 타개할 수 있을지 방법을 찾고 있었다오. 그때 갑자기 방문이 열리더니 내 노모가 들어오셨소. 어머니는 내가 러시아를 떠난 뒤 코카서스에 남아 있던 식구 몇 명을 데리고 며칠 전 이곳에 온 상태였다오. 그들을 프랑스로 데려오기까지 어려움이 참 많았는데, 그런 이유로 며칠 전에야 간신히 이곳에 당도한 거지요.

어머니는 내게 오더니 작은 주머니를 건네주면서 말씀하시더군요. '얘야, 이제 나를 이 물건에서 좀 벗어나게 해다오. 이걸 계속 지니고 다녔더니 너무나 힘이 드는구나.' 처음에는 어머니가 무슨 말씀을 하시는지 이해할 수 없었지요. 아무 생각 없이 주머니를 받아서 열어보았소. 그러다 그 속에 들어 있는 물건을 보았는데, 정말이지 펄쩍 뛰면서 춤이라도 추고 싶은 정도로 기뻤다오.

이처럼 절박한 순간에 그렇게 큰 기쁨의 파도를 일으킨 물건이 무엇인지 설명하려면 내가 에센투키로 떠나던 당시로 이야기를 되돌려야 할 것 같소. 당시 러시아 전역에 퍼져나가던 정치적 소요를 보면서 다소나마 생각이 있는 사람들은 마음속으로 곧 불길한 사건들이 닥치리라 예감을 했었다오. 그런 까닭에 나도 그때 알렉산드로폴에 살고 있던 어머니에게 내가 있는 곳으로 오시라고 연락을 드렸소. 그리고 앞서 언급했던 과학 원정을 떠나면서 에센투키에 남아 있는 사람들에게 어머니를 부탁했지요.

1918년, 그해에 러시아의 모든 지역에서 그랬던 것처럼 코카서스에서도 루블화의 가치가 연일 하락해, 돈이 있는 사람은 누구나 세상 어디서나 통용되고 가치 변동도 적은 보석이며 귀금속, 희귀 골동품 따위를 사들이기 시작했다오. 나도 가지고 있던 돈을 모두 귀중품으로 바꾸어 늘 몸에 지니고 다녔지요.

하지만 에센투키에서 원정대가 출발할 당시에는 각지에서 징발이라는 명목으로 약탈이 극성을 피우던 때라 귀중품을 지니고 다닌다는 건 커다란 위험을 자초하는 행위였소. 그래서 나는 그 일부를 동료들과 나눠서 가지고 가기로 했다오. 우리가 약탈을 피하지 못할 수도 있지만 우리 중 누군가는 한두 개라도 지킬 수 있기를 기대하면서 말이오. 그 외 나머지는 에센투키와 퍄티고르스크에 남은 사람들에게 나눠서 맡겼는데 그 중 한 사람이 우리 어머니였다오.

어머니에게 맡긴 것 중 하나가 급전이 필요한 어느 귀족 부인한테서 에센투키를 떠나기 직전 구입한 브로치였소. 그걸 어머니에게 맡기면서 나는 이 브로치가 꽤 값이 나가는 것이니 특별히 잘 보관해 달라고 부탁을 드렸던 것이오.

나는 내가 떠난 지 얼마 되지 않아 우리 가족이 궁핍에 시달리다 못해 이 물건을 팔아버렸으리라 생각했다오. 그게 아니더라도 이곳저곳으로 옮겨 다니는 와중에 도둑을 맞았을지도 모른다고 생각했소. 그 당시에는 어느 마을에나 약탈꾼들이 득실거려서 사람을 가리지 않고 물건을 빼앗아갔으니까요. 그것도 아니라면 스무 번도 넘게 피난을 다녔으니 어디선가 잃어버렸을 수도 있고 말이오.

한마디로 나는 이 브로치에 대해서는 까맣게 잊어버리고 있었어요. 그러니 이 브로치는 계산에 넣을 엄두도 못 냈지요. 하지만 어머니에게 브로치를 맡기면서 특별히 잘 보관해 달라고 당부를 해서 그런지 어머니는 이것이 내게 중요한 의미가 있는 기념물인 줄 알고 꼭 돌려주기로 마음먹고 계셨던 겁니다. 그래서 몇 년 동안이나 그것을 아주 소중하게 간직해 오셨던 거라오. 가족들한테까지도 그걸 숨기면서 말이오. 마치 부적이라도 되는 양 작은 주머니에 브로치를 넣고 옷에 꿰매서 늘 몸에 지니고 다녔답니다. 그러곤 마침내 나에게 돌려줄 기회가 온 거지요. 오랫동안 노심초사 간직해 왔던 그것을 떼어낼 수 있게 돼 얼마나 기뻐하셨는지 모르오. 아무튼 이 브로치를 본 순간, 그리고 그걸 어디에 쓸 수 있는지 깨달은 순간 내 마음이 얼마나 편해졌는지 상상이나 할 수 있겠소?

다음날 이 브로치를 가지고 친구로부터 2천 달러를 빌릴 수도 있었지만 나는 생각을 바꿔 미국으로 그것을 가지고 왔소. 그건 이 브로치가 파리에서는 1만 2천 5백 프랑밖에 받을 수 없지만 미국에서는 훨씬 더 높은 가격으로 팔 수 있다고 여겼기 때문이오. 브로치를 뉴욕에서 팔고는 역시 내 생각이 틀리지 않았음을 알게 되었소."

여기에서 구르지예프는 잠시 말을 멈추더니 특유의 미소를 머금고는 담배를 피우기 시작했다. 방 안 가득히 침묵이 흐르는데, H 씨가 자리에서 일어나더니 구르지예프에게 다가가서 이렇게 말했다.

"구르지예프 씨, 물질적인 문제와 관련해 당신이 들려주신 유쾌한 이야기 모두 잘 들었습니다. 오늘 당신이 이야기를 풀어나가는 특정한 방식 때문인지 아니면 내가 순진해서거나 다른 사람의 영향을 잘 받는 편이라서 그런지는 잘 모르겠지만, 나는 지금 이 순간, 정말 아무런 의심도 없이 말입니다, 당신이 스스로 짊어진 그 거대한 짐을 조금이라도 덜어줄 수 있다면 무슨 일이건 내 온 존재를 걸고 거들고 싶은 심정입니다.

이런 충동이 인 건 아마 당신 이야기를 들으면서 내가 남다른 감명을 받았기 때문이라고 말하는 게 진실에 더 가깝겠지요. 보통 사람이라면 감당하기 힘든 큰 짐을 혼자서 짊어지고 지금까지 오는 동안, 당신은 늘 절대적인 고독 속에 있었으리라 생각됩니다.

부디 지금 내 수중에 있는 전액인 이 수표를 당신께 드릴 수 있도록 허락해 주십시오. 동시에 여기 계신 모든 사람들 앞에서 내가 죽을 때까지 해마다 똑같은 금액을 당신께 드릴 것을 맹세합니다. 당신이 어디에 계시든, 당신이 어떤 상황에 놓여 있든 상관없어요!"

말을 마친 H 씨가 손수건으로 이마를 닦는데 얼굴에 깊은 감동의 빛이 역력했다. 구르지예프가 자리에서 일어나더니 한 손을 그의 어깨에 얹으면서, 사람을 꿰뚫어보는 듯하면서도 친절하고 부드러운 표정으로 H 씨를 바라보았다. 나는 개인적으로 그 모습을 영원히 잊지 못할 것 같다. 구르지예프는 간결하게 이렇게 말했다. "고맙소. 오늘부터 당신은 신이 맺어준 나의 형제요."

하지만 구르지예프의 이야기가 사람들에게 커다란 감동을 주었다는 가장 큰 증거는 잠시 뉴욕을 방문중이던 L 여사의 다음과 같은 발언이었다. R 씨의 초대로 그날 저녁 모임에 참석했다는 그녀가 진심이 담긴 목소리로 불쑥 이렇게 말한 것이다.

"구르지예프 씨, 나는 정말이지 우연한 계기로 오늘 당신 학교의 뉴욕 지부 오픈식에 참석하게 됐습니다. 그리고 방금 당신의 이야기를 들었고요. 하지만 전에도 당신의 활동에 대해서나 학교를 통해서 세상에 알려진 당신의 훌륭한 사상에 대해서 들을 기회가 몇 번 있었답니다. 또 프리외르 정원의 학습관에서 당신이 매주 개최했던 시연회에도 한 번 가서 내 두 눈으로 당신이 이룬 다른 놀라운 일들까지 직접 보는 행운을 누린 적도 있고요. 그러니 내가 당신 작업에 대해 생각해 볼 기회가 많았고 또 어떤 식으로든 당신이 하는 일에 도움이 되고 싶다는 마음을 늘 품어왔노라고 말씀드리더라도 놀라지 않으실 겁니다. 이제, 지칠 줄 모르고 온갖 노력을 기울여온 당신의 이야기를 듣고, 또 당신이 인류에게 전하려는 것이 진실된 것임을 여자의 직감으로 느끼면서, 나는 오늘날 사람들의 삶의 원동력이 되어버린 그것, 그러니까 바로 돈 말인데요, 그것이 없어서 당신이 하려는 일이 얼마나 크게 제약을 받았는지 알게 되었습니다. 그래서 나 역시 당신의 위대한 작업에 일정 부분이나마 기여하고 싶습니다.

다른 사람들에 비해 내가 가진 재산이 결코 적은 편은 아닌지라 상당한 액수를 기부해야 마땅하나, 실제로 내가 가진 돈이란 나의 사회적 지위에 맞게 또 그만큼씩 나가야 하는 돈입니다. 그래서 저녁 내내 내가 당신을 위해 할 수 있는 게 뭐가 있을까 곰곰이 생각을 했어요. 그러다가 만일의 경우를 대비해 조금씩 은행에 모아놓은 돈이 있다는 걸 기억해 냈답니다. 내가 뭔가 더 잘 기여할 수 있을 때까지 일단 이 돈의 절반을 무이자로 빌려드리고자 합니다. 미래에 어떤 일이 벌어질지 알 수 없으니 모아놓은 이 돈을 써야 할 심각한 상황이 생길 수도 있겠지만—그런 일이 일어나지 않기를 바랍니다만—그런 일이 생기기 전까지는 이 돈을 편하게 쓰셔도 좋습니다."

L 여사가 말하는 동안 구르지예프는 다정하고 진지한 표정으로 그녀의 말에 귀를 기울였다. 이윽고 그가 대답했다.

"존경하는 L 여사님, 고맙습니다. 무엇보다 나는 당신의 솔직함에 감사를 표하고 싶소이다. 그 돈은 현재 내가 하는 일에 큰 도움이 될 겁니다. 만약 이 돈을 받을 경우 나 또한 당신에게 솔직하게 말을 해야겠지요. 이번 한 번만 미래의 베일을 걷어 올려본다면—특별한 감사함을 담아서 말씀드립니다만—이 돈은 정확히 8년 안에 갚을 수 있다고 말씀드릴 수 있소이다. 그때쯤 당신은 건강에는 전혀 문제가 없겠지만, 당신이 앞서 정확히 표현한 것처럼 오늘날 우리 삶의 모든 과정에서 원동력이 되어버린 이 돈이란 것이 절대적으로 필요할 거라 여겨지기 때문입니다."

구르지예프는 마치 심각한 생각에 잠긴 사람처럼 한동안 아무 말도 하지 않았다. 그러다 갑자기 얼굴에 피로한 기색이 역력히 묻어났다. 그의 눈이 우리 한 사람 한 사람에게 와서 잠깐씩 머물다 갔다.

∞

　나는 지금 뉴욕의 한 음식점에 앉아서 제자들이 기록한 이 원고를 수정하고 있는 중이다. 차일즈라는 이름의 이 음식점은 5번가의 56번 거리 모퉁이에 있다. 지난 6년간 나는 늘 이런 조건 속에서 글을 쓰곤 했다. 사람들이 많이 모이는 카페나 음식점, 클럽, 댄스홀처럼 대중적인 장소에서 주로 일을 했다. 드러난 면으로만 보자면 이런 장소들은 나의 본성과도 반대되고 나라는 인간하고도 잘 맞지 않지만, 내 작업의 생산성에는 유익한 영향을 끼치기 때문이다.
　여기서 한 가지 지적하고 싶은 사실이 있다. 그걸 언급하는 게 전혀 쓸모없는 일은 아닐 거라 여겨진다. 어쩌면 여러분은 내가 말하려는 게 순전히 우연의 일치라든지 아니면 초자연적인 섭리의 결과라고 마음대로 생각할지도 모르겠다. 내가 작가로서 늘 사건의 정확한 시간 순서를 지키려 들기 때문일 수도 있으나, 그거야 어떻든 상관없다. 내 딴에는 아무런 의도 없이 이렇게 된 건데, 그것은 바로 앞에 묘사된 저녁의 모임이 있던 날로부터 정확하게 7년 뒤 같은 날, 같은 도시에서 내가 막 원고의 수정 작업을 끝마쳤다는 사실이다.
　이 이야기를 완성하기 위해서 내 첫 번째 미국 여행의 뒷이야기를 간단히 덧붙이고자 한다. 조금의 과장도 없이 위험을 무릅쓰고 감행한 여행—수중에 동전 한 푼 없고 영어도 구사할 줄 모르는 사람들을 데리고, 공연 성사 여부가 확정된 것도 아닌 상태에서, 미국 같은 곳에서는 특히나 사전 홍보가 중요한데 그런 것도 일절 없는 채로 감행한 여행—이었지만, 학교의 작업 결과를 알릴 목적으로 시작한 이 순회 공연은 내가 기대한 것 이상으로 큰 성공을 거두었다.

프랑스로 돌아온 지 며칠 안 돼 큰 사고만 겪지 않았다면, 이 사고로 인해 원래 계획과 달리 미국행을 6개월 뒤로 미루게 되지만 않았다면, 나는 동료들과 함께 미국에서 이룬 모든 성공에 힘입어 채무를 다 갚는 것은 물론이고 이미 활발하게 움직이던 학교의 지부들이나 다음해에 문을 열 계획이던 지부들의 존재가 미래를 보장받았을 것이라고 감히 말할 수 있다.

하지만 지금 와서 그런 이야기를 한들 무슨 소용이 있겠는가! 이 무렵에 관한 이야기를 쓰려니 물라 나스루딘의 격언이 나도 모르게 머리에 떠오른다. "고수형을 당한 사람의 머리카락이 아름다웠다고 애통해하면서 회상하지 말라!"

내가 막 이 마지막 낱말들을 쓰고 있는데 누군가 다가와서 내 테이블에 앉았다. 나를 알고 있는 사람들은 나와 대화를 나누고 싶어서 올 때면 누구도 예외 없이 지켜야 할 사항을 알고 있다. 누구든지 내가 글을 끝마칠 때까지 조용히 기다려야만 한다는 것, 대화는 내가 먼저 시작한다는 것이 그것이다. 사람들이 항상 이 조건을 존중해 주기는 하지만, 간혹 그렇게 기다리는 동안에 당장이라도 나를 약 숟가락에 빠뜨려 죽이기라도 할 것처럼 이를 북북 갈아대는 사람들도 있다.

글쓰기를 끝낸 뒤 나는 방금 전 내 테이블에 앉은 사람을 향해 돌아앉았다. 그가 꺼낸 처음 몇 마디를 듣고 내 안에서는 그 말을 곱씹고 추론하는 과정이 시작되었고, 이 과정에서 나는 무조건적인 결정을 내리게 되었다. 이제 곧 글을 끝낼 참이긴 하나, 그렇더라도 만약 이런 무조건적인 결정과 이런 결정을 하게 된 사고 과정에 대해 말하지 않는다면, 나는 이 책 전체를 통틀어 마치 붉은 실처럼 꿰어온 기본 원칙들을 스스로 위배하는 셈이 될 것이다.

지금 이 상황을 이해하려면 여러분은 내 테이블에 와서 앉아 있다가 내게서 필요한 이야기를 듣고 떠난 사람이 다름 아닌 나와 골동품 도매업을 같이 하는 비밀 동업자란 사실을 알 필요가 있다. '비밀'이라는 표현을 쓴 이유는 아무도, 심지어 나와 가장 가까운 사람들조차도 이 사람과 내가 그런 사업 관계를 맺고 있다는 사실을 알지 못하기 때문이다.

나는 6년 전, 그러니까 내가 사고를 당한 때로부터 몇 달 뒤에 그와 사업 관계를 맺었다. 그때만 해도 몸이 썩 좋지 않았지만 사고 기능은 평상시와 진배없이 회복된 상태였다. 나는 미국 여행을 하면서 들어간 엄청난 경비라든지, 어머니와 아내가 중병을 앓으면서 들어간 비용 등으로 그 당시 내 재정 상태가 어떤지를 낱낱이 확인하기 시작했다. 침대에 누워 있는 날이 길어지면서 나는 도의적으로 점점 더 견디기 힘든 고문을 받는 기분이 들었고, 그래서 뭔가 다른 자극을 통해 이 고통에서도 벗어나고 당시 내 여건에서 할 만한 사업이 있는지도 알아볼 겸 자동차로 여행을 떠났다. 나와 늘 함께해 온 몇 사람을 데리고 이곳저곳을 돌아다녔는데, 주로는 파리에 모여 사는 러시아 피난민 지역을 찾아다녔다.

그러던 어느 날 파리의 유명한 카페에 앉아 있는데 한 남자가 나에게 다가왔다. 나는 그가 누구인지 금방 알아보지 못했다. 대화를 나누던 중에서야 나는 그를 코카서스와 트랜스코카서스, 트랜스카스피아의 여러 도시에서 몇 차례 본 적이 있다는 사실을 기억했다. 그는 이 세 지역의 여러 도시를 돌아다니면서 온갖 종류의 골동품 매매를 하던 사람이었다. 우리가 만난 것은 나 역시 당시 아시아 거의 전 지역에서 골동품 전문가로 또 융단과 중국 도자기, 특히 칠보 도자기 거래를 많이 하는 사람으로 알려져 있었기 때문이다.

이런저런 이야기를 나누다 그가 말하길, 자기는 러시아의 재앙 속에서도 어느 정도 자금을 건질 수 있었고, 영어를 구사할 수 있는 능력 덕분에 지금은 유럽에서 전에 하던 일을 계속 하고 있다고 했다. 그러면서 유럽 시장에 모조품이 너무 많아 장사하기 힘들다고 투덜댔다. 그러더니 갑자기 나에게 물었다. "그나저나 동포여, 나하고 동업을 해보는 건 어떻소? 골동품 감정과 평가만 해주면 됩니다."

결국 나는 향후 4년 동안 그의 사업에 동참하기로 계약을 했다. 그는 골동품을 구입하기 전에 먼저 나에게 물건을 가져와 감정을 맡기기로 했다. 또 글을 쓰는 사이사이 여러 이유로 여행을 다닐 텐데 어느 정도 일정만 맞으면 현지에 가서 내가 직접 물건을 살펴보고 약속된 방식으로 그에게 의견을 전달하기로 했다. 이런 식으로 그와의 동업이 한동안 지속되었다. 그는 1년 내내 유럽 전 지역을 돌아다녔고, 온갖 진귀한 물건들을 찾아서 사들인 뒤 주로 뉴욕에 있는 골동품 중개상에게 가서 팔았다. 나는 단지 골동품을 평가해 주는 동업자에 불과했다.

하지만 지난해 내 재정 상황이 최고의 위기를 맞았을 때, 이 사업은 오히려 골동품 전문 매장들이 우후죽순으로 생겨나고 유럽에 이런 물건들이 흘러넘치면서 순풍가도를 달렸다. 나는 이 기회를 이용해 내 재정 상황을 회복하리라 마음먹었다. 그러기 위해서는 동업자의 사업 영역을 가능한 한 크게 늘릴 필요가 있었다.

최근 몇 년 동안 힘든 여행 전후에 충분한 휴식을 취하는 습관이 생겼는데, 이 목적이 생기고 나서는 동원할 수 있는 모든 시간을 이용해 나를 신뢰하는 사람들, 이런저런 이유로 나와 관계를 맺고 있던 사람들로부터 돈을 빌리기 시작했다. 그렇게 모아진 돈이 몇백만 프랑이 되자 나는 이를 모두 우리 사업에 투자했다. 사업이 커지고 수익이 늘어나리라는 기대로 사기가 오른 내 동업자는 물건들을 확보하기 위해 온 힘을 기울였다. 그리고 올해도 내가 이곳에 오기 6주 전에 그동안 수집한 물건들을 모두 가지고 미국에 왔다.

하지만 불행히도 그 사이에 경기가 침체하면서 우리는 이득은커녕 자본금도 건질 수 없는 상황에 처하고 말았다. 이게 바로 그가 나를 찾아와서 하고자 한 이야기였다.

방금 전 나는 지난해에 재정적으로 최고의 위기를 겪었다고 했는데, 지금 내가 놓여 있는 이 예기치 않은 재정 상황을 도대체 뭐라고 표현해야 할까? 아무래도 지금 막 떠오른 물라 나스루딘의 말보다 더 적절한 표현은 없을 것 같다. "아, 망나니 물라가 마을에서 제일 나이 많은 노처녀를 임신시켜 대머리 딸이 태어난들 뭐 대수인가! 하지만 벼룩에게서 코끼리 머리와 원숭이 꼬리가 자란다면, 이건 정말 놀라운 일이 아니겠는가!"

내 재정 상황이 왜 또다시 이 같은 위기를 맞게 되었는지 이해하기 위해서 굳이 대학 교육을 받아야 할 필요는 없다. 지난해 내가 미국에서 골동품 사업을 크게 확장하자는 생각을 처음 했을 때, 나는 이 계획대로 수익을 내기만 한다면 그동안 누적된 빚도 모두 갚고 내가 쓸 시리즈의 첫 책―그때쯤이면 원고 작성이 끝날 거라고 생각했다―도 누구에게 의존하지 않고 내 힘으로 출판할 수 있으리라 믿어 의심치 않았다. 그리고 첫 책 출간 뒤에는 시간을 온전히 두 번째 책 저술에만 바칠 계획이었다. 하지만 예기치 않게 미국의 경제 위기가 닥쳐, 물라 나스루딘의 표현처럼 나를 "장화 속 깊은 곳"―오늘 나는 이 장화 속처럼 바깥의 햇빛이라곤 단 한 자락도 볼 수 없는 상황이다—으로 처박아 넣고 말았다.

　내가 쓰기로 한 세 권의 책에 필요한 자료를 준비하기 위해 지난 6년 동안 나는 어떤 조건, 어떤 환경에서도 '내 자신을 기억'하고 내가 스스로 부과한 과제를 기억해야 했다. 그 과제를 완수함으로써 나는 내 삶의 의미와 목적이 타당하다는 것을 보여주고 싶었고 지금도 여전히 그 마음에 변화가 없다.

　온갖 느낌들을 다 경험하는 와중에도 나는 내 자신을 다른 어떤 것과 동일시하지 않기 위해서 지극히 강렬한 내적 활동의 단계까지 스스로를 몰아붙였다. 그리고 요즘 내가 관심 갖는 주제들을 연구하자면 필요한 정신적·감정적인 연상 과정의 자동적인 흐름을 깨는 어떤 변화에도 강력하게 저항했다. 끝으로 수많은 단편적인 생각들, 그것들이 모여 결국 내 책을 이루게 될 텐데, 그 생각들과 관련이 있음직한 것은 논리적으로 일치하든 모순되든 어느 것 하나 소홀히 하거나 빠뜨리지 않도록 주의를 기울였다.

　다른 사람들이 이해할 수 있도록 내 사상을 표현해야겠다는 생각 때문에 나는 집중에 집중을 더했고, 그러다 보니 장시간 동안 먹고 마시는 것과 같은 가장 기본적인 일상조차 잊어버리기 일쑤였다.

　하지만 사람들에게 진정한 지식을 전달하려는 목적을 위해서 내 온 힘을 한데 모아야 하는 이 내적 집중의 과정에서, 무엇보다 고통스럽게 여겨지는 객관적 부당함—지금도 그렇고 앞으로도 그러하겠지만—은 이런저런 지불 기한을 연장하기 위해 혹은 빚을 해결하기 위해서 몇 시간 동안 집중해서 일하던 것을 멈추고 여러 가지 복잡한 계약서를 살펴보는 데 시간을 써야 했다는 사실이었다. 그러다 보면 어려움 속에서 간신히 끌어 모은 에너지의 마지막 하나까지 소진되고 말았다.

지난 6년 사이 나는 점점 피로감과 함께 에너지가 고갈되는 것을 느꼈다. 그러나 그것은 지하실에 가득 보관해 놓은 수많은 원고들을 쓰고 다듬고 수정하느라 그런 것이 아니라, 갈수록 늘어만 가는 빚을 어떻게 처리할지 주기적으로 내 머리 속을 이리 뒤집고 저리 뒤집어야 했기에 그런 것이다.

몇 년 전까지만 해도 내가 정말로 시간을 들여서 해야 할 일에 비한다면 덜 중요하다고 할 수 있는 물질적 문제로 다른 사람들의 도움—여기서 도움이란 구체적으로 '돈'에 의한 도움을 말한다—이 필요할 때마다, 그리고 그런 도움을 받지 못했을 때, 나는 내 활동이 어떤 의미가 있는지 아직 사람들이 충분히 인식하지 못해서 그런 거라고 이해하면서 한 발 뒤로 물러서곤 했다. 하지만 지난 6년 동안 이뤄낸 일들을 보면 내가 하려는 일의 의미와 목적이 모든 사람에게 충분히 인식되었을 거라 확신한다. 그러므로 이제 나는 더 이상 한 발 뒤로 물러설 생각이 없다. 반대로 나는, 양심에 전혀 거리낌 없이 말하거니와, 인종이나 신앙, 재산, 사회적 지위에 상관없이 나를 찾아오는 사람은 누구나 나를 소중한 존재로 보호해야만 한다고 당당히 요구한다. 그리하여 나라는 인간의 개체성에 부합하는 활동을 하는 데 내 힘과 시간을 쓸 수 있도록 말이다.

자, 그럼 앞서 말한 무조건적인 결정, 내 비밀 동업자가 음식점을 떠난 뒤 곰곰이 생각한 끝에 나온 결론이요, 내 자신의 원칙에 입각해서 내린 그 결정이란 어떤 것인가?

나는 지금 이곳에, 지난 전쟁의 비극적인 재앙을 겪어보지 않은 사람들(곧 미국인들을 말함—옮긴이) 속에 있고, 이들로 인해서—비록 이들이 의도적으로 그런 것은 아니지만—커다란 손실을 겪고 있지만, 다른 사람에게 미루는 일 없이, 물론 나중에라도 양심의 가책을 느낄 만한 어떤 방법에도 의지하지 않고 나 혼자 힘으로, 어린 시절 받은 올바른 교육 덕분에 형성된 내 안의 능력을 활용해서 다시 한 번, 그동안 진 빚을 모두 청산하는 것은 물론 유럽으로 돌아가 두세 달 아무 염려 없이 지낼 정도의 자금을 마련해 보고자 한다.

그렇게 함으로써 나는 우리 모두의 아버지인 신께서 인간을 위해 예정해 두신 최고의 만족the highest satisfaction을 다시금 경험하게 될 것이다. 이 최고의 만족은 모세의 첫 번째 스승이었던 고대 이집트의 사제에 의해서 이렇게 표현된 바 있다. "자기 만족이란 양심에 조금도 거리낄 게 없이 자신이 세운 목적에 도달한 사람의 내면에서만 솟아난다."

오늘은 1월 10일이다. 옛 달력에 따르면 오늘로부터 사흘 뒤 자정에 새해가 시작된다. 그 시간은 내게 기억될 만한 순간이기도 한데, 그때가 바로 내가 이 세상에 태어난 순간이기 때문이다.

어린 시절부터 형성된 습관이지만, 나는 언제나 그 시간을 기준으로, 사전에 명확한 원칙—그 원칙이란 모든 일에서 나 자신을 최대한 많이 기억한다는 것이다—에 따라 세운 계획을 삶에 적용하곤 했고, 내가 정한 새해의 목적을 이루기 위해 내 행동은 물론 다른 사람들의 행동에 대한 내 반응까지도 스스로 조절해 갔다. 올해 나는 3월 중순으로 잡혀 있는 미국 출국 전까지 그동안의 채무를 완전히 청산할 수 있는 돈을 나만의 방식으로 마련하기로 계획을 세웠으며, 이를 위해 내 안의 모든 능력을 최대한 발휘할 것이다.

그런 뒤 프랑스로 돌아가 다시 글쓰기를 시작할 것이다. 물론 이후로는 더 이상 물질적 조건들을 걱정하지 않아도 내 삶의 규모와 방식을 유지할 수 있다는 조건이 충족되었을 때의 얘기다. 하지만 어떤 이유로든 스스로 세운 이 임무를 달성하지 못할 경우, 이 책에서 들려준 모든 이야기들이 한갓 내 과장된 상상이요 허구에 불과하다고 자인하지 않을 수 없을 것이다. 만약 그런 상황이 발생한다면, 나는 내 원칙에 충실하기 위해서라도 다리 사이에 꼬리를 파묻은 채, 물라 나스루딘이 말했듯이, "땀투성이 발이 단 한 번도 들어가 본 적이 없는 깊은 장화 속으로" 기어 들어가야만 할 것이다.

만일 그런 상황이 발생할 경우, 나는 다음과 같이 하겠다는 단호한 결심이 서 있다.

내가 방금 최종적으로 수정한 원고, 곧 시리즈의 첫 번째 책과 두 번째 책의 두 장萇만 출판하고 영원히 글쓰기를 포기한다. 그리고 집으로 돌아가서 내 방 창문 앞 잔디 한가운데에 모닥불을 피워놓고 내가 써놓은 원고들을 모조리 그 불구덩이 속에 내던져버린다. 그 후에는 새 삶을 시작하는데, 내 개인적 에고를 충족한다는 한 가지 목적만을 위해서 내 능력을 사용한다. 어떤 일을 하면서 그런 인생을 살 것인지에 대해서는 이미 내 무모한 두뇌 속에서 윤곽이 잡혀가고 있는 중이다.

나는 여러 지부를 거느린 새로운 '학교'를 조직한다는 그림을 그리고 있는데, 단 이번에는 인간의 조화로운 계발을 위한 학교가 아니라, 아직까지 발견되지 않은 '자기 만족의 수단'을 가르치는 데 목적을 둔 학교가 될 것이다. 그와 같은 비즈니스가 기름칠한 바퀴처럼 잘 굴러갈 거라는 건 믿어 의심치 않는다.

샨티의 뿌리회원이 되어
'몸과 마음과 영혼의 평화를 위한 책'을 만들고 나누는 데
함께해 주신 분들께 깊이 감사드립니다.

개인

이슬, 이원태, 최은숙, 노을이, 김인식, 은비, 여랑, 윤석희, 하성주, 김명중, 산나무, 일부, 박은미, 정진용, 최미희, 최종규, 박태웅, 송숙희, 황안나, 최경실, 유재원, 홍윤경, 서화범, 이주영, 오수익, 문경보, 여희숙, 조성환, 김영란, 풀꽃, 백수영, 황지숙, 박재신, 염진섭, 이현주, 이재길, 이춘복, 장완, 한명숙, 이세훈, 이종기, 현재연, 문소영, 유귀자, 윤홍용, 김종휘, 보리, 문수경, 전장호, 이진, 최어영, 김진회, 백예인, 이강선, 박진규, 이욱현, 최훈동, 이상운, 김진선, 심저한, 안필현, 육성철, 신용우, 곽지희, 전수영, 기숙희, 김명철, 장미경, 정정희, 변승식, 주중식, 이삼기, 홍성관, 이동현, 김혜영, 김진이, 추경희, 해다운, 서곤, 강서진, 이조완, 조영희, 이다겸, 이미경, 김우, 조금자, 김승한, 주승동, 김옥남, 다사, 이영희, 이기주, 오선희, 김아름, 명혜진, 장애리, 신으정, 제갈윤혜, 최정순, 문선희

단체/기업

주/김정문알로에, 환경재단, design Vita, PN풍년, 사단법인 한국가족상담협회·한국가족상담센터, 생각과느낌 소아청소년 성인 몸 마음 클리닉, 경일신경과|내과의원, 순수피부과, 월간 풍경소리, FUERZA

샨티 이메일로 이름과 전화번호, 주소를 보내주시면 샨티의 신간과 각종 행사 안내를 이메일로 받아보실 수 있습니다.

이메일 : shantibooks@naver.com
전화 : 02-3143-6360 팩스 : 02-6455-6367

함께 읽으면 좋은 샨티의 책들

당신도 초자연적이 될 수 있다

나는 어떻게 원하는 내가 되는가? 신경과학, 후성유전학, 양자역학 등을 바탕으로 어떻게 물질 세계 너머의 주파수에 조율하고 뇌의 화학 물질을 바꿔 자신이 원하는 새로운 몸과 미래를 창조할 수 있는지 그 이론과 방법, 수많은 사례들을 들려준다. 이를 위해 주파수를 바꾸어 '현재 순간'에 새로운 현실을 창조하는 여러 명상법과 송과선의 역할, 무한한 가능성의 양자장 속으로 들어가는 방법 등을 소개한다.

조 디스펜자 지음 | 추미란 옮김 | 496쪽 | 25,000원 | 전자책 22,000원

삶과 사랑에 빠진 아이처럼

일상의 한가운데서 신비주의자로 살기 신비주의에 대한 오해를 바로잡고, 기존의 전통 종교들과 신비주의가 어떻게 다른지 명확히 하며, 신비주의 정신에 따라 '지금 여기의 삶'을 사는 것이 어떻게 우리 삶을 더 행복하고 풍요롭게 만드는지, 또 신비주의자로서 현실을 살아가는 데 명상이 어떻게 도움이 되고 어떤 명상법들이 좋은지 등을, 여러 신비주의 교사들이 남긴 말과 행적, 자신의 일상 속 경험들과 함께 친절하고 유쾌하게 풀어낸다.

디르크 그로서 지음 | 추미란 옮김 | 344쪽 | 18,000원

나로 살아가는 기쁨

진짜 삶을 방해하는 열 가지 거짓 신념에서 깨어나기 아마존 베스트셀러 《그리고 모든 것이 변했다》의 저자, 아니타의 두 번째 책. "행한 대로 받는다" "자기를 사랑하는 것은 이기적이다" 등 우리를 구속하는 거짓 믿음들에서 자유로워져 진정한 자신으로 살 수 있는 길로 안내한다. 임사체험을 한 저자는 말한다. "죽었다 살아났을 때, 나는 즐길 수 없거나 나에게 옳은 일이 아닌 건 절대 하지 않겠다고 결심했다"고.

아니타 무르자니 지음 | 추미란 옮김 | 304쪽 | 15,000원

가족 세우기

전 세계 40여 개국 사람들이 경험한 버트 헬링거의 심리치료법 일반인을 대상으로 가족 세우기의 원리 및 기본 개념을 구체적인 치료 사례들을 통해 설명한 책. 가족 세우기 치료법에서 결정적 역할을 하는 '치유의 문구'를 일상생활에서 사용하는 법까지 자세히 제시하고 있어 친구나 연인, 부부, 가족과 동료 사이에서 되풀이되는 자기만의 패턴이나 문제를 쉽게 깨닫고 벗어날 수 있도록 도와준다.

존 페인 지음 | 풀라 옮김 | 300쪽 | 14,000원